REVISTA DE DIREITO MERCANTIL industrial, econômico e financeiro

120

Publicação do
Instituto Brasileiro de Direito Comercial Comparado
e Biblioteca Tullio Ascarelli
do Departamento de Direito Comercial
da Faculdade de Direito da Universidade de São Paulo

Ano XXXIX (Nova Série)
outubro-dezembro/2000

MALHEIROS EDITORES

REVISTA DE DIREITO MERCANTIL

industrial, econômico e financeiro

Nova Série — Ano XXXIX — n. 120 — outubro-dezembro de 2000

REVISTA DE DIREITO MERCANTIL
publicação trimestral de
MALHEIROS EDITORES LTDA.
Rua Paes de Araújo, 29, conjunto 171
CEP: 04531-940
São Paulo, SP - Brasil
Tel. 3842-9205 - Fax. 3849-2495

Assinaturas e comercialização:
CATAVENTO DISTRIBUIDORA DE LIVROS S.A.
Rua Conselheiro Ramalho, 928
CEP 01325-000
São Paulo, SP - Brasil
Tel. 289-0811 - Fax. 251-3756

Diretor Responsável: Álvaro Malheiros
Diretora: Suzana Fleury Malheiros

Supervisão Gráfica: Vânia Lúcia Amato
Composição: *Scripta*

SUMÁRIO

DOUTRINA

O CONTRATO DE ABERTURA DE CRÉDITO — NATUREZA E REGIME JURÍDICO
— EDUARDO SALOMÃO NETO 9

A "DISREGARD DOCTRINE" — A FALÊNCIA — A EXTENSÃO DA FALÊNCIA E A EXTENSÃO DOS EFEITOS DA FALÊNCIA
— HÉLIO DA SILVA NUNES 22

ATUALIDADES

STRENGTHENING BRAZIL'S SECURITIES MARKETS
— BERNARD S. BLACK 41

A EVOLUÇÃO DO DIREITO SOCIETÁRIO
— ARNOLDO WALD 56

NOTAS EM MATÉRIA DE "LEASING" CAMBIAL
— RACHEL SZTAJN 66

A ATIVIDADE BANCÁRIA E O CÓDIGO DE DEFESA DO CONSUMIDOR
— JAIRO SADDI 76

CONTRATOS E OBRIGAÇÕES "VIRTUAIS"
— JOÃO LUIZ COELHO DA ROCHA 90

O "DUMPING" E A DEFESA COMERCIAL NO BRASIL
— MARCELO GAZZI TADDEI 95

PRIVATIZAÇÕES E RELAÇÃO ENTRE INTERESSES PÚBLICOS PRIMÁRIOS E SECUNDÁRIOS — AS ALTERAÇÕES NA LEGISLAÇÃO SOCIETÁRIA BRASILEIRA
— OTAVIO YAZBEK 100

O CONTROLE DE CONSTITUCIONALIDADE DA CAPACIDADE NORMATIVA DE CONJUNTURA DO CONSELHO MONETÁRIO NACIONAL E DO BANCO CENTRAL: O CASO DO FUNDO GARANTIDOR DE CRÉDITOS (FGC)
— JEAN PAUL C. VEIGA DA ROCHA 111

A QUESTÃO DA RESPONSABILIDADE, POR SUCESSÃO "INTER-VIVOS", NO CONTRATO DE TRESPASSE
— ALEXANDRE AGUIAR DE BRITO 128

MEIO AMBIENTE — A VIDA DA EMPRESA ENTRE OS DIREITOS DIFUSOS E OS DIREITOS DE VIZINHANÇA
— EVANDRO FERNANDES DE PONTES 136

TEMAS EM DEBATE

QUESTÕES JURÍDICAS RELACIONADAS À INTERNET
— Walter Douglas Stuber, Manoel Ignácio Torres Monteiro e Lionel Pimentel Nobre 146

JURISPRUDÊNCIA COMENTADA

FALÊNCIA — DESCONSIDERAÇÃO DA PERSONALIDADE JURÍDICA
— Haroldo Malheiros Duclerc Verçosa 165

APARÊNCIA DO DIREITO — DIRETOR DE SOCIEDADE QUE COSTUMEIRAMENTE EXCEDE SEUS PODERES SEM QUALQUER OPOSIÇÃO DO CONSELHO DE ADMINISTRAÇÃO — RESPONSABILIDADE DA SOCIEDADE
— Dilson Antonio da Costa Lobo 173

AGRAVO EM AGRAVO DE INSTRUMENTO CONTRA A INADMISSÃO DE RECURSO ESPECIAL
— Paulo Guilherme de Mendonça Lopes 183

ESPAÇO DISCENTE

LIMITES DE EFETIVIDADE DO DIREITO SOCIETÁRIO NA REPRESSÃO AO USO DISFUNCIONAL DO PODER DE CONTROLE NAS SOCIEDADES ANÔNIMAS
— Ricardo Ferreira de Macedo 195

LIQUIDAÇÃO ORDINÁRIA DE INSTITUIÇÃO FINANCEIRA — LEGALIDADE E RESPONSABILIDADE DECORRENTE DE FRAUDE
— Alexandre Yoshio Hayashi 228

A LEI E A VONTADE DO ESTADO
— Frederico Simionato 238

RISCOS OPERACIONAIS NOS MERCADOS DE FUTUROS, OPÇÕES E DE "SWAPS" NA BOLSA DE MERCADORIAS E FUTUROS — BM&F
— Christian Max Finardi Squassoni 242

ALGUNS ASPECTOS ATUAIS E POLÊMICOS DO CHEQUE
— Alexandre Letízio Vieiria 250

PARECERES

O NEGÓCIO JURÍDICO DENOMINADO "FACTORING". A POSSIBILIDADE DE CESSÃO ONEROSA DE CRÉDITO, COM GARANTIA DE PAGAMENTO PELO CEDENTE POR INADIMPLEMENTO DO SACADO — IOF — NÃO-INCIDÊNCIA
— Sacha Calmon Navarro Coelho e Marco Aurélio Caldeira Coelho 257

COLABORAM NESTE NÚMERO

Alexandre Aguiar de Brito
Advogado

Alexandre Letízio Vieiria
Pós-Graduando da Faculdade de Direito da Universidade de São Paulo

Alexandre Yoshio Hayashi
Graduando da Faculdade de Direito da Universidade de São Paulo

Arnoldo Wald
Professor Catedrático de Direito Civil da Faculdade de Direito da UERJ. Presidente da Academia Internacional de Direito e Economia. Advogado

Bernard S. Black
Professor of Law, Stanford Law School

Christian Max Finardi Squassoni
Pós-Graduando da Faculdade de Direito da Universidade de São Paulo

Dilson Antonio da Costa Lobo
Presidente da Comissão de Propriedade Industrial do Instituto Brasileiro de Propriedade Intelectual — IBPI. Ex-Diretor de Marcas do Instituto Nacional de Propriedade Industrial — INPI. Advogado

Eduardo Salomão Neto
Advogado em São Paulo

Evandro Fernandes de Pontes
Advogado em São Paulo

Frederico Simionato
Mestre em Direito e Doutorando em Direito Comercial da Faculdade de Direito da Universidade de São Paulo. Advogado

Haroldo Malheiros Duclerc Verçosa
Mestre e Doutor em Direito pela Faculdade de Direito da Universidade de São Paulo. Professor de Direito Comercial nos Cursos de Graduação e Pós-Graduação da USP e da UNICID

Hélio da Silva Nunes
Advogado em São Paulo

Jairo Saddi
Doutor em Direito Econômico (USP). Professor Coordenador do Curso de Direito do IBMEC — Instituto Brasileiro de Mercado de Capitais

Jean Paul C. Veiga da Rocha
Doutorando em Direito Econômico da Faculdade de Direito da USP. Ex-Bolsista do Centro Brasileiro de Análise e Planejamento (CEBRAP)

João Luiz Coelho da Rocha
Professor de Direito Comercial da PUC/RJ. Advogado

Lionel Pimentel Nobre
Advogado

Manoel Ignácio Torres Monteiro
Advogado

Marcelo Gazzi Taddei
Professor de Direito Comercial da Faculdade de Direito de Marília — Fundação de Ensino Eurípedes Soares da Rocha e da UNIRP — Centro Universitário Rio

Preto. Mestrando em Direito da UNESP, Franca/SP. Pesquisador da FAPESP. Advogado

MARCO AURÉLIO CALDEIRA COELHO
Administrador e Consultor de Empresas. Mediador e Árbitro em questões negociais e jurídicas. Advogado

OTAVIO YAZBEK
Pós-Graduando da Faculdade de Direito da Universidade de São Paulo. Advogado em São Paulo

PAULO GUILHERME DE MENDONÇA LOPES
Professor Assistente de Direito Processual Civil da PUC/SP. Advogado

RACHEL SZTAJN
Professora Associada da Faculdade de Direito da Universidade de São Paulo

RICARDO FERREIRA DE MACEDO
Mestrando em Direito Comercial pela Faculdade de Direito da Universidade de São Paulo. Advogado em São Paulo

SACHA CALMON NAVARRO COELHO
Professor Titular de Direito Tributário e Financeiro da Faculdade de Direito da Universidade Federal de Minas Gerais. Advogado

WALTER DOUGLAS STUBER
Advogado

O Comitê de Redação da Revista de Direito Mercantil entendeu complementar a homenagem prestada ao seu Supervisor Geral, o ilustre Professor Waldirio Bulgarelli, no exemplar de n. 119, com a reprodução desta fotografia que o vem identificando nas obras de doutrina de sua autoria, nas inúmeras edições que o estudioso do Direito tem merecido ler.

Doutrina

O CONTRATO DE ABERTURA DE CRÉDITO — NATUREZA E REGIME JURÍDICO

EDUARDO SALOMÃO NETO

Características gerais e natureza jurídica. Abertura de crédito em favor de terceiro. Abertura de crédito e débito em conta corrente. A remuneração do financiador e seus reflexos: obrigação de saque. Fiança e abertura de crédito. Alteração do estado patrimonial do creditado. Extinção da abertura de crédito. Conclusão.

Seja no relacionamento humano, seja na reflexão sobre questões técnicas, não é incomum que a proximidade excessiva conduza ao embotamento dos sentidos. A vida psicológica escapa à matéria de abrangência da publicação onde este trabalho aparece. Notaremos apenas, portanto, que distorções de visão sobre a natureza jurídica de um instituto são tanto mais freqüentes quanto seja ele encontradiço. Disso nos fornece eloqüente exemplo o contrato de abertura de crédito.

Sendo na prática o modelo básico adotado pelas instituições financeiras em suas operações, existe uma tendência a tratá-lo como forma contratual específica, o que não é. O engano resultante não é de modo nenhum inocente, porque afasta importantes experiências e conhecimentos já formados sobre o instituto, inclusive quanto a proteção das partes do negócio. Estas ficam substituídas pela incerteza e experimentação conceitual, mais apropriadas às ciências médicas do que à segurança que deve inspirar o Direito.

Refletindo sobre essa lacuna é que nos animamos a enveredar pela natureza jurídica do contrato de abertura de crédito, e dela tirar as conclusões cabíveis.

Características gerais e natureza jurídica

Por meio do contrato de abertura de crédito, uma parte, dita creditante, compromete-se a desembolsar recursos em favor de outra, designada creditada, gerando os desembolsos crédito sujeito a remuneração financeira a ser paga em favor do creditante.

O creditado interessa-se pelo negócio porque através dele pode valer-se de recursos financeiros que fiquem reservados em vista de projetos ou necessidades futuras, para os quais não necessite de desencaixe imediato. Em relação ao mútuo direto, não necessita o financiado arcar com os riscos do recebimento dos recursos desde logo, por exemplo, a diferença entre os juros que passaria a dever ao financiador e o benefício que pode obter com o uso dos recursos.

Em contrapartida, o interesse do financiador, normalmente uma instituição financeira, é encontrar tomador para os recursos que capta no mercado, ampliando as atividades que constituem seu objeto social.

A abertura de crédito admite duas modalidades principais. A primeira, dita simples, permite o saque do valor creditado sem a possibilidade de restauração de tal valor por via de pagamentos parciais. Na segunda modalidade, chamada de abertura de crédito em conta corrente, pagamentos parciais restauram o valor do crédito aberto, e permitem saques adicionais. Note-se que em ambas as formas de abertura de crédito, os saques podem ser efetuados uma ou mais vezes.

Dito isto, devemos começar nossa análise por indagação sobre a natureza jurídica do contrato de abertura de crédito. Conforme demonstraremos, diferentes respostas a esta questão poderão levar a diferenças quanto ao regime jurídico aplicável ao negócio.

Como de praxe, não faltam teorias estrambóticas que procurariam explicar sua natureza com base na assimilação a negócios já existentes. A mais conhecida destas é a que interpreta o negócio como um mútuo cumulado com depósito junto à instituição mutuante dos recursos. Em uma tal estrutura, considera-se que o beneficiário primeiro recebeu um empréstimo de dinheiro, que se obrigou a depositar junto à instituição financeira concedente. Em vista do depósito, ficaria o beneficiário autorizado a fazer os saques por ele solicitados até o limite do valor objeto do mútuo inicial.[1] Essa teoria não merece aceitação porque o depósito é um contrato real, isto é, necessita para se firmar da entrega da coisa, real ou simbólica, segundo dispõe o art. 281 do Código Comercial. Essa entrega não existe, quer de forma real, quer de forma fícta: o creditado nunca teve o dinheiro para depositá-lo, e os contratos usualmente utilizados na prática bancária não prevêem uma entrega simbólica do dinheiro ao creditado, seguida de depósito.

Feita uma tal constatação, resta discutir duas teorias plausíveis sobre o tema,[2] e cuja adoção poderia levar a importantes efeitos práticos. A primeira teoria considera a abertura de crédito como um contrato autônomo, que nada tem a ver com o mútuo, contrato esse que tem nos desembolsos por parte do creditante seu momento de execução. A teoria oposta considera a abertura de crédito como contrato preliminar, ou seja, uma promessa de mútuo futuro.[3]

Não nos parece haver fundamento definitivo a justificar em si mesma a escolha de uma ou outra teoria. Raramente tal fundamento existe na questão da autonomia de novas formas contratuais, questão que seria em si estéril, e a que não deveríamos prestar atenção, não fossem os efeitos que traz.

De início, deve-se notar que tem sido negada com convincentes argumentos, em doutrina, a possibilidade de existência de contratos mistos ou inominados, tendo em vista a regra de que qualquer contrato é absorvido pelo tipo legal correspondente à prestação principal ("teoria da absorção").[4] Mesmo sem tais argumentos, a solução natural seria enquadrar a nova forma jurídica no arcabouço das já existentes, como o mútuo e sua promessa, segundo tendência doutrinária e jurisprudencial.[5]

1. Alfredo Rocco, "Le natura giuridica dello cheque", in *Studi di Diritto Commercialle ed Altri Scritti Giuridiche*, Roma, 1933, v. 3, *apud* Sérgio Carlos Covello, *Contratos Bancários*, 3ª ed., São Paulo, Livraria e Editora Universitária de Direito, 1999, pp. 189 e 190.

2. Há outras teorias, cuja generalidade ou falta de base não as faz dignas de nota. Para uma relação delas, veja-se Sérgio Carlos Covello, *Contratos Bancários*, cit., pp. 187 a 194.

3. Uma boa explicação de tal teoria encontra-se em Messineo, *Operazioni di Borsa e di Banca*, Milano, Dottore A. Giuffrè Editore, 1966, pp. 344 e ss.

4. Oscar Barreto Filho, *Regime Jurídico das Sociedades de Investimentos*, São Paulo, Max Limonad, 1956, p. 156, nota 75.

5. *RT* 510/209: "Como adverte Jaime dos Santos Briz (ob. cit., p. 86), 'não há contratos quimicamente puros, já que a complexidade de circunstâncias de toda a ordem, que geralmente rodeiam a celebração de contratos, faz que a regulagem destes receba influência da mais variada procedência, não só do campo jurídico, senão de outros campos (socio-

Os argumentos levantados contra a teoria do contrato preliminar são normalmente genéricos e pouco convincentes. Centram-se tais argumentos no fato de que a diversidade de operações através das quais se pode conceder o crédito (liberação em dinheiro, aceite em títulos de crédito, concessão de garantias etc.) seria incompatível com o contrato. Este deveria ser marcado pela uniformidade dos negócios jurídicos a cuja celebração obriga.[6]

Essas críticas não soam procedentes, de início porque não nos parece que o negócio de abertura de crédito possa se traduzir em outra prestação para o financiador que não um mútuo. As eventuais promessas de se aceitar títulos de crédito, ou dar garantias, feitas pela instituição financeira, não podem a bem dizer ser consideradas crédito, não tendo a característica básica deste, que é a substituição de um direito real presente sobre um bem ou soma em dinheiro, por um direito obrigacional futuro. Nesse passo, só se pode falar em abertura de crédito propriamente dita em relação a desembolso em moeda futuro, em benefício do próprio creditado ou de terceiro por ele indicado.

Mesmo independentemente disso, nada impediria que se considerasse que vários contratos definitivos, de diferentes naturezas, bem como vários contratos preliminares, pudessem se abrigar sob o mesmo instrumento contratual.

Visto o contrato preliminar como uma obrigação de fazer, que obriga apenas à celebração de outro contrato,[7] parece ser figura que abrange perfeitamente a abertura de crédito. Nada obsta nesse ponto que a decisão de contratar fique a cargo de apenas uma das partes: o creditado.

Ainda com tudo isto, o melhor argumento a favor desta teoria no entanto nos parece vir do fato de que, considerando os futuros desembolsos o momento inicial da celebração de um contrato de mútuo, aplica-se à relação de crédito que venha a aparecer o regime jurídico do mútuo. Tal regime, e inclusive as adições a ele, foi elaborado com vistas ao equilíbrio das relações entre prestadores e tomadores de recursos financeiros, não havendo sentido em desprezar essa experiência para considerar a abertura de crédito um novo instituto jurídico.

Exemplo das regras relativas ao mútuo que se devem ter como aplicáveis também a desembolsos subseqüentes a uma abertura de crédito são:

i) a impossibilidade de reaver mútuo feito a menor, sem prévia autorização daquele sob cuja guarda estiver, impossibilidade essa que se estende inclusive à tentativa de reaver o valor de garantidores (art. 1.259 do Código Civil);

ii) o prazo de 30 dias aplicável para a restituição do mútuo de dinheiro, na falta de convenção expressa (art. 1.264, inc. II do Código Civil).

Mais ainda, as próprias regras da lei da usura relativas à capitalização de juros poderiam deixar de ter aplicação às aberturas de crédito, já que sua filiação básica é o art. 253 do Código Comercial, inserido no capítulo dedicado ao mútuo mercantil,

lógico, econômico, familiar, etc.). Estes elementos não desvirtuam o contrato, se não ajudam a declarar em caso litigioso seus efeitos jurídicos. Não há nestes casos, contrato atípico propriamente dito, este deve entender-se somente quando o núcleo fundamental de direito e obrigações criado pelas partes não se encaixe, direta ou indiretamente entre os regulados especialmente nas leis'. 'Devem distinguir-se as cláusulas que constituem a essência do contrato daquelas outras subordinadas, complementares ou eventuais que não contradigam a essência do contrato, ao deixar incólumes as prestações de caráter principal'" (*apud* Waldirio Bulgarelli, *Contratos Mercantis*, 12ª ed., São Paulo, Atlas, 2000, p. 154).

6. Francesco Messineo, *Operazioni di Borsa e di Banca*, cit., pp. 344 a 347.

7. O Projeto de Código Civil de 1975 assim dispõe em seu art. 463: "Concluído o contrato preliminar, com observância do disposto no artigo anterior, e desde que não conste cláusula de arrependimento, qualquer das partes terá o direito de exigir a celebração do definitivo, assinando prazo à outra para que o efetive".

em cujos termos não se podem contar juros sobre juros, exceto pela inclusão no saldo anual da dívida.[8]

Abertura de crédito em favor de terceiro

A abertura de crédito pode prever desembolso em favor do próprio creditado ou de terceiro por ele designado, o qual não fica apenas por isso devedor do montante objeto da operação. Em tal hipótese aplicam-se para reger as relações entre as partes as regras dos arts. 1.098 a 1.100 do Código Civil Brasileiro.

De acordo com tais regras a obrigação de desembolso poderá ser exigida tanto pelo creditado original como pelo terceiro beneficiário. É claro que isso se definirá pelos termos do contrato, podendo ficar o pedido de desembolso a cargo do creditado original ou do beneficiário.

Escolhendo-se a segunda de tais alternativas, pode-se indagar se é facultado ao creditado original rescindir o contrato de abertura de crédito, em vista do art. 1.099 do Código Civil, em cujos termos se "ao terceiro, em favor de quem se fez o contrato, se deixar o direito de reclamar-lhe a execução, não poderá o estipulante exonerar o devedor".

Não se deve, entretanto, confundir o direito de reclamar a execução a que se refere o Código Civil, com o mero poder de solicitar saques, que pode ser transferido a terceiros. De fato, os saques sob uma linha de crédito podem depender de vários fatores, como a apresentação de certos documentos, a ocorrência de um dado evento ou a vontade de uma terceira parte, sem que isso signifique a atribuição do poder de exigir execução a terceiros. Em vista disso, se se quiser atribuir ao beneficiário que não é parte no contrato de abertura de crédito o poder de reclamar a execução dele, ou seja, os desembolsos, isto deve ser feito expressamente.

As cartas de crédito usadas no comércio internacional podem ser uma modalidade de abertura de crédito em favor de terceiros, se não acompanhadas ou precedidas de provisão suprida pelo creditado, e em tal caso a elas aplicam-se as regras acima.[9] Nos termos de tais cartas de crédito, o importador em um país obtém que banco abra em benefício de tal exportador uma carta de crédito pagável contra a apresentação de documentos que comprovem o embarque da mercadoria vendida. O pagamento e a coleta dos documentos ficam a cargo de um banco no país do exportador, correspondente do primeiro. Tal banco correspondente poderá prometer pagar independentemente de receber provisão do primeiro, dando garantia adicional, caso em que a carta de crédito é dita confirmada.

O exportador será terceiro em relação à carta de crédito: de fato, estas podem ser abertas na modalidade revogável, caso em que o terceiro nenhum direito tem de exigir o desembolso, porque o banco pode unilateralmente deixar de fazê-lo. Essa modalidade, ainda que pouco comum, é a forma básica, ou seja, a que existirá na falta de disposição contratual diversa. A forma de carta de crédito mais comum, a irrevogável, é em termos jurídicos uma abertura de crédito em favor de terceiro, em que se atribui a este terceiro o poder de reclamar a execução. Neste caso, nem o banco nem o importador que abriu a carta de crédito podem cancelar a estipulação à revelia do beneficiário em favor de quem se estipulou.[10]

8. A mesma proibição consta do art. 4º da Lei da Usura (Decreto 22.626, de 7 de abril de 1933), confirmada ainda pela Súmula 121, do Supremo Tribunal Federal. Note-se que tal proibição de capitalização foi revogado pelo art. 5º da recente Medida Provisória 1.963, de ..., cuja eventual aprovação definitiva não pode ainda ser prevista.

9. Aprova essa visão Messineo, *Operazioni di Borsa e di Banca*, cit., pp. 361 a 364. Uma visão de algumas das teorias existentes pode ser encontrada em Aldo Ceccherini e Massimo Genghini, *I Contratti Bancari nel Codice Civile*, Milano, Giuffrè Editore, s/d, pp. 117 a 120.

10. Essa forma simples de ver as operações de abertura internacional de crédito não exclui a exis-

Abertura de crédito e débito em conta corrente

Note-se haver também diferença entre a abertura de crédito e a simples tolerância de saldo negativo em conta corrente pela instituição financeira. A abertura de crédito é contrato porque derivada da vontade das partes, o que inclui tanto a vontade do banco de conceder o benefício como a do cliente de recebê-lo.[11]

Diferente disso é a prática eventualmente adotada por instituições financeiras de cobrir saques por clientes superiores à provisão de fundos em sua conta corrente, a qual constitui mera forma de operação, sem a criação de direitos para o cliente.[12]

Nada impede, entretanto, que na operação de uma conta corrente exista também a formalização contratual de uma abertura de crédito, caso em que se aplicarão as regras do contrato que ora vimos estudando. Este é o caso, por exemplo, dos contratos de cheque especial em que a instituição expressamente se compromete à cobertura de saldos a descoberto até certo valor.

Evidentemente, um contrato de abertura de crédito pode conviver lado a lado com um saldo a descoberto em conta corrente ou sucedê-lo, sem que se confundam. Em qualquer caso, as garantias previstas para o contrato de abertura de crédito não se estenderão a eventuais saques a descoberto efetuados em conta corrente,[13] ainda que esteja em vigor o contrato de abertura de crédito no momento dos referidos saques a descoberto.

Eventualmente, o débito simples em conta corrente pode ser extinto pelo nascimento da abertura de crédito, no valor exato do saque a descoberto que havia sido efetuado. A vantagem disto é a formalização da obrigação da instituição financeira de cobrir os saques, permitindo ao cliente contar com os valores. Para a instituição financeira, legitima-se a cobrança de juros sobre os valores adiantados, a qual ver-se-ia ameaçada de contestação de outro modo. De fato, o art. 52, inc. II do Código de Defesa do Consumidor (Lei 8.078, de 11.9.1990) obriga que o fornecimento de produtos ou serviços que envolvam a outorga de crédito ao consu-

tência de outros negócios envolvidos nos pagamentos internacionais, que não os contratos de abertura de crédito. Exemplo disso é a possível relação entre o banco em uma praça que abre o crédito e o banco na praça do vendedor que o confirma, dando garantia adicional de pagamento. Note-se também que nenhuma oposição existe entre a estipulação em favor de terceiros e o apontamento de uma determinada figura contratual, como a abertura de crédito, como a base de uma relação. Isso porque a estipulação em favor de terceiros não é figura contratual, e sim o nome que se dá às regras de qualquer figura contratual que favoreçam partes que não os signatários do contrato. Daí o erro tanto de doutrinas que procuram encontrar o fundamento da abertura de crédito na estipulação em favor de terceiros, como daquelas que excluem a existência de estipulação de terceiros porque se pode encontrar uma figura contratual ajustada com precisão à operação.

11. Em outros países, como a França, os critérios de prova da existência de abertura de crédito são mais liberais que os brasileiros, admitindo-se mesmo a prova testemunhal (Christian Gavalda e Jean Stufflet, *Droit Bancaire*, 2ª ed., Paris, Litec, s/d, pp. 220 e 221). No Brasil, isso fica excluído para os contratos comerciais de valor mais significativo pelo art. 123 do Código Comercial. À parte tal diferença quanto a prova, parece-nos que a solução na maior parte dos países é idêntica à brasileira: só se considera como abertura de crédito o contrato decorrente de acordo de vontades, ao qual não se equipara a simples prática de fazer adiantamentos em conta corrente.

12. A doutrina e jurisprudência italianas são bem firmes nesse ponto, como ressaltam Aldo Ceccherini e Massimo Genghini, *I Contratti Bancari nel Codice Civile*, cit., pp. 332 a 334, justificando os pagamentos de saldos devedores de contas correntes como incidentais a mandato existente entre o banco e o correntista.

13. "In materia di apertura di credito in conto corrente garantita, nel caso di recesso del contratto da parte della banca, a sensi dell'ultimo comma dell'art. 1.845 c.c., non opera più l'art. 1.843 riguardante l'utilizzazione del credito in pendenza del contratto, ed alla banca non resta che chiudere contabilmente il conto relativo all'apertura di credito senza poter pretendere di collegare l'eventuale proseguimento del conto corrente di corrispondenza — ormai autônomo — con il precedente rapporto garantito" (Cass. 5 giugno 1974 n. 1641, *apud* Aldo Ceccherini e Massimo Genghini, *I Contratti Bancari nel Codice Civile*, cit., pp. 419 e 420).

midor seja efetuado com informação prévia e adequada sobre juros.

Nessa hipótese parece-nos, seguindo boa doutrina,[14] que os adiantamentos financeiros antes da formalização da abertura de crédito se deveram a relação de mandato e são devidos, portanto, em virtude de tal relação contratual. Isto porque nos termos dos arts. 1.310 do Código Civil e 154 do Código Comercial, o mandante é obrigado a pagar ao mandatário quaisquer despesas relacionadas à execução do encargo. A substituição das obrigações resultantes do mandato pelas da abertura de crédito preenche todos os requisitos da lei civil para a novação extintiva da primeira dívida: está presente a contração de nova dívida para substituir a anterior, como exigido pelo art. 999, inc. I do Código Civil, bem como a intenção de fazê-lo (ânimo de novar) exigida pelo art. 1.000 do mesmo Código.

Isso tem importantes efeitos em relação à aplicação de regras do Direito Positivo Brasileiro. A lei diz serem efeitos da decretação de intervenção extrajudicial em instituições financeiras a suspensão da exigibilidade das obrigações vencidas (art. 6º, letra *a*, da Lei 6.024, de 13.3.1974). Diz também ser efeito da liquidação extrajudicial o vencimento antecipado das obrigações da liquidanda (art. 18, letra *b*, da Lei 6.024/74). Ora, uma simples prática de inteirar saldo a descoberto em conta corrente não implica para a instituição financeira qualquer obrigação. Já a efetuação de desembolsos em conta corrente tem caráter obrigacional para a instituição que abriu crédito, e entraria dentro de tais regras. Ou seja, seria teoricamente exigível pelo cliente o pagamento relativo ao crédito aberto, uma vez que trata-se de uma obrigação da instituição financeira fazer tal pagamento, cuja falta pode em muito prejudicar os negócios do creditado que contasse com o valor. A partir daí, caberia a creditados frustrados em suas expectativas declararem seus créditos em caso de liquidação extrajudicial (art. 22 da Lei 6.024/74). Em caso de sofrerem prejuízo econômico pela frustração dos desembolsos, terão também a prerrogativa de pleitear perdas e danos em processo de indenização ordinário, como facultam os arts. 43, parágrafo único do Decreto-lei 7.661, de 21.6.1945 (Lei de Falências), que se aplica subsidiariamente às liquidações extrajudiciais (art. 34 da Lei 6.024/74).

O montante do prejuízo econômico que pode potencialmente ser sofrido pelo creditado não tem limites. Para constatar isso, basta pensar em sociedade industrial que tivesse assegurado uma linha de crédito junto a instituição financeira que vem a quebrar, para pagar maquinário já encomendado. Nesse ponto, a quebra da instituição financeira poderia provocar a impossibilidade da referida sociedade de honrar suas obrigações, e eventualmente sua insolvência.

Aplicando-se subsidiariamente ao caso o art. 43, parágrafo único da Lei de Falências, pode o liquidante optar por cumprir o contrato de abertura de crédito, depois de notificado pelo contraente interessado. A confirmação da opção deve ocorrer até cinco dias depois da notificação, e só depois da negativa ou silêncio do síndico nascerá para o prejudicado o direito a haver perdas e danos, segundo o texto da lei.

Mas a novação extintiva da dívida em conta corrente, em virtude de abertura de crédito, tem também efeitos benéficos para a instituição financeira, principalmente em caso de falência do creditado. Note-se nesse ponto que o art. 52, inc. III da Lei de Falências considera revogável "a constituição de direito real de garantia, inclusive a retenção, dentro do termo legal da falência, tratando-se de dívida contraída antes desse termo". Em uma interpretação literal, a dívida resultante do saque a descoberto fica extinta pela abertura de crédito em conta corrente, e nesse momento poderiam ser dadas garantias novas, mesmo se

14. Aldo Ceccherini e Massimo Genghini, *I Contratti Bancari nel Codice Civile*, cit., pp. 332 a 334.

dentro do prazo legal da falência. Isso porque tais novas garantias visam a amparar dívida nascida simultaneamente, não havendo a anterioridade da dívida em relação à garantia que é pressuposto para a aplicação do dispositivo.[15] Note-se, entretanto, que se a novação for efetuada pela instituição não em vista das vantagens para ela e seu cliente acima apontadas, mas unicamente para possibilitar a tomada de garantias em detrimento de outros credores, parece-nos que a operação seria de todo modo revogável, porque o art. 53 da lei falimentar determina esse efeito para todos os atos praticados com a intenção de prejudicar credores. A presença ou ausência de tal intenção é evidentemente uma questão de fato.

A transformação da natureza da dívida, de saque a descoberto em conta corrente para saque coberto por abertura de crédito, tem também outra importante conseqüência em matéria falimentar. O art. 52, inc. I da lei falimentar considera revogáveis, mesmo na falta de intenção de prejudicar credores, o pagamento de dívidas vencidas efetuadas pelo devedor dentro do termo legal da falência. Não resta dúvida que tal regra incidirá com toda sua força para tornar revogáveis os pagamentos de saque a descoberto em conta corrente, feitos pelo falido. A mesma conclusão se justificaria em caso de saques cobertos por linha de crédito. Essa hipótese não se diferenciaria da anterior pela letra fria do art. 52 da lei falimentar, pois a abertura de crédito igualmente gera dívida cujo pagamento estaria sendo antecipado. A antecipação do pagamento dos saques sobre a linha de crédito seria nociva para eventuais credores porque a entidade creditante poderia se recusar a permitir novos saques, mesmo dentro do limite da linha, com base na deterioração do estado econômico do devedor.[16] Se o creditado, entretanto, antes de fazer a restituição, convencionasse expressamente com a instituição creditante a proibição de que essa se furtasse a novos desembolsos sob a linha com base em deterioração do estado patrimonial do devedor, parece-nos que desapareceria a objeção da lei falimentar. Nessa hipótese, o pagamento teria o efeito de restaurar o limite de saques do creditado, livrando-o da incorrência de juros enquanto não necessitasse dos recursos, o que é bom para o creditado e para a generalidade de seus credores após a falência. A boa interpretação teleológica, que deve prevalecer sobre a literal interpretação do art. 52, inc. I da lei falimentar, manda, portanto, que se aceite como legítimo o pagamento de saques em tais condições.

A remuneração do financiador e seus reflexos: obrigação de saque

É evidente que para a instituição financiadora melhor seria que as operações ativas tivessem sempre a forma de mútuo, desde logo gerando resultados financeiros ativos. Isto não é sempre possível, entretanto, e a abertura de crédito serve para assegurar a possibilidade de futuras operações de crédito, sob termos já previamente negociados. O creditado encontra em tais operações a vantagem de ter segurança jurídica a respeito dos recursos financeiros com que pode contar em sua atividade normal ou relativa a um projeto específico.

15. "Qualora uma banca concordi un'a apertura de credito in favore di uma persona già legata ad essa da um rapporto di conta corrente di corrispondenza, il debito (della persona verso la banca) per lo scoperto di conto corrente si estingue per um importo pari all'entitá dell'apertura di credito, operando la compensazione legale di cui all'art. 1.853 c.c. (compensazione tra i saldi di più rapporti), mentre sorge um nuovo debito, derivante appunto dalla apertura di credito, cosi che la eventuale garanzia data dal cliente deve considerarsi como contestuale al sorgere del suo debito. Da ciò consegue che, qualora il cliente sia dichiarato fallito, l'atto di costituzione della garanzia è soggetto a revocatória fallimentare solo se compiuto entro l'anno anteriore alla dichiarazione di fallimento, ai sensi dell capoverso dell'art. 67 legge falimentare (Cass. 24 ottobre 1975 n. 3519, *apud* Aldo Ceccherini e Massimo Genghini, *I Contratti Bancari nel Codice Civile*, cit., p. 360).

16. Veja-se abaixo sob o título *Alteração do estado patrimonial do creditado*.

A contrapartida disto pode ser o pagamento de uma taxa pela abertura de crédito ao banco, independentemente da efetuação de quaisquer saques. Tal taxa pode ser fixa, ou incidir de forma similar aos juros, desde logo, em virtude da mera abertura do crédito e colocação dos recursos à disposição do tomador. Finalmente, podem também incidir juros desde o desembolso dos recursos através dos mútuos. Só à última forma de remuneração se pode propriamente chamar de juros, porque antes disso não houve desembolso de capital, embora nos pareça que também à primeira forma se aplicariam restrições legais às taxas de juros eventualmente existentes em defesa de consumidores.

Mesmo que prevista desde logo, e ainda que calculada como uma taxa sobre o valor da abertura, como os juros seriam, nada há de ilícito na referida cobrança, e nem são violados os direitos do creditado como consumidor. De fato, manter os recursos à disposição do creditado faz o banco incorrer ao menos em um custo de oportunidade, isto é, na perda de outros negócios. Isto porque, seja em virtude da regulamentação bancária,[17] seja em virtude de limitação do potencial de captação de recursos no mercado, é restrita a capacidade de realização de operações de crédito das instituições financeiras, e entrar em uma significa deixar de fazer outras.

Assim, é legítima a cobrança por elas de taxas como as acima referidas, sem qualquer violação às normas do Direito do Consumidor, como o art. 39, inc. V da Lei 8.078/90, que proíbe que se exija do consumidor vantagem manifestamente excessiva.[18]

Como os juros praticados por instituição financeira não se sujeitam presentemente a qualquer controle, não há que se cogitar de qualquer limite à cumulação deles com as taxas cobradas pela abertura de crédito. Entretanto, é possível também a abertura de crédito por quaisquer comerciantes, por exemplo, como forma de financiar fornecedores. Nesse caso, após os desembolsos, a cobrança da taxa pela abertura de crédito não poderá ser cumulada com os juros, se o resultado de uma tal cumulação for taxa superior ao limite de 12% ao ano imposto pela lei da usura (Decreto 22.626, de 7.4.1933, art. 1º).

Parece-nos que a eventual incidência ou não de remuneração pela abertura de crédito tem impacto na questão de saber se o creditado é ou não obrigado a efetuar os saques, no silêncio do contrato. Se for pactuada remuneração, deve-se presumir ser essa suficiente para o creditante e, portanto, não haver qualquer obrigatoriedade para o creditado em solicitar os desembolsos. Diferente entretanto é a situação na hipótese de não ser convencionada tal remuneração: nessa hipótese, considerando que sempre o creditante incorre custos para o provisionamento da soma relativa à abertura de crédito, deve-se interpretar o contrato como obrigando o creditado ao saque.[19] O fundamento de tal raciocínio é a presunção de onerosidade dos contratos mercantis, não sendo razoável supor que uma instituição financeira abrisse crédito

17. Que limita o volume de operações ativas dos bancos em relação ao volume de seu capital próprio.

18. Note-se conclusão semelhante na doutrina e jurisprudência citadas por Aldo Ceccherini e Massimo Genghini, *I Contratti Bancari nel Codice Civile*, cit., p. 345.

19. Messineo adota também tal posição: "A mio aviso, conviene distinguere, secondo gli oneri che il contratto adossa all'accreditato. Se questi debba corrispondere la provvigione all'accreditante, in dipendenza del *mero* fatto dell'accreditamento, non può esservi luogo per um obbligo dell'accreditato a valersi del credito apertogli. Quando, invece, non si corrisponda la provvigione (non necessariamente perchè l'accreditante *doni l'accreditamento*; cf. *retro*, n. 2 in nota) e pertanto il solo vantaggio che l'accreditante può attendersi dal contratto stia nella percezione degli interessi — mi par corretto ritenere che l'accreditato sia in obligo di efetuare prelevamenti, in misura adeguata all'ammontare del fido, per non esporre l'accreditante a immobilizzare danaro e a distoglierlo da altra destinazione, senza la certeza di farne impiego utile" (*Operazioni di Borsa e di Banca*, cit., pp. 355 e 356).

sem ter a segurança de contraprestação futura sob a forma de juros.[20] Evidentemente, tais regras só valem no silêncio do contrato, que pode deliberar diferentemente a respeito.

Entretanto, seja ou não convencionada remuneração, e esteja ou não obrigado o creditado a efetuar o saque, tem o creditado sempre direito presente de valor patrimonial a solicitar os desembolsos. Em vista disso, discute-se se poderia tal direito ser alvo de penhora ou seqüestro por parte de credores do creditado, que ficariam autorizados a solicitar os desembolsos, em contrapartida do que se geraria obrigação para o creditado. A resposta deve ser pela negativa, porque os credores só poderiam receber os direitos do creditado na mesma condição em que para este existem. Ora, os saques dependem de manifestação de vontade positiva do creditado, e o mesmo aplicar-se-ia se os direitos fossem onerados a favor de terceiro: a vontade do creditado continuaria a ser determinante para que os desembolsos ocorressem. É essa a razão pela qual um tal ativo nenhuma utilidade teria para eventual executante ou autor de medida cautelar de arresto ou requerente da penhora.[21]

Mais do que isso ainda, a penhora ou seqüestro do direito a pedir os desembolsos pouco significaria para o credor em vista do direito do banco creditante de se recusar a efetuar desembolsos com base no art. 1.092 do Código Civil: nos termos de tal dispositivo uma parte pode negar-se a fazer a prestação que a ela toca realizar em primeiro, caso à outra parte sobrevenha diminuição patrimonial que comprometa ou torne duvidosa a prestação. Provavelmente, o próprio fato da penhora ou arresto seria indicativo da situação de deficiência patrimonial do creditado, e isso bastaria para a recusa de desembolso por parte da instituição financeira.

Menos difícil é a questão de saber se o direito a obter os desembolsos pode ser empenhado. Nessa hipótese, o ato voluntário de penhor implica anuência prévia do creditado original com os desembolsos, se a solicitação de tais desembolsos pelo credor pignoratício se fizer necessária na execução da garantia. Nesse ponto a resposta deve ser pela possibilidade, pois seria aplicável por analogia o art. 792, inc. IV do Código Civil, que permite ao credor pignoratício "(r)eceber a importância dos títulos caucionados, e restituí-los ao devedor, quando este solver a obrigação por eles garantida".[22]

20. Note-se que nos termos do art. 131 do Código Comercial, os contratos devem ser interpretados conferindo-se a eles o significado mais conforme a boa-fé, e ao verdadeiro espírito e natureza do contrato. É tradição também em nosso Direito a vedação ao enriquecimento sem causa, como se pode depreender entre outras fontes dos arts. 964 a 971 do Código Civil. A isso se soma forte tradição jurídica nos países de Direito anglo-saxônico e romanístico a considerar a causa no sentido de contraprestação suficiente como elemento integrante da obrigação (Gilberto de Ulhôa Canto, "Causa da obrigações fiscais", in J. M. de Carvalho Santos, *Repertório Enciclopédico do Direito Brasileiro*, v. VIII, Rio de Janeiro, Editor Borsói, s/d, pp. 1 a 23).

21. Sobre este ponto aliás parece ser unânime a doutrina. Segundo Christian Gavalda e Jean Stoufflet, "[l]a jurisprudence n'a pas em principe reconnu à um tiers la faculté d'invoquer la réalisation d'une ouverture de crédit accordée par example à son débiteur. Néanmois, l'ouverture de crédit avec affectation spéciale à une opération déterminée justifierait la demande d'éxecution d'um tiers. Ce, même em cas de redressement judiciaire du bénéficiaire" (*Droit Bancaire*, cit., p. 223). No mesmo sentido, baseando-se em opiniões doutrinárias, Nelson Abrão, *Direito Bancário*, 5ª ed., São Paulo, Saraiva, 1999, pp. 110 e 111.

22. Há na doutrina e jurisprudência de outros países dúvidas, a nosso ver infundadas, sobre tal ponto: "Ob dieses Kreditabrufrecht durch Dritte pfandbar ist, hängt von der Zweckbindung des Darlehens ab: Ausserhalb dieses Zweck ist keine Pfändung möglich, weil dies eine vertragswidrige Kreditverwendung wäre. Ist keine Zweckbindung des Darlehens vereinbart, ist die Rechtslage umstritten: Teils wird auf die Parallelität der Pfändung mit der Abtretbarkeit des Kreditabrufs abgestellt, beide Rechte als selbständig angesehen, mithin die Pfändung für zulässig angesehen. Die Gegenposition sieht das Abrufrecht nicht als selbständiges Recht i. S. v. § 871 Abs. 1 ZPO, verneint also die Pfandbarkeit. Die Streitfrage ist in der Literatur ausdiskutiert, vom BGH noch nicht entschieden" (Claussen, *Bank-und Börsenrecht*, cit., p. 176).

Fiança e abertura de crédito

As obrigações resultantes da abertura de crédito ficam condicionadas sempre ao desembolso futuro por parte do creditante. Isso não impede que sejam garantidas por meio de fiança, na forma prevista nos arts. 256 a 263 do Código Comercial e nos arts. 1.481 a 1.504 do Código Civil.

Os arts. 1.500 e 1.501 do Código Civil dispõem como segue:

"Art. 1.500. O fiador poderá exonerar-se da fiança que tiver assinado sem limitação de tempo, sempre que lhe convier, ficando porém obrigado por todos os efeitos da fiança, anteriores ao ato amigável, ou à sentença que o exonerar."

"Art. 1.501. A obrigação do fiador passa-lhe aos herdeiros, mas a responsabilidade da fiança se limita ao tempo decorrido até à morte do fiador, e não pode ultrapassar as forças da herança."

Os arts. 262 e 263 do Código Comercial dispõem de forma similar:

"Art. 262. O fiador fica desonerado da fiança, quando o devedor, sem o seu consentimento ou sem lhe ter exigido o pagamento, concede ao devedor alguma prorrogação de termo, ou faz com ele novação do contrato (art. 438); e pode desonerar-se da fiança que tiver assinado sem limitação de tempo, sempre que lhe convier; ficando, todavia, obrigado por todos os efeitos da fiança anteriores ao ato amigável, ou sentença por que for desonerado."

"Art. 263. Desonerando-se, morrendo ou falindo o fiador, o devedor originário é obrigado a dar nova fiança, ou pagar imediatamente a dívida".

Note-se, em primeiro lugar, que a parte final dos arts. 1.500 do Código Civil e 262 do Código Comercial poderia dar a errônea impressão de que a desoneração só ocorre mediante acordo entre as partes ("ato amigável") ou sentença judicial, o que parece errôneo. Isso porque não teria sentido a exigência de recurso à justiça para ato que pode ser produzido por simples declaração de vontade do fiador, qual seja a não continuação da fiança dada sem limitação de prazo.[23]

Já a fiança dada com limitação de prazo expira automaticamente com a passagem do referido prazo.

Resta então indagar qual o efeito de fiança dada para abertura de crédito, e que expira no meio dela, com um valor determinado de dívida pendente, em relação a flutuações do valor dessa dívida após a fiança ter expirado.

Decidir uma tal questão implica revisitar a noção que formamos sobre a natureza da abertura de crédito. Sendo ela uma promessa de mútuo, não pode ser objeto específico de fiança. De fato, a fiança de que se cogita na abertura de crédito é aquela dada para obrigações em dinheiro. Tais obrigações não existem em decorrência da abertura de crédito, mas apenas dos mútuos cuja realização constitui seu objeto. Como vimos, a abertura de crédito apenas obriga o creditante a realizar desembolsos futuros como mútuo, em troca de eventual contraprestação recebida do creditado e, portanto, não cria ainda qualquer dívida para o creditado.

O fiador do creditado na verdade é fiador dos mútuos em que se traduzirá a abertura, e sua responsabilidade se limitará segundo os dispositivos acima ao valor dos mútuos em aberto quando da extinção da fiança.

A regra acima, em nome da lógica, sujeita-se a uma importante qualificação: a de que se a dívida diminuir após a extinção da fiança, o fiador, ou seus herdeiros, só responderão pelo valor menor após tal diminuição. De fato, não precisa esclarecimento o fato de que a fiança provoca responsabilidade sem dívida para o fiador, pois a dívida foi incorrida pelo creditado.[24] Essa

23. Não nos parecem justificáveis as visões em contrário, como a de Washington de Barros Monteiro, *Curso de Direito Civil — Direito das Obrigações*, 2º v., 2ª ed., São Paulo, Saraiva, 1959, p. 395.

24. O contraste entre a posição passiva no vínculo obrigacional (dívida) e a sujeição a constrição

responsabilidade é limitada ao valor da dívida existente, e diminuirá com esta.

Note-se que a mesma regra de diminuição deverá valer ainda que a diminuição ocorra apenas temporariamente através de pagamentos parciais posteriores à extinção da fiança, a que se sigam novos desembolsos. Nessa hipótese, a boa lógica fará com que se considerem pagas as dívidas mais antigas, justamente aquelas cobertas pela fiança. Assim, ao permitir novos saques após tal pagamento, não estarão eles cobertos por fiança e não se poderá imputar responsabilidade ao fiador ou a seus herdeiros.

Alteração do estado patrimonial do creditado

O contrato de abertura de crédito tem evidentemente natureza pessoal, sendo estabelecido em virtude de condições pessoais e patrimoniais específicas do favorecido.[25]

Aplica-se ao banco ou instituição creditante a importante regra do art. 1.092 do Código Civil Brasileiro:

"Art. 1.092. Nos contratos bilaterais, nenhum dos contraentes, antes de cumprida a sua obrigação, pode exigir o implemento da do outro.

"Se, depois de concluído o contrato sobrevier a uma das partes contratantes diminuição em seu patrimônio, capaz de comprometer ou tornar duvidosa a prestação pela qual se obrigou, pode a parte, a quem incumbe fazer a prestação em primeiro lugar, recusar-se a esta, até que a outra satisfaça a que lhe compete ou dê garantia bastante de satisfazê-la."

A primeira regra contida neste artigo é clara: só pode exigir a prestação a parte que cumpriu a sua. Na abertura de crédito, isso significa que o creditado não poderá exigir desembolso quando estiver inadimplente quanto ao pagamento de qualquer taxa devida ao banco pela abertura de crédito.[26]

Significa o segundo parágrafo do artigo que mesmo pactuada a abertura de crédito, a qual obriga à realização de operações de mútuo futuras, podem tais operações deixar de se realizar se houver comprometimento da situação financeira do creditado, sem a prestação de suficientes garantias reais ou por terceiros idôneos.

O que seja comprometimento da situação financeira deve ser julgado levando em conta a estrutura jurídica pela qual se instrumentaliza o negócio. É muito comum, especialmente em grandes financiamentos internacionais, a formação de uma sociedade de propósito específico, à qual são transferidos os ativos da atividade empresarial a ser financiada. Essa sociedade subseqüentemente capta os recursos necessários à operação. Isso apresenta para os financiadores as vantagens de não ter o devedor outras obrigações além das necessárias para o desenvolvimento do projeto, bem como a simplificação da análise patrimonial prévia à concessão do crédito. Sendo o desembolso assim efetuado em benefício de sociedade de propósito específico, que será a devedora constituída para um projeto determinado, as dificuldades financeiras de sua sociedade controladora são irrelevantes e não poderão impedir o desembolso. A razão disso é que, mesmo tendo a operação sido negociada e

patrimonial em virtude dela, inclusive por via judicial, é ressaltada pela chamada teoria dualista da obrigação, cujos caracteres são delineados por Fábio Konder Comparato, *Essai d'Analyse Dualiste de l'Obligation em Droit Prive*, Paris, Dalloz, 1964.

25. Sérgio Carlos Covelllo, *Contratos Bancários*, 3ª ed., São Paulo, Livraria e Editora Universitária de Direito, 1999, p. 195.

26. "L'applicabilitá o meno dell'art. [1.453] cód. civ. e dell'eccezione *inad contractus* [1.460] dipenderà, caso per caso, dalle modalità com le quali il contratto si è formato. Facendo richiamo a quanto precede (cf. *retro*, n. 13), dovrà concludersi per la loro inapplicabilità, allorchè il contratto sia unilaterale (caso di mancanza di provvigione); per la loro applicabilità, quando, dovendosi dall'accreditato una provvigione, innanzi di iniziare i prelevamenti, il contratto presenti il carattere della bilateralità" (Francesco Messineo, *Operazioni di Borsa e di Banca*, cit., p. 370).

contratada sob inspiração de grupo empresarial já estruturado, que provavelmente controla a sociedade específica, é esta última que se responsabiliza pelo pagamento: assim só sua estabilidade patrimonial é juridicamente relevante.[27]

Note-se ainda que a garantia suplementar dada para compensar eventual deterioração patrimonial prevista no art. 1.092 do Código Civil não será revogável em caso de falência do creditado, apesar de o art. 52, inc. III da Lei de Falências dispor ser revogável a constituição de direito real de garantia dentro do termo legal da falência, tratando-se de dívida contraída antes desse termo. Isso porque nessa hipótese não há o prejuízo para a generalidade dos credores que deve ser visto como requisito necessário para a aplicação do dispositivo, já que sem o reforço de garantias não haveria liberação dos recursos. Em termos econômicos, o que a generalidade dos credores perde em virtude da preferência constituída pela garantia real, ganha em virtude do desembolso de recursos a favor do devedor comum.[28]

O art. 1.092 é claro ao dispor que a parte a quem incumbe fazer a prestação em primeiro lugar é que pode sustá-la. Isso poderia levar à conclusão apressada de que sendo a abertura de crédito um contrato autônomo, e tendo o creditado pago taxa ao banco pela abertura de crédito, estaria já cumprida a obrigação do creditado, de forma que a instituição financeira não poderia se valer da possibilidade de suspender a sua prestação. Pensar assim seria errôneo, porque os mútuos em que se traduz a abertura de crédito são também contratos autônomos, e em relação a eles a prestação do creditante é a primeira. Seriam então tais mútuos, e não propriamente a abertura de crédito, os negócios paralisados pela alteração do estado econômico do devedor, prevista no art. 1.092 do Código Civil.[29]

Um tal raciocínio tem por corolário também sua aplicabilidade na situação oposta, em caso de abertura de crédito por banco a credor que passa a praticar atos revogáveis nos termos dos arts. 52 e 53 da Lei de Falências. O art. 55 da Lei de Falências diz que a ação revocatória pode ser proposta pelo síndico, e, em caso de demora dele, por qualquer credor. Até desembolsar efetivamente quaisquer valores o banco não será credor, e não terá, portanto, fundamento para mover ação revocatória nos termos do dispositivo. Essa conclusão atende à boa lógica, pois se desconfia com fundamentos do estado patrimonial do devedor antes de ter efetuado qualquer mútuo sob uma abertura de crédito, poderá o banco recusar o desembolso com base no art. 1.092 do Código Civil, sendo desnecessária, portanto, a ação.

Extinção da abertura de crédito

A abertura de crédito é um contrato como qualquer outro e, assim, como qualquer outro, se extingue devido a acordo das partes, inadimplemento ou passagem do prazo contratual. O inadimplemento trará responsabilidade para a parte inadimplente, de acordo com as normas de praxe.

Resta abordar aqui as especificidades dos contratos de abertura de crédito.

Em primeiro lugar, a abertura de crédito ao ser extinta, e nisso é diferente dos demais contratos, não elimina de todo os vínculos jurídicos entre creditante e creditado, porque sobram os mútuos efetuados. O prazo para pagamento destes é, em algumas legislações, objeto de tratamento específico,

27. "Die enge Verknüpfung eines Kredits mit einem Projekt bei Projektfinanzierung entfernt den Kredit von den Vermögensverhältnissen des Kreditnehmers, schränkt also Kündigungsrechte wegen Bonitätsverschlechterung ein" (Carsten Peter Claussen, *Bank-und Börsenrecht*, München, C. H. Beck'sche Verhandlungsbuchhaltung, 1996, p. 186).

28. Em outros sistemas jurídicos, como a Itália, encontra-se raciocínio semelhante (Aldo Cecchetini e Massimo Genghini, *I Contratti Bancari nel Codice Civile*, cit., p. 410).

29. Essa questão evidencia aliás que a abertura de crédito é uma promessa de mútuo. De fato, aceita a tese oposta, de que os desembolsos são simples prestações previstas no contrato de abertura de crédito, nada haveria a sustar.

como na Itália, em que foi fixado em quinze dias salvo estipulação contratual diversa.[30] No Brasil, na falta de disciplina semelhante especificamente voltada à abertura de crédito, o prazo de reembolso deveria ser o pactuado nos instrumentos de mútuo ou no próprio instrumento de abertura de crédito. Na falta dele, e sempre no pressuposto de que a abertura de crédito se traduz em negócios autônomos de mútuo, deve ser aplicado para devolução o prazo do art. 1.264, inc. II do Código Civil. Este dispositivo presume ser o prazo do mútuo em dinheiro de trinta dias contados do desembolso.

Resta apenas considerar o momento em que a extinção da abertura de crédito por iniciativa de uma das partes se torna válida perante a outra, intitulando o creditante a recusar futuros desembolsos. Parece-nos que a tradição de nosso Direito em matéria de relações patrimoniais é considerar as declarações ligadas à formação contratual válidas desde que expedidas pelo emitente. Esta é a regra do art. 127 do Código Comercial:

"Art. 127. O contratos tratados por correspondência epistolar reputam-se concluídos e obrigatórios desde que o que recebe a proposição expede carta de resposta, aceitando o contrato proposto sem condição nem reserva; até este ponto é livre retratar a proposta; salvo se o que a fez se houver comprometido a esperar resposta, e a não dispor do objeto do contrato senão depois de rejeitada a sua proposição, ou até que decorra o prazo determinado."

Norma semelhante consta do art. 1.086 do Código Civil, em cujos termos os "contratos por correspondência epistolar, ou telegráfica, tornam-se perfeitos quando a aceitação é expedida".

Em vista disso, a conclusão deve ser a de que também a abertura de crédito se tem por revogada assim que expedida a manifestação unilateral, mesmo que ainda não tenha o conhecimento de tal manifestação chegado à outra parte. Sobre atender à tendência acima, a solução nos parece sensata, evitando-se as dúvidas e discussões surgidas sobre a possibilidade do creditante fazer saques antes de formalmente notificado da rescisão.

O mesmo critério de expedição deve ser usado quando a extinção da abertura de crédito está sujeita a prazo contado a partir da notificação da parte que quer rescindi-la. Em tal hipótese, e salvo cláusula contratual em outro sentido, seria a partir da expedição da comunicação que passa a contar o prazo.

As regras acima podem parecer de pouca relevância nos dias que correm, por causa do avanço das comunicações eletrônicas, mas isso não corresponde à verdade. Muitos contratos, especialmente os que documentam financiamentos internacionais, ainda prevêem a necessidade de formalização de comunicações por correspondência registrada.

Conclusão

Permitir que a freqüência com que são contratadas na atividade bancária operações de abertura de crédito nos cegue para sua natureza de promessa de mútuo seria seguir os passos do burguês fidalgo de Molière, que falava prosa desde que nasceu, sem saber disso.

Admitir a promessa de mútuo como essência do contrato de abertura de crédito tem a utilidade que geralmente encontramos nas coisas simples: fornece caminho seguro para a resolução das questões que possam nascer em relação à abertura de crédito, e permite que se aplique a ela a experiência de negócio com motivações econômicas semelhantes como o mútuo.

Agosto de 2000

30. Como mostra essa decisão jurisprudencial: "Il diritto al termino di almeno quindici giorni per la restituzione delle somme utilizzate con l'apertura di credito, previsto a favore del cliente nel caso di recesso della banca dal contratto (art. 1.845, secondo co.), in quanto inerente allo svolgimento di un rapporto di natura patrimoniale è disponibile e può essere, quindi, convenzionalmente derogato (Cass. 6 febraio 1975 n. 439, *apud* Aldo Ceccherini e Massimo Genghini, *I Contratti Bancari nel Codice Civile*, cit., p. 413).

Doutrina

A "DISREGARD DOCTRINE" — A FALÊNCIA — A EXTENSÃO DA FALÊNCIA E EXTENSÃO DOS EFEITOS DA FALÊNCIA

HÉLIO DA SILVA NUNES

1. Histórico — Falência — Extensão da falência e extensão dos efeitos da falência. 2. A "Disregard Doctrine". 3. Pessoa jurídica — Personalidade jurídica. O sistema brasileiro de direito e a "Disregard Doctrine". 4. A desconsideração na jurisprudência. 5. Conclusão.

1. Histórico — Falência — Extensão da falência e extensão dos efeitos da falência

1.1 Os três institutos são distintos entre si e têm incidência em campos próprios. Já na antigüidade encontramos indícios do instituto da falência. Na velha Roma, após a vigência da fase executória denominada *Manus injectio*, em que a execução também recaía sobre a pessoa do devedor, houve evolução para a *Missio in Possessionis* que era a entrega dos bens do devedor aos credores, especialmente quando ocorria a fuga do devedor insolvente e, finalmente, já demonstrando realmente o início do atual instituto da quebra, nascia a fase da *bonorum vendictio*, em que, como hoje, os bens do devedor insolvente são arrecadados e vendidos para, com o produto, serem pagos os credores.

A evolução do instituto veio ocorrendo principalmente em toda a Idade Média, mas guardando sempre no mundo latino a característica de ser um instituto de direito comercial, incidente sobre a figura do comerciante, insolvente, aceitando-se a insolvência como um estado da insolvabilidade, considerando-se falido o comerciante em estado de insolvência ou de total insolvabilidade. E para que esse estado produza os necessários efeitos de direito é mister, hodiernamente, uma atuação judicial a decretá-la e, por meio de processo executivo que tem a finalidade de apreender todo o patrimônio do devedor, promover a satisfação de todos os credores, mediante procedimentos específicos.

A solução global do passivo do devedor insolvente pode ocorrer de forma diversa daquela do instituto da falência, todavia.

É o que nos mostra, por exemplo, a *Corporate Reorganization* do direito norte-americano; é o que nos mostrou o direito francês em seu *Reglement Judiciaire* ou *Liquidation Judiciaire*.

No Brasil ensaia-se, atualmente, a substituição do instituto da falência, *tout court* pelo da liquidação judicial, introduzindo-se de permeio o instituto de Recuperação de Empresas, aplicável não mais e só aos comerciantes, mas às empresas, não importando tenham elas características mais de comércio ou mais de entes de direito civil; estes com algumas exceções que o anteprojeto especifica. É o que está no projeto de lei em exame na Câmara Federal.

A falência, em nosso direito positivo atual, é conseqüência de sentença judicial, observadas determinadas condições, especialmente o contraditório e a ampla defesa, tendo assento no estado de insolvência (impontualidade) ou na insolvabilidade, que é a existência de um ativo patrimonial inferior ao passivo do devedor comerciante, expressos nos arts. 1º e 2º do DL 7.661/1945.

Essa é denominada falência principal ou meramente falência ou quebra. Ao lado da falência direta encontramos, ainda, a falência dependente ou acessória. É o que ocorre com a decisão que estende a falência a terceiros e que se denomina falência derivada.

1.2 Extensão da falência

Ao contrário das legislações francesa, italiana e argentina, dentre outras, a legislação brasileira não contempla mais o instituto da extensão da falência. Nem mesmo se estende a falência, como decisão derivada, aos sócios solidários ou de responsabilidade ilimitada.

Não há em nosso direito positivo regras jurídicas como as que se vêem nos arts. 164 e 165 da Lei 19.551/72 (da legislação argentina), *verbis*: "Art. 164. La quiebra de la sociedad importa la quiebra de sus socios con responsabilidad ilimitada. Tambien implica la de los socios con igual responsabilidad que se hubieren retirado o hubieren sido excluidos después de producida la cesación de pagos, por las dívidas existentes a la fecha en la que el retiro fuera inscripto en el Registro Público del Comercio, justificado en el concurso. Cada vez que la ley se refiere al fallido o devedor, se entiende que la disposición se aplica tambien a los socios indicados en este artículo".

No direito brasileiro, somente aos comerciantes tem incidência o instituto da falência; não alcança as insolvências meramente civis, eis que, para estas, existe procedimento próprio previsto na lei processual comum. E a falência, em nosso sistema, é necessariamente precedida de uma decisão judicial: não existe a falência sem que o juiz a declare. Antes, há estado de falência, mas ainda não é a falência. Da mesma forma, a falência dependente — ou extensão da falência — tem de ser precedida de uma sentença, que é a sentença principal e, ainda, uma outra decisão que declare também como falido um terceiro, que esteja em relação com o já declarado falido. A falência, em sua nua realidade, não se estende, em nosso direito, por falta de disposição legal expressa. Assim, a falência, ainda que como tal se leia nas decisões judiciais não se estende; ela se declara; tem de ser declarada.

A chamada extensão da falência, em nossa jurisprudência, é, na realidade, uma nova declaração (ou decretação) da falência e, como tal, necessita, juridicamente, de observar as necessárias condições para a decretação da falência principal, envolvendo necessariamente a figura do comerciante (a extensão não pode ser feita a não comerciante), respeitados o contraditório e a ampla defesa.

Houvesse expressa disposição legal, como se vê na França, na Itália, na Argentina, seria possível a abrangência do não comerciante (apesar da velha discussão sobre a possibilidade de a quebra ser estendida a devedores civis) e podendo a lei dispor sobre as hipóteses em que tal incidência pudesse ocorrer e como se operar procedimentalmente.

À falta de expressa disposição legal, a extensão da falência só pode ocorrer, em nosso direito, pela declaração (ela mesma), da falência em relação a terceiro não participante da relação jurídica falimentar, sendo mister que esse terceiro esteja em estado de falência passível de declaração. Não se há confundir a extensão da falência, o que aliás está ocorrendo cotidianamente na Justiça, com necessidade de declarar-se, também, a responsabilidade solidária de terceiros pelos débitos do devedor falido. Aqui, a hipótese pode criar a oportunidade para a incidência da doutrina da desconsideração da responsabilidade jurídica.

No direito argentino, há no art. 165 da Lei 19.551/72, disposição expressa da extensão de falência a terceiros, ainda que não comerciante ("La quiebra de una sociedad importa la de toda a persona que, bajo la aparencia de la actuación de aquella, ha effectivado de actos en su interés personal y despuesto de los bienes como si fueron propios, en fraude de los acreedores").

E a disposição desse art. 165 deixa evidenciado, assim, que no direito portenho, quando em curso uma falência e para as hipóteses em que normalmente haveria base para a aplicação da Teoria da *Disregard Doctrine*, a lei preferiu a incidência da falência, por meio do instituto da extensão da falência.

Nos termos desse art. 165 "se puede extender la quiebra a toda persona. No és necesario que la persona a quien la quiebra social se haya extendido sea un gerente o administrador, ni és necesario que sea socio: puede ser un tercero o un encargado, si en realidad és el verdadero dueño del negocio, aunque la practica sea un dirigente social o por lo menos un socio. Podria ser tambien outra sociedade que tuviese el control de la quebrada. Se puede extender la quiebra a una persona jurídica como una persona física", ensina Rafael Azerrad (*Extensión de la Quiebra*, Astrea, 1979, p. 91).

Nas regras concursais anteriores ao Decreto-lei 7.661/45, contemplava o nosso direito falitário o instituto da extensão da falência, especificamente aos sócios das sociedades solidárias ou de responsabilidade ilimitada. Havia expressa determinação legal, de forma que a extensão ocorria por força da lei.

Partiam os legisladores de então do pressuposto de que, sendo os sócios solidários e responsáveis ilimitadamente, embora em caráter subsidiário pelas dívidas da sociedade, a quebra desta era a prova de que também os sócios estavam insolváveis ou, pelo menos, temporariamente insolventes, tanto que não evitaram a quebra da sociedade de que faziam parte e pela qual eram responsáveis.

E essa extensão, mais do que uma mera extensão, eqüivalia a uma verdadeira sentença de quebra com todas as conseqüências jurídicas dela decorrentes, inclusive de ordem criminal.

Com o tempo, inúmeros juristas e comentadores começaram a indagar da correção da norma legal que estendia a falência aos sócios solidários, porque, diziam, a falência é instituto específico do comerciante e as sociedades solidárias podem formarse com sócios não comerciantes (art. 315 do Código Comercial) e haveria, aí, um contra-senso legal. E foi assim que nossa legislação falitária evoluiu para apenas estender-se os efeitos da falência e não mais se estender a própria falência.

1.3 Extensão dos efeitos da falência

O nosso direito positivo falitário já não mais estende a falência aos sócios, mas apenas os efeitos da falência, conforme dicção do art. 5º do Decreto-lei 7.661/45, havendo substancial diferença entre a falência em si e a mera extensão dos efeitos da falência. Primeiramente, o sócio solidário não é falido e, em conseqüência, não se lhe aplicam as restrições legais próprias do falido sendo ele apenas passível das mesmas obrigações que são atribuídas ao falido, no processo falitário. A extensão dos efeitos da falência está em expressa relação com a responsabilidade pelas obrigações da falida, para cuja liquidação haveria de concorrer com todos seus bens, embora, como expresso em lei, em caráter subsidiário. Com a extensão dos efeitos da falência, embora não seja o sócio solidário considerado falido, os bens deste são arrecadados, formando massa objetiva diferenciada daquela do devedor falido, na qual os credores do falido irão concorrer pelo saldo restante no concurso da massa objetiva do falido, em concorrência com os credores do próprio sócio.

Em nosso direito falitário, a extensão dos efeitos da falência tem implicação, em relação ao sócio solidário, apenas no aspecto civil. Não se lhe aplicam as disposições penais falimentares. O crime falimentar, como é de sabença geral, é crime condicionado. É condição de procedibilidade por crime falimentar a existência de uma sentença de quebra, uma sentença declaratória de falência, coisa que não existe em relação a quem teve contra si apenas a extensão dos efeitos de uma falência.

Pode o sócio responder, é verdade, por crime comum ou autônomo numa falência ou mesmo vir a responder por co-autoria, mas essas hipóteses nada têm a ver com a extensão dos efeitos da falência.

2. *"Disregard Doctrine"*

2.1 Histórico

2.1.1 Originária do direito anglo-americano, teve a Teoria da Desconsideração seu maior desenvolvimento nos Estados Unidos da América, onde encontrou campo propício no sistema da *Equity*, pelo qual o importante era a busca do justo, da verdade e para tanto se podia valer de valores e meios até não concordantes com as regras, escritas ou não escritas, da *Common Law*. Com dois tipos de cortes — a do *Common Law* e a da *Equity* —, mesmo depois da unificação processual, os julgamentos baseados na *Equity* continuaram a fazer-se e até com sobrevalência àqueles que estavam afetos à *Common Law Court* face à rigidez das normas desta, enquanto que no sistema da *Equity* havia uma maior flexibilidade de meios para atingir-se o justo e especialmente para combater as fraudes. Com base na equidade, soergueram-se no direito americano vários princípios que, afinal, vieram a instrumentalizar a Teoria da *Disregard of Legal Entity*. Floresceram o princípio do condicionamento da ficção, que indicava dever a ficção da pessoa jurídica (no regime anglo-americano, a pessoa jurídica tem a natureza de uma ficção jurídica, não sendo um ente preexistente à normaticidade) ter limites na sua expressão operativa; o princípio da *Agency*, uma espécie de mandato, em que o principal responde pelos atos do agente, podendo este também ser responsabilizado em certas circunstâncias; o princípio do *estoppel*, que é uma regra processual negativa por força da qual a parte fica impedida de produzir uma prova contra um fato anteriormente reconhecido ou aceito por ela; o princípio da subordinação do crédito do credor interno (pessoa ligada à empresa) em relação ao credor externo (aquele que, não sendo interno, contratou com a empresa), sempre que haja dúvidas a respeito do crédito; e o princípio do *trust fund* que previa a responsabilização do administrador, controlador.

Todos esses vários princípios, conjugados com a flexibilidade do sistema da *Equity*, ao contrário do sistema da *Common Law* em que a fraude devia ser provada, consubstanciaram a *Disregard Doctrine*.

Essa flexibilidade do sistema *da Equity* em que, na busca do justo, da verdade, se pode ignorar a existência de normas ou institutos que, de alguma forma, possam impedir a realização daquele desiderato, fato este muito bem observado por Juan M. Dobson quando afirma: "En el derecho de equidad puede existir fraude sin que sea de advertir ninguna connotación de culpa ni mucho menos de dolo: los remedios que brinda este sistema resultan aplicables aun cuando la persona que hubiera efectuado manifestaciones que hubieron llevado a la concertación de una determinada relación lo hubieron sido con total buena fe, por lo que para este supuesto no se requieren de manera alguna los requisitos del hecho ilícito. Esta conclusión resulta validera aun en los casos en que ambas partes se hubiesen equivocado, y las falsas manifestaciones fueran inocentes, en cuyo supuesto las cortes de equidad tambien brindan su amparo, ya que en la equidad es factible hablar de fraude aun sin que exista sintoma alguno de la culpabilidade moral" (*El Abuso de la Personalid Jurídica*, Ed. Depalma, 1985, p. 160).

A existência daqueles vários princípios que se utilizam nos julgamentos das *Equity Courts* especialmente a noção generalizada, tanto na doutrina quanto na jurisprudência, de que a pessoa jurídica era uma ficção do direito; a experiência de julgamentos anteriores e a constante procura do justo e da verdade no sistema da equidade vieram, afinal, conformar a Teoria da *Disregard of Legal Entity*, não passando, assim, esta doutrina, no direito norte-americano, de um prolongamento na aplicação, em um caso determinado, dos remédios já existentes anteriormente, não sendo, na realidade, uma nova doutrina que se criou naquele sistema de direito, como o jurista argentino Juan M. Dobson já havia observado e noticiado.

2.1.2 No sistema de direito norte-americano, o terreno era realmente propício para o desenvolvimento do que hoje chamamos de Teoria da Desconsideração da personalidade jurídica.

Em primeiro lugar, como acima dito, a pessoa jurídica nada mais era e ainda assim está conceituada, do que um ente fictício criado pelo sistema normativo e por segundo, naquele sistema, somente as *Corporations* (uma espécie de sociedade anônima do direito romano-germânico) tinham realmente personalidade jurídica, o que lhes concedia a separação patrimonial e a limitação das responsabilidades. Os demais ajuntamentos humanos não passavam de verdadeiras associações (as *partnerships*), sem personalidade, o que facilitava o julgamento pelo sistema da *Equity*.

2.1.3 A natureza prática do espírito do americano do norte fê-lo observar que o direito como ação humana está sempre em desenvolvimento, em constante mudança, a exigir uma constante atuação para adequá-lo à realidade ocorrente no espaço em que o direito deve viger. Dessa observação, deduziram que as regras fixas eram inadequadas, daí o seu direito consuetudinário, com poucas regras escritas, mas mesmo estas regras podiam ser adequadas dentro do sistema da equidade.

Bem expressivas desse sentimento são as palavras do jurista norte-americano Wormser: "O direito está em desenvolvimento e não pode ser obstaculizado. A lei das sociedades anônimas, em particular, desenvolve-se tão rapidamente que uma formulação sistemática poderá ficar ultrapassada antes mesmo da data e sua publicação. O direito muda. O direito deverá ser modelado cuidadosamente para encontrar continuamente as mudanças necessárias no presente momento. O direito não deve ser colocado em uma camisa de força. Aqueles que poderiam sistematizá-lo não entenderam seu espírito e sua essência, em que repousa. O direito é uma simples parte da vida e, como a vida, cresce, desenvolve e progride. É uma ciência prática. Este deve ser manejado com espírito prático, por homens práticos, de modo prático" (*apud* Alexandre Couto e Silva, em seu *Aplicação da Desconsideração da Personalidade Jurídica no Direito brasileiro*, LTr, 1999, p. 54, em tradução livre).

3. Pessoa jurídica — Personalidade jurídica. O sistema brasileiro de direito e a "Disregard Doctrine"

O nosso sistema de direito se filia ao sistema romano continental europeu e, como de sabença geral, nesse sistema as regras são escritas formando um sistema positivo de direito, em que o julgador tem de fazer a entrega da prestação jurisdicional na conformidade da lei, da norma jurídica ou, como bem expresso por Francisco Campos: "ainda não se desincorporou do nosso direito positivo o princípio de que o juiz está adstrito a julgar na conformidade da lei; se o critério sociológico ou filosófico do juiz destoa da concepção do legislador, o dever do juiz, embora manifeste o seu desacordo teórico em relação aos conceitos legais, continuará a ser o de aplicar a lei de acordo com o pensamento nela traduzido"; "se em um sistema de direito positivo admite-se que o juiz se substitua ao legislador, e proceda livremente à investigação da regra jurídica adequada ao caso, quando se trate de uma autêntica lacuna, que não possa ser preenchida mediante o recurso dos métodos eficazes de interpretação (Código Civil da Suíça), não existe, entretanto, ao menos entre os conhecidos, nenhum sistema jurídico em que se reconheça ao juiz a autoridade de substituir à regra legal a regra que lhe é ditada pelas inspirações da sua consciência; pelo seu sentimento de justiça ou pela sua filosofia econômica, política e social" (*Direito Comercial*, Freitas Bastos, 1957, p. 33).

Em nosso sistema de direito, contemplam-se as figuras jurídicas da pessoa física humana e a pessoa coletiva, ambas devidamente personalizadas (reconhecimento do ente pelo sistema jurídico). Enquanto a personalidade civil do homem começa no nascimento com vida (art. 4º do Código Civil), a existência legal da pessoa coletiva só ocorre após o registro de seus atos constitutivos (art. 18), declarando, expressamente, o art. 20 da lei comum que são distintos os patrimônios da pessoa jurídica e aqueles dos sócios que a compõem.

Portanto, em nosso sistema jurídico há regra expressa de separação patrimonial entre os sócios e a pessoa jurídica. Em matéria de sociedade de fins lucrativos (normalmente as de natureza comercial), há de considerar-se um outro instituto, que é o da limitação da responsabilidade pelos débitos da sociedade, deixando a norma do art. 20 para incidência específica de outras normas que irão reger as relações entre as pessoas dos sócios e das sociedades (no fundo, o problema da desconsideração da personalidade não é bem de personalidade que se trata, mas de limitação de responsabilidade).

Com regras expressas sobre a separação patrimonial e a limitação das responsabilidades sociais dos que compõem a pessoa jurídica, não há margem para o julgador invocar o art. 4º da Lei de Introdução. Para a espécie, apenas invocável o art. 5º da referida Lei de Introdução.

O direito é ato da pessoa humana. A norma jurídica, como ensinado pelo jusfilósofo Miguel Reale, é conseqüência da valoração de um fato, feita pelo homem. O viver é um progredir contínuo e os fatos são constantemente avaliados pelo homem, e pela sociedade que os vão mesurando em termos de valor social e quando há uma alteração valorativa do fato, nasce na consciência do homem a necessidade de mudança da regra que regulamenta aquele tipo de ato ou, pelo menos, que a inteligência da norma deva ser alterada para adequação da norma à realidade social. E, nos termos da norma do art. 5º da Lei de Introdução, quando se afirma que, na aplicação da lei, o juiz atenderá aos fins sociais a que ela se dirige e às exigências do bem comum, está dito que a finalidade da lei é alcançar o bem comum. E na busca desse fim social, que nada mais é do que o bem comum geral, é que se personalizou o ente social e se lhe permitiu, em alguns tipos, atuar os sócios sem a direta responsabilidade pelas obrigações da empresa. A personalização do ente coletivo e especialmente a limitação da responsabilidade por débitos da sociedade, têm o sentido específico de funcionar como mais um instrumento social na busca final do bem comum. Nem poderia ser de modo diferente, porque a lei não pode ter outro sentido que não o bem comum (leis arbitrárias não duram mais do que uma flor, já disse um poeta).

É possível (e vezes sem conta ocorre), que a lei seja burlada, infringida e o instrumento que a lei criou — pessoa jurídica — seja usado de forma contrária ao bem comum visado pela lei. Nessas hipóteses, é necessária uma reação do sistema para coibir o ato ilícito ou irregular.

Nosso sistema possui inúmeras regras expressas para a coibição e repressão do ato ilícito. Todavia, por mais bem dotado que seja o legislador, não é ele capaz de prever — e, conseqüentemente regular — todas as formas e meios que o gênio humano poderá utilizar para a fraude, especialmente quando a fraude não se encontra na forma, mas sim na intenção do agente que, nada obstante, usa de meios legais e válidos. Para atender a essas hipóteses, o julgador, no nosso sistema positivo de direito, em matéria de direito privado e disponível, só pode valer-se dos princípios gerais de direito que se opõem à fraude e ao abuso de direito. É sob a invocação do combate à fraude e ao abuso de direito que se poderá ajustar a norma e o meio instrumental em que se expressa, no caminho do bem comum.

E é aqui, nesta hipótese — e somente nesta hipótese — que se justifica a superação da personalidade jurídica ou, mais propriamente, a superação da limitação da responsabilidade dos sócios pelos débitos da sociedade.

3.1 A desconsideração em nosso sistema

3.1.1 A personalidade da pessoa humana só desaparece com a morte; não pode ser desconsiderada e nem episodicamente suspensa. O contrário, porém, pode ocorrer com a pessoa coletiva ou pessoa jurídica. Esta, em nosso sistema, é uma realidade, mas uma realidade jurídica; uma realidade do mundo jurídico. Não é uma realidade anterior à normatividade; não é, também, uma mera ficção, uma falsidade, que não se vê, não se toca e nem se percebe.

Ela existe e está presente, muito presente, no mundo da normatividade. Antes poderia ter existido, mas como um ajuntamento de pessoas, como o são as sociedades não personalizadas. Como pessoas jurídicas, titulares de direitos e obrigações, só dentro no sistema jurídico.

Mas por ser um ente dependente da norma jurídica, não se pode pretender a sua extinção e nem se pode ignorá-la pura e simplesmente. Ela cumpre uma função socialmente importante e é parte integrante de nosso sistema positivo de direito, que a resguarda e protege. O permanência dela e o respeito a ela devem ser a regra; só excepcionalmente, e em caráter muito específico, como acima exposto, se pode ignorar esta realidade jurídica ou como diz Suzy Elisabeth Koury: "Deve-se, em princípio, respeitar a forma da pessoa jurídica, atendendo-se à vontade do legislador que, certamente, teve boas razões para criá-la, operando-se a desconsideração apenas quando houver uma razão suficientemente forte, conforme o ordenamento jurídico, para fazê-lo, pois do contrário levar-se-ia ao descrédito o próprio instituto da pessoa jurídica" (*Desconsideração da Personalidade Jurídica em "Grupos de Empresas"*, 2ª ed., Forense, p. 91).

A regra, pois, no direito brasileiro, é o respeito à personalidade do ente social; o respeito à existência da personalidade do ente coletivo, mesmo porque é regra positiva de direito (art. 20 do Código Civil).

Nada obstante a unidade de nosso sistema de direito, bem é de ver que os institutos jurídicos devem adequar-se à realidade em que são postos e usados. Assim é que, face à pessoa jurídica, o valor que ela recebe e ostenta no segmento direito laboral; e no segmento do direito consumerista é diferente daquele que lhe é atribuído no sistema das normas de ordem privada, especialmente no campo do direito societário. No campo de direito laboral o valor maior ali defendido é do hipossuficiente, do empregado, que o sistema de direito laboral protege e, no direito consumerista, o valor maior é a igualdade de condições entre consumidor e fornecedor. Nesses segmentos do direito, o respeito à personalidade jurídica do ente social é menor do que aquele do direito comum. Haverá, aí, sempre um confronto de valores e é cotidiana a prevalência do direito do hipossuficiente e do consumidor em confronto com a pessoa jurídica.

No direito consumerista, a lei — art. 28 do CDC — fala expressamente da superação da personalidade jurídica do ente coletivo. Todavia, essa norma não introduziu a *Disregard Doctrine* em nosso direito, porque o que ali se fez foi a criação de um outro instituto que bem poderia ter plena aceitação no regime da *Equity*, no direito norte-americano, quando deixa expressamente declarado que a Personalidade Jurídica do ente coletivo será desconsiderada sempre que ela for obstáculo ao ressarcimento de prejuízos causados aos consumidores. E no direito tributário não se há falar em superação de personalidade jurídica, porque as hipóteses de responsabilização de sócios administradores estão prescritas em lei, tratando-se, portanto, de um caso de mera imputação direta de responsabilidade, que não exclui a da sociedade. Aliás, nos casos de imputação como os previstos na Lei de Sociedades Anônimas e na lei de sociedade por cotas de responsabilidade limitada, ocorre o mesmo tipo de solidariedade.

Salvo as hipóteses da lei de defesa do consumidor e da lei de defesa da ordem econômica, a Teoria da Superação da personalidade jurídica teve ingresso em nosso sistema pela via da doutrina e da jurisprudência. Não há para tanto norma expressa a respeito.

3.1.2 Doutrinariamente, a Teoria é vista como uma forma especial de reação do ordenamento jurídico ao mau uso da pessoa jurídica, embora nosso sistema esteja devidamente aparelhado para coibir esses fatos. Há normas específicas de imputação direta de responsabilidades em várias hipóteses e aquelas não reguladas especificamente poderiam ser atendidas pelos institutos da repressão ao abuso de direito e do uso da fraude. O mesmo ocorre no direito argentino, como dito por Juan M. Dobson ("El derecho argentino ofrece remedeos adecuados a la mayor parte de los casos tradicionalmente situados como propios de la teoría da desestimación de la personalidad jurídica, y quellos restantes pueden ser abarcados por la doctrina del abuso del derecho sin necesidad de importar soluciones del sistema del *common law — Equity*" (ob. cit., p. 11).

Mas a realidade é que a Teoria da Desestimação ingressou em nosso direito, especialmente no direito societário, pela via doutrinaria e jurisprudencial, já antes do art. 28 do Código de Defesa do Consumidor.

No direito societário, inúmeras são as manifestações doutrinárias sobre a Teoria da Desconsideração em nosso país e em todos elas ressaltam-se estes pontos em comum: excepcionalidade da medida; necessidade de comprovada ocorrência do mau uso da pessoa jurídica com dano a terceiro, devendo o autor do dano ter agido conscientemente na prática do ato ou, pelo menos, ter consciência de que o ato praticado poderia causar o dano.

3.1.3 Reafirma a doutrina, em sua maioria, que somente nas hipóteses de abuso de direito ou fraude na funcionalidade da pessoa jurídica será justificável a desconsideração da personalidade jurídica do ente social e de maneira apenas episódica, sem extingui-lo.

Para Marçal Justen Filho, a incidência da Teoria, em matéria societária, só tem pertinência quando presente uma desfunção na atuação da pessoa jurídica: o mau uso da pessoa jurídica leva a um desvirtuamento na função social do ente coletivo, função essa que lhe foi abstratamente prevista pelo ordenamento jurídico.

É essa desfunção que justifica a incidência da Teoria ou nas suas próprias palavras: "Insistimos sempre e antes de tudo que a desconsideração não pode ter pressupostos de cunho estrutural. Ao contrário, seus pressupostos têm sempre natureza 'funcional', quer isto significar que se aplica a desconsideração não por um defeito na estrutura da sociedade, e, sim, por um defeito quanto à sua utilização. Só pode ser assim porque a justificativa jurídica para a desconsideração reside justamente em ocorrer um descompasso entre a função abstratamente prevista para a pessoa jurídica e a função que ela concretamente realiza. A desconsideração não é remédio para um defeito na criação ou manutenção da sociedade personificada. Bem por isso seus pressupostos devem-se vincular à desnaturação funcional. O fundamento da desconsideração é o abuso funcional na utilização da pessoa jurídica, de molde a provocar um resultado incompatível, no caso concreto, com a previsão abstrata visualizada pelo ordenamento" (*Desconsideração da Personalidade no Direito Societário Brasileiro*, p. 135).

3.1.4 Também para Fábio Ulhoa Coelho, só a fraude, o abuso de direito e a existência de dano conscientemente praticado ou, pelo menos, com consciência da possível ocorrência do dano, pode justificar a incidência da Teoria. Fora dessa hipótese, somente com expressa determinação legal é possível a aplicação da desconsideração: a desconsideração da personalidade jurídica, salvo disposição contrária em lei, não poderia prescindir da prova da intenção de provocar dano a terceiro, ou da consciência deste dano através de meio ardiloso (fraude) ou do exercício irregular de um direito (abuso de direito). O simples "advento de prejuízo a terceiro e sem estas características não autoriza o desconhecimento da autonomia patrimonial" (*Desconsideração da Personalidade Jurídica*, p. 62).

3.1.5 Opinando no mesmo sentido de ser a desconsideração um instrumento de que se vale o julgador para reprimir o mau uso da pessoa jurídica, que visa o combate à fraude e ao abuso de direito na funcionalidade da pessoa jurídica, estão vários e renomados juristas nacionais, valendo citar, além de Rubens Requião, primeiro comentador brasileiro da *Disregard Doctrine*; Luciano Amaro, Rachel Sztajn, Simone Gomes Rodrigues, Susy Elisabeth C. Koury, Alexandre Couto e Silva e muitos outros. Vê-se na lição deles que o caráter da responsabilidade que a incidência da Teoria faz surgir, é de natureza subjetiva. Para o jurista Konder Comparato, conforme expõe em *O Poder de Controle na Sociedade Anônima*, há, na espécie, um caráter mais objetivo na desconsideração da personalidade societária. Para ele, a separação patrimonial (art. 20 do Código Civil) é estabelecida para consecução do objeto social expresso no contrato ou nos estatutos. A sua manutenção só se justifica pela permanência desse escopo, de sua utilidade e da possibilidade de sua realização, e a separação deve ser afastada quando falte um dos pressupostos estabelecidos na lei e também quando desapareça a especificidade do objeto social ou do objetivo social de produção e distribuição de lucros ou, ainda, quando ambos se confundem com a atividade ou os interesses individuais de determinado sócio.

"A sanção jurídica, nessas hipóteses, não deve ser a nulidade ou anulação do ato, negócio ou da relação, mas sua ineficácia. Não deve haver a destruição do ente jurídico, mas apenas a suspensão dos efeitos da separação patrimonial."

Na hipótese de Comparato, a pessoa jurídica unipessoal, bem assim a existência de confusão patrimonial de qualquer espécie, justificam a incidência da Teoria da Desconsideração da personalidade societária. Marçal Justen Filho também parece afastar qualquer conotação subjetiva no ato de correção da desfunção ocorrida na pessoa jurídica. São suas estas palavras: "A pessoa jurídica, aquiescemos com Ripert, assume contorno de uma máquina jurídica. Ou seja, trata-se de seu instrumento técnico-jurídico para atendimento das necessidades dos que convivem em sociedade. O fato de o direito, no edificar esse instrumento, ter visualizado a consecução e realização de determinadas finalidades, ditas 'positivas', não transplanta para o 'ente' as valorações éticas do legislador. Nem estabelece vinculações axiológicas intrínsecas às sociedades personalizadas. Essa afirmação nos coloca diante de duas decorrências relevantes: a primeira é a objetividade do abuso com o que buscamos indicar que a desconsideração envolve um descompasso entre a função vislumbrada pelo ordenamento jurídico para a pessoa jurídica e aquela atuação desenvolvida concretamente por uma sociedade personificada. Isso indica a irrelevância, e a impertinência, de indagação voltada a revelar a intenção com que foi utilizada a pessoa jurídica. O que é relevante é a atuação concreta da qual deriva o risco de sacrifício de interesses acobertados pelo direito. Não se trata, quando se enfoca a desconsideração de 'punir' a má fé, senão reprimir a desfunção; se tal desfunção resulta de uma intenção imoral ou juridicamente reprovável, trata-se de outra questão" (ob. cit.).

3.1.6 Realmente, a Doutrina tem a finalidade específica de reprimir o mau uso da pessoa jurídica ou, para repetir Marçal Justen Filho, para retificar a desfunção que está ocorrendo na atuação da pessoa jurídica. Mas essa repressão ao mau uso da pessoa jurídica importa também na responsabilização dos autores do ato ilícito. Evidentemente, essa responsabilização não está em consonância com o grau de intenção do autor do ato ilícito, mas é importante que o mau uso produza dano a terceiros e que para esse dano tenha o responsável agido com a intenção de praticá-lo ou pelo menos de sua ocorrência tenha consciência. Nesse sentido a responsabilidade tem caráter subjetivo e, como tal, deve o ato danoso ser comprovado e "comprovado à calva e à exaustão", como disse Rubens Requião.

Não nos parece procedente a hipótese sempre lembrada de uma desconsideração da pessoa jurídica a favor da pessoa física, como no caso da retomada do imóvel locado pela pessoa jurídica a favor de seu sócio controlador. Na espécie, mais do que se ver uma desconsideração aí, é de ver-se uma cessão de direito, ainda que tácita.

3.1.7 Por outra parte, a velha dúvida da possibilidade de o juiz decidir contra norma expressa de direito e, ainda, a possibilidade jurídica de criação de uma responsabilidade solidária, fora da lei e do contrato, parece-nos mais uma nuvem que uma realidade. Em primeiro lugar, em nosso direito há inúmeras hipóteses em que se ignora a pessoa jurídica para a imputação de responsabilidade diretamente ao sócio, o que demonstra não ser este ente algo sacrálico, e, por segundo, a responsabilidade solidária do sócio preexiste à desconsideração; não é criação dessa Teoria; a responsabilidade já existe consagrada em lei para a sociedade despersonalizada, e a Teoria apenas coloca a sociedade, ainda que episodicamente e quanto ao ato profligado, na situação da ocorrência da solidariedade.

A responsabilização é a natural decorrência do dano. Ocorrente o dano, deve ocorrer a responsabilização do autor do dano ou a quem a ele equiparado por lei.

A doutrina da desestimação da personalidade jurídica não cria a responsabilidade solidária do sócio da pessoa jurídica. Ela apenas cria as condições para que haja a responsabilização solidária; a imputação da responsabilidade solidária do sócio.

Neste aspecto, doutrina Adriano Perácio da Silva "que a desconsideração da personalidade jurídica é um instrumento para que desta desloque o centro de imputação desta pessoa em nome de quem se praticou determinado ato, em detrimento de qualquer terceiro, vinculado, ou não, àquela pessoa jurídica utilizada para a finalidade tomada em consideração. Constata-se que a área de atuação do instituto da desestimativa da personalidade não é o âmbito ora já estreito do direito societário, mas da responsabilidade civil dos autores de atos, uma vez que a desestimativa não é a causa e sim o efeito desta responsabilização, ainda que um ato sob a aparência de legalidade, mas, por abuso no exercício de um direito, causa prejuízo a terceiro, mesmo que estes sejam alheios às relações sociais da pessoa jurídica (*Atualidades Jurídicas* 3/17).

3.1.8 No direito brasileiro, embora as conhecidas dificuldades para uma completa conceituação da Teoria da Desconsideração da personalidade jurídica, a grande maioria dos doutrinadores são concordes nestes elementos a caracterizá-la: instrumento jurídico para coibir o mau uso da pessoa jurídica, causador de danos a terceiros; plena consciência da ilicitude do ato ou, ao menos, a consciência de que poderia ocorrer o dano; natureza subjetiva da responsabilidade que se irá imputar ao autor do dano; suspensão meramente episódica da personalidade jurídica do ente, seja quanto ao tempo, seja em relação a determinados atos; caráter excepcional da aplicação da Teoria, uma vez que a regra é a separação patrimonial prevista no art. 20 do Código Civil; não incidência da Teoria quando já existente norma jurídica imputando a responsabilidade do sócio da pessoa jurídica por abuso, fraude ou descumprimento de lei ou dos estatutos, atuando aquele com ou através da pessoa coletiva ("quando a lei cuida de responsabilidade solidária, ou subsidiária, das pessoas dos sócios, por obrigação da pessoa jurídica, ou quando ela proíbe que certas operações vedadas aos sócios, sejam praticadas pela pessoa jurídica, não é preciso desconsiderar a empresa, para imputar as obrigações aos sócios, pois mesmo considerada a pessoa jurídica, a implicação ou responsabilização do sócio já decorre de preceito legal. O mesmo se diga, quando a extensão de responsabilidade é contratual. De igual modo quando se põe a responsabilidade do acionista controlador, por abuso de poder (Lei 6.404/76, art. 117) não se deve cogitar de nenhuma desconsideração da pessoa jurídica. O problema é de responsabilidade civil do acionista que, agindo ilicitamente, responde pelos danos que causou", doutrina Luciano Amaro em *Direito do Consumidor*, art. 5, p. 172).

3.1.9 Por derradeiro, firma-se ainda na doutrina, face à natureza subjetiva da responsabilidade, ser mister, na aplicação da doutrina da desestimação, prova concreta, robusta, do ato que levou à desfunção na pessoa jurídica; a prova do mau uso, permitindo-se a realização do contraditório e a amplitude de provas antes da decisão que afasta a separação patrimonial e a limitação da responsabilidade. Ainda que não se instaure um verdadeiro processo de conhecimento, é mister ao menos a instauração do contraditório com o chamamento daquele a quem a desconsideração da personalidade jurídica irá atingir.

É bem expressiva da orientação doutrinária no sentido da necessidade do contraditório e da amplitude de defesa, a seguinte manifestação de Fábio Ulhoa Coelho: "o pressuposto inafastável da desconsideração é o uso fraudulento ou abusivo da autonomia patrimonial da pessoa jurídica, únicas situações em que a personalização das sociedades empresariais deve ser abstraída para fins de coibição dos ilícitos por ela ocultados. Ora, se assim é, o juiz não pode desconsiderar a separação entre a pessoa jurídica e seus integrantes senão por meio de ação judicial própria, de caráter cognitivo, movida pelo credor da sociedade contra os sócios seus controladores. Nessa ação, o credor deverá mostrar a presença do pressuposto fraudulento. Em outros termos, quem pretende imputar a sócio ou sócios de uma sociedade empresária a responsabilidade por ato social, em virtude de fraude na manifestação da autonomia da pessoa jurídica, não deve demandar esta última, mas a pessoa ou as pessoas que quer ver responsabilizadas (*Direito Comercial*, v. II, n. 6, p. 54).

Acentua ainda a doutrina que a responsabilização ocorrente, quando incidente a *Disregard Doctrine*, é ao autor do mau uso da pessoa jurídica, normalmente o administrador ou representante. Não pode o sócio não culpado e geralmente não administrador, ser colhido pela malha grossa da desconsideração. O que existe, na espécie, é a responsabilidade, que tem uma teoria e contornos próprios, atingindo apenas e tão só ao autor ou beneficiário do dano imposto a terceiros.

4. A desconsideração na jurisprudência

A jurisprudência pátria, especialmente as decisões monocráticas, não se vem ajustando aos pressupostos da Teoria reconhecidos pela doutrina. Na jurisprudência, a Teoria da Desconsideração se transformou numa verdadeira panacéia para todos os males, deixando até a impressão de que o real sentido da Teoria ainda não foi totalmente apreendido. E já não bastasse o desbordamento que está ocorrendo, algumas decisões chegam a confundir o instituto da Desconsideração com os institutos da extensão da falência ou da extensão dos efeitos da falência. Já são encontradas, nos repertórios judiciais decisões, principalmente monocráticas, em que o instituto da Desconsideração aparece fazendo inclusive as vezes do instituto da extensão da falência.

Já se encontra decisão deste teor: "ante o exposto acolho o pretendido pelo síndico, para o fim de desconstituir a personalidade jurídica da falida e das empresas XYZ e, estendo os efeitos da falência aos sócios e acionista: ABC, determinando a imediata lacração das empresas supra". Confundem-se, aí, a Teoria da Desconsideração com aquelas da extensão da falência ou extensão dos efeitos da falência e fez-se nessa decisão a extensão dos efeitos da falência aos sócios da falida, cuja personalidade fora também desestimada e, conseqüentemente, já estavam aqueles sócios solidarizados nos débitos da falência.

Esse é um dos muitos exemplos da aplicação da Teoria em desconformidade com seus pressupostos.

Estamos ainda naquela fase inicial que caracterizou o direito norte-americano em que não se tinha um real conhecimento do que futuramente veio a ser designado *Disregard of Legal Entity*. É o que bem notou e assinalou Alexandre Couto e Silva, quando afirma que "o direito brasileiro encontra-se, hoje, em igual período vivido pelo direito norte-americano quando do início da aplicação da Teoria, em que os Tribunais não tinham pleno conhecimento e não sabiam quais eram as possíveis hipóteses de desconsideração da personalidade jurídica. Com o transcorrer do tempo, ficaremos mais aptos a aplicá-la, da mesma forma que os Tribunais norte-americanos o fazem hoje" (ob. cit., p. 84).

Também ao Legislativo não passou despercebido o fato da desordenação que está ocorrendo na jurisprudência em relação à aplicação de Teoria da Desconsideração.

O senador Roberto Saturnino entregou à Casa o Projeto de Lei 668/99, neste termo: "Art. 1º. A desconsideração da personalidade jurídica de pessoas jurídicas de direito privado poderá ser decretada, por via judiciária, desde que comprovada a conduta temerária e fraudulenta de seus controladores ou administradores, os quais, nessa hipótese, responderão pelas dívidas da sociedade. § 1º. Em relação aos demais sócios e aos membros do Conselho de administração das sociedades por ações, essa responsabilidade só existirá se comprovado, inequivocamente, nos termos da lei, o conluio com a administração executiva do ente societário nos atos fraudulentos ou sua participação nesses atos".

Na justificativa ao projeto de lei, disse expressamente o senador: "outra medida que justifica a adoção da medida que ora propomos é o despreparo que se tem verificado por parte de muitos magistrados, especialmente na justiça do trabalho, na aplicação da doutrina da desconsideração da personalidade jurídica, os quais têm responsabilizado sócios, que não participam da gerência da sociedade, por suas dívidas, contrariando princípios básicos da Teoria".

A preocupação do nobre senador tem uma certa procedência e a desordenada aplicação da Teoria não ocorre tão-somente no âmbito do direito laboral, no qual há uma certa dose de justificativa, uma vez que o valor maior ali existente é a defesa dos direitos do hipossuficiente, direitos esses que, no confronto com os valores da pessoa jurídica, podem superar a personalização do ente coletivo e a limitação da responsabilidade dos sócios. Ela ocorre também no direito tributário no qual o princípio da legalidade é, às vezes, ignorado. E é característica desse fato a responsabilização dos administradores pelo não pagamento de impostos devidos, embora não sonegados.

Há decisões afirmando que também aí incide a hipótese do Código Tributário Nacional, uma vez que o não recolhimento do imposto devido é uma infração à lei e como tal, chama a aplicação do art. 135 do CTN.

Nos Juizados de Pequenas Causas, o mandado de citação já sai com a advertência de que a personalidade da pessoa jurídica será desconsiderada se o citando não for encontrado ou não comparecer ao ato judicial.

4.1 Doutrinariamente, como antes visto, a orientação majoritária, relativamente à Teoria, apresenta os seguintes pressupostos: mau uso da pessoa jurídica com ocorrência de danos a terceiros; natureza subjetiva da responsabilidade verificada com a aplicação da Teoria, exigindo-se a intenção de provocar o dano ou, pelo menos, a consciência da possibilidade do dano; excepcionalidade da aplicação da Teoria, uma vez que a regra é a separação patrimonial prevista no art. 20 do Código Civil; necessidade de comprovação do mau uso da pessoa jurídica e identificação do autor do ato ilícito, para que venha a ser responsabilizado; responsabilização tão só do autor do ato ilícito, sem repercussão nos demais sócios não participantes da fraude ou do abuso de direito e, finalmente, o caráter episódico do afastamento da personalidade do ente coletivo.

4.1.1 Na jurisprudência nacional, encontram-se decisões aplicando a Teoria sem qualquer indagação a respeito de ter ou não havido mau uso da pessoa jurídica ou até mesmo a respeito da existência concreta do dano, bastando apenas a presunção da existência daqueles fatos. É o que se vê naquelas decisões que fazem incidir a Teoria na existência da sociedades em que o sócio majoritário é detentor da quase totalidade do capital, equiparando-se esta sociedade à sociedade dita unipessoal; é o que se vê nas decisões em que se considerou existente a confusão patrimonial somente pela existência de um controlador; é o que se encontra quando a personalidade é desconsiderada porque a sociedade se dissolveu sem a quitação de todo o seu passivo, ou, sem se dissolver, encontra-se paralisada ou desativada. Encontram-se, ainda, decisões em que a justificativa da responsabilização dos sócios está na insuficiência do capital social, ocorrendo até decisões que determinam haja a correção do capital social e obrigação dos sócios em aportar, proporcionalmente, esse valor acrescido em decorrência da atualização monetária. Há decisões em que se aplica a Teoria sem nenhuma consideração ao contraditório e a ampla defesa, até em relação a terceiros não participantes do processo em que ocorre a decisão e, finalmente, há aquelas decisões que transformam a desconsideração de personalidade jurídica do ente coletivo em autêntica extensão da falência, determinando inclusive a lacração e a arrecadação dos bens da empresa em que foi desconsiderada a personalidade, tão-somente.

Todas essas decisões confirmam aquela observação de Alexandre Couto e Silva que acima se enunciou.

4.1.2 Mas, contrariando a orientação acima retratada, ocorrente em maior número nos juízos monocráticos, encaminha-se a jurisprudência, especialmente de instâncias superiores, para a aplicação da Teoria, nos termos em que a doutrina normalmente se vem manifestando, em sua grande maioria.

Representativa desse novo enfoque jurisprudencial, encontramos duas memoráveis decisões que valem reproduzir, pela clareza da doutrina que expõem: do Tribunal de Justiça da Bahia: “com a Teoria da *Disregard Doctrine*, visa-se coibir o uso irregular da forma societária, geradora da personalidade jurídica, para fins contrários ao Direito. Contudo a fraude e o abuso de direito, que autorizam a adoção da Teoria, no caso concreto, hão de ser cabalmente comprovado, não sendo suficiente a existência de indícios e presunções, porque se cuida de uma excepcionalidade e demanda prova inconteste. A desconsideração da personalidade jurídica não pode ser levada ao exagero, acabando por destruir o instituto da pessoa jurídica, construído através dos séculos, pelo talento de eméritos juristas dos povos civilizados" (*RT* 736/315).

No mesmo sentido pronunciou-se a 6ª Câmara de Direito Privado de São Paulo: "A Teoria da Desconsideração da personalidade jurídica, quando aplicada com intuito de resguardar direitos de terceiros, não visa anular a personalidade jurídica, mas somente objetiva desconsiderar, no caso concreto, dentro de seus limites, a pessoa jurídica em relação a pessoas ou bens que atrás dela se escondem. É caso de ineficácia especial da personalidade jurídica para determinados efeitos, prosseguindo-se, todavia, a mesma incólume para seus outros fins legítimos" (*JTJ Lex* 198/168, ap. civil 44.076-4).

4.1.3 Exigindo prova inconteste da fraude ou do abuso de direito, várias são as manifestações jurisprudenciais. No 2ª TACSP, houve incisivas afirmações de "ser necessária a existência de provas irrefutáveis do encerramento irregular ou ilícito das atividades societárias; da violação da lei ou do contrato social com propósito escuso, bem assim a demonstração do uso da pessoa jurídica como instrumento para realização de fraude ou abuso de direito" (*RT* 763/297).

Ainda o 2ª TACSP manifestou-se no mesmo sentido de que "prova inequívoca deve haver de que os sócios não integralizaram suas notas sociais, ou, maliciosamente, praticaram atos ilegais e ruinosos na administração" (ap. civil 548.474-00/0, 4ª CC, 29.6.1999).

No 1º Tribunal de Alçada Civil de São Paulo, duas decisões se destacam, assim postas: "a doutrina da desconsideração traz questões de altas indagações exigentes do devido processo legal para expedição de um provimento extravagante que justifique invadir a barreira do art. 20 do Código Civil" (*RT* 657/120) e esta outra: "a jurisprudência aplica essa teoria quando a sociedade acoberta a figura do sócio e torna-se instrumento de fraude. A fraude não se presume. Impõe-se seja demonstrada. Não bastam meras alegações" (*RT* 708/117).

Também exigindo o devido processo legal ou, pelo menos, prova irrefutável do mau uso da pessoa jurídica, encontramos inúmeras decisões publicadas na *RT* 773/263; 620/122; 673/60; 763/279 e em *JTAC-Lex* 146/421, valendo ainda citar duas memoráveis decisões do Tribunal de Justiça de Santa Catarina, ambas da 2ª Câmara Cível, em AI 97.005.903-5-Joinville, de 25.3.1999 e no AI 98.011.191-9 da mesma época.

4.1.4 Tratando-se de falta de bens penhoráveis, também a jurisprudência se está posicionando no sentido de que esse fato, por si só, não atrai a desconsideração. É o que afirma o Tribunal de Justiça do Rio de Janeiro: "Para aplicação da Teoria da Desconsideração da personalidade jurídica não basta a mera insolvência da sociedade, mas que tenha havido má fé na utilização da separação patrimonial, razão pela qual não comprovado o mau uso ou a fraude no gerenciamento da empresa, prevalece a regra da limitação da responsabilidade do sócio, suportando o credor o dano decorrente" (*RT* 768/349). Ainda do Rio de Janeiro e no mesmo sentido é o que se vê na *Revista Jurídica RJ*, v. 41/278. No Tribunal de Justiça de Minas Gerais, fixou-se que o direito brasileiro já acolheu a Teoria da Despersonalização da pessoa jurídica, mas de forma excepcional, impondo como condições básicas a comprovação da fraude ou do abuso do direito, não bastando para a caracterização do referido instituto a falta ou inexistência de bem para garantir a execução, pois tal fato não importa em fraude ou abuso de direito por parte dos sócios da empresa" (*Revista Jurídica* 274/n. 16.384 — AI 155.334/6–BA). No mesmo sentido: *RT* 768/349; 771/258 e *RJ*, v. 41/278.

4.1.5 Contrariando aquelas decisões que, erroneamente, fazem uso da Teoria, responsabilizando todos os sócios indistintamente, vem a jurisprudência, atualmente, deixando bem explícito que a responsabilidade há de ser imputada ao sócio que fez mau uso da pessoa jurídica, a ele e tão-só a ele a responsabilização.

Do Tribunal de Justiça de São Paulo, por suas 6ª e 7ª Câmaras de Direito Privado, temos estas afirmações: "Para arcar, com o efeitos da responsabilidade por dívidas ou ônus da empresa, por gerenciamento ruinoso, como para responder por desmandos de representação, não podem ser subsumidos aqueles sócios que não tiveram tais poderes, ou mesmo exercício efetivo, ou mesmo participação esporádica, senão concretamente participantes sob assunção culposa ou dolosa" (*RJT JESP–Lex* 135/1.358); da 6ª Câmara e no mesmo sentido é o v. acórdão estampado na *Revista Jurídica RJ* 268/133, n. 15.883. Na apelação 197.219.967-PA, julgada em 4.6.1998, o Tribunal de Justiça do Rio Grande do Sul deixou afirmado que "embora a irregularidade da sociedade por cotas de responsabilidade limitada, não se pode aplicar a Teoria da Desconsideração da pessoa jurídica para quem detenha parte mínima das cotas sociais e integralizadas, não exercia atividade gerencial, enquanto o ex-marido da sócia detinha praticamente a totalidade das cotas e a responsabilidade da gerência. A este poder-se-ia cogitar da aplicação da Teoria".

Dentro da mesma ordem de argumentos, o Tribunal de Justiça de Santa Catarina, em v. acórdão de sua 3ª Câmara Cível, na ap. cível 598.013419-6-Concórdia, julgado em 16.3.1999, deixou expresso ser "impossível a penhora dos bens do sócio que jamais exerceu a gerência; a diretoria ou mesmo representasse a empresa executada. Há de ser utilizada a Teoria da Desconsideração da personalidade jurídica, prevalecendo o princípio da responsabilidade subjetiva, e não a simples presunção", decisão essa que veio na esteira de v. acórdão do STJ, por sua 2ª Turma e que se encontra registrada às fls. 281 da *RSTJ* 43.

4.1.6 No 1º Tribunal de Alçada Civil de São Paulo, por sua 3ª Câmara Cível, em relatoria do juiz Ferraz Nogueira, encontra-se magistral acórdão, com esta decisão: "a Teoria da Desconsideração da pessoa jurídica, que vem sendo adotada pela jurisprudência, como forma de desmerecer a fraude pelo uso da sociedade, deve ser aplicada com muita parcimônia e cautela para que não avilte o instituto maior da pessoa jurídica, em que se assentam todas as relação da firma com terceiros. Somente havendo prova incontroversa da fraude onde a entidade jurídica venha se desviar de suas finalidades específicas, causando dano e não os podendo suportar, é que se admite a tese inovadora.

"Simples indícios e presunção de abusos e atos fraudulentos são insuficientes para formar a convicção do julgador, até porque o princípio de que a fraude não se presume e deve ser provada, incide como critério prevalecente no direito civil, para se impeça seja praticada uma injustiça" (*RT* 690/103).

Na linha do pensamento de Fábio Ulhoa Coelho, o acórdão da 7ª C. Civil do 2ª TACSP, apelação 466.448, afirma a necessidade de um processo de conhecimento para a aplicação de Técnica da desconsideração da personalidade jurídica (*RT* 763/279 — acórdão citado no corpo da decisão do agravo de instrumento 546.930-00/1, 2º TACSP).

Decidindo não ser indispensável o processo autônomo para aplicação da Teoria, afirmou o Tribunal de Justiça de São Paulo, por sua 3ª Câmara de Direito Privado, ser, todavia, necessária a obediência ao princípio constitucional da ampla defesa e do contraditório, cuja discussão poderia ocorrer nos próprios autos principais (*JTJ–Lex* 213/224).

4.1.7 Opondo-se à penhora de bens da sociedade (desconsideração inversa), decidiu o Tribunal Regional Federal da 5ª Região: "Responsabilidade da sociedade por dívidas de seus integrantes. Desconsideração de pessoa jurídica: Inadmissibilidade da penhora de bens de sociedade, em execução movida contra pessoa física de integrante seu, com fundamento na Teoria da Desconsideração da pessoa jurídica. Se ocorrente a fraude, deve ser esta demonstrada e anulada o negócio fraudulento" (*RDM* 104/146).

4.1.8 Examinando hipótese de extensão de falência sob a forma de desconsideração da personalidade societária, assim se pronunciou a 5ª Câmara de Direito Privado do Tribunal de Justiça de São Paulo: "Pretensão de credora para se estender os efeitos da falência para outra empresa, posto que formada pelos mesmos sócios, pela desconsideração da personalidade jurídica. Impossibilidade. Necessidade de prévia e ampla defesa.

"Inadequação dos efeitos da falência atingirem empresa que não participa dos autos" (ag. inst. 94.120.4/5–Guarulhos, julgado em 4.2.1999).

Neste recurso — AI 94.120.4/5 —, manifestou-se o douto Procurador de Justiça, Dr. Vicente de Paulo Arruda Alves, neste sentido e que foi acolhido pelo v. acórdão: "Não há falar em direito de defesa por poder a agravante recorrer da decisão ou deduzir em juízo o embargo de terceiro. O que a constituição garante é o contraditório e a ampla defesa antes de qualquer medida judicial. À evidência, pretende o agravante a desconsideração da pessoa jurídica sem qualquer contraditório e muito menos ampla defesa antes de qualquer medida judicial. O direito de recorrer não se confunde com a ampla defesa no processo, garantida pela constituição da República. Tampouco confunde-se com o direito de ação, que existe nos Embargos de Terceiro, em que o ônus da prova compete ao autor dos embargos, com o direito de defesa consagrada na constituição federal".

Também contrariando a possibilidade jurídica de estender-se a falência utilizando-se da Teoria da Desconsideração da personalidade jurídica, exigindo o devido processo legal, pronunciou-se a 4ª Câmara de Direito Privado do Tribunal de Justiça Paulista:

"Em primeiro lugar, impõe-se considerar que a agravante não ingressou na relação processual e sequer foi ouvida nos autos da falência.

"Mas, mesmo que assim não fosse, inaplicável a Teoria da Desconsideração da personalidade jurídica, que se presta a alcançar o patrimônio pessoal dos sócios em decorrência de uma determinada obrigação assumida pela sociedade, e não para a extensão de efeitos de falência de outra sociedade.

"Aliás, parece um contra-senso: de um lado de desconsiderar a pessoa jurídica e, de outra, ao mesmo tempo, decretar-lhe a falência. Tal Teoria, extravagante em nosso direito, em face do art. 20 do Código Civil, deve ter sua aplicação restrita a casos específicos" (ag. inst. 25.959.4/3-00-SP, julgado em 16.10.1956).

4.1.9 Como inicialmente assinalado, nas decisões de instâncias inferiores ainda se nota uma confusão de conceitos e diferença de pressupostos na aplicação da *Disregard Doctrine*, mas já na jurisprudência dos Tribunais os pressupostos da aplicação da Teoria se consolidam e quase nos mesmos termos daqueles apregoados pela doutrina. E é de esperar-se que, com o tempo, consolidem-se, de vez, os reais pressupostos da Doutrina e não mais seja ela uma autêntica panacéia para resolver todos males societários e que, em nosso sistema, se possa reproduzir a lição de Rafael Azerrad, falando do direito argentino: "Deve tenerse muy en cuenta que los tribunales careceran de la facultad de prescindir de la forma de la persona jurídica y de las consecuencias que de ellas resulten, excepto cuando ha sido empleada para fines reprobables. As desestimación de la forma de la persona jurídica debe quedar limitada a casos concretos y verdadeiramente excepcionales, pues cuando el derecho ofrece los cuadros de una institución y la atribue unas determinadas consecuencias jurídicas, el dano que resulta de no respetar aquellas, salvo casos excepcionales, puede ser mayor que el que provenga del mal uso que delas mismas se haga" (ob. cit., p. 118).

5. *Conclusão*

5.1 A Teoria da Desconsideração da personalidade jurídica já ingressou em nosso sistema jurídico. Inicialmente, a aceitação do instituto fez-se pela via doutrinária e jurisprudencial, especialmente no segmento do direito societário e, atualmente, já como norma positiva no campo do direito do consumo: Lei 8.078/90 e Lei da Repressão ao Abuso Econômico (Lei 8.484/94).

5.2 Embora ainda ocorrente certa confusão no âmbito do direito pretoriano, doutrinariamente e também na jurisprudência dos tribunais em sua maioria, fixados já se encontram os pressupostos necessários para a incidência da Teoria: fraude ou abuso de direito com ou através da pessoa jurídica; natureza subjetiva da responsabilidade emergente da incidência da Teoria e a necessidade de comprovação inconteste da prática do ato ilegítimo eivado da intenção ou, pelo menos, da consciência de causar prejuízo a terceiros; imputação da responsabilidade ao autor da fraude societária sem ampliação nenhuma a sócio não participante do ilícito; suspensão episódica da personalidade jurídica do ente coletivo, não podendo sê-lo em termos amplos, indiscriminados ou indeterminados, porque a desconsideração se transformaria em autêntica despersonalização, o que significaria o fim da pessoa jurídica e que é contrária ao espírito da Teoria e afrontante de normas legais expressas (art. 21 do Código Civil); necessidade do contraditório e ampla defesa a quem será atingindo pela incidência da Teoria, senão através de um processo próprio de conhecimento, ao menos sendo facultada a ampla defesa no processo incidental em que se pretenda aplicação da Teoria; não sendo suficiente a defesa *a posteriori* quer via recurso quer por embargos, uma vez que, nessa hipótese, ocorreria uma inversão do ônus da prova.

5.3 A existência do controle e até mesmo a ocorrência de confusão patrimonial não constituem razão suficiente para a aplicação da Teoria. Há necessidade de que tais fatos tenham sido fruto de fraude ou de abuso de direito a desviar a pessoa jurídica da função que o ordenamento jurídico lhe predeterminara e haja ocorrência de dano a terceiro. O pressuposto é sempre o mesmo, quer se trate de uma pessoa jurídica apenas ou de um grupo de sociedades.

5.4 A existência de sócio detentor da quase totalidade do capital social não transforma o ente coletivo em sociedade unipessoal sem uma lei que o declare. Também, a hipótese de um único sócio prevista no art. 206 da Lei das Sociedades Anônimas, porque agasalhada em lei, não pode chamar a incidência da Teoria se não houver a ocorrência dos pressupostos da doutrina da desconsideração.

5.5 Por ser caso de ineficácia e não de nulidade, não há razão bastante para não ser aberta a oportunidade do contraditório e ampla defesa.

E não há, aqui, qualquer semelhança com o instituto da fraude à execução, que, vez por outra, é invocada em decisões judiciais. Na fraude à execução, além de existir matéria de ordem pública, o ato ofende diretamente a função estatal da prestação jurisdicional, que se materializa no processo. Na desfunção intencional da pessoa jurídica, estamos no campo do direito privado, onde o direito é disponível. É o que ocorre também na hipótese prevista no art. 52 da Lei de Falência (Decreto-lei 7.661/45). Ninguém pode afirmar, embora existente interesse público no ordenamento falitário, que o juiz pode, sem o devido processo legal, declarar a ineficácia do ato ou negócio jurídico verificado dentro no termo legal da falência.

5.6 O valor da pessoa jurídica não é o mesmo perante o direito comum, societário e face ao direito laboral e direito do consumo. No direito comum, grande é o valor da pessoa jurídica personalizada, em que a separação patrimonial é a regra (art. 20 Código Civil), que, só excepcionalmente, é ignorado.

No direito laboral, o valor maior é a proteção aos direitos do hipossuficiente e, no direito consumerista, o valor maior é a igualdade das partes, de que decorre, vezes muitas, ser ignorada a separação patrimonial entre sócios e pessoa jurídica (art. 28 do CDC).

5.7 Havendo imputação direta de responsabilidade pela norma jurídica aos sócios da pessoa jurídica, não ocorre o fenômeno da desconsideração, embora esteja havendo, no caso concreto, o superamento da personalidade do ente social e conseqüente ignorância da separação patrimonial.

5.8 Os institutos da falência; da extensão da falência e da extensão dos efeitos da falência são distintos e diferenciados do instituto de desestimação da pessoa jurídica. Aqueles importam na extinção da pessoa jurídica com arrecadação e leiloamento dos bens das empresas atingidas por eles. Na desconsideração há, apenas e episodicamente, o afastamento da personalidade para um fim determinado ou por um determinado tempo. A Teoria da Desconsideração não extingue a pessoa jurídica. Há erronia na aplicação da Teoria com efeito de extensão da falência ou extensão dos efeitos da falência. A extensão da falência, falência é, e por isso que ela só pode ocorrer por força de sentença e não mera decisão interlocutória, devendo, para tanto, haver o devido processo legal. Na extensão dos efeitos da falência — efeitos meramente civis e não os criminais — o comerciante não é falido, apenas é atingido pelos efeitos civis da falência decretada, mas, ainda nessa hipótese há necessidade da ampla defesa, mesmo que esta não se faça em processo autônomo de conhecimento. Ou, como dito pelo jurista argentino, frente ao direito argentino, Adolfo A. N. Rouillon: "la extensión de la quiebra requiere un pronunciamiento judicial específico, dictado con el debido respeto al derecho de defensa y observando la garantia de la contradicción, constituyendo una verdadera declaración de quiebra sometida a todas las reglas del derecho concursal propias del instituto. Consecuentemente, engendra todas consecuencias de la falencia, como el desapoderamiento y la consecuente inhabilitación, procedimientos de calificación de conducta, liquidación, etc." (*apud* Juan M. Dobsome, ob. cit., p. 585).

Concluindo, nunca é demais relembrar a lição de Fábio Ulhoa Coelho: "a desconsideração da personalidade jurídica, salvo disposição contrária em lei, não poderá prescindir da prova da intenção de provocar dano a terceiro, ou da consciência deste dano através de meios ardilosos (fraude) ou do exercício irregular de um direito (abuso de direito).

"O simples advento de prejuízo a terceiro e sem estas características, não autoriza o desconhecimento da autonomia patrimonial" (ob. cit., p. 62).

Bibliografia

ABREU DE COUTINHO, Jorge Manuel. *Do Abuso de Direito*. Coimbra, Almedina, 1983.

AMARO, Luciano. "Desconsideração da personalidade jurídica no Código Defesa do Consumidor". *Rev. Direito Consumidor* 11/7 e 5/168.

AZERRAD, Rafael. *Extensión de la Quiebra*. Buenos Aires, Ed. Astorca, 1977.

COELHO ULHOA, Fábio. *Curso Direito Comercial*. V. 2. Saraiva, 1999.

———. *Desconsideração da Personalidade Jurídica*. Ed. RT, 1989.

COMPARATO, Fábio K. *O Poder de Controle na S/A*. Ed. RT, 1976.

DOBSON, Juan M. *El Abuso de la Personalidad Jurídica*. Ed. Depalma, 1985.

DUARTE DE CASTRO, Teófilo. *O Abuso do Direito e as Deliberações Sociais*. Coimbra, 1955.

FRIGERI, Márcia Regina. "A responsabilidade dos sócios e administradores e a desconsideração da pessoa jurídica". *RT* 739/53.

GUIMARÃES LEFEVRE, Flávia. *Desconsideração da Personalidade Jurídica no Código do Consumidor*. Max Limonad, 1998.

JUSTEN FILHO, Marçal. *Desconsideração da Personalidade no Direito Societário Brasileiro*. Ed. RT, 1958.

KONDO, Keiti. "Natureza jurídica. Desconsideração da pessoa jurídica". *Jurisprudência Brasileira* 102.

KOURY, Suzy E. Cavalcante. *A Desconsideração da Personalidade Jurídica e os Grupos de Empresas*. Forense, 1995.

LEOFANTI, Maria Antonia. *Abuso del Derecho*. Buenos Aires, Livraria Jurídica, 1945.

LE PERA, Sergio. *Cuestiones de Derecho Comercial Moderno*. Ed. Astrea, 1974.

MADALENO, Rolf. "*A disregard* na sucessão legítima". *Rev. Jurídica* 245/5, Ed. Síntese.

MELO, Albertino Daniel. *Sanção Civil por Abuso de Sociedade*. Del Rey, 1997.

MIRANDA, Pontes. *Tratado de Direito Privado*. Vs. 28/29, Barsa, 1959.

ORALLO PANICO, Santiago. *Persona Jurídica y Ficción*. Pamplona, Ed. Universal, 1975.

OTAEGUI, Julio. *Invalidez de Actos Societarios*. Abaco, Ed. Depalma, 1978.

RAMALHETE, Clóvis. "Sistema da legalidade na desconsideração da personalidade jurídica". *RT* 586.

REQUIÃO, Rubens. *Curso de Direito Falimentar*. V. I, Saraiva, 1984.

————. "Abuso de direito e fraude através da pessoa jurídica". *RT* 622/51 e 410/17.

RONCERO CAPILLA, F. *La Persona Jurídica: Funciones y Disfunciones*. Ed. Tecnos, 1984.

SÁ DE CUNHA, Fernando Augusto. *Abuso do Direito*. Lisboa, 1973.

SALOMÃO FILHO, Calixto. *O Novo Direito Societário*. Malheiros Editores, 1998.

SAMY FILHO, Alfredo e Outro. *A Lei da S/A. Pressupostos, Elaboração Aplicação*. Renovar, 1992.

SERICK, Rolf. *Aparencia y Realidad en las Sociedades Mercantiles*. Barcelona, Ediciones Ariel, 1958.

SILVA ALBERTON, Genacea da. "A desconsideração da pessoa jurídica no CDC — Aspectos processuais". *Rev. Direito do Consumidor* 7.

SILVA E COUTO, Alexandre. *Aplicação da Desconsideração da Personalidade Jurídica no Direito Brasileiro*. LTr, 1999.

SILVA PERÁCIO, Adriano da. "A desconsideração da personalidade jurídica no CDC". *Revista Atualidades Jurídicas* 3/17, Del Rey, 1993.

SIMÃO FILHO, Adalberto. "A superação da personalidade jurídica no processo falimentar". *Direito Empresarial Contemporâneo*. Ed. Juarez de Oliveira, 1ª ed., 2000.

SZTAJN, Rachel. "Desconsideração da personalidade jurídica". *Rev. Consumidor* 2/67.

VALVERDE M., Trajano. *Comentários à Lei de Falências*. V. I, Forense, 1962.

VERÇOSA, Haroldo. "A desconsideração da personalidade jurídica na prática de ilícito cambial". *RDM* 100/49.

VERRUCOLI, Piero. *Il Superamento della Personalitá Giuridica delle Societá di Capitali nella "Common Law" e nella "Civil Law"*. Giuffrè, 1964.

WALD, Arnoldo. "Sobre as sociedades colegiadas e o grupo de sociedades". *RT* 500/13.

Atualidades

STRENGTHENING BRAZIL'S SECURITIES MARKETS

BERNARD S. BLACK

Introduction. Information Asymmetry: Information Asymmetry as an Adverse Selection Problem; Information Asymmetry Institutions. Controlling Self-Dealing: Types of Self-Dealing; The Structure of the Self-Dealing Problem; Brazilian Political Opposition to Stronger Controls on Self-Dealing; Institutions that Control Self-Dealing. Piggybacking. Assessing Brazil's Institutions. Conclusion.

Introduction

This paper is an expanded version of a speech that I gave at the Sao Paolo Stock Exchange (Bovespa) in August 2000. In it, I apply the principles developed in my paper, *The Legal and Institutional Preconditions for Strong Securities Markets*, to the Brazilian situation.[1] I discuss the strengths and weaknesses of Brazil's institutions, with the goal of offering a tentative roadmap for future reforms. An important caveat: I have limited knowledge of Brazil's capital markets, and may err in my understanding of Brazil's institutions and how they might be improved.

I have spent substantial time, since 1993, working on privatization, company law, and securities law in a number of developing countries, including Armenia, Indonesia, Korea, Mongolia, Russia, Ukraine, and Vietnam. Some of these countries have tried to make the leap from a centrally planned economy to a strong public stock market. They have failed. The most aggressive efforts, in Russia and the Czech Republic, have crashed and burned. The Czech Republic, for example, created around 2,000 public companies through mass privatization. Today, only about 10 companies are actively traded. The market capitalization of Russian companies is astonishingly low — perhaps .001 (0.1%) of the value these companies would have if operated in a developed country and valued at developed country multiples.[2]

We are learning from this experience how critical various government and market institutions are for privatization, a market economy in general, and a securities market in particular. Building a strong securities market is hard to do *at all*, and im-

1. Bernard Black, *The Legal and Institutional Preconditions for Strong Securities Markets*, 48 *UCLA Law Review* (forthcoming 2001), available from Social Science Research Network at http://papers.ssrn.com/paper.taf?abstract_id=182169.

2. On mass privatization in Russia and the Czech Republic, see Bernard Black, Reinier Kraakman & Anna Tarassova, *Russian Privatization and Corporate Governance: What Went Wrong?*, 52 *Stanford Law Review* 1731-1808 (2000), available from Social Science Research Network at http://papers.ssrn.com/paper.taf?abstract_id=181348.

possible to do quickly. The central reason why building a strong securities market is so hard is that the securities market depends on a complex network of supporting institutions, including government regulations; enforcement agencies; private market institutions; and a culture of disclosure and honest dealing with minority shareholders. These intricate systems are not easy to build.

Public securities markets involve a kind of magic. Investors pay enormous amounts of money for completely intangible rights, whose value depends entirely on the quality of the information that the investors receive, and on the honesty of other people about whom the investors know almost nothing. An important reason why this magic is rare internationally is that it is hard to develop the interrelated institutions that support these markets.

I will focus on the requirements for a strong securities market in the context of a public offering of common shares, often by a company that is selling shares to the public for the first time. In my view, there are two conditions that are necessary but not sufficient for a country to have a strong stock market. A country's laws and related institutions must give minority shareholders: (i) good information about the value of a company's business; and (ii) confidence that they will not be cheated out of that value by a company's insiders (its managers and controlling shareholders) through self-dealing transactions.

The caveat that these conditions are necessary but not sufficient is important for Brazil. Brazil has a history of high inflation, government currency controls, and even freezes on bank accounts. Investors will remember these problems long after the problems themselves recede. The risk of high inflation alone is sufficient to suppress markets for long-term debt. Yet in other countries, debt markets are often a precursor to strong equity markets. Political risk, including currency controls and bank account freezes, make investors reluctant to hold assets in Brazil in visible form – and investments in public securities are as visible as one can get.

Brazil's high value-added taxes add a further obstacle to a strong stock market: They make it attractive for companies with significant exports to remain private, the better to evade taxes by selling their output at a below-market price to a foreign intermediary, which can resell at the market price. If U.S. experience is any guide, these tax evasion strategies are very difficult to control; the only long-term response may be to reduce the tax rate. But let me put these Brazil-specific problems aside, and return to the core of my paper.

Information Asymmetry

One critical obstacle to strong stock markets is *asymmetric information*. The value of a company's shares depends on the company's future prospects. The company's past performance is a partial guide to its future prospects. The company's insiders know about its past performance and its future prospects. Investors do not know this information. The insiders have information; investors need information.

Delivering information to investors is easy, but delivering *credible, believable* information is hard. Insiders have an incentive to hide problems and exaggerate the company's past performance and future prospects. Investors cannot directly verify the information that the company provides.

Information Asymmetry as an Adverse Selection Problem

In the terminology of modern economics, securities markets are a good example of what Americans call a market for "lemons", because a lemon is a fruit with a sour taste. A lemon is a slang term for a used car. The car has something wrong with it. The buyer discovers this only after he buys the car, and is then unhappy with his purchase. Buyers of used cars know that some cars are lemons, but they don't know which ones, so they offer lower prices for all used cars.

The same thing happens for securities. Investors don't know which companies are truthful and which are not truthful, so they offer lower prices for the shares of *all* companies. This may ensure that investors receive a fair price, on average. But now consider an honest company that reports truthfully to investors, and whose insiders will not divert some or all of the company's income stream to themselves.

Lower share prices mean that an honest company cannot receive a fair price for its shares. The honest company has an incentive to turn to other forms of financing. But lower prices will not discourage dishonest companies. The prospect of receiving even a low price for a worthless piece of paper will be attractive to some insiders.

The term that describes this process, in which honest companies decide not to issue shares, while dishonest companies continue to issue shares, is "adverse selection". This term comes originally from insurance markets. The idea, in insurance, is this: Health insurance is a better buy for sick people than for healthy people. Therefore, sick people are more likely to buy health insurance. This drives up the cost of insurance, which discourages healthy people from buying it. The average buyer of health insurance is therefore even sicker, which discourages still more healthy buyers, which drives up the price even further, and so on.

In securities markets, adverse selection means that a higher fraction of companies are offering lemons for sale. Investors react to the lower average quality of shares by reducing still more the prices they will pay. This drives even more high-quality companies away from the stock market and exacerbates the adverse selection problem.

To give a flavor for the severity of the lemons problem for securities, let me compare it to the example of used cars. For a used car, you can look at the car, drive it, hire a mechanic to inspect it, and rely on the manufacturer's reputation. In contrast, a company is like a unique, unobservable car. You cannot look at it. You cannot have it inspected by your own mechanic. You cannot take it for a test drive. You cannot determine the history of other cars produced by the same manufacturer, because there are no similar cars. Instead, you get a dry written report by the *company's* mechanics, who are known as accountants.

Some countries, including the United States, have partially solved this information asymmetry problem through a complex set of laws and private and public institutions that give investors reasonable comfort that companies that issue shares are being mostly truthful. Among the most important institutions are reputational intermediaries — accounting firms, investment banking firms, law firms, and stock exchanges — who vouch for the quality of securities. These intermediaries are credible because they are repeat players who will suffer a loss of reputation if they let a particular company exaggerate its prospects, that exceeds the intermediary's one-time gains from permitting the exaggeration. The intermediary's willingness to say no to a client is reinforced by legal liability if the intermediary approves false disclosure, and by government prosecution if the intermediary *intentionally* approves false disclosure.

But even in the United States, we have a major problem with "securities fraud" — the effort to sell shares at an inflated price through false or misleading disclosure. Dishonest salesmen can sell fraudulent securities partly because the United States' *very success* in creating an overall climate of honest disclosure leads investors to be less careful in investigating claims by persuasive salesmen about particular companies. Investors' willingness to accept claims about a company's bright future creates fertile soil for fraud.

Most American investors still expect securities to be vouched for by reputational intermediaries. They expect financial statements to be audited; they expect shares to be sold through an underwriter; they expect the prospectus to be prepared by securities lawyers. But this merely recreates the fraud problem one step removed. The United States' success in creating an environment, in which most reputational intermediaries protect their reputations, creates an opportunity for new entrants to *pretend* to be reputational intermediaries. Merely calling yourself an investment banker will lead investors to trust you, because most investment bankers are honest.

In effect, any one investment banker (or accountant or securities lawyer) cannot fully capture its own investment in reputation. Some of that investment spills over and enhances the reputation of the entire profession. In welfare economics, this is called an "externality". The spillover of reputation to the whole profession lets other people — whom I will call "bogus investment bankers" — profit by pretending that their action in underwriting a company's shares has reputational value. In effect, the bogus investment banker steals some of the value of its competitors' reputations while reducing the value of those reputations, because bad reputations spill over to the whole profession just as good ones do.

The result is ironic: The principal role of reputational intermediaries is to vouch for the quality of disclosure and thus reduce information asymmetry. But information asymmetry *in the market for reputational intermediaries* limits their ability to play this role. Common solutions involve legal rules that make the intermediaries liable to investors and government policing of the reputational intermediaries, including licensing, revoking the licenses of misbehaving intermediaries, and occasional criminal prosecution.

The resulting system, in which multiple reputational intermediaries vouch for different aspects of a company's disclosure, and private plaintiffs and the government police the reputational intermediaries, can work tolerably well. But it is not simple. This complex response to information asymmetry helps to explain why many countries have not solved the information asymmetry problem. Their securities markets have instead fallen into what insurance companies call a "death spiral", in which information asymmetry and adverse selection combine to drive almost all honest companies out of the market, and to drive share prices to zero.

In these countries, a few large companies may develop reputations sufficient to justify a public offering of shares at a price that, though below fair value, is still attractive compared to other financing options. But smaller companies have no direct access to public investors' capital. They must obtain capital from intermediaries, usually banks, or else grow only at the rate permitted by reinvestment of past earnings.

Information Asymmetry Institutions

Successful securities markets have developed a number of institutions to counter information asymmetry. In *The Legal and Institutional Preconditions for Strong Securities Markets*, I develop and defend a list of 18 core institutions, plus about 10 more useful institutions. Below, I merely list the core institutions. Readers will have their own opinions about whether my list is a good one, and about which institutions Brazil has, and which it does not have. The institutions are:

Category 1: Effective Regulators, Prosecutors, and Courts

(1) A securities regulator (and, for criminal cases, a prosecutor) that (i) is honest; and (ii) has the staff, skill, and budget to pursue complex securities cases.

(2) A judicial system that (i) is honest; (ii) is sophisticated enough to handle complex securities cases; (iii) can intervene quickly when needed to prevent asset stripping; and (iv) produces decisions without intolerable delay.

(3) Procedural rules that provide reasonably broad civil discovery and permit

class actions or another means to combine the small claims of many investors.

Category 2: Financial Disclosure Institutions

(4) Extensive financial disclosure, including independent audits of public companies' financial statements.

(5) Accounting rules that address investors' need for reliable information.

(6) A rule-writing institution with the competence, independence, and incentives to write good accounting rules and keep the rules up to date.

Category 3: Reputational Intermediaries

(7) A sophisticated accounting profession with the skill and experience to catch at least some instances of false or misleading disclosure.

(8) Securities or other laws that impose on accountants enough risk of liability to investors if the accountants endorse false or misleading financial statements so that the accountants will resist their clients' pressure for more favorable disclosure.

(9) A sophisticated investment banking profession that investigates securities issuers because the investment banker's reputation depends on not selling overpriced securities to investors.

(10) Securities or other laws that impose on investment bankers enough risk of liability to investors if the investment bankers underwrite securities that are sold with false or misleading disclosure, so that the bankers will resist their clients' entreaties for more favorable disclosure.

(11) Sophisticated securities lawyers who can ensure that a company's offering documents comply with the disclosure requirements.

(12) A stock exchange with meaningful listing standards and the willingness to enforce them by fining or delisting companies that violate disclosure rules.

Category 4: Liability for Companies and Insiders

(13) Securities or other laws that impose liability and other civil sanctions on companies and insiders for false or misleading disclosure.

(14) Criminal sanctions against insiders who intentionally mislead investors.

Category 5: Market Transparency

(15) Rules ensuring market "transparency": the time, quantity and price of trades in public securities must be promptly disclosed to investors.

(16) Rules banning manipulation of trading prices (and enforcement of those rules).

Category 6: Culture and Other Informal Institutions

(17) An active financial press and securities analysis profession that can uncover and publicize misleading disclosure.

(18) A culture of disclosure among accountants, investment bankers, lawyers, and company managers, that concealing bad news is a recipe for trouble.

In countries with strong securities markets, the sanctions against misdisclosure reinforce a culture of compliance, in which a bit of puffing is acceptable, but outright lying is not. Accountants, investment bankers, and lawyers see themselves as professionals, and (mostly) behave accordingly. Moreover, few insiders attempt clearly illegal actions, because disclosure is the norm and others are sometimes disgraced or sent to jail for falsifying financial statements.

These institutions are interrelated and cannot be developed overnight. When I have presented this analysis before, it is rare for anyone to suggest that the institutions that I list are not important. More often, they suggest still more core institutions. Ensuring good information disclosure is simply a tough job.

Controlling Self-Dealing

The second major obstacle to a strong public stock market is the potential for insiders to appropriate most of the value of the company for themselves — for 50% of the shares to convey 80% or 90% or even 100% of the company's value. This risk of insider "self-dealing" creates a lemons or adverse selection problem, which has the same structure as the adverse selection problem created by asymmetric information.

Types of Self-Dealing

Self-dealing can be *direct*, where a company engages in transactions, not on arms-length terms, that enrich the company's insiders, their relatives, or friends, or a second company that the insiders control. Or it can be *indirect* (often called *insider trading)*, where insiders use information about the company to trade with less-informed investors.

Direct self-dealing is a much more important problem than insider trading. First, it is far more profitable. Direct self-dealing let insiders can turn 50% ownership (say) of shares into 100% ownership of profits, with little additional investment. Insider trading cannot produce similar gains. For one thing, insider trading in significant volume requires a liquid stock market, which countries that do not control direct self-dealing will not have. Also, long-term buy-and-hold investors are not directly harmed by insider trading. You can only be on the losing side of a trade with an insider if you're trading.

More critically, if direct self-dealing is hard to control, insider trading in anonymous securities markets is even harder to control. Without the institutions that control direct self-dealing, a country can't hope to control insider trading. But the converse isn't true. A country can control direct self-dealing fairly well without making the additional investment needed to address insider trading.

The Structure of the Self-Dealing Problem

Self-dealing has the same structure as information asymmetry. Investors do not know which insiders are honest, and which will keep for themselves most or all of the company's value. Investors therefore reduce the prices they offer for the shares of all companies. This creates a dilemma for an honest company, whose insiders will not divert income to themselves. Lower share prices mean that an honest company cannot receive a fair price for its shares, and has an incentive to use other forms of financing. But lower prices will not discourage dishonest companies. The prospect of receiving even a low price for worthless paper will be attractive to some insiders.

This adverse selection by companies, in which high-quality companies leave the market while low-quality companies remain, increases the proportion of low-quality issuers of shares. Investors react to the lower average quality of companies that issue shares by lowering still more the prices they will pay. This drives even more high-quality companies away from the market and exacerbates the adverse selection problem. As with asymmetric information, failure to control self-dealing can produce a "death spiral", in which self-dealing and adverse selection combine to drive almost all honest companies out of the stock market, and drive share prices to zero.

The problem of self-dealing is even harder to solve than information asymmetry. First, honest disclosure of information during a public offering of shares cannot be undone once the offering is completed. In contrast, once a company sells shares, the company's insiders can always renege on a promise not to self-deal.

Indeed, insiders have an incentive to renege and to capture more of the company's value for themselves than investors expected when they bought shares. Again, insurance terminology is helpful — the incentive to renege on a promise not to self-deal is known as moral hazard. The incentive to renege is partly controlled by the insiders' concern for reputation, to permit future share issuances. But concern for reputation can fade quickly when a company gets into trouble. Unless controlled, moral hazard can be sufficient by itself to cause a public stock market to collapse.

A second reason why controlling self-dealing is harder than ensuring good information disclosure: False or misleading disclosure in a public offering often occurs in a written disclosure document. If business problems surface later, the disclosure deficiencies will often be obvious enough to permit regulators or investors to seek sanctions against the insiders and the reputational intermediaries. In the United States, we have aggressive class action lawyers who seek damages against reputational intermediaries in almost all cases of false or misleading disclosure, whether appropriate or not. This is not entirely good, because it drives up the cost of securities offerings. But it also provides an incentives for intermediaries to be careful — more careful, I believe, than the exact same intermediaries will be in Brazil, where they face little risk of liability. For self-dealing, the solution of relying on reputational intermediaries, and suing them when they endorse false or misleading disclosure, is harder than for information asymmetry. Self-dealing is often hidden — it must be uncovered before it can be policed.

A third reason why self-dealing is harder to control than information asymmetry: Once a company issues shares at a reduced price, in a market with information asymmetry, insider self-dealing, and resulting adverse selection and moral hazard, insiders may feel *entitled* to appropriate most of the company's value for themselves. Let me explain why insiders can feel this way with an example.

Assume that Company *A* has a value of $100, and 50 outstanding shares, all held by insiders. The shares are worth $2 each. But outside investors are willing to pay only 50¢ per share, because they expect insiders to keep most of the company's value for themselves. Suppose now that Company *A* issues 50 additional shares, for a total of $25. Company *A* now has 100 shares outstanding, with 50 shares held by insiders and 50 shares held by outside investors, and total value of $125.

If the insiders keep only 50% of the company's value, they have cheated themselves. Their shares will be worth only $62.50. The insiders' rational response is to self-deal enough to capture at least 80% of the firm's value — $100 out of $125. They will fight against reforms that will prevent them from taking what they see as their fair share of the company's value.

Finally, insiders' concern for reputation cannot, by itself, sustain dispersed ownership, without a controlling shareholder. If a firm with honest insiders, in a market with weak institutions, somehow develops dispersed ownership, that ownership is unstable. A dishonest person can profit by buying a control stake in the market and looting the firm. The Czech Republic offers a recent real world example of this process.

Brazilian Political Opposition to Stronger Controls on Self-Dealing

This political dynamic is found in many countries, and Brazil is no exception. It is no surprise that the managers and controlling shareholders of already public companies have formed the principal political opposition to the current proposals for reform of Brazil's company law. Nor is it surprising that they have enough political strength so that the proposals, not that far-reaching to begin with, have been weaken to the point where, in my judgment, they won't do much to control self-dealing even if adopted.[3] Let me offer two examples.

First example: a board seat for preferred shareholders. The current reform proposal would give preferred shareholders,

3. See *Draft Amendments to the CVM and Capital Markets Law* (Law n. 6,385/76 and the Corporations Law (Law n. 6,404/76) (Rep. Antonio Kandir's draft, as approved by the Finance and Tax Commission on June 7, 2000).

who in substance own nonvoting common shares, the right to a representative on the board of a public company. But this reform, useful in itself, is then undercut severely in multiple ways. First, the director elected by the preferred shareholder must be "adequately qualified", whatever that means. Second, only shareholders who proof that they have held preferred shares for at least 3 months preceding the election have the right to vote in this election. Third, shareholders cannot vote to elect two directors in companies with the same "predominant social objectives" (competitors, that is). Fourth, if half or more of the shareholders who elect such a director sell their shares, the director loses his seat. Finally, the shareholders who elect the director are jointly and severally liable for misdeeds of the director that violate the law or the company's charter, if they elect a person that they know was morally or technically unsuitable! None of these limits apply to the directors elected by the common shares and thus, in most cases, by the controlling family.

This combination of confusing, difficult-to-implement rules, layered on top of the astonishing *in terrorem* provisions that shareholders can be held liable for a director's misdeeds, will likely ensure that this nominal right is rarely used. Institutional shareholders, who are the obvious candidates to exercise this right, will be deterred by liability risk, and will often be aren't disenfranchised because they own shares in two or more competing companies. One assumes that this is precisely the intent behind these requirements.

Second example: a takeout bid requirement for common shares but not preferred shares. Until 1997, Brazil had a "takeout bid" rule that required a new controlling shareholder to offer to buy out all minority shareholders at the same price paid for control. The Brazilian government repealed this rule so that it could privatize controlling stakes in state-owned companies, without complying with the rule. The current proposal would reinstate the takeout bid requirement. But the requirement would apply only to common shares, not to the preferred shares (read: nonvoting common shares) that form 2/3 of the share capital of many major companies. That robs the takeout bid requirement of most of its bite.

Consider, for example, a firm with 2/3 of its share capital in the form of preferred shares, and a controlling family that owns 50% of the common shares. If the proposal is adopted, then if the controlling family sells its shares, the buyer will have to offer to buy the other common shares as well — that is, to buy 1/3 of the total shares instead of 1/6. That isn't enough to dissuade buyers from acquiring control with the intent of cheating minority shareholders of much of the company's value through self-dealing.

Institutions that Control Self-Dealing

Just as successful securities markets have developed institutions to counter information asymmetry, they have developed institutions to counter self-dealing. Some of these are the same institutions that control information asymmetry; some are different institutions. In *The Legal and Institutional Preconditions for Strong Securities Markets*, I again develop and defend a long list, this time of 20 core institutions. The list follows:

Category 1: Effective Regulators, Prosecutors and Courts

(1) A securities regulator (and, for criminal cases, a prosecutor) that (i) is honest; and (ii) has the staff, skill, and budget to untangle complex self-dealing transactions.

(2) A judicial system that is (i) honest; (ii) sophisticated enough to understand complex self-dealing transactions; (iii) can intervene quickly when needed to prevent asset stripping; and (iv) can produce decisions without intolerable delay.

Comment: Honest, decently funded judges, regulators, and prosecutors are, if anything, even more critical for controlling self-dealing than for controlling information asymmetry, because reputational intermediaries play a smaller role for self-dealing transactions.

(3) Procedural rules that provide reasonably broad civil discovery, permit class actions or another means to combine the small claims of many investors, and accept proof of self-dealing through circumstantial evidence.

Category 2: Disclosure Requirements and Procedural Protections

(4) Securities or other laws that require extensive disclosure of self-dealing transactions.

(5) Company or securities law that establishes procedural protections for self-dealing transactions, such as approval after full disclosure by independent directors, non interested shareholders, or both.

(6) Ownership disclosure rules that ensure that outside investors know who the insiders are, and that interested shareholders cannot vote to approve a self-dealing transaction that requires approval by non interested shareholders.

(7) A good overall financial disclosure regime.

Comment: Good overall financial disclosure makes it harder to hide direct self-dealing and reduces the profit opportunity from insider trading.

Category 3: Reputational Intermediaries

(8) Requirements that a company's accountants review self-dealing transactions and report on whether they were accurately disclosed.

Comment: Insiders have an incentive to hide self-dealing. Unlike the situation when a company issues shares to investors, investors cannot directly insist that reputational intermediaries review self-dealing transactions. Thus, this review must be mandated by law or stock exchange rule.

(9) A sophisticated accounting profession with the skill and experience to catch some non disclosed self-dealing transactions and insist on proper disclosure.

(10) Securities or other laws that impose on accountants enough risk of liability to investors, if the accountants endorse false or misleading disclosure of self-dealing transactions, so that the accountants will search vigorously and resist their clients' entreaties to let them hide or mischaracterize self-dealing transactions.

(11) Sophisticated securities lawyers who can ensure that a company's satisfies the disclosure requirements governing self-dealing transactions.

(12) Law or customary practice law that (i) requires public companies to have a minimum number of independent directors; (ii) ensures that the independent directors approve self-dealing transactions; and (iii) imposes on companies and independent directors enough risk of liability if they approve self-dealing transactions that are grossly unfair to the company so that the directors will resist the insiders' pressure to approve these transactions.

Category 4: Insider Liability

(13) Strong civil sanctions against insiders for violating the rules governing self-dealing transactions and insider trading.

(14) Criminal sanctions for intentional violations of the self-dealing rules.

Category 5: Institutions to Control Insider Trading

I have thus far focused on the institutions needed to control direct self-dealing. I list next the additional core institutions that are needed to control insider trading.

(15) Securities or other laws that prohibit insider trading, suitably defined, and government enforcement of those rules.

(16) A stock exchange with meaningful listing standards, the willingness to fine or delist companies that violate the self-dealing rules, and the resources to run a surveillance operation that can catch some insider trading.

(17) Rules ensuring transparent trading prices.

(18) Rules banning manipulation of trading prices (and enforcement of those rules).

Category 6: Culture and Other Informal Institutions

(19) An active financial press and an active securities analysis profession that can uncover and publicize instances of insider dealing.

(20) A culture of compliance among accountants, lawyers, independent directors, and company managers, that concealing self-dealing transactions, approving a seriously unfair transaction, or trading on inside information is improper and a recipe for trouble.

In countries with strong securities markets, the sanctions against direct and indirect self-dealing are strong enough to reinforce a norm against this conduct. That culture reduces the frequency of self-dealing and improves the quality of the transactions that occur. Like the related norms supporting good disclosure and establishing value maximization as a managerial goal, the norm and the supporting institutions likely develop together and reinforce each other.

To take a recent Russian example, it would never occur to an American oil company's managers to propose (as Russian oil company Yukos did in 1999) that the company sell its oil to unknown offshore companies for $1.30 per barrel when the market price was $13. The managers wouldn't propose this, the independent directors wouldn't approve it, and if it somehow occurred anyway, the press would report the scandal and the managers would face both civil and possible criminal liability. In Russia, the press reported some of the scandal, but the managers went ahead anyway.

Piggybacking

The third major topic I address in *The Legal and Institutional Preconditions for Strong Securities Markets* is how easy it is for companies to piggyback on foreign institutions, when their home institutions are weak, and how easy it is for an entire country such as Brazil to piggyback on foreign institutions. In my opinion, some critical institutions, especially local enforcement, cannot be imported from the outside.

I defend that view through a detailed assessment of each institution. The two lists above of core institutions for controlling information asymmetry, self-dealing, or both contain a total of 25 institutions. I rank each of these institutions on a 1-5 scale for ease of piggybacking (1 = impossible; 5 = easy), based on my personal and subjective views about how easy it is to borrow foreign institutions. I conclude that it is possible for an *individual company* to piggyback on foreign institutions moderately well. The mean ranking is 3.12. For an entire country, piggybacking on foreign institutions is much harder. The mean ranking is only 2.12.

While it is easy to disagree with my individual rankings, I have more confidence in this overall assessment — piggybacking is partially possible for a single company, but quite hard for an entire country. I present the specific rankings below, together with my analysis of how Brazil stands with respect to each of these institutions.

Assessing Brazil's Institutions

I discuss below where Brazil now stands with respect to each of the institutions that I consider core for controlling information asymmetry, self-dealing, or both. The table also provides my judgments on the each of piggybacking for each institution.

<table>
<tr><td></td><td colspan="2">Needed for:</td><td colspan="2">Piggybacking Ease:</td></tr>
<tr><td>Core Institutions</td><td>Information Asymmetry</td><td>Self-Dealing</td><td>for Company</td><td>for Country</td></tr>
<tr><td colspan="5">Local Enforcement and Culture</td></tr>
<tr><td>1. An honest, sophisticated securities agency (and prosecutors for criminal cases)</td><td>X</td><td>X</td><td>1</td><td>1</td></tr>
<tr><td colspan="5">Brazil: The Brazilian Securities Commission (CVM) is honest, I am told. But it has a very limited staff and budget, and is not yet sophisticated enough, in my judgement, to catch subtle forms of misdisclosure or self-dealing. There are also no specialised prosecutors with the skill to bring complex securities cases, and prosecutors have a reputation for not always being honest. On this critical dimension, which cannot be borrowed from abroad, Brazil has important steps that still need to be taken.</td></tr>
<tr><td>2. Honest, sophisticated, well-functioning courts</td><td>X</td><td>X</td><td>1</td><td>1</td></tr>
<tr><td colspan="5">Brazil: Brazilian courts are honest, but not sophisticated, I am told. A specialised commercial court does not exist. From my understanding of the relevant law, the state courts in Sao Paolo and Rio could create specialised commercial courts if they wanted to do so, but are not currently convinced that this is an important step to take. The current proposal to amend the company law to allow companies to provide in their charters for mandatory arbitration of disputes between companies and investors is very interesting. This could provide away around the weakness of the courts. By way of comparison, the U.S. system for arbitration of securities disputes works fairly well, on the whole, in my judgement. I strongly support this proposal. Indeed, in proposing company law reform in other countries, I have more than once offered a similar proposal, only to be told by local lawyers that the proposal was not politically feasible, not practically feasible, or both. I recommend that CVM should have authority to specify which arbitration procedures and which arbitration agencies are acceptable, after reviewing how arbitrators are selected and the procedures that the arbitration agency uses for securities cases.</td></tr>
<tr><td>3. Good civil discovery rules and a class action or similar procedure</td><td>X</td><td>X</td><td>1</td><td>2</td></tr>
<tr><td colspan="5">Brazil: Brazil has reasonable civil discovery rules, I am told, and a procedure for derivative suits that provides reasonable incentives for lawyers and shareholders to bring these cases. It does not yet have a class action mechanism, which can be important for securities cases.</td></tr>
<tr><td>4. A culture of compliance with disclosure and selfdealing rules by insiders, reputational intermediaries, and independent directors</td><td>X</td><td>X</td><td>2</td><td>1</td></tr>
<tr><td colspan="5">Brazil: Brazil does not yet have a strong culture of compliance with disclosure rules, I am told. This culture is likely to improve over time if enforcement improves.</td></tr>
</table>

continua ...

<table>
<tr><td colspan="5">Disclosure Rules</td></tr>
<tr><td>5. Rules requiring full disclosure of financial results and self-dealing transactions</td><td>X</td><td>X</td><td>4</td><td>3</td></tr>
<tr><td colspan="5">Brazil: Brazil has reasonably strong financial disclosure rules for public companies, I am told. It does not yet have strong rules for disclosure of self-dealing transactions.</td></tr>
<tr><td>6. Good accounting rules</td><td>X</td><td>X</td><td>4</td><td>3</td></tr>
<tr><td colspan="5">Brazil: Brazil has world-class accounting rules, I am told, deriving in part from past efforts to develop rules that will provide useful informations even in an environment of very high inflation. I expect that over the next 10 years, most of the world will move toward U.S. or British GAAP (generally accepted accounting principles) or toward International Accounting Standards. Brazil is well positioned for this transition.</td></tr>
<tr><td>7. Requirements for audited financial statements</td><td>X</td><td>X</td><td>4</td><td>3</td></tr>
<tr><td colspan="5">Brazil: Audited statements are required for public companies. However, I understand that many private companies do not have audited financial statements, and that the need to prepare audited financial statements is a disincentive to going public. The disincentive for private companies to prepare audited financial statements involves both the direct cost of the cost and the indirect cost of higher taxes: a company with audited financial statements has a more difficult time hiding its income from tax collectors. Perhaps private companies over a certain size should be required to prepare audited financial statements, even if these statements are not disclosed to the public. I do not yet understand why U.S. private companies, over a certain size, routinely obtain audited financial statements, and their lenders insist that they do so, but Brazilian private companies do not, and their lenders do not insist on audited financial statements. The opportunity for unaudited Brazilian companies to evade taxes may be the principal reason for this difference.</td></tr>
<tr><td>8. Ownership disclosure rules</td><td></td><td>X</td><td>4</td><td>3</td></tr>
<tr><td colspan="5">Brazil: Brazil's ownership disclosure rules seem adequate to ensure that investors understand who is the controlling shareholder or group of a particular company, and how many shares they own.</td></tr>
<tr><td colspan="5">Reputational Intermediaries and Independent Directors</td></tr>
<tr><td>9. A sophisticated accounting profession</td><td>X</td><td>X</td><td>4</td><td>2</td></tr>
<tr><td colspan="5">Brazil: Brazil has a reasonably sophisticated accounting profession, I am told, and most public companies use one of the big-5 international accounting firms. However, without a meaningful risk of liability for bad audits, even big-5 firms sometimes do sloppy work. For example, some major banks have been found to have assets far less than liabilities soon after getting clean audits from major accounting firms.</td></tr>
<tr><td>10. A sophisticated investment banking profession</td><td>X</td><td></td><td>4</td><td>2</td></tr>
<tr><td colspan="5">Brazil: Brazil has reasonably sophisticated investment bankers, I am told. I am a bit sceptical, because there are very few public offerings, and thus only limited demand for investment bankers with skill in these offerings.</td></tr>
</table>

continua ...

<table>
<tr><td colspan="5">Still, the major world-class investment-banking firms all have offices in Brazil. That should ensure that investment bankers with skill in public offerings will emerge if the demand for their services emerges. Thus, this possible weakness is not likely to impede the development of Brazil's securities markets.</td></tr>
<tr><td>11. Sophisticated securities lawyers</td><td>X</td><td>X</td><td>4</td><td>2</td></tr>
<tr><td colspan="5">Brazil: Brazil has a reasonable number of sophisticated securities lawyers. This appears to be a recent development. Most of the top securities lawyers belong to relatively new law firms. More securities lawyers will emerge when the demand for their services exists.</td></tr>
<tr><td>12. A stock exchange with meaningful listing standards and an active insider trading surveillance operation</td><td>X</td><td>X</td><td>5</td><td>3</td></tr>
<tr><td colspan="5">Brazil: I am told that the Sao Paolo exchange (Bovespa) does not have very strong listing rules, and relies mostly on CVM to establish rules for listed companies. However, the Sao Paolo exchange is also planning to copy the Frankfurt exchange, which created the Neuer Market for new companies, and adopted higher listing standards for the Neuer Market than for its existing market. This attempt may not succeed, but it is promising. The success of the Neuer Market is consistent with the importance of protecting minority investors, if one wants to develop strong securities markets. In contrast, attempts by many exchanges to offer lower listing standards to small companies have failed, in the U.S., Europe, and elsewhere. No one wants to buy these low-quality shares.</td></tr>
<tr><td>13. Including independent directors on company boards</td><td></td><td>X</td><td>3</td><td>2</td></tr>
<tr><td colspan="5">Brazil: At present, publicly held Brazilian companies make little use of independent directors. Also, the nominally independent directors may be not so independent in fact.</td></tr>
<tr><td colspan="5">Liability</td></tr>
<tr><td>14. Civil liability for insiders who violate the disclosure and self-dealing rules.</td><td>X</td><td>X</td><td>2</td><td>1</td></tr>
<tr><td colspan="5">Brazil: Insiders of major companies face very limited risk of civil sanctions, either from lawsuits by investors or civil actions brought by CVM. Partly, this is because the corporation law permits a significant range of self-dealing transactions; partly it is for other reasons, including the lack of a class action procedure.</td></tr>
<tr><td>15. Criminal liability for insiders who intentionally violate the disclosure and self-dealing rules</td><td>X</td><td>X</td><td>1</td><td>1</td></tr>
<tr><td colspan="5">Brazil: To date, insiders face little risk of criminal liability for self-dealing or disclosure violations. Brazil is considering making insider trading and market manipulation criminal actions. This is a positive step, but prosecution of securities crimes requires specialised prosecutors, which Brazil does not have, and is aided by sophisticated courts, which Brazil does not have.</td></tr>
<tr><td>16. Civil liability risk for accountants</td><td>X</td><td>X</td><td>3</td><td>2</td></tr>
</table>

continua ...

Brazil: *I am told that there is a theoretical basis for accountant liability, but that in practice, cases where accountants are found liable are non-existent, even in egregious cases. As a result, even big-5 accounting firms sometimes do substandard work.*				
17. Civil liability risk for investment	X		3	2
Brazil: *I am unsure of the theoretical basis for investment banker liability under Brazilian law. In any event, bankers do not face meaningful liability in practice.*				
18. Civil liability risk for independent directors who approve gross self-dealing		X	1	1
Brazil: *The first step is to have independent directors, and to give them the responsibility for approving self-dealing transactions. The next step will be to instil discipline in this process, through liability risk for independent directors who approve gross-self dealing. here, Brazil has not yet taken the first step.*				
Market Transparency				
19. Transparency of trading prices	X	X	4	3
Brazil: *The Bovespa exchange has a monopoly position, and thus currently has the power to enforce market transparency rules. Over time, it is likely that Bovespa will retain its monopoly, or suffer erosion due to competition from new electronic exchanges. Brazil will then need rules to ensure prompt disclosure of trading prices and volumes.*				
20. An enforced ban on market manipulation	X	X	3	2
Brazil: *I am not aware of a significant number of cases seeking sanctions for market manipulation. A current proposal would make market manipulation a crime. But Brazil will still lack the specialised prosecutors who would be able to bring cases involving market manipulation. Market manipulation is very difficult to prove, so specialised prosecutors are essential.*				
Self-Dealing Rules				
21. Procedural controls on self-dealing transactions (review by independent directors, noninterested shareholders, or both)		X	4	3
Brazil: *Brazil does not have sufficient procedural controls on self-dealing transactions. The proposed company law amendments, if they are adopted, will strengthen takeout rights and appraisal rights will enhance protection of minority shareholders for at least some important types of transactions. But these rights need to be extended to holders of nonvoting preferred shares (which are, in substance nonvoting common shares) to be truly effective*				
22. Accountant review of disclosure of self-dealing transactions		X	4	2

continua ...

Brazil: *Brazil does not currently have rules requiring accountants to review self-dealing transactions.*				
23. Enforced securities or other rules banning insider trading		X	3	2
Brazil: *Brazil has civil sanctions against insider trading, and a current proposal would add triple damages and criminal liability. But enforcement is minimal, and criminal enforcement requires specialised prosecutors, and will be aided by knowledgeable courts. Brazil has neither of these.*				
Other Institutions				
24. An active financial press and security analysis profession	X	X	3	2
Brazil: *I am told that Brazil has a reasonably active financial press, including speciality business newspapers in Rio and Sao Paolo, and financial analyst coverage of major companies.*				
25. A good organisation to write accounting rules	X	X	5	3
Brazil: *Brazil does not currently have such an organisation. But it is considering adopting International Accounting Standards (IAS), which will largely solve the problem of keeping the rules up to date. Brazil is also considering creating a quasi-public body to write accounting rules. This will be useful for areas, of particular concern to Brazilian companies, that are not addressed by IAS rules*				
Mean ranking:			**3.12**	**2.12**

Conclusion

Brazil has many of the institutions it needs to build strong securities markets. But there are important institutions it does not have, and the proposed company law amendments will not significantly change this situation.

Perhaps the most promising current initiative is the Bovespa plan for a small-company market with *higher* listing standards than its main market, as a way to avoid the political opposition that Bovespa would face in raising standards for its main market. If this proposal succeeds, and the government controls inflation does not make major blunders like reimposing currency controls, I believe that it is plausible for Brazil to have a world-class stock market within 10-20 years. This sounds like a long time, but in fact, this is a reasonably optimistic assessment. There are many other countries where the likely time frame to build strong securities markets will be closer to 30-50 years.

draft October 2000

Atualidades

A EVOLUÇÃO DO DIREITO SOCIETÁRIO*

ARNOLDO WALD

Agradeço o convite para participar desta homenagem que o Instituto dos Advogados do Paraná presta ao Professor Rubens Requião na Faculdade de Direito. Na realidade, ela é muito importante porque, como dizia Rui Barbosa, mais do que levantar estátuas, é preciso republicar os livros dos autores que já faleceram, lembrar as suas lições e manter vivo o seu espírito. A Editora Saraiva está publicando novas edições dos livros de Direito Comercial do Professor Rubens Requião. A Faculdade e o Instituto, entretanto, têm uma outra função, que consiste em manter sua mensagem espiritual, não só sob os aspectos material e didático, mas no sentido de avivar a discussão das idéias do mestre que fez do ambiente universitário a sua casa virtual.

O Professor Requião desenvolveu idéias novas nesta casa, com uma visão do Direito Comercial muito importante, e são estas idéias e esta mensagem, um tanto ou quanto adaptadas e renovadas, que devo evocar e comentar.

Ao lado da imortalidade formal dos acadêmicos, existe uma imortalidade subjetiva daqueles que nos deixaram uma mensagem. E é esta mensagem que devemos manter, continuar a desenvolver dentro do nosso trabalho. No caso do Professor Requião, a mensagem não é tão-somente a do Professor, mas também a do jurista, do homem, do advogado combativo, do cidadão idealista, que passou uma parte de sua existência na vida política e outra na luta pelo Direito, pelo aprimoramento da Ciência Jurídica, seja aqui, na Faculdade, seja na vida profissional, como parecerista inovador ou autor de livros. Talvez se deva dizer que o Direito Comercial, para Rubens Requião, não era apenas o direito que trata da troca de mercadorias, mas o direito referente ao *commercium*, no sentido romano, que queria dizer "as relações entre os homens", as relações humanizadas, que devem ter um cunho de democracia e de liberdade.

A nossa tradição de comercialistas vem do século passado, desde Silva Lisboa, tendo adquirido a sua maturidade na primeira fase da nossa vida industrial, com Carvalho de Mendonça e, mais recentemente, desenvolveu-se com os autores que escreveram as suas obras na primeira metade do nosso século, tais como Waldemar Ferreira e Trajano de Miranda Valverde. Coube, mais recentemente, a Rubens Requião reposicionar o Direito Comercial, diante do capitalismo em fase de sedimentação, o qual conhecemos a partir das décadas de 1950 e 1970 e que foi objeto de seus estudos.

Em 1951, escrevendo a respeito da evolução do Direito brasileiro, San Tiago Dantas dizia que o Direito do futuro seria o Direito Comercial, o Direito que deveria, daí em diante, desenvolver-se em bases diferentes daquelas existentes no período do

* Palestra proferida por ocasião da homenagem prestada ao Professor Rubens Requião pelo Instituto dos Advogados do Paraná na Faculdade de Direito da Universidade Federal do Paraná-UFPR, em sessão realizada em 27.4.1999.

pré-capitalismo.[1] Não há dúvida que Rubens Requião foi um dos criadores do novo Direito Comercial, que caracterizou a segunda metade do nosso século, abrindo perspectivas para o novo milênio, em virtude de uma transformação completa da vida no mundo, que se constitui na globalização. Cabe salientar, aliás, que para o Brasil a globalização ocorreu simultaneamente com uma nova revolução industrial decorrente da abertura de mercado, da democratização e da forma política e econômica.

Podemos dizer que, tanto na sua obra doutrinária como em seus pareceres e na contribuição muito importante que, em vários momentos, deu ao legislador, a posição de Rubens Requião sempre foi a de liberal, mas de um liberal que fazia prevalecer os princípios morais sobre a prática e a técnica jurídica, tentando compatibilizá-las. Ocorre que, algumas vezes, os comercialistas são técnicos, homens que se limitam à definição e à análise dos institutos, sem perceber que, atrás destes, há uma finalidade, que é a busca da melhor condição do homem pois, como já diziam os filósofos gregos, "o homem é a medida de todas as coisas".

Rubens Requião foi certamente um comercialista que via no Direito Comercial um instrumento para garantir maior dignidade às relações humanas, dar-lhes maior liberdade e torná-las mais eqüitativas, considerando que não deveriam ser apenas relações de poder, mas relações comutativas e justas. E o fez numa fase difícil, inclusive na vigência do regime militar, no qual alguns dos nossos economistas (que naquela época mandavam no país) diziam que a economia era aética.

Foi então preciso que os juristas tivessem a coragem de explicar e defender a tese de que a economia era necessariamente subordinada ao ideal de justiça, sendo esse o grande papel que o Direito deveria desenvolver na sociedade, ou seja, submeter a economia à ética.

Revendo a obra de Rubens Requião, verificamos que ele condenou todos os abusos e distorções daquela época. Em seu livro de comentários à Lei das Sociedades Anônimas, inicia seu estudo referindo-se ao discricionarismo do regime político, implantado com a Revolução de 1964 e agravado pelo Ato Institucional 5, de 1968.[2] Era o jurista, era o homem, era o cidadão Requião que lembrava que ensinar Direito era também defender a liberdade e a justiça. Do mesmo modo condenava o Governo que pretendia transformar os institutos jurídicos sem ouvir a opinião pública. Em artigo publicado na *Revista do Instituto dos Advogados*, referia-se à "rápida e suspeita tramitação" do Projeto de Código Civil,[3] afirmando que o Projeto não poderia ser esotérico, mas devia ser democrático, ou seja, discutido pela sociedade.[4]

Do mesmo modo, estudioso das sociedades anônimas, Rubens Requião condenava as fraudes e os abusos do poder, entendendo que a teoria da desconsideração deveria ter um papel importante a desempenhar, porque seria um meio de evitar de-

1. Escreveu San Tiago Dantas que: "O novo direito comercial será um dos instrumentos da transição histórica em que o país se acha empenhado" ("O Direito Privado Brasileiro. Aspectos gerais de sua evolução nos últimos cinqüenta anos", in *Arquivos do Ministério da Justiça* 155/15, Brasília, jul.-set. 1980).

2. Rubens Requião, *Comentários à Lei das Sociedades Anônimas*, v. 1, São Paulo, Saraiva, 1980, p. 1.

3. Rubens Requião, "Certos antagonismos entre preceitos do Projeto de Código Civil e a nova Lei das Sociedades Anônimas", in *Revista do Instituto dos Advogados Brasileiros* 63/11-21, a. 18, Rio de Janeiro, jul.-dez. 1984.

4. Posição idêntica assumiu o Conselho Federal da Ordem dos Advogados do Brasil, que aprovou parecer neste sentido de co-autoria do saudoso Professor Lamartine Corrêa de Oliveira e minha, in Arnoldo Wald e José Lamartine Corrêa de Oliveira, *O Projeto de Código Civil e a Ordem dos Advogados do Brasil*, parecer aprovado pelo plenário do Conselho Federal da OAB, na sessão de 14 de fevereiro de 1984, com apresentação do Presidente da OAB Dr. Mário Sérgio Duarte Garcia, Rio de Janeiro, Gráfica MEC Editora, 1984, 71 pp. Também tratamos da matéria em vários artigos publicados na imprensa desde 1969 (*O Globo*, 9.11.1969; *Jornal do Brasil*, 15.6.1975).

terminadas fraudes. Ao mesmo tempo, não queria admitir que é alternativo, porque entendia que o que é direito não é alternativo e o que é alternativo não é direito. Assim, por exemplo, falando da desconsideração, dizia que devia ser aplicada com muita prudência pelos juízes. Somente nos casos de fraude e abusos é que se deveria utilizá-la.[5]

Tudo isto revela um aposição construtiva na qual o Professor Rubens Requião sempre entendeu que a liberdade individual não deveria ficar apenas no plano político e que a sociedade anônima constitui um instrumento da vida comercial que tem uma finalidade específica. Para tanto, lembrava a frase de Adolf A. Berle dizendo que a sociedade anônima era uma instituição "quase pública", porque tinha uma função pública e não apenas a finalidade egoísta dos seus acionistas majoritários.[6]

Também desenvolveu, com muita arte e precisão, a distinção entre o Direito Civil e o Direito Comercial, ressaltando as características de cada um, para que não se misturassem determinadas regras importantes da estrutura da vida do cidadão com aquelas que devem reger as relações comerciais, exigindo maior flexibilidade e caracterizando o comerciante. Ao pensar no Direito Comercial, não se limitou a estudar as grandes empresas, e a ver as nobrezas e mazelas das multinacionais privadas ou públicas, mas pensou também nos direitos dos minoritários, na sociedade por quotas de responsabilidade limitada, na média empresa, nos direitos do representante comercial,[7] no equilíbrio que o Direito Comercial deveria garantir entre os mais fortes e os menos favorecidos, fazendo do direito justamente um contrapeso ao poder exercido por aqueles que o detinham.

Na realidade, na nossa geração, o Professor Requião e eu convivemos na mesma fase da história do nosso Direito. Fizemos concursos para a docência e a cátedra na mesma época e havia entre nós, além de uma verdadeira amizade e simpatia, uma escala de valores comuns, uma compreensão do Direito e da vida que nos aproximou, dele fazendo um dos meus mestres. Sentimos, ambos, um dos grandes problemas da nossa época, dos anos 50 e 60, que foi a necessária conciliação entre a Economia e o Direito pois, durante muitos anos, a Economia e o Direito viveram em mundos diferentes e não havia entre eles linguagem comum, como se o mercado pudesse viver fora da área jurídica e o Direito não reconhecer a existência do mercado.

Num certo momento, sentimos que era preciso criar, em nosso país, o diálogo entre o economista e o jurista e construir as pontes entre o direito e a economia.

Não bastava nem uma posição de ignorância, que alguns juristas mantinham, quando ensinavam a economia política do século XIX — em vez de lecionar a economia do nosso tempo — nem tampouco a posição de simples revolta contra o "economês".[8]

O Professor Requião começou a sua vida de Professor ensinando Economia e, depois, trouxe sua vivência para o Direito Comercial, entendendo que a Economia deveria estar submetida ao Direito mas que, para submetê-la, era preciso conhecê-la e compreender todos os mecanismos econômicos. Eu iniciei a minha vida acadêmica examinando o direito monetário, área tan-

5. O Professor Rubens Requião trata da sociedade anônima como "empresa quase pública", faz sugestões ao Projeto de Código Civil e propõe que a teoria de desconsideração seja aplicada com moderação no v. 1 dos seus *Aspectos Modernos de Direito Comercial*, 2ª ed., São Paulo, Saraiva, 1988, respectivamente pp. 83, 96 e 206.

6. Adolf A. Berle, *Le Capital Américain et la Conscience du Roi. Le Néo-Capitalisme aux États-Unis*, trad. francesa, Paris, Armand Colin, 1957, *passim* e em particular, pp. 86-87.

7. Trata-se de assunto que sempre o preocupou, como se verifica na sua excelente monografia *Do Representante Comercial*, 2ª ed., Rio de Janeiro, Forense, 1977.

8. Denominação dada por Carlos Lacerda à linguagem técnica dos economistas.

gente entre o Direito e a Economia, com uma tese sobre a correção monetária[9] que, na época, foi considerada um tanto quanto esotérica, pois parecia um instituto fora do Direito e que, na realidade, teve suas grandezas e suas misérias. Talvez mais misérias do que grandezas mas, do mesmo modo que o antibiótico, era o remédio eficiente para uma fase perigosa e difícil da vida brasileira que hoje, felizmente, podemos considerar superada. Posteriormente, coube-me coordenar a publicação de *Comentários à Lei das Sociedades Anônimas* (Saraiva, 1980), cujo primeiro volume foi da autoria do Professor Requião. Sempre estivemos, pois, juntos, no ensino, na construção do direito, na ideologia e no trabalho intelectual.

Ambos convivemos nessa fase do capitalismo industrial incipiente que surgiu no Brasil, após a Segunda Guerra Mundial, seguida do período desenvolvimentista de Juscelino, com a política de substituição das importações em virtude da qual a indústria de base desenvolveu e começou a surgir o mercado de capitais do Brasil. Foi um período de grande interferência do Estado na economia, sem que houvesse uma estrutura bem montada da empresa brasileira para sua abertura. Nessa fase, quando o xerife ainda não tinha aparecido, Rubens Requião defendeu o fortalecimento da empresa privada, no sentido de incentivar a participação de um maior número de investidores no mercado acionário, numa época em que este mercado era essencialmente elitista. Pelas suas lições e pareceres, tentou impedir e punir as fraudes no Direito Societário, tanto no grupo societário, nas sociedades isoladas, bem como nas próprias bolsas de valores, com uma pregação cívica que começou naquela época, mas ainda não deu todos os resultados e continua sendo da maior atualidade.[10]

No momento em que já pressentíamos a abertura econômica, que viria no futuro e que está acontecendo agora, o Professor Requião defendeu a criação de institutos e de instrumentos para substituir o endividamento das empresas pela participação acionária. Pensou numa sociedade na qual haveria a possibilidade de termos uma participação acionária, inclusive de pequenos acionistas e de empregados, superando-se, na sociedade anônima, o conflito de interesses, pela composição dos mesmos numa verdadeira parceria. Assim, teríamos o desenvolvimento — e não apenas o progresso ou o crescimento — com estabilidade, ao invés da estagnação com inflação. Na linguagem leiga, os dois termos "progresso" e desenvolvimento" foram confundidos em determinados momentos mas, na realidade, o progresso foi sempre visto como quantitativo, como um aumento tão-somente do PIB, enquanto o desenvolvimento tem uma finalidade humana e social. Pretende garantir um melhor nível de vida, uma legislação coerente, um ensino acessível e a possibilidade de propiciar a todos os participantes da sociedade um determinado tipo de vida, ensejando-lhes a perspectiva real — e não apenas formal — da busca da felicidade.[11]

Quando pensamos na sociedade anônima e verificamos o que aconteceu até os

9. Arnoldo Wald, *A Cláusula de Escala Móvel*, São Paulo, Max Limonad, 1956. Posteriormente reincidi no estudo da matéria em obra escrita em parceria com dois economistas — Mário Henrique Simonsen e Julian Chacel, *A Correção Monetária*, "Prefácio" do Ministro Roberto de Oliveira Campos, Rio de Janeiro, Aspec, 1970, 336 pp.

10. Ver especialmente os seus estudos e pareceres publicados na sua obra *Aspectos Modernos de Direito Comercial*, São Paulo, Saraiva, 1980-1986, 3 vs.

11. Examinamos a matéria em várias ocasiões e especialmente nos seguintes trabalhos: Arnoldo Wald, *O Direito do Desenvolvimento*, Ed. RT, São Paulo, n. 383, pp. 7-18, set. 1967; *Desenvolvimento, Revolução e Democracia*, "Prefácio" do Dr. Povina Cavalcânti, Rio de Janeiro, Fundo de Cultura, 1966, p. 78; *Direito Econômico e o Direito do Desenvolvimento no Brasil*, Ed. RT, São Paulo, n. 693, pp. 18-27, jul. 1993 e "Il diritto dell'economia e il diritto dello svilupo in Brasil", in *Il Diritto dei Nuovi Mondi*. Atti del Convegno promosso dall'Istituto di Diritto Privado delle Facoltà di Giurisprudenza, 5/7 nov. 1992, Genova, CEDAM, 1994, pp. 176-191.

anos 60, vemos inicialmente que há uma espécie de paradoxo. Efetivamente, se alguém for examinar a jurisprudência existente a partir do início do século até aquela época, afora alguns casos especiais, chega-se à conclusão de que não havia conflitos na sociedade anônima, ou seja, que os seus dirigentes eram cheios de virtude porque inexistiam litígios e discussões judiciais. Não havia divergências nas assembléias gerais, já que elas eram realizadas com muita simplicidade: havia uma ata e, depois, eram colhidas as assinaturas dos vários signatários, como ainda se faz hoje em algumas sociedades. Mas pergunta-se: era realmente um clima de virtude que imperava naquela época? Não havia nenhuma ilegalidade ou irregularidade praticada por administradores e diretores e todos os debates levavam a soluções consensuais? Não era nada disso. Resolviam-se os problemas mediante as chamadas "soluções domésticas", ou seja, de acordo com a decisão do "coronel", do chefe da empresa, do "dono do poder", para utilizar a terminologia consagrada por Raymundo Faoro.[12]

No entanto, houve um momento em que essa fase devia acabar e era, então, preciso criar outros tipos de instrumentos para que as decisões pudessem ser tomadas de forma legal e de modo eqüitativo. Cabia superar a legalidade formal e instituir a legalidade material. A idéia tradicional, que existiu no Direito estrangeiro até o fim do século XIX, mas continuou a dominar o Direito brasileiro até um momento relativamente recente — e, em parte, continua a prevalecer em certos casos —, era a de que o minoritário não tinha qualquer direito. Um banqueiro alemão dizia que o acionista é um tolo e um arrogante: é tolo porque entrega o seu dinheiro à sociedade e é um arrogante porque ainda quer receber dividendos. Esta idéia dominou o Direito Comercial brasileiro até os anos 60 — eu diria até o ano 2000. Assim, era preciso fazer uma verdadeira revolução cultural. E teria que ser o trabalho dos juristas. Não poderia ser apenas trabalho do advogado da empresa. Era preciso que as idéias surgissem não partindo tão-somente dos acionistas minoritários, mas da doutrina e da jurisprudência. E é aí que acredito que o esforço tenha vindo, em grande parte, das lições do Professor Rubens Requião.

A revolução deve ser simultaneamente econômica e cultural. Econômica consistindo em substituir o endividamento pela participação acionária e uma parte relevante da poupança pelo investimento nas empresas nacionais. Cultural para assegurar, de modo eficiente, um mínimo de direitos ao acionista minoritário, acabando com a mentalidade coronelista dos controladores e ensejando a *full disclosure* de todos os aspectos relevantes da gestão societária.

Não digo que todos os titulares de caderneta de poupança vão se transformar em acionistas de empresas, embora talvez fosse o ideal a longo prazo, mas certamente podemos modificar a estrutura da empresa. Alguma coisa foi feita no campo das privatizações e, por mais discutível que possa ser, tivemos uma certa presença dos empregados, uma presença mais importante dos executivos e também surgiu o controle partilhado, que já nos oferece soluções distintas daquelas que tínhamos no passado.

Partindo das lições de Rubens Requião há, assim, duas facetas que poderíamos desenvolver nesta homenagem que lhe estamos prestando.

A primeira se refere à lei societária: há necessidade de uma lei societária atual, que não deve constar necessariamente do Código Civil. É matéria da qual ele tratou em palestra realizada em 1983, no II Seminário sobre Mercado de Capitais, numa época em que dizia não estar mais interessado em fazer palestras, mas achava que o Projeto de Código Civil merecia ser discutido.

A segunda faceta se refere ao tema central desta minha palestra, que é realmen-

12. Raymundo Faoro, *Os Donos do Poder*, 2ª ed., Porto Alegre, Globo, São Paulo, Universidade de São Paulo, 1975, 2 vs.

te o núcleo da transformação da sociedade anônima atual, com o desenvolvimento da média empresa, a proteção dos minoritários e a organização do governo da empresa, para que seja pluralista, mais democrático, menos dependente de um homem único.

Trata-se de superar a idéia dominante na Alemanha, na fase de 1930, de acordo com a qual devia ser seguido, nas sociedades anônimas, o sistema político fazendo sempre prevalecer ao *Führerprinzip*, a vontade do chefe (o chefe manda e os outros obedecem), quando na realidade a concepção moderna da sociedade anônima não admite tal solução.

A sociedade anônima é um conjunto de pessoas com finalidades comuns, devendo-se, na medida do possível, substituir o capitalismo selvagem do passado por um capitalismo social, um capitalismo humanizado, com uma visão não apenas a curto prazo, mas também a médio e longo prazos, compatibilizando-se os interesses individuais e coletivos.

Nos anos 30, nos Estados Unidos, existiam vários trabalhos jurídicos afirmando o que a sociedade anônima deveria ter para uma dimensão mais social. Defendia-se a tese do que poderia chamar de despotismo esclarecido, ou seja, o chefe continua a mandar, mas presume-se que o chefe deve saber e deve prever. Os próprios interesses do chefe, a longo prazo, não são tão egoístas e, assim, desenvolveu-se um certo equilíbrio baseado em grande parte na *full disclosure* das decisões societárias. Mais recentemente, a questão evoluiu com a concepção amplamente democrática da *corporate governance*, que ainda está em busca de sua estrutura jurídica.

Quando se pensa na legislação brasileira, no velho Código Comercial de 1850 e no Código Civil de 1917 e, passando pela legislação de sociedades por quotas e a referente a sociedades anônimas, chega-se ao Projeto de Código Civil, que pretendeu abranger também a parte referente ao empresário e ao empresariado. Lembra Rubens Requião que houve, em relação a esse Projeto, alguma coisa de estranho, que foi o fato de, no meio do caminho, o Ministério da Fazenda retirar a sociedade do Projeto de Código Civil, elaborando-se a Lei das Sociedades Anônimas, e o Código seguiu seu caminho com a sua estrutura anterior, como se nada tivesse acontecido.

Na realidade, falou-se sempre na unificação do Direito Privado, especialmente do Direito das Obrigações. Mas, em relação ao Direito Societário, a idéia de colocá-lo *in totum* no Código Civil, embora tenha ocorrido no *Codice Civile* italiano, é questão que mereceria ser mais debatida porque a sociedade comercial deve ter regime próprio.

Embora haja repercussões e interações entre os vários ramos do direito, a sociedade comercial tem realmente uma unidade própria, que exige uma legislação específica, que se impõe ainda mais quando atravessamos uma fase de mudança, na qual a empresa deixou de ser o que era no passado. Efetivamente, estamos chegando hoje ao chamado pós-capitalismo,[13] numa sociedade na qual o saber e a tecnologia passaram a ter um valor imenso e em que a organização se tornou muito importante. Define-se, hoje, a sociedade comercial não mais como a propriedade dos acionistas — e muito menos do controlador — mas como uma organização de trabalho, contando com equipes e equipamentos próprios, e que pode existir e se desenvolver até sem ter finalidade puramente lucrativa. Não é mais exclusivamente uma forma de produzir ou comercializar bens, mas também a estrutura adotada por entidades esportivas, como os clubes de futebol, certas entidades assistenciais, como os hospitais e, até, eventualmente, em determinados países, pelos escritórios de advocacia. A empresa do século XXI tem pois forma e conteúdo distintos daqueles que existiam anteriormente.

Antigamente e durante muito tempo, toda a sociedade vivia em um regime qua-

13. Peter Dücker, *Post-Capitalist Society*, N. York, Harper Business, 1994, pp. 19 e ss.

se militar, numa espécie de pirâmide na qual havia um comando, que pensava e determinava e um conjunto de soldados que obedecia. Essa idéia, que se manteve na concepção fordista da empresa, dominada pela organização da esteira de produção constituída pelos trabalhadores, está sendo ultrapassada, porque, na sociedade do saber e da tecnologia, há necessidade de um diálogo contínuo, um diálogo em que as idéias devem surgir da base para o comando e do comando para a base numa interação constante. Estamos, pois, concebendo, hoje, uma empresa consensual na qual o empregador quer ter o empregado com os melhores conhecimentos técnicos, reciclá-lo, dar-lhe todas as condições de uma formação profissional contínua e cada vez mais ampla. No fundo, trata-se de fazer da empresa uma grande parceria. Parceria externa que começa entre o fabricante e o consumidor, porque o fabricante não manda mais no consumidor, como acontecia no passado, como também o consumidor não pode mandar no fabricante, sendo, ao contrário, preciso encontrar fórmulas aceitáveis por ambos. Parceria interna entre o capital nacional e o estrangeiro, entre majoritários e minoritários, entre empregados e empregadores.

Neste novo conceito de empresa há necessidade de normas específicas, muitas das quais encontramos nas lições de Rubens Requião, quando ele vê na empresa não mais um bem, uma propriedade, mas sim um conjunto de pessoas e equipamentos organizados para alcançar determinadas finalidades, com uma abrangência muito mais ampla e que pressupõe a superação do capitalismo selvagem, para se estabelecer e sedimentar o capitalismo humano, com o fortalecimento e a democratização da empresa, a criação de empregados e a contínua renovação tecnológica.

O Projeto de Código Civil tratou da empresa e da sociedade em onze capítulos e 160 artigos, abrangendo todo o Direito Societário, excluindo, na sua versão atual, a sociedade anônima. Regulou a sociedade por quotas de responsabilidade limitada, cujo regime tem uma certa analogia com a sociedade anônima. Pode haver um Código Civil que trate de todo o Direito Societário sem tratar da sociedade anônima? Um Código Civil ensejando eventuais conflitos entre o seu texto e uma lei da sociedade anônima que está em vigor? Especialmente quando esta Lei teve uma visão do futuro e merece certamente ser revista, mas criou determinados conceitos importantes que não devem ser abandonados. Como conviver com uma parte geral do Direito Societário, que nada tem a ver com a Lei das Sociedades Anônimas, e uma legislação das sociedades anônimas em apartado? Por que criar mais uma causa de instabilidade no já complicado sistema legislativo brasileiro?

A insegurança jurídica decorrente da falta de coerência do sistema legislativo, ensejando divergências nas decisões da jurisprudência, é certamente, hoje, um dos mais sérios problemas que o país tem, ao entrar no novo milênio, agravando o chamado "custo Brasil". Será que necessitamos dos conflitos entre o Projeto de Código Civil e a Lei das Sociedades Anônimas, que já agora estão sendo previstos? Cabe, pois, indagar: até que ponto se pode ter um diploma legal regulando o Direito Societário sem cogitar da sociedade anônima?

Rubens Requião, em palestra que proferiu,[14] chegou até a mostrar que havia a formulação de concepções diferentes entre os dois diplomas como, por exemplo, o conceito da própria sociedade anônima. Assim, enquanto a Lei 6.404/76 admite ações com e sem valor nominal, nos seus dois únicos artigos referentes à S/A, o Projeto de Código Civil consegue entrar em conflito com a Lei das S/A, porque pressupõe sempre a existência do valor nominal.[15]

14. Rubens Requião, "Certos antagonismos entre preceitos do Projeto de Código Civil e a nova Lei das Sociedades Anônimas", *Revista do Instituto dos Advogados Brasileiros* 63/11-21, a. 18, Rio de Janeiro, jul.-dez. 1984.

15. Compare-se o art. 1.088 do Projeto de Código Civil com os arts. 1º e 11 da Lei 6.404/76.

Os conceitos de ligação e coligação são diferentes no Projeto e na Lei societária; não existe tratamento da ligação na Lei das Sociedades Anônimas, que é uma nova conceituação do projeto de Código Civil.[16] Também o conceito de controle não é o mesmo no Projeto de Código Civil e na Lei das Sociedades Anônimas.[17] O Projeto de Código Civil não trata da cisão e regula a transformação de sociedades de outro modo que a Lei das S/A. Acresce que o Projeto também não trata dos grupos de sociedades e da subsidiária integral.

Vamos, assim, ter então um superposição de leis com conflitos técnicos e ideológicos, por quê? Já não temos no Direito brasileiro um número suficiente de contradições entre as leis antigas e leis mais modernas? Não seria preciso, ao contrário, fazer um esforço para evitar as incoerências?

Na fase dos planos econômicos, um ilustre jurista disse que iria erguer uma estátua ao "economista desconhecido". Mas não queremos mais estátua nenhuma à incoerência jurídica. Queremos criar um clima em que o Direito Societário seja um direito sistemático e coerente. E é necessário que assim seja, porque realmente o Direito Societário, como o Direito Bancário, destacou-se hoje do Direito Comercial, e tem a necessidade de uma compreensão própria.

Lembro-me que, há alguns anos atrás, numa discussão sobre recesso, um ilustre juiz que, por longo tempo, tinha exercido as suas funções no interior e só recentemente fora transferido para a capital do Estado, pediu-me que lhe desse algumas explicações sobre o Direito Societário, e depois de me ouvir, por três ou quatro horas, o magistrado me disse que não iria julgar o meu caso. Fiquei frustrado por não ter conseguido fazê-lo entender melhor o assunto e ele me esclareceu que, como a Lei da S/A era nova, ele ainda não a tinha lido e não queria que meu cliente fosse seu "bode expiatório". O fato é sistemático. Há um espírito do Direito Societário que deve ser conhecido e assimilado.

O Direito Societário é hoje uma especialidade. Fiquei muito feliz ao saber que nesta Faculdade existe senão uma disciplina, ao menos o ensino de Direito Societário ministrado separadamente do Direito Comercial. Penso que o Direito Societário é uma disciplina que tem regulamentação própria, espírito próprio, finalidades próprias e necessita de uma lei própria, de um Código de Direito Societário.

Assim, talvez tenhamos que chegar a pensar no Brasil, senão numa lei das sociedades comerciais, ao menos numa espécie de consolidação das leis das sociedades comerciais e transformá-la depois num verdadeiro Código das Sociedades Comerciais, que já existe na França e na Argentina. Chegou o momento de pensarmos numa nova estrutura empresarial que pressupõe uma lei dinâmica e moderna.

No Projeto de Código Civil ainda se fala em "fichas de contabilidade", mas vejam que ficha de contabilidade não é matéria para entrar num Código Civil na época do computador e da Internet.

Acredito também que os problemas das bases de um balanço devem ser matérias de decretos, de resolução, porque um Código tem um mínimo de estabilidade, e nossas vidas têm sido constantemente modificadas. Estamos na idade da incerteza[18] e da descontinuidade,[19] de forma que precisamos repensar as coisas e ao mesmo tempo ter uma lei dinâmica e flexível.

Cabe incentivar não só a democratização do capital das empresas, como tam-

16. Compare-se os arts. 1.097 a 2.000 do Projeto, que se aplicam, inclusive, às sociedades por quotas de responsabilidade limitada, com os arts. 243 e 244 da Lei 6.404/76, que atualmente incidem, por analogia, sobre as sociedades por quotas de responsabilidade limitada.

17. Compare-se o art. 1.098 do Projeto e o art. 116 da Lei 6.404/76.

18. John Galbraith, *A Era da Incerteza*, trad. brasileira, 3ª ed., São Paulo, Pioneira, 1982.

19. Peter Dücker, *Uma Era de Descontinuidade*, trad. brasileira, Rio de Janeiro, Zahar, 1970.

bém uma certa democratização da sua gestão, que precisa de uma transparência maior. A transparência tem seu custo, mas é necessária, cabendo, todavia, algumas cautelas na divulgação dos atos e fatos. Há um sigilo profissional que é importante, mas a sociedade anônima tem que ser transparente e democrática, na sua participação e na sua gestão, com uma proteção adequada ao acionista minoritário.

O acionista minoritário é diferente daquele que existia antigamente, o qual vendia suas ações caso a empresa não desse bons resultados. Hoje temos, ao lado dos pequenos acionistas, os grandes acionistas minoritários que são as fundações, os fundos mútuos e os Fundos de Pensão. Temos, outrossim, toda uma estrutura de controle partilhado, que o legislador não imaginou que viesse surgir tão rapidamente com toda a sua problemática.

É preciso que a sociedade dê segurança ao investidor, ao minoritário, ao executivo, ao empregado, e encontre uma fórmula na qual não se atenda apenas ao mercado mas também às normas legais e éticas. O mercado é muito importante, pois não podemos revogar a lei da oferta e da procura; mas, ao lado do mercado, há a regulamentação jurídica que também é muito importante.

É função do Estado elaborar uma regulamentação adequada para corrigir os abusos e as distorções do mercado e fiscalizar a sua aplicação. O mercado não pode ter um poder ilimitado, arbitrário, exercido de qualquer modo, o que não deixa de ser uma ditadura. Ou seja, estamos querendo um Direito Societário que corresponda à democracia política, à democracia na qual vivemos hoje. Se admitirmos que a empresa é hoje o centro da sociedade moderna, ela tem que ter uma regulamentação flexível mas coerente no campo jurídico, no campo do Direito Societário.

Recentemente, estamos repensando o direito vigente. O Projeto de Código Civil que, no início, teve no Congresso Nacional um andamento rápido e depois passou vinte anos hibernando, parece já não atender plenamente a todas as necessidades e aspirações da sociedade do ano 2000. O Projeto de Código é de 1975, tem 25 anos. Neste quarto de século, o Brasil mudou. Recentemente o Ministério da Justiça resolveu consolidar o Direito de Família e Sucessões[20] e acaba de decidir também por consolidar o Direito Societário[21] e, neste sentido, todos os autores que discutiam e estudaram a matéria estão de acordo.

Acredito que se o Professor Rubens Requião estivesse presente nesta sala, diria que está na hora de fazer um Código de Direito das Sociedades, que não precisa ser necessariamente um livro do Código Civil, nem integrá-lo sob qualquer forma.

Em matéria de sociedade por quotas de responsabilidade limitada, temos um atraso de setenta anos. É preciso rever e adaptar a lei à realidade. É o que salienta com muita propriedade Egberto Lacerda Teixeira ao escrever que:

"*A promulgação de novo estatuto das sociedades limitadas*, quer no bojo do Código Civil, *quer preferencialmente como lei autônoma, constitui reclamo geral*, para tranqüilidade jurídica e negocial de um grande número de empresários, advogados e magistrados. Confiamos que o Congresso Nacional (o Senado em especial) mostre-se sensível ao delicado problema, tão longamente procrastinado e hibernado em Brasília"[22] (grifamos).

Do mesmo modo, os próprios autores do Projeto que se converteu na Lei das Sociedades Anônimas, como por exemplo,

20. Para este fim foi nomeada comissão presidida pelo Professor Sílvio Rodrigues, que já está concluindo os seus trabalhos.

21. Foi constituída para este fim uma Comissão, que presido, composta pelo Professor Alfredo Lamy Filho, pelo Ministro César Asfor Rocha, pelo advogado Egberto Lacerda Teixeira e pelo Professor Jorge Lobo.

22. Egberto Lacerda Teixeira, "As sociedades limitadas e o Projeto de Código Civil", *RDM* 99/74, Nova Série, São Paulo, jul.-set. 1995.

Alfredo Lamy, reconheceram a necessidade de rever o seu texto que já sofreu algumas modificações específicas, nem sempre as mais felizes e, principalmente, sem que houvesse uma preocupação de plena coerência do sistema. A feitura de uma lei é coisa muito séria, que exige um trabalho paciente e deve atender não apenas aos interesses do momento, como ainda ter em vista o futuro da sociedade.

Chegou o momento desta transformação que o Professor Lamy justifica num artigo recente, relembrando, com o juiz Cardozo, da Suprema Corte Americana, que nenhuma lei mercantil é um ponto de repouso nesta jornada cívica. Como para o viajante, para o jurista, o abrigo da noite é apenas preparação para a retomada da luta de amanhã.[23]

Verificamos, assim, que não podemos continuar a conviver com a revolta dos fatos contra o Direito, pois o papel do jurista não é mais estar atrás dos fatos mas de acompanhá-los e, na medida do possível, prevê-los e incentivar ou reprimir os comportamentos conforme atendam ou não ao interesse social e à ética.[24]

É neste sentido que me pareceu uma grande oportunidade a realização deste Ciclo de Palestras, homenageando o Professor Rubens Requião, bem como suas idéias, para que se possa discutir o futuro do Direito Societário brasileiro, contando, desde já, com o apoio da Faculdade de Direito do Instituto dos Advogados do Paraná e dos tribunais, que sempre se interessaram muito pela reforma do Direito Societário.

O papel da juventude é de liderar os grandes movimentos culturais e as revoluções jurídicas são as mais importantes, porque os seus efeitos perduram e consolidam as grandes transformações da sociedade, especialmente quando estabelecem normas legais, leis e códigos que devem encaminhar o país ao próximo milênio. Como já dizia Georges Ripert: A obra do jurista é a única que fica quando o tumulto das revoluções se aplaca".[25]

23. Escreve a este respeito o Professor Lamy que: "A conclusão do quanto dissemos até aqui pode ser resumida: toda Lei de S/A constitui, ou deve constituir, um sistema, que não comporta emendas setoriais que desfigurem e comprometam seu objetivo maior que é assegurar o bom funcionamento da empresa, a célula de base da economia moderna; mas não há lei mercantil eterna ou perfeita porque a economia é um processo em permanente transformação. Há por isso que estar atento ao funcionamento do mercado, às suas exigências, às suas novas criações, para atender aos seus justos reclamos, ou, pelo menos, para remover os empecilhos ao seu bom funcionamento. Parodiando o Juiz Cardozo, da Suprema Corte Americana, nenhuma lei mercantil é o ponto de repouso nessa jornada sem fim: como o viajante, o abrigo da noite é apenas a preparação para a retomada da lida do amanhã ("The inn that shelters for the night is not the journey's end. The law, like the traveller, must be ready for the tomorrow"). Alfredo Lamy Filho, "Considerações sobre a elaboração da Lei de S/A e de sua necessária atualização", in *Revista de Direito Renovar* 6/46-47.

24. Arnoldo Wald, "A crescente importância da ética nos contratos e nos negócios societários", na obra coordenada por Ives Gandra da Silva Martins, *Ética no Direito e na Economia*, São Paulo, Pioneira, 1999, pp. 20-37.

25. Georges Ripert, *Aspectos Jurídicos do Capitalismo Moderno*, Rio de Janeiro, Freitas Bastos, 1947, p. 360.

Atualidades

NOTAS EM MATÉRIA DE *LEASING* CAMBIAL

RACHEL SZTAJN

Quando, no início de 1999, o Banco Central do Brasil abandona o regime de bandas cambiais administradas, sistema em que a variação da paridade entre moeda corrente nacional e dólar norte-americano era controlado, passando a vigorar o regime de livre flutuação, o espanto de alguns, somado à indignação de outros, provocou corrida ao Judiciário visando a eliminar os efeitos do casamento entre a taxa de câmbio e os indexadores empregados na correção de prestações no mercado interno. Afinal, alegava-se entre outros argumentos, houvera alteração unilateral das bases do contrato, contrariando expressa disposição de lei; o desequilíbrio das relações contratuais era insuportável. O *leasing* cambial foi, talvez, o negócio mais discutido nos primeiros meses daquele ano.

É certo que alguns preços tinham, no dólar norte-americano, a moeda de conta; outros estavam alinhados com índices calculados a partir de manutenção de poder aquisitivo da moeda nacional e, portanto, referidos a instrumentos apurados com base em dados internos.

Para melhor entender a celeuma causada pela liberação do câmbio sobre os negócios de arrendamento mercantil, convém dividir o estudo em partes: a primeira fazendo breve menção ao negócio arrendamento mercantil; a segunda, baseada em Eros Roberto Grau, distinguindo indexação de paridade cambial; outra, relativa à aplicação da Lei do Consumidor aos contratos de *leasing* e, finalmente, anotações de análise econômica aplicadas àquela conjuntura.

O arrendamento mercantil conhecido como locação financeira no direito italiano, é tipo de negócio em que instituição autorizada adquire bem de consumo durável escolhido por seu cliente e lhe dá o direito de uso mediante o pagamento de prestações mensais. O negócio vem, em geral, combinado com uma opção de compra — direito formativo gerador — cujo exercício, pelo arrendatário, ao final do prazo em que tinha uso do bem, transfere-lhe sua propriedade por preço igual ao valor residual, que também é previamente ajustado.

Vários são os institutos combinados nesse negócio: compra e venda com cláusula de revenda; financiamento e locação. Essa combinação dá a possibilidade de uso de bem durável, como na locação, à qual se soma a faculdade de, ao final do prazo contratual da "locação", adquirir o bem por valor adrede ajustado entre arrendador e arrendatário.

A aquisição do bem é feita, inicialmente, por instituição financeira autorizada a operar o negócio seguindo escolha feita pelo arrendatário que, dessa forma, mesmo sem dispor da importância correspondente ao preço, fica com direito de uso do bem. Subjacente à operação de cessão de uso (locação da coisa) está o financiamento que a arrendadora faz ao arrendatário, financiamento este que é amortizado pelas parcelas pagas, periodicamente, pelo arrendatário e em cujo valor se incluem os juros pactuados.

O valor das parcelas correspondentes à "locação" é calculado tendo em vista o prazo de amortização do financiamento, a taxa de juros e o valor residual. A designação italiana — locação financeira —, com propriedade, descreve o tipo de operação negocial visada: o financiamento para a compra de bens duráveis, travestido de locação mais opção de compra do bem ao final do prazo contratual, de substituição do bem por outro, ou de nova locação.

Na maioria das vezes o contrato só prevê o exercício da opção de compra no termo final do contrato, objetivo inicial do arrendatário que tem, no financiamento pelo arrendador, a contrapartida.

Ora, em se tratando de financiamento para a compra de bens de consumo duráveis, as regras aplicáveis ao negócio de *leasing* deveriam seguir, no aplicável, às daquele negócio, espécie de mútuo. Nos contratos de mútuo, dado que uma das partes cede a outro, a título gratuito ou oneroso, bens seus para posterior devolução, as partes distribuem entre si os riscos de variação da taxa de juros — fixos ou variáveis — as garantias para inadimplemento do devedor, o prazo e a antecipação do adimplemento, se aceitável. Não outras são as regras básicas do *leasing*, que se distingue do mútuo, simplesmente porque a propriedade do bem (garantia) fica com o arrendador-mutuante e se acrescenta à estrutura do negócio uma opção de compra da coisa arrendada que inexiste no mútuo, que disciplina o uso da coisa apenas.

No mais, em qualquer dos negócios, mútuo ou *leasing*, mudanças unilaterais do regramento contratual são inadmissíveis, aplicando-se, ou não, àquela específica relação, a legislação de consumo ou ao direito comum. Nem se pense em equilíbrio econômico-financeiro isolado do sinalagma genético do negócio. Modificações subseqüentes das posições subjetivas podem ocorrer e, nesses casos, a legislação consumerista, quando incidente sobre o negócio, tutela especificamente a parte vulnerável, o consumidor. Nada obstante alguns eventuais exageros do legislador, a alegação de desequilíbrio econômico-financeiro, no caso do *leasing* cambial, não se sustenta.

Por um lado o negócio envolvia, desde o início, risco de variação do câmbio. A esse risco se somava a incerteza da economia nacional e internacional de vez que, como explica muito bem Eros Roberto Grau, a paridade entre moedas é analisada sob o ângulo da moeda padrão de valor.[1]

Portanto, o que se trata é de fixar o valor de um bem referindo-o a moeda de outro Estado, pelo o quê o montante da obrigação fica amarrado a uma relação entre duas moedas, a interna, com poder liberatório, e, outra, que serve como referência de padrão de valor e que afasta a variabilidade do poder de compra da moeda nacional. Explica Eros Grau, no mesmo trabalho, que paridade cambial é afetada, entre outras, pelas políticas econômica e monetária do Estado e pela oscilação do poder de compra da moeda. Alteração das políticas governamentais pode refletir na paridade cambial, modificar o valor em moeda nacional das obrigações contratadas com paridade cambial, sem que isso alcance o nominalismo típico da legislação pátria. Portanto, os contratos de arrendamento mercantil com cláusula de paridade cambial são legítimos e recepcionados pelo sistema jurídico brasileiro.

Na maioria das vezes, sabe-se, o arrendamento mercantil é forma de financiamento para a compra de bens duráveis escolhidos pelo arrendatário e adquiridos pelo arrendador que, a seguir, os entrega em locação, acompanhada de opção de compra. Portanto, regras relativas à devolução do montante financiado seguem, no aplicável, os princípios deduzidos para o mútuo. Assim, certa discussão iniciada em 1999, tendo por base o valor do bem arrendado com cláusula cambial que, após a desvalorização do câmbio teria ficado fora dos preços de mercado, não tem apoio pois já que o

1. "Indexação e paridade cambial; *leasing* contratado com cláusula de paridade cambial", *RDM* 117/89.

leasing funcionava como modalidade de empréstimo, o valor/preço do bem em que se empregaram os recursos é matéria estranha ao *financiador.*

Mais ainda, o reconhecimento dos efeitos da inflação sobre os contratos mediante indexação das obrigações visava evitar enriquecimento sem causa decorrente de perda de poder aquisitivo da moeda ao longo do tempo. A cláusula cambial tem, em certa medida, essa mesma função no que concerne a garantir que o padrão de valor da moeda mantenha a referência original com reserva de valor. Até porque, já ensinava Ascarelli, divisa, por faltar-lhe poder liberatório, é mercadoria, coisa que pode ser comprada e vendida, como qualquer bem.

O que parece ter ocorrido é que o breve período de equilíbrio e estabilidade ao qual se acresce a proibição de correção monetária nas operações de prazo inferior a 12 meses, fez desaparecer, da memória nacional, a separação entre valor e preço dos bens, entre reajuste de preço e manutenção do poder aquisitivo da moeda e, especialmente, entre padrão de valor e reserva de valor. Assim, a cláusula cambial poderia ser encarada como emprego da divisa como padrão de valor, dissociando-se da função de reserva de valor.

Evidente que esse era o caso dos contratos de *leasing* cambial. Não se cuidava, ali, de manutenção do valor da moeda e sim de usá-la como padrão de reserva de valor. A súbita mudança de paridade, por conta da variação mensal pequena, seguindo paridade estipulada pelo Banco Central do Brasil, que criara a consciência de estabilidade da paridade cambial, em certa medida escondia o problema da incerteza do risco do câmbio, embora ela, a incerteza, aparecesse na diferença entre a taxa de juros aplicada aos negócios em que inexistia risco cambial.

Distinguem-se incerteza de risco no seguinte: este descreve circunstâncias desconhecidas e futuras, mas cuja distribuição probabilística é conhecida. O exemplo clássico é o do jogo de lançamento de moeda metálica em que não se sabe quantas vezes sairão cara ou coroa, mas sabe-se que a probabilidade de cada um dos eventos ocorrer é de 50%. A incerteza, entretanto, se refere a circunstâncias nas quais a probabilidade de eventos futuros é ela em si, desconhecida. Câmbio, assim como cotação de papéis nas bolsas, se caracteriza pela incidência dos dois fatos — risco e incerteza, o que dá margem à especulação e à arbitragem.

Como a incerteza dá espaço para que apreciações individuais sobre as probabilidades futuras se manifestem, especula-se com a volatilidade do preço do bem, de um lado permitindo a arbitragem de preços quando se opera em diferentes mercados.

Não é a hipótese dos adquirentes de veículos mediante contratos de *leasing* cambial. A especulação se fazia contra câmbio e juros. Quem supunha que o câmbio sofreria pouca variação para mais, optava pelo câmbio como unidade de conta; aqueles que, ao revés, temiam a oscilação mais acentuada da paridade da divisa em face da moeda nacional, optavam por juros mais elevados. Dessa forma criava-se um certo equilíbrio entre preço câmbio/preço juro.

Um dos fatores que deixa transparente a afirmativa acima está no fato de os juros serem dos mais elevados dentre os diferentes países para empréstimos em moeda nacional, enquanto que no caso do *leasing* cambial seguiam as taxas praticadas no mercado estrangeiro (*libor* ou *prime*).

A mudança brusca do valor da dívida nos contratos de *leasing cambial* aterrorizou o mercado de arrendamento mercantil de veículos automotores. A sensação de pânico que tomou conta dos arrendatários pode ser, eventualmente, igualada à que se notou em março de 1990, com o seqüestro de ativos financeiros e, tal como na época, o recurso ao Judiciário foi rápido.

Os argumentos de advogados de devedores (arrendadores), com fundamento na

Lei do Consumidor eram, em substância, os seguintes: o consumidor é vulnerável e deve ser objeto de especial tutela; o consumidor tem como direitos básicos: proteção contra a modificação das cláusulas contratuais que estabeleçam prestações desproporcionais ou sua revisão em razão de fatos supervenientes que as tornem excessivamente onerosas (art. 6º, V); práticas abusivas como a prevista no art. 39, IV (esqueceram do inc. X do mesmo artigo), havendo quem se voltasse para a conhecida cláusula *rebus sic stantibus*, alegando a falsidade das afirmações do Executivo no que se refere à manutenção da política cambial. Alegou-se, ainda, que o desequilíbrio econômico das relações contratuais era insuportável pelo que deveria ser afastada a indexação pela variação cambial e aplicado outro indexador que refletisse o poder de compra da moeda, esquecendo o sinalagma genético do negócio.

Alguns julgadores, baseando-se no fato de que as arrendadoras poderiam fazer *hedge* ou *swap* de moedas, entenderam que caberia a elas suportar o custo da desvalorização da moeda nacional, o que restabeleceria a eqüitatividade da distribuição de direitos, deveres e obrigações. Ora, se os recursos utilizados pelos arrendadores para financiar os bens tinham origem no exterior devendo ser devolvidos em moeda estrangeira, fato estranho à relação entre devedor originário e segundo tomador, e se o tomador originário tinha como se proteger, por ser profissional, essa *proteção* tem custo e, se tiver sido feita, esse custo deve ser compensado. Entendo, porém, que fazer *hedge* ou não, é decisão de cada especulador e depende de sua propensão para risco, de um lado; de outro, não poderia ser invocada pelos magistrados por ser *res inter allius*, fora do escopo do contrato de arrendamento.

Espanta, ainda, o fato de ter ficado esquecido o art. 6º da Lei 8.880, de 24.5.1994, cujo teor é o seguinte: "*É nula de pleno direito a contratação de reajuste vinculado à variação cambial, exceto quando expressamente autorizado por lei federal e nos contratos de arrendamento mercantil celebrados entre pessoas residentes e domiciliadas no País com base em captação de recursos provenientes do exterior*" (grifos meus). Resulta claro que não se admite a inclusão, na carteira de *leasing* cambial, de contratos se, por ventura, os recursos tiverem sido captados no mercado interno. A hipótese implicaria irregular transferência de risco inexistente.

Como explica Eros Roberto Grau, "no que toca aos efeitos de financiamento que indisfarçadamente defluem do contrato de arrendamento mercantil, logrados, como visto, mediante a utilização de recursos oriundos de empréstimo externo, trata-se de negócio decorrente de outro, que tem, quanto à utilização de moeda estrangeira como padrão de valor, naquele, sua *causa*, causa de juridicidade".[2] Portanto a juridicidade da transferência do risco cambial pelo arrendador era matéria pacífica também sob o aspecto da legalidade (previsto expressamente na lei de 94).

Ilegalidade houvesse na internação de recursos por sociedades de arrendamento mercantil para financiar a aquisição de bens no mercado interno, competiria ao Banco Central do Brasil impedir as operações.

Outra alegação que não encontra amparo jurídico é a de que o lucro das instituições financeiras serviria para compensar o descasamento do câmbio, uma vez que se lhes imporia a perda cambial na forma de mecanismo extraordinário de alocação de risco.

Uma última possibilidade aventada foi a de se devolver os bens arrendados por força da onerosidade excessiva das prestações. Se concretizada a alternativa as instituições financeiras se veriam transformadas em grandes armazéns de venda de veículos usados e, tendo de devolver aos arrendatários o valor das parcelas pagas, deduzidas eventual depreciação dos veícu-

2. Ob. cit., p. 92.

los, é de imaginar que surgiriam disputas sobre valores pagos e reembolsos pretendidos. A insegurança era patente de ambos os agentes nas relações jurídicas, exigindo medidas imediatas.

Para reduzir o clamor dos "injustiçados" que acreditaram não haveria desvalorização da moeda nacional, o então Ministro da Justiça anunciou medida destinada a reduzir o impacto da flutuação cambial, que não se aplicaria, de imediato, aos contratos de *leasing* cambial, nos quais, ao revés, as prestações seriam reajustadas por índice que refletisse o poder aquisitivo da moeda (inflação interna) e, ao final do prazo contratual, a diferença entre esse indexador interno e a paridade cambial seria composta seja somando-se ao valor residual do veículo ou aumentando o prazo de pagamento, protraída, pois, a exigibilidade de prestações que refletissem a paridade entre reais e a divisa. Enfim, alterava-se a unidade de conta por determinação externa.

Essa medida não levou em conta os muitos arrendatários que optaram por financiar a compra de veículos em moeda nacional pagando juros muito superiores aos cobrados nos financiamentos em moeda estrangeira. Também não levou em conta a distribuição de riscos nos contratos, assim como se ignorou a distinção entre indexação e paridade cambial que, como explica Eros Roberto Grau,[3] não se confundem. *Indexação*, diz o jurista, "é mecanismo cujo propósito é corrigir os enunciados nominais das obrigações de pagamento em moeda. Como o princípio vigente no direito pátrio é o do nominalismo, a indexação se relaciona à idéia de reserva de valor e à função de padrão de valor da moeda e, por isso, quando há oscilação do poder de compra, a moeda, como instrumento de pagamento, fica afetada, refletindo-se na função de padrão de valor, daí alcançando o conteúdo das obrigações". E continua: "(...) a indexação decorre da relação jurídico-quantitativa entre unidade de moeda e possibilidade de exercício de direitos subjetivos, estes atinentes aos bens e serviços produzidos no contexto em que a moeda pode desempenhar suas funções".

Em seguida esclarece que quando se fala em paridade cambial o processo é diferente já que neste se analisa a moeda enquanto padrão de valor, desenhando-se relação quantitativa entre duas moedas, muito diferente da possibilidade de exercício de direitos subjetivos relacionada a estoques de bens e serviços em determinada sociedade.[4]

A paridade cambial está fundada na variação do poder de compra da moeda nacional tendo por parâmetro divisa ou cesta de divisas, que em nada se confunde com indexação cambial, já que a variação é do padrão de valor da moeda. Continua Eros Roberto Grau explicando a diferença entre indexação e paridade cambial que "a contratação de paridade cambial implica a constituição válida de crédito que se expressa nominalmente em moeda que não é instrumento de pagamento em determinado país, mas que, em razão de expressa permissão legal, cumpre a função de padrão de valor, nas restritas hipóteses contempladas pelo direito positivo".[5]

Resulta claro, dos argumentos acima, que cláusula cambial em contrato preenche a função de padrão de valor da moeda e como essa variação era pequena e a taxa de juros muito menor do que nos empréstimos em reais, havia vantagens em enfrentar a incerteza e assumir o risco cambial. Esquecidos de que poder de compra da moeda nacional e paridade cambial não precisam manter relação permanente, uma vez que a relação entre valor de moedas, ou relação paritária, resulta do curso do câmbio, enquanto que poder de compra da moeda depende da relação entre total de bens e total de recursos da economia, tomaram a nuvem por Juno e se dispuseram a aceitar a incerteza.

3. Ob. cit., *RDM* 117/86 e ss.

4. Grau, ob. cit., p. 89.

5. Grau, ob. cit., p. 90.

Claro que quem optou pelo câmbio contava com a manutenção das regras de variação da paridade, e quem optou por moeda nacional desconfiava de que a situação poderia ser alterada a qualquer momento, como efetivamente foi. No primeiro caso risco e incerteza se somaram e o resultado foi perverso.

Importante lembrar que a variabilidade do curso do câmbio, e não sua estabilidade, era conhecida dos brasileiros há muito anos. A corrosão inflacionária do poder de compra da moeda nacional dificultava saber quem ganhava ou perdia substância com operações econômicas e, por isso, durante muito tempo, divisas foram usadas como reserva de valor, preços, embora, informalmente, eram ajustados em moeda estrangeira para pagamento em moeda de curso forçado com poder liberatório. Por mais de uma vez na história do país foi alterada a paridade da moeda nacional frente à divisa norte-americana. No período anterior a janeiro de 1999 a taxa de conversão de moeda estrangeira em nacional (ou o inverso) mudou, embora com pequena intensidade. Portanto, sabia-se que não havia, como na Argentina, por exemplo, relação imutável entre reais e qualquer divisa. Alertas de economistas quanto à valorização do real em face do dólar norte-americano, de algum tempo, freqüentavam o noticiário dos jornais e esperava-se que o curso do câmbio viesse a ser modificado. Assim não pode prevalecer qualquer argumento fundado na teoria da imprevisão.

As liminares judicialmente concedidas que tinham fundamento em alegações de violação da Lei do Consumidor por alteração unilateral das condições contratuais, ou desequilíbrio da relação contratual, entre outras, se justificariam por falta de tempo para analisar as questões materiais envolvidas nos pleitos.

Segundo Eros Grau, o *leasing* cambial é contrato derivado do original, contrato esse que se rege pela Lei 4.131/62, disciplinadora do ingresso de moeda estrangeira no país. Assim é que, para captar recursos, muitas das companhias que têm por objeto o arrendamento mercantil, autorizadas pelo Banco Central do Brasil, tomaram empréstimos no exterior, empréstimos esses que, posteriormente, foram repassados, em parcelas ou, na linguagem do mercado financeiro, em *tranches* aos arrendatários adquirentes dos automóveis.

Se o ingresso de divisas e seu repasse internamente são legais, também deve ser legal a imposição da variação do câmbio a qualquer parte que integre essa cadeia, ou se interponha no fluxo de fundos, consumidores ou fornecedores, profissionais ou leigos.

Sobre a inaplicabilidade da Lei 8.078/90 aos contratos de *leasing* cambial, comungo da posição de Eros Roberto Grau que assim se manifesta: "Como já longamente demonstrado, a mudança da paridade entre a moeda nacional e a moeda estrangeira experimentada a partir de janeiro de 1999 não era estranha ao contrato; ao contrário, todos quantos se vincularam por essa cláusula assumiram o risco — risco ordinário, diga-se bem alto — de majoração ou redução naquela relação quantitativa: (...) risco, da essência do avençado.

"De mais a mais, é nítido como a luz solar passando através de um cristal (bem polido) que a alteração da paridade só pode ser *superveniente* ao contrato!

"Em síntese: as regras do Código de Proteção e Defesa do Consumidor, em seu art. 6º, V, não podem conduzir à alteração da estrutura do negócio jurídico; (...)". Com a afirmativa derruba o argumento de que teria havido modificação de cláusula contratual ensejadora de revisão por terem se tornado excessivamente onerosas em virtude de fato superveniente. Continua a argumentar explicando que "a onerosidade excessiva — eis o significado da própria locução — há de a ela aportar elemento que não é próprio da relação negocial e que imponha a uma das partes encargo originariamente inexistente".

O argumento segue no que se refere à revisão por excessiva onerosidade somente se *a excessiva onerosidade* (...) for *variável que se situa fora dos elementos estruturais do negócio jurídico.*

Afastado recurso ao art. 6º da Lei 8.078/90, deve ser igualmente abandonada qualquer pretensão fundada na teoria da imprevisão. Toda a discussão travada entre economistas e empresários quanto ao percentual de valorização do real em relação seja ao dólar norte-americano seja quando comparado a uma cesta de moedas bastava para alertar os interessados em contratar *leasing* com cláusula cambial da incerteza quanto à paridade.

Sob a ótica da análise econômica do direito, que tem como paradigma o ser racional e maximizador, modelo comportamental que tem sido considerado irreal, não se imagina que os arrendadores tivessem como indutor de conduta o ideal de esbanjar recursos. Por isso, há que admitir que tomar empréstimos com cláusula cambial e juros de mercado internacional tinha atrativos se confrontada com as taxas de juros praticadas no mercado interno para empréstimos em moeda nacional. O diferencial era significativo.

Também convém ter presente que se os contratos servem para facilitar a circulação da riqueza, também são empregados para alocar riscos.

Estender crédito também envolve risco, o de inadimplemento. Daí a exigência de garantias que afastem ou minimizem os riscos assumidos pelo credor. A paridade cambial em contratos de *leasing* ou no repasse de empréstimos estrangeiros são mecanismos jurídicos de transferência dos riscos de volatilidade do câmbio. Esse risco aparece no aumento ou redução da paridade, isto é, na necessidade de maior ou menor quantidade de moeda nacional para comprar o mesmo montante da divisa.

Assente que a transmissão de risco também é parte dos contratos, explica-se porque na locação o seguro tem como beneficiário o proprietário da coisa locada, cabendo ao locatário mantê-lo para que, com o perecimento ou perda de valor de coisa, o titular não veja seu patrimônio ativo desfalcado.

Ora, se o contrato transfere a incerteza do resultado de manifestações individuais, a ação de cada pessoa deve pautar-se pelo cuidado, diligência na estimação dos efeitos que sobre ela recairão de sua conduta. Essa regra é clara no que concerne à responsabilidade civil nos termos do art. 159 do Código Civil. Também é certa no que tange à responsabilidade contratual — cumprir o acordado ou indenizar a parte inocente.

Como explicar então o acolhimento pelo Judiciário de pretensão fundada na Lei do Consumidor, notadamente no art. 6º, inc. V, quando o fato superveniente fugia ao controle de qualquer das partes e atingia ambas igualmente. Como supor que o equilíbrio entre as prestações se alterara se ambos, arrendador e arrendatário, sofriam o impacto da variação cambial?

Não deve ter passado pela mente que impor insegurança às instituições financeiras, além da normalmente incidente sobre seus negócios, o risco de crédito poderia representar dispersar sobre o conjunto da sociedade o risco de alguns. Explica-se: o negócios dessas instituições é crédito ou a intermediação na circulação da moeda. Para isso tomam recursos no mercado — isto é, de particulares — comprometendo-se a devolvê-los em data futura acrescidos, ou não, de remuneração. Basta ver qual a relação entre recursos próprios e de terceiros na composição dos empréstimos oferecidos pelas instituições financeiras para enteder o argumento.

Dizer recursos tomados no mercado é dizer poupança privada alocada pelas instituições financeiras em operações variadas em que cabe a estas o dever de zelar para que os valores aplicados sejam devolvidos aos investidores. Os juros ativos (os cobrados pelos bancos aos tomadores de recursos) remuneram os passivos (os devidos aos aplicadores) e ainda remuneram o risco da intermediação. Quanto maiores forem as probabilidades de inadimplemento maiores serão os juros e as garantias exigidas pelas instituições para que se assegurem de que terão fundos para entregar aos seus investidores aquilo que deles receberam. O custo dos empréstimos tem como componentes risco de inadimplência e preço do dinheiro.

A avaliação dos administradores de instituições financeiras está presa à qualidade dos créditos que aprovem e até a dissociação entre os que captam solicitantes de recursos e os que os aprovam visando à redução dos riscos. Os cuidados com a observância de regras prudenciais na administração de recursos de terceiros não foge ao padrão do homem diligente e honesto e visa oferecer aos poupadores a segurança para situações de redução de renda.

Se se prejudicar poupadores, os que deixam parte de sua renda acumular para consumo futuro, e que são aqueles agentes junto aos quais as instituições financeiras captam os montantes que são por elas reciclados nos empréstimos que concedem, deixam de receber as aplicações, perdem o estímulo para poupar. Sem poupança fica difícil fazer investimentos e, sem investimentos, não serão criados postos de trabalho, faltarão produtos e serviços, com o que, fatalmente, o bem-estar geral ficará prejudicado.

Lembre-se que a relação capital próprio/capital de terceiros nas instituições financeiras pende para recursos de terceiros. Estes, ao final, é que deixarão de receber o valor de suas aplicações se a inadimplência dos tomadores de empréstimos for majoritária. A intervenção governamental nos mercados de crédito, como demonstra trabalho de Glaeser e Scheinkman,[6] gera grandes distorções econômicas e dificulta a absorção de choques em que há redução da receita. Esse mesmo perigo se dá se as instituições sociais, e o crédito é uma delas, sofrerem a ação dos oportunistas. Na cadeia de regresso suportarão a falta de diligência, ou o julgamento equivocado, aqueles que tentaram se acautelar.

Dessa forma, a reação esperada dos poupadores será consumir; esgotadas suas reservas, se mantiverem a renda, continuarão consumindo, mas aqueles aos quais faltarem ingressos financeiros não encontrarão, na sociedade, fonte de recursos, o que provoca redução do bem-estar geral; os agentes que pagarem suas dívidas e mantiverem o mesmo nível de consumo, provavelmente perecerão em curto espaço de tempo. Por isso é que o oportunismo não prevalece nos mercados de crédito.

Se é certo que as instituições resultam de atividade de *rent seekers* (agentes que buscam apropriar-se de rendas), e dado que pessoas mais influentes exercem pressão para que as regulações sejam mais benevolentes em relação a seus pleitos, é preciso que haja algum valor social para que certas práticas se mantenham e se cristalizem. Manter os fluxos financeiros entre poupadores/mutuantes e mutuários depende de regras que diminuam ações predatórias, oportunísticas e que garantam que a cadeia de regresso será respeitada.

Ora, o *rent seeker*[7] ou oportunista, busca vantagens pessoais impondo à comunidade, ou parcela dela, os custos de seu benefício. Se é certo que a sociedade brasileira, segundo alguns sociólogos e historiadores, por sentir-se, ainda, colônia, busca no governo respostas para todas as questões, a segurança do crédito é daquelas áreas mais sensíveis. Um dos benefícios de manter disciplina estrita no que concerne às atividades de instituições financeiras funda-se no custo social das quebras desses comerciantes.

De outro lado, sempre segundo Glaeser e Scheinkman, sempre que a taxa de

6. *NBER Working Paper* 4.954, "Neither e borrower nor a lender be: an economic analysis of interest restrictions and usury laws", Edward I. Glaeser e José A. Scheinkman, 1994.

7. Glaeser e Scheinkman explicam que o *rent seeker* procura reduzir preços que deve suportar enquanto aumentam aqueles que percebem.

crescimento da renda for crescente, quando choques de renda são mais constantes e os mutuantes mais poderosos que os mutuários, a intervenção nos mercados de crédito é menos intensa.[8]

O que se observou, no caso da liberação do câmbio, foi a inversão da regra anterior: mutuários pareceriam mais poderosos do que mutuantes, por serem mais numerosos, tentando não ser atingidos pelo ônus de suas decisões. Transferir ao governo a responsabilidade pelos erros de avaliação individuais foi a fórmula encontrada, ainda que, como bem demonstrou Eros Roberto Grau, faltassem fundamentos jurídicos para os pleitos.

A decisão de tomar recursos tendo divisa como moeda de conta ou não era individual. Evidente que a vantagem comparativa entre câmbio + juro internacional em relação a real + juro doméstico, indicava a primeira combinação como menos onerosa, mas não menos arriscada. Se é certo que risco e retorno andam na mesma direção, o retorno da primeira combinação, maior do que da segunda, indicava risco igualmente mais elevado.

Ao oportunista interessava a primeira parte da equação, não a segunda. Quando adveio o risco — variação para maior da paridade cambial — a reação imediata foi transferi-lo para outro alguém, as sociedades de arrendamento mercantil. Ora, como elas não têm no objeto o comércio de bens de consumo durável, não podem fazer mais do que financiar a compra dos bens, para o que buscam recursos interna e externamente e repassam, da mesma forma, mais a parcela que remunere sua intermediação e assunção de risco de inadimplemento daqueles que a elas recorrem. O repasse dos recursos leva à transferência dos riscos — juros ou câmbio — segundo a origem da parcela mutuada.

Para concluir, lembra-se que é função do sistema normativo, trate-se de normas de direito positivo, ou não, criar mecanismos indutores de conduta, propiciando o auto-aperfeiçoamento e auto-controle dos agentes, prevenindo ou evitando comportamentos oportunistas e, especialmente propiciando a redução do *moral hazard*, a ação descuidada que cria insegurança na sociedade. Se a norma é um comando a ser obedecido sob pena de se sofrer uma sanção, apenar quem obedeceu ao comando fere a lógica do sistema.

Pode-se ver na sanção, nas penas de modo geral, preços a serem pagos por descumprimento do dever legal. Robert D. Cooter[9] compara o auto-aperfeiçoamento à ética protestante de Weber, demonstra que internalizar a ética representa aperfeiçoamento paretiano das condutas, pelo que deve ser estimulado. Continua para dizer que as leis, interpretadas pelos Tribunais, modulam as sanções segundo o caráter dos agentes. Apenar o *carpater* aparente pode levar a mudanças de conduta e, a final, a mudanças de caráter. Explica, que, "in general, the law prompts changes in character whenever a legal sanction creates an opportunity for Pareto self-improvement. (...)". Termina o estudo com o seguinte parágrafo: "Moralists have long understood that sanctions for wrong doing create incentives for improving oneself, but this idea has eluded economic models. (...) Law can strengthen a moral consensus by tracking morality, or law can undermine a moral consensus by departing form it".

Assim parece-me que se a concessão de medidas liminares tranqüilizou devedores que tinham contratos com cláusula de paridade cambial, a sinalização para a sociedade foi: a lei do consumidor garante ações imprudentes pois recorrendo ao art. 6º obtém-se interferência do Poder Judiciário que exime o devedor de cumprir o avençado, modifica o pactuado e os riscos expressa e livremente aceitos.

8. Ob. cit., pp. 4-5.

9. *Working Paper* 98-8, "Models of Morality in Law and Economics: Self-control and self-improvement for the 'Bad Man' of Holmes".

Quem acha que pode contratar sem se preocupar com o futuro, agirá com diligência ao aceitar riscos? Afinal se fatos supervenientes geram mecanismos de saída do risco, que estímulo se oferece à pessoa diligente? O abandono de padrões já estabelecidos como o do homem ativo e probo, do homem médio, do bom pai de família, ou outro que se tome como paradigma, não é o resultado de atitudes paternalistas, bem ao revés, representa o processo educativo que suportar os efeitos das opções ruins provoca.

Facilitar o oportunismo, ou condutas oportunistas, dando tratamento benevolente a tais agentes, desencoraja os demais que recebem sinais contrários aos que a conduta diligente prescreve. Distribuir pela sociedade as equivocadas avaliações de agentes econômicos, concedendo-lhes o benefício da revisão da unidade de conta ajustada, dá, a quem fugiu do câmbio e pagou juros mais elevados, a noção de que ser oportunista é padrão socialmente relevante e indica que prudência não é bem socialmente valioso.

Conforme Eros Grau indicara em seus comentários, riscos ordinários devem ser suportados pelos tomadores; riscos extraordinários podem ser objeto de apreciação desde que sinalizem mecanismos ortodoxos de internalização de ganhos e perdas.

A ATIVIDADE BANCÁRIA E O CÓDIGO DE DEFESA DO CONSUMIDOR

Jairo Saddi

1. Introdução. 2. Breve histórico da Direito do Consumidor. 3. A relação de consumo: algumas definições: 3.1 O conceito de consumidor; 3.2 O conceito de fornecedor. 4. As atividades bancárias propriamente ditas. 5. Aplicabilidade do Código de Defesa do Consumidor à atividade bancária.

1. Introdução

O Código de Defesa do Consumidor (Lei 8.078, de 11.9.1990) completa dez anos de vigência, sendo que ainda há resistência, por parte de alguns agentes econômicos, quanto à sua aplicação, no que se refere à atividade bancária.

A proteção ao consumidor encontra guarida na Constituição Federal, através do princípio da proteção ao consumidor, elencado nos arts. 5º, XXXII[1] e 170, V,[2] além do art. 48,[3] do Ato das Disposições Constitucionais Transitórias, que determinou a criação de um Código de Defesa do Consumidor.[4]

No âmbito de incidência do Código de Defesa do Consumidor (CDC), podemos observar, como critério fundamental para distinguir a aplicação deste regime aos outros regimes jurídicos aplicados antes da entrada em vigor da Lei 8.078/90, quais sejam, o civil e o comercial. Devemos assim buscar a existência ou não da *relação de consumo*.

É necessário, antes, fazer uma breve análise de quais as partes e do que consiste as *relações de consumo*, a fim de verificar a sua aplicabilidade ou não à atividade bancária.

2. Breve histórico do Direito do Consumidor

O ser humano é consumidor, principalmente dentro de um regime capitalista no qual vivemos. É o consumidor quem encerra, nas suas relações diárias, o ciclo econômico. O consumidor, em definição precária, é aquele que adquire. Luiz Otávio de Oliveira Amaral, ao esboçar uma primeira definição de consumidor, o define como sendo "sempre pessoa física (ou jurídica), cuja necessidade (em sentido amplo) de consumo torna-se subordinada às condições e interesses que o titular dos bens ou serviços impõe".[5]

1. "O Estado promoverá, na forma da lei, a defesa do consumidor."

2. "A ordem econômica, fundada na valorização do trabalho humano e na livre iniciativa, tem por fim assegurar a todos existência digna, conforme os ditames da justiça social, observados os seguintes princípios: (...) V — defesa do consumidor".

3. "O Congresso Nacional, dentro de cento e vinte dias da promulgação da Constituição, elaborará Código de Defesa do Consumidor".

4. O código em questão, como supramencionado, foi editado, através da Lei 8.078, em 11.9.1990, que dispõe sobre a proteção do consumidor e dá outras providências.

5. Luiz Otávio de Oliveira Amaral, "História e fundamentos do Direito do Consumidor", in *RT* 648/31, Ano 78, out. 1989.

No curso da história da humanidade, o que podíamos facilmente observar era a fragilidade do adquirente (consumidor) nesta relação de subordinação. Não se trata, portanto, de proteger o proprietário ou titular, e sim, aqueles que neste caso submetem-se ao poder do empresário titular dos bens e/ou serviços.

Luiz Otávio de Oliveira Amaral coloca o Direito do Consumidor como direito humano.[6] Com a evolução dos direitos do homem, os conceitos individualistas deram lugar aos coletivos, tendo, aqui no Brasil, culminado com a edição da Carta de 1988, onde no seu art. 5º estão estabelecidos não só os direitos individuais, mas também os coletivos. Conforme citamos na introdução deste trabalho, o consumidor ganhou espaço ao lhe ser assegurado, constitucionalmente, o direito à proteção dentro da *relação de consumo*, no art. 5º, XXXII. A expansão do consumo, aliada à crescente industrialização, provocou grandes transformações na economia mundial, que acabaram por exigir uma maior proteção ao consumidor.

Caio Tácito, sobre a ampliação dos direitos humanos, leciona: "Em estudo anterior ("Do direito individual ao direito difuso", *RDA* 157/1) destacávamos a tendência de ampliação do âmbito dos direitos humanos 'de modo a abranger já não mais os direitos pertinentes a uma ou mais pessoas determinadas, ou até mesmo direitos coletivos de categorias específicas, ligados por uma relação jurídica básica (como, por exemplo, os acionistas de uma sociedade anônima, ou os membros de um condomínio) mas para alcançar os interesses de grupos integrados por uma pluralidade de pessoas indeterminadas, embora vinculadas por um mesmo interesse comum'. E, entre os modelos dessas classes de pessoas, destacávamos que 'aos consumidores sobreleva a qualidade dos produtos ou a defesa contra manipulações de mercado' (*RDA* 157/10-11)".[7]

Ora, clara se tornou a necessidade da proteção aos direitos difusos, conforme os ensinamentos supratranscritos. No mercado de consumo, da mesma forma que no mercado financeiro, podemos destacar a grande diferença entre aqueles que se utilizam destes mercados e aqueles poucos que têm domínio sobre os meios (titulares de bens e serviços).

Na Constituição Federal de 1934, precisamente nos arts. 115 a 117, tem-se as primeiras manifestações visando proteger a economia popular. Observa-se assim uma produção legislativa posterior que visa à proteção à economia popular em muitos aspectos, como por exemplo os Decretos-leis 869/38 e 9.840/46, que dispunham sobre crimes contra a economia popular, a Lei 4.137/62 que reprimia o abuso do poder econômico, e a Lei 7.347/85, que regulou a ação civil pública visando à proteção dos interesses difusos, entre outras espécies normativas.

O Prof. Fábio Konder Comparato observa: "Na verdade, esse ingresso recente da figura do consumidor nos textos constitucionais é bem compreensível, pois, o próprio Direito do Consumidor, em seu conjunto, como realização de uma política pública, é algo de novo na evolução do direito. Se se quiser datar sua origem, pode-se dizer que ela remonta a 1962, ano em que o Presidente Kennedy publicou sua famosa mensagem, definindo quatro direitos fundamentais dos consumidores: o direito à segurança, o direito à informação, o direito de escolha e o direito de ser ouvido ou consultado".[8]

A Comissão das Nações Unidas sobre Direitos do Homem, quando da sua 29ª sessão, realizada em Genebra, utilizou-se dos princípios fundamentais, expostos pelo Presidente Kennedy, considerando-os como válidos, e essenciais à coletividade dos consumidores.

6. Idem, ibidem.

7. Caio Tácito, "Direito do consumidor", in *O Direito na Década de 1990: Novos Aspectos*, São Paulo, Ed. RT, 1992, p. 16.

8. Fábio Konder Comparato, "A proteção ao consumidor na Constituição brasileira de 1988", in *RDM* 80/66, out.-dez. 1990.

À medida que eram percebidos avanços nos direitos humanos, ao trabalhador, principalmente, lhe eram asseguradas novas conquistas. A grande parcela de consumidores é constituída de trabalhadores, das mais diversas áreas. Ora, na proporção em que o trabalhador ganhava espaço e respeito, o consumo crescia. Neste ponto a ONU tem participação ativa, através de discussões e debates acerca do tema, além de suas resoluções (v. Resolução 2.542/69 e Resolução 39.238/85). Depreende-se que há relação intrínseca entre o trabalho, ou melhor, a remuneração e condições dadas ao trabalhador, e o consumo.

Analisando os avanços históricos do Direito do Consumidor, Luiz Otávio de Oliveira Amaral preleciona: "A revolução industrial tornou extremamente complexa a chamada economia de mercado. Os oligopólios arruinando a livre concorrência, o crescente poder psicossocial da indústria e do comércio, levaram o Estado liberal e clássico, pouco a pouco, a desenvolver uma estrutura de regulação de todo o processo produtivo. E se é verdade que o princípio dos princípios da economia capitalista, a concorrência, precisa ser mantida, isto só pode ser realizado pela ordem jurídica, isto é, pelo Estado. A ordem jurídica (e o Estado) já pressupõe, por si só, a possibilidade de situações de intervenção estatal no domínio econômico. A economia de mercado já não é sinônimo de livre concorrência ou de livre iniciativa privada. (...) Em uma conjuntura econômica onde a substituição de importações significa maior protecionismo ao processo de industrialização e conseqüentemente ao comércio, mais, então, a iniludível necessidade de proteção ao consumidor se faz presente".[9]

Com a edição do CDC, na esteira do princípio constitucional que visa tratar igualmente as pessoas (princípio da isonomia, elencado no *caput* do art. 5º da Constituição), o tratamento diferenciado dado ao consumidor vem a confirmar a desigualdade existente e a tentativa de equilibrar a relação de consumo. Neste sentido, observa Mário Sérgio Duarte Garcia: "Mediante princípios próprios, o Código é constituído de normas cogentes de ordem pública, que buscam o equilíbrio nas relações de consumo, conferindo aos consumidores o instrumental de defesa compatível com as necessidades dos tempos atuais".[10]

A relação entre fornecedores e consumidores por muito tempo não foi objeto de grandes estudos e medidas que protegessem o pólo fraco e desamparado da relação. Com o advento do CDC, claro é seu objetivo, qual seja, estabelecer o equilíbrio da relação de consumo, na qual, quase sempre, um pólo age por interesse e coberto por poder, e o outro, por necessidade e vulnerável. Para estudarmos o assunto, e conforme comentamos, devemos ter definidos claramente os pólos da relação de consumo antes de aprofundarmo-nos no seu estudo e aplicabilidade com relação à atividade bancária. O Prof. Comparato observa: "O regime da produção em massa, instaurado com a chamada *revolução industrial*, acabou afeiçoando a sociedade em dois grandes grupos: produtores e consumidores".[11]

3. A relação de consumo: algumas definições

Com a edição do Código de Defesa do Consumidor, em 1990, observamos a conceituação das partes envolvidas na relação de consumo. Para que exista esta relação, faz-se necessária a existência de um consumidor, vinculado a um fornecedor, por força de um produto ou serviço.

9. Luiz Otávio de Oliveira Amaral, ob. cit., p. 34.

10. Mário Sérgio Duarte Garcia, "Direito do consumidor", in *O Direito na Década de 1990: Novos Aspectos*, São Paulo, Ed. RT, 1992, p. 25.

11. Fábio Konder Comparato, "A proteção do consumidor: importante capítulo do direito econômico", in *Defesa do Consumidor: Textos Básicos*, coord. Luiz Amaral, Brasília, Conselho Nacional de Defesa do Consumidor, 1987, p. 34.

3.1 O conceito de consumidor

No sentido mais amplo que o vocábulo consumidor pode alcançar, este é a pessoa que consome uma coisa.[12]

Fábio Konder Comparato define consumidor como sendo "os que não dispõem de controle sobre os bens de produção e, por conseguinte, devem se submeter ao poder dos titulares deste".[13]

Já o emérito professor Waldirio Bulgarelli classifica o CDC como sendo um microssistema legal autônomo,[14] pois no seu entendimento é uma "Lei completa, quase autônoma, com incursões no Direito privado, no campo administrativo, no plano processual e na órbita penal", que busca adentrar nos problemas decorrentes da relação de consumo, onde a sociedade brasileira reclamava uma atenção especial diante dos problemas aqui expostos.[15]

O consumidor deve ser aquele a utilizar-se ou adquirir um determinado produto, disponível no mercado de consumo, ou tornar-se usuário de um serviço, também disponível no mercado, em ambos os casos, sempre mediante remuneração.

A noção de fragilidade do consumidor é clara. Na relação de consumo, conforme afirmamos anteriormente, é o consumidor quem está em desvantagem. Consumidor, em primeira análise, é aquele que consome. Adalberto Pasqualotto leciona: "A hipossuficiência está implícita na idéia de proteção ao consumidor. Por isso, o conceito mais apropriado afigura-se-nos o de Jean Clais-Auloy, que tem como ato de consumo aquele que visa à satisfação de uma necessidade pessoal ou familiar".[16]

Ainda, Waldirio Bulgarelli coloca o consumidor como "aquele que se encontra numa situação de usar ou consumir, estabelecendo-se, por isso, uma relação atual ou potencial, fática sem dúvida, porém a que se deve dar uma valorização jurídica, a fim de protegê-lo, quer evitando quer reparando os danos sofridos".[17]

O CDC nos dá, conforme amplo entendimento da doutrina, quatro definições de consumidor, utilizando-se da técnica de equiparação, a fim de estender ou restringir a sua aplicação. Assim entende o Desembargador Antonio Janyr Dall'Agnol Júnior afirmando que "utiliza-se o Código, com alguma freqüência, da técnica da equiparação, ao efeito de estender ao menos parte de suas regras a outras situações ou relações jurídicas. Confirma-se o que ocorre com o art. 2º, parágrafo único, o art. 17 e, sobretudo, o art. 29".[18] Desta forma, encontramos tuteladas certas relações jurídicas, que dificilmente

12. De Plácido e Silva, *Vocabulário Jurídico*, 11ª ed., Rio de Janeiro, Forense, 1993.

13. Fábio Konder Comparato, *Ensaios e Pareceres de Direito Empresarial*, Rio de Janeiro, Forense, 1978.

14. Waldirio Bulgarelli, "Direito do consumidor", in *O Direito na Década de 1990: Novos Aspectos*, São Paulo, Ed. RT, 1992, p. 35.

15. O Professor Bulgarelli observa a existência de dois motivos relevantes, que por si só justificam a edição do CDC: "A justificativa de uma lei deste tipo encontra-se em pelo menos dois aspectos: a) A primeira, de caráter geral, é a de que a sociedade civil brasileira, à medida que se consolida o capitalismo na sua projeção mais acentuada, que é a da produção e distribuição em massa, aí tomando consciência de que necessita de proteção mais efetiva em relação ao modelo jurídico criado anteriormente, e conseqüentemente que a política jurídico-legislativa deve deixar de lado a postura adotada até agora de privilegiar sempre a empresa, para levar em conta os interesses daqueles a quem a produção é destinada, e que se convencionou chamar de consumidor. b) A outra, mais específica, é de certa forma antecedente àquela, pois refere-se à constatação de que os mecanismos jurídicos existentes revelam-se a cada dia insuficientes e incapazes de tornar efetiva a proteção que deve ser dispensada àqueles que se encontram em situação de inferioridade perante as empresas, tanto no que toca à reparação dos danos causados, como no que se refere à prevenção" (ibidem).

16. Adalberto Pasqualotto, "Conceitos fundamentais do Código de Defesa do Consumidor", in *RT* 666/51, abr. 1991.

17. Waldirio Bulgarelli, "A tutela do consumidor na jurisprudência brasileira e *de lege ferenda*", in *A Tutela dos Interesses Difusos*, São Paulo, Max Limonad, 1984.

18. Antonio Janyr Dall'Agnol Júnior, "Direito do consumidor e serviços bancários e financeiros. Aplicação do CDC nas atividades bancárias", in *Revista de Direito do Consumidor* 27/9, jul.-set. 1998.

conseguiriam o ser, senão por outra norma específica. Ademais, estão vinculadas a estas equiparações relações jurídicas que, de alguma forma, são remetidas à relação de consumo e/ou ao fornecedor.

Em minudente estudo, Odete Novais Carneiro Queiroz, valendo-se desta análise, extrai detalhadamente quatro conceitos de consumidor, elencados no CDC: "O Código nos oferece quatro conceitos desse pólo da relação jurídica ora analisada. Começamos por um conceito padrão, *standard*, insere segundo os termos do art. 2º um elemento teleológico, ao prescrever que é consumidor o destinatário final do bem ou serviço. A seguir, no parágrafo único do mesmo artigo, amplia o legislador o seu espectro de abrangência ao equiparar o consumidor à coletividade de pessoas que foram partícipes das relações de consumo, ainda que indetermináveis. Sopesando os graves consectários que poderão advir de uma negligente prestação de produto ou de serviço até mesmo para pessoas que não figuraram nessa relação, estende o Código sua proteção às vítimas dos acidentes de consumo, colocando à sua disposição todos os meios protetivos para fazer valer seus direitos. Assim, o art. 17 coloca sobre sua tutela os atingidos pelos eventuais acidentes referidos, permitindo que os mesmos possam responsabilizar ditos fornecedores pelas lesões provocadas por suas atividades no mercado de consumo. Logo, esse terceiro, ou *bystander*, terá o benefício da proteção criada para o consumidor, uma vez que houve a equiparação expressa feita pelo legislador. Nem se argumente que tal vítima em nenhum momento se afigura como consumidor, pois a lei diz que o será, através de uma equiparação criada por uma ficção legal cujo escopo deliberado outro não é, senão a proteção efetiva da vítima. Por fim, o último e quarto conceito que o legislador nos oferece de consumidor é o fixado no art. 29, que visa a proteção de todo aquele que estiver exposto às práticas comerciais. E nesse caso a extensão é ainda mais abrangente pois todo aquele que está exposto a tais práticas, seja até mesmo outro fornecedor, aproveitará da tutela oferecida pelo Código. Trata-se de uma definição de política legislativa como tem sido apontada pela doutrina".[19]

Clara fica assim a intenção do legislador de proteger todos os partícipes da *relação de consumo*, que de alguma forma encontram-se em desvantagem perante o outro pólo.

De uma forma geral, podemos colocar, conforme conceitos econômicos, a existência de dois tipos básicos de bens, ou seja, bens de produção e bens de consumo. Destes, os primeiros não encontram proteção do diploma legal que visa a proteção dos consumidores. Os bens de produção são aqueles que se destinam à produção de outros, através de processos industriais e de produção, por meio de sua transformação. Em contrapartida, os bens de consumo destinam-se ao mercado de consumo, para que os indivíduos, assemelhando-se, deste conceito, aquele estabelecido no Código Civil pátrio, relativo aos bens consumíveis.

Podemos classificar os consumidores conforme o bem consumido, diferenciando-se, desta forma, os consumidores no conceito econômico daquele protegido pelo CDC. Observamos assim, conforme entendimento da doutrina pátria,[20] a existência de bens naturalmente consumíveis e juridicamente consumíveis. Tais conceitos encontram-se crivados no art. 51 do Código Civil pátrio.[21] São bens de consumo ou de

19. Odete Novais Carneiro Queiroz, "O Código do Consumidor e os contratos bancários", in *Aspectos Atuais do Direito do Mercado Financeiro e de Capitais*, 2º v., coord. Roberto Quiroga Mosquera, São Paulo, Dialética, 2000, pp. 190-191.

20. Anotação de Arnoldo Wald, "O Direito do Consumidor e suas repercussões em relação às instituições financeiras", in *RT* 666/17, nota 15, abr. 1991: Arnoldo Wald, *Direito Civil*, Parte Geral, 6ª ed., 1989, p. 146; Clóvis Beviláqua, *Código Civil Comentado*, v. I/296 e 297; Carvalho Santos, *Código Civil Brasileiro Interpretado*, 1944, pp. 41-44".

21. "São consumíveis os bens móveis, cujo uso importa destruição imediata da própria substância, sendo também considerados tais os destinados à alienação".

uso aqueles adquiridos pelo consumidor (conceito econômico) como destinatário final (conceito jurídico — CDC), para uso próprio, incluindo-se a sua família. Ensina Arnoldo Wald: "A lei de defesa do consumidor amplia, num sentido, e restringe, no outro, o conceito de bens de consumo do Código Civil, pois abrange tanto os de consumo como de uso (que se degradam com o tempo), mas exclui da sua acepção os bens juridicamente consumíveis mantendo, tão-somente, os naturalmente consumíveis, pelo fato de se referir (a defesa do consumidor) aos produtos adquiridos pelo destinatário final, o que não ocorre com os produtos utilizados para alienação a terceiros (os livros e jóias acima referidos), pois quem aliena, evidentemente, não é destinatário final".[22] Desta forma, excluídos estão os consumidores intermediários, que não adquirem como destinatários finais.

O conceito de destinatário final deve estar muito claro, pois como prevê o CDC, no art. 2º, é consumidor o destinatário final do bem ou serviço. Neste conceito devem estar inseridos, não somente a aquisição do bem ou serviço, mas sua destinação. Ora, o que o dispositivo legal visa é a solução para o desequilíbrio existente nas relações entre o fornecedor e o consumidor (destinatário final), pois este último foi reconhecido e considerado como pólo vulnerável da relação de consumo. Na maioria das vezes este não tem como discutir ou buscar um acordo com o fornecedor, aquele que possui o poder e controle sobre os meios de produção.

A vulnerabilidade encontrada na *relação de consumo* pode ser considerada sobre três pontos de vista: técnica, jurídica e fática.

A vulnerabilidade técnica é aquela que encontramos no CDC. Inerente, por força de lei ao consumidor não-profissional, ela assim foi estabelecida pelo legislador observados os dados históricos da *relação de consumo*. É presumida para aquele consumidor, podendo-se, entretanto, através da técnica de equiparação supracitada, ser estendida ao consumidor-profissional nos casos previstos no CDC (v. arts. 2º e parágrafo único, 17 e 29).

Outra vulnerabilidade que citamos, a jurídica, é decorrência da falta de bagagem científica, por parte dos consumidores, de áreas técnicas e específicas do conhecimento humano (jurídicos, econômicos). A quase totalidade dos consumidores não tem preparo específico, sujeitando-se a possíveis armadilhas do pólo poderoso da *relação de consumo*. No caso do consumidor não-profissional, o CDC presume esta vulnerabilidade, estendida às pessoas físicas desprovidas daquele conhecimento específico.

Por fim, observamos a vulnerabilidade presente numa situação real, no nível sócio-econômico, onde temos queuma pessoa física (ou jurídica), dentro de uma *relação de consumo*, torna-se subordinada às condições e interesses que o titular dos bens ou serviços impõe. Esta é a vulnerabilidade fática. O detentor do bem ou serviço busca vantagem sobre seu poder econômico, visando impor-se em face do consumidor.

Voltando, assim, à problemática do destinatário da norma, podemos afirmar, após o todo supradescrito, que para a sua definição deve ser observada a especialidade da tutela do CDC, somada à sua finalidade. Prevê o diploma legal uma situação específica onde observamos a figura do destinatário final (art. 2º, *caput*), onde este o bem ou serviço seja adquirido sem a pretensão de recolocá-lo no mercado de consumo, ou seja, como destinatário final econômico do bem, deve existir a intenção de consumo, desgaste, utilização do bem ou serviço, não permitindo que seja novamente objeto de produção. Ora, aquele que adquire um bem com a intenção de revendê-lo, ou seja, futuramente negociá-lo, visando lucro, sem tê-lo transformado, permanecendo o bem no estado em que se encontrava, não está ele enquadrado como destinatário final.

Mas o CDC prevê equiparações. Nestes casos, o conceito de destinatário supra-

22. Arnoldo Wald, ob. cit., p. 13.

citado fica prejudicado, pois colocadas as exceções no seu campo de aplicação, por diversas vezes iremos nos deparar com a falta de preenchimento do requisito destinatário final, como exemplo, a previsão do art. 17 do CDC, onde um terceiro, vítima, não partícipe da relação direta de consumo, mas afetado por esta, tem sua proteção garantida pelo Código.

Cláudia Lima Marques, com preciosidade leciona: "O destinatário final é o *endverbraucher*, o consumidor final, o que retira o bem do mercado ao adquirir ou simplesmente utilizá-lo (destinatário final fático), aquele que coloca um fim na cadeia de produção (destinatário final econômico) e não aquele que utiliza o bem para continuar a produzir, pois ele não é o consumidor-final, ele está transformando o bem, utilizando o bem para oferecê-lo por sua vez ao seu cliente, seu consumidor".[23]

A aplicabilidade das normas do CDC e sua extensão são decorrentes da vulnerabilidade mencionada anteriormente. Desta forma, o legislador buscou criar recursos para o combate de práticas comerciais abusivas, que acabam por lesar os consumidores equiparados, evitando-se, também, prejudicar outros consumidores e a estabilidade e harmonia da economia como um todo, mais especificamente o mercado consumidor.

A empresa pode ser consumidora? Se o conceito clássico de destinatário final pressupõe o uso privado, não produtivo, do bem consumido, à primeira vista parece-nos que a resposta deveria ser negativa. Neste ponto observamos correntes com diferentes posicionamentos em nossa doutrina.[24]

Contudo, grande parcela da doutrina pátria entende que uma interpretação restritiva dos conceitos do CDC não é aquela que o legislador buscava ao permitir a equiparação, ou a existência do consumidor-equiparado. Observamos caso em que faz-se necessária sua extensão. Para que possa determinar o alcance desta extensão do conceito de consumidor, devemos observar a diferenciação entre os bens consumidores e bens insumidos.

Caio Tácito ao lecionar sobre o tema: "Excluídos, portanto, os consumidores intermediários, aqueles que se valem de produtos ou serviços, como bens de produção. Lembra, oportunamente, Geraldo Vidigal, que não se confundem os vocábulos consumir e insumir, como são distintas a utilização de bens ou serviços nas relações de consumo e sua integração como insumos de uma atividade produtiva (*Caderno IBCB* 22, "Lei de Defesa ao Consumidor", pp. 17-18)".[25]

Analisando sob a ótica econômica, Marcos Maselli Gouvêa expõe: "De acordo com a teoria clássica, o processo econômico é concebido como interação de quatro momentos: produção, circulação, distribuição e consumo. Ora, conquanto bens possam ser utilizados (insumidos) na produção, na circulação e na distribuição, somente será correto considerá-los consumidos se tal utilização, com esgotamento total ou parcial do valor do bem, se der na etapa final do processo — etapa de consumo, onde o bem é diretamente empregado na satisfação de uma necessidade econômica. Enfim, somente será consumidor o destinatário final não do bem, mas do processo econômico".[26]

23. Cláudia Lima Marques, *Contratos no Código de Defesa do Consumidor. O Novo Regime das Relações Contratuais*, 3ª ed. rev., atual. e ampl., incluindo mais de 250 decisões jurisprudenciais, 2ª tir., São Paulo, Ed. RT, 1998 (Biblioteca de Direito do Consumidor — v. 1), p. 150.

24. Marcos Maselli Gouvêa coloca a divergência doutrinária citando Tupinambá M. Castro do Nascimento e Toshio Mukai como defensores da teoria que o bem transformado, utilizado na produção de um novo produto, é um bem consumido, enquanto para Geraldo Vidigal a colocação "destinatário final" remete ao conceito econômico de consumidor, "O conceito de consumidor e a questão da empresa como destinatária final", in *Revista de Direito do Consumidor* 23-24/187-192, jul.-dez. 1997.

25. Caio tácito, ob. cit., p. 17.

26. Marcos Maselli Gouvêa, "O conceito de consumidor e a questão da empresa como destinatá-

Ora, na esteira do supratranscrito, faz-se necessária a análise da necessidade econômica. Para que estejamos diante de uma empresa destinatária final, esta deverá utilizar-se de bens, não como instrumentos para a produção de novos bens (insumos), e sim para uma satisfação direta e imediata de sua necessidade econômica.[27] Daí extraímos que quando uma empresa está adquirindo insumos necessários à prática de suas atividades, ou seja, quando adquire bens ou serviços considerados necessários para o desenvolvimento de sua atividade-fim, não estaremos diante de uma *relação de consumo.*

3.2 O conceito de fornecedor

Na definição do art. 3º do CDC, fornecedor é "toda pessoa física ou jurídica, pública ou privada, nacional ou estrangeira, bem como os entes despersonalizados, que desenvolvem atividades de produção, montagem, criação, construção, transformação, importação, exportação, distribuição ou comercialização de produtos ou prestação de serviços". Os §§ 1º[28] e 2º[29] do mencionado artigo definem, respectivamente, produto e serviço.

Cabe aqui, como primeira definição aquela dada por Plácido e Silva, onde "fornecedor é todo comerciante ou estabelecimento que abastece, ou fornece, habitualmente uma casa ou um outro estabelecimento dos gêneros e mercadorias a seu consumo".[30]

ria final", in *Revista de Direito do Consumidor* 23-24/189, jul.-dez. 1997.

27. Aurélio Buarque de Holanda Ferreira, no *Dicionário da Língua Portuguesa*, coloca como significado da palavra insumo: "S.m. Econ. Combinação dos fatores de produção (matérias-primas, horas trabalhadas, energia consumida, taxas de amortização, etc.) que entram na produção de determinada quantidade de bens ou serviço".

28. "Produto é qualquer bem, móvel ou imóvel, material ou imaterial".

29. "Serviço é qualquer atividade fornecida ao mercado de consumo, mediante remuneração, inclusive as de natureza bancária, financeira, de crédito e securitária, salvo as decorrentes das relações de caráter trabalhista."

30. De Plácido e Silva, ob. cit., p. 318.

Na definição de fornecedor está inserido o conceito de empresário.[31] O fornecedor oferece bens ou serviços ao mercado, observando-se o destinatário final como adquirente desta relação de consumo.

Adalberto Pasqualotto, analisando a extensão do conceito de fornecedor, observa: "Como fornecedora, a pessoa jurídica encontra plena justificação de sua presença nas relações de consumo. Não se exclui dessa condição a pessoa física, principalmente se levarmos em conta os profissionais liberais. Os fornecedores pessoas jurídicas podem ser privados ou públicos. Ficam incluídos, portanto, os entes estatais ou paraestatais, sob todas as suas formas (autarquias, companhias de economia mista e empresas públicas), que prestam serviços à coletividade, mormente os de fornecimento de energia elétrica, água, telefonia etc. Também os entes despersonalizados respondem perante o consumidor, o que inclui as sociedades de fato e quaisquer formas de cooperação ou atividade comum".[32]

Na visão de Caio Tácito o fornecedor é aquele que tem por obrigação o dever de lealdade e de transparência nas relações que envolvem o consumidor.[33] Tácito, baseado na definição do CDC, assim conceitua o fornecedor: "No pólo oposto da relação de consumo situa-se o fornecedor, pessoa física ou jurídica, pública ou privada, nacional ou estrangeira, ou mesmo entes despersonalizados, que desenvolvem atividades diversas que importem na colocação de bem ou serviços à disposição dos consumidores (art. 3º)".[34]

31. Fábio Ulhoa Coelho conceitua, para o direito moderno, empresário como sendo "toda pessoa, física ou jurídica, que articule o trabalho alheio com matéria-prima e capital, com vistas a produzir ou circular mercadorias ou prestar serviços para o mercado" (*Manual de Direito Comercial*, 6ª ed., rev., atual. e aum., São Paulo, Saraiva, 1995, p. 10).

32. Adalberto Pasqualotto, "Conceitos fundamentais do Código de Defesa do Consumidor", in *RT* 666/52, abr. 1991.

33. Caio Tácito, ob. cit., p. 20.

34. Caio Tácito, ob. cit., p. 17.

Ora, podemos estabelecer que para figurar no pólo da *relação de consumo* como fornecedor, deverá esta pessoa, necessariamente, estar disponibilizando ao mercado de consumo um bem, ou serviço, àqueles denominados consumidores, que estarão vinculados ao titular dos bens ou serviços a partir do momento em que utilizarem-se dos bens ou serviços como destinatários finais.

Devemos alertar que, conforme a supracitada *técnica da equiparação*, existe a extensão de pelo menos parte das regras do CDC a outras situações ou relações jurídicas. Nestas situações, observamos sempre a preocupação e a proteção da Lei em proteger o consumidor nas hipóteses em que, em decorrência da *relação de consumo*, ao fornecedor é imputada certa responsabilidade, seja sobre o produto, seja sobre o serviço.

Cláudia Lima Marques, no tocante ao conceito de fornecedor, transcrito acima, analisa o texto legal, dividindo-o em fornecimento de produtos e de serviços, a saber: "Quanto ao fornecimento de produtos o critério caracterizador é desenvolver atividades tipicamente profissionais, como a comercialização, a produção, a importação, indicando também a necessidade de uma certa habitualidade, como a transformação, a distribuição de produtos. Estas características vão excluir da aplicação das normas do Código todos os contratos firmados entre dois consumidores, não profissionais. A exclusão parece-me correta, pois o Código, ao criar direitos para os consumidores, cria deveres, e amplos, para os fornecedores. Quanto ao fornecimento de serviços, a definição do art. 3º do CDC foi mais concisa e, portanto, de interpretação mais aberta, menciona apenas o critério de desenvolver atividades de prestação de serviços. Mesmo o § 2º do art. 3º define serviço como sendo "qualquer atividade fornecida no mercado de consumo, mediante remuneração", não especificando se o fornecedor necessita ser um profissional. A remuneração do serviço é o único elemento caracterizador, e não a profissionalidade de quem o presta. A expressão *atividades* no *caput* do art. 3º parece indicar a exigência de alguma reiteração ou habitualidade, mas fica clara a intenção do legislador de assegurar a inclusão de um grande número de prestadores de serviços no campo de aplicação do CDC, à dependência única de ser o co-contratante um consumidor".[35]

No ensinamento supratranscrito, observamos clara a exclusão daqueles contratos firmados entre consumidores, em decorrência dos princípios elencados neste estudo, pois a finalidade do Código é a proteção do consumidor dentro da relação de consumo, onde existe a desigualdade entre os pólos partícipes. Outro não poderia ser o entendimento.

José Geraldo Brito Filomeno, comentando o CDC, observa o fato de que o legislador, ao fazer uso do termo "fornecedor", acabou por estender o conceito, abrangendo inúmeras possibilidades, como o comerciante, o banqueiro, o fabricante, entre outros.[36] Assim leciona: "Nesse sentido, por conseguinte, é que são considerados todos quantos propiciem a oferta de produtos e serviços no mercado de consumo, de maneira a atender às necessidades dos consumidores, sendo despiciendo indagar-se a que título, sendo relevante, isto sim, a distinção que se deve fazer entre as várias espécies de fornecedor nos casos de responsabilização por danos causados aos consumidores, ou então para que os próprios fornecedores atuem na via regressiva e em cadeia da mesma responsabilização, visto que vital a solidariedade para a obtenção afetiva de proteção que se visa a oferecer aos mesmos consumidores".[37]

35. Cláudia Lima Marques, ob. cit., pp. 162-163.

36. José Geraldo Brito Filomeno, in *Código Brasileiro de Defesa do Consumidor*, comentado pelos autores do Anteprojeto (Ada Pellegrini Grinover ..., *et. al.*), 6ª ed., Rio de Janeiro, Forense Universitária, 1999, p. 39.

37. José Geraldo Brito Filomeno, ob. cit., pp. 39 e 40.

Neste contexto, o fornecedor enquadra-se dentro aquele que pratica atividades voltadas ao mercado, esta de consumo, excluindo-se aquelas situações onde o produto não seja destinado ao destinatário final, na qualidade de prestador de serviços ou detentor de produtos disponibilizados aos consumidores.

4. As atividades bancárias propriamente ditas

Não cabe aqui, e nem este é o objetivo deste estudo, a análise e desenvolvimento de teoria acerca das atividades bancárias. Partindo de conceitos aceitos sob o prisma econômico, faremos breves ponderações acerca do campo de atuação dos agentes econômicos, diferenciando suas diversas atividades.

Quando analisamos os conceitos de comerciante e de ato de comércio, elencados em nosso ordenamento jurídico, observamos uma evolução nestas definições para o que atualmente denominamos firma e atividade empresarial, respectivamente. Exatamente neste ponto é que podemos traçar um paralelo com a atividade bancária. Dentro deste contexto, a atividade bancária é empresarial. Encontramos no Código Comercial brasileiro, em seu art. 119, que "são considerados banqueiros os comerciantes que têm por profissão habitual do seu comércio as operações chamadas de Banco".

Encontramos, pois, na lição de Bulgarelli uma primeira referência sobre as atividades bancárias: "Então, a busca da natureza da operação bancária revela que é mais decorrente dos usos e costumes, traduzindo-se essas práticas, em contratos, mercê da liberdade contratual. Hoje, contudo, não tão livre, porque a maior parte das atividades bancárias e das instituições financeiras se exprimem através de contratos de adesão, impressos, contratos-formulários, títulos-contratos ou contratos-títulos. Não se devendo esquecer, a propósito, que independentemente das regras tradicionais do Direito das Obrigações insertas na parte geral do Código Civil a que, aliás, o Código Comercial se remete, verifica-se a intervenção ativa e minuciosa do Conselho Monetário Nacional, infletindo sobre tais contratos e regras".[38]

Posto isto, podemos destacar dois grandes grupos de atividades realizadas por instituições financeiras, as operações de crédito (exercício de crédito) e os serviços bancários.[39] Nelson Abraão, valendo-se da doutrina de Ferri, leciona: "Parece-nos, entretanto, melhor a orientação que leva em conta a importância do ato praticado, consoante a doutrina de Ferri: 'A atividade atual dos bancos resulta de uma dúplice categoria de operações: aquelas essenciais à função que é própria dos bancos (exercício do crédito), e que consistem, de um lado, na coleta dos capitais junto aos poupadores (operações passivas) e de outro lado, na distribuição dos capitais (operações ativas); aquelas que consistem na prestação de determinados serviços (chamados serviços bancários) a favor do público e que, não obstante a notabilíssima relevância assumida na prática, econômica e juridicamente desempenham uma função apenas acessória e complementar'".[40]

As operações de crédito são aquelas próprias dos bancos, que sujeitam-se aos regulamentos inerentes ao mercado financeiro, consubstanciadas na coleta e distribuição de capital. Podemos diferenciar três funções básicas que encerram as operações de crédito: a intermediação, a transmutação e a compensação.

A intermediação realizada pelos agentes financeiros envolve o repasse de recursos de um pólo superavitário a um pólo deficitário. A transmutação, provavelmente a operação que envolva maior risco à

38. Waldirio Bulgarelli, "O Direito do Consumidor e os contratos financeiros", in *RDM* 94/127.

39. Guiseppe Ferri, *Manuale di Diritto Commerciale*, 2ª ed., Torino, Torinense, 1971, p. 680.

40. Nelson Abrão, *Direito Bancário*, 4ª ed. rev., atual. e ampl., São Paulo, Ed. RT, 1998, p. 63.

instituição, é aquela onde são transformados ativos, ou seja, existem créditos com características próprias que podem ser realocados em aplicações diversas ou financiamento de bens. A terceira função decorre da compensação que os agentes financeiros promovem entre si.

Nestas três funções, observamos que basicamente o agente financeiro está unindo duas forças presentes no mercado. Neste sentido, observam os economistas Maílson da Nóbrega e Gustavo Loyola: "A função do intermediário financeiro é aproximar dois agentes normalmente separados no mercado: de um lado o poupador, que tem excesso de recursos mas não tem oportunidade de investi-los em atividades produtivas, e de outro o tomador. O poupador pode poupar fazendo depósitos em dinheiro em favor de um intermediário. O tomador pode obter recursos junto a esse intermediário. Todos obtêm vantagens: o tomador consegue recursos para investir (ou consumir) e paga por isso um prêmio, na forma de juros, ao intermediário que os empresta. O poupador recebe parte desses juros, repassados pelo intermediário. Este é remunerado pelo tomador, na forma da diferença (*spread*) entre os juros recebidos e os pagos. Toda essa complexa teia de transações é feita a custos e riscos infinitamente menores do que se os dois lados — poupador e tomador dos recursos — negociassem diretamente".[41]

Neste primeiro grupo, basicamente, o intermediário (agente econômico) não vende um produto específico a um destinatário final (consumidor). Ele simplesmente intermedeia uma relação onde é remunerado pelo tomador, em decorrência da facilidade que o capital que disponibilizou trouxe a este.

Temos no depósito em poupança um exemplo típico de transmutação. Nesta situação, o banco recebe um depósito do poupador, mas é obrigado a emprestar pelo menos 60% do saldo médio mantido em carteira de poupança para financiamento habitacional. Athos Gusmão Carneiro, ao ponderar acerca dos depósitos em caderneta de poupança: "Os depositantes em caderneta de poupança (como igualmente nos demais tipos de depósitos bancários) não têm qualquer despesa quer na abertura da conta-poupança, quer durante o prazo em que a conta permanece aberta; bem ao inverso, recebem do banco a correção monetária prevista para esse período acrescida de juros de 0,5% ao mês: não se cuida, portanto, de "serviço fornecido no mercado de consumo, mediante remuneração", portanto, como já sobejamente exposto, o depositante não consome, não gasta o seu dinheiro, mas sim o poupa; não se beneficia de um serviço prestado pelo banco, mas sim firma com este um típico contrato bancário; não remunera o banco pelo *serviço* prestado, mas sim recebe rendimentos pagos pela instituição bancária".[42]

O outro grupo de atividades desenvolvidas pelos agentes econômicos são os serviços bancários, que consistem na prestação de determinados serviços. Na sociedade moderna dificilmente encontraremos pessoas, das diversas classes sociais, que não se utilizem de bancos ou instituições financeiras. Nestas situações, seja para efetuar depósito de valores, seja para o pagamento de títulos, seja para buscar um investimento, observamos a relação contratual entre o cliente destas instituições ou um terceiro que é forçado a fazer uso de determinado banco. Outras atividades que podemos elencar são aquelas nas quais os bancos figuram como prestadores de serviço, na medida em que recebem tributos mesmo daqueles que não são clientes, ou

41. Maílson F. da Nóbrega e Gustavo J. L. Loyola. "A caderneta de poupança e o Código de Defesa do Consumidor", in *Revista de Direito Bancário e do Mercado de Capitais* 6/261, set.-dez. 1999.

42. Athos Gusmão Carneiro, "Depósito bancário em caderneta de poupança. Não incidência do Código de Defesa do Consumidor. Questão da ilegalidade para a propositura de ação coletiva", in *Revista de Direito Bancário e do Mercado de Capitais* 7/200, jan.-mar. 2000.

quando fornecem extratos de contas bancárias pela Internet, ou quando alugam cofre para a guarda de valores.

Os serviços bancários, conforme entendimento desenvolvido pela doutrina, estão à margem da atividade bancária, figurando-se como uma verdadeira função acessória àquela primeira, qual seja, a coleta e distribuição de capital.[43] A incidência das normas do CDC é mais facilmente percebida quando podemos destacar uma efetiva prestação de um serviço, pelo agente financeiro mediante remuneração. Esta remuneração são as taxas geralmente impostas pelos bancos.

5. *Aplicabilidade do CDC à atividade bancária*

Após a conceituação das partes envolvidas, e suas peculiaridades, podemos passar à análise da aplicabilidade do Código de Defesa do Consumidor à atividade bancária. São necessárias, aqui, certas ponderações.

O próprio art. 3º, § 2º, do CDC caracteriza as instituições financeiras e bancos como fornecedores, partícipes da *relação de consumo*. A intenção do legislador de incluir o crédito sob a proteção do CDC fica evidente no § 2º quando elencou, de maneira clara, que os serviços prestados pelos fornecedores são aqueles de natureza bancária, financeira e de crédito. Desta forma, as atividades desenvolvidas pelas instituições financeiras e bancos que envolvem produtos e os serviços são objetos da *relação de consumo*.

Para a caracterização da relação de consumo e a conseqüente incidência das normas do CDC, faz-se necessária a verificação da finalidade do crédito, vale dizer, da figura do destinatário final, e a prestação de serviço remunerada. Na hipótese da outorga do dinheiro ou do crédito, pelo banco ao cliente, para que este dele faça uso como destinatário final, teremos então a aplicação da proteção do CDC. Em não ocorrendo esta hipótese, ou seja, o cliente apenas busque o dinheiro ou crédito junto ao banco para repassá-lo, não figurando como destinatário final, não poderemos afirmar que exista relação de consumo.

Ora, o cliente do banco, quando se socorre, por exemplo, de empréstimo de dinheiro, o faz visando utilização pessoal, envolto na figura do destinatário final. Numa outra hipótese, quando o empréstimo visa a atividade de produção (insumo), ou seja, para aplicar em sua linha de produção, não teremos a figura do destinatário final, o que portanto afasta a aplicabilidade do CDC.

Portanto, o ponto central da discussão acerca da aplicabilidade do CDC à atividade bancária está vinculado à finalidade dos contratos realizados com os bancos.

Uma proposta esclarecedora nos é fornecida por José Reinaldo de Lima Lopes: "Como devedores (nas suas *operações passivas*), os bancos se apresentam como depositários, tomadores de empréstimos do público, em diversas modalidades: nas contas correntes, nos depósitos a prazo mediante emissão de certificados e recibos, nos depósitos a prazo em poupança etc. Seja lá qual for a modalidade, do ponto de vista do direito em geral as operações passivas assumem características de depósito. Como credores (nas suas *operações ativas*), muitas são as operações que no fundo revestem o mútuo: descontos, empréstimos em conta corrente, aberturas de crédito, crédito ao consumo mediante emissão de letras de câmbio, promissórias, formas especiais de garantia como a alienação fiduciária, para não falar nas operações de garantia, nos serviços de colocação de debêntures, de títulos etc. Em geral um financiamento

43. José Reinaldo de Lima Lopes, "Consumidor e sistema financeiro", in *Revista de Direito do Consumidor* 22, abr.-jun. 1997; Arnoldo Wald, "A teoria da imprevisão e as peculiaridades do direito bancário", in *Revista de Direito Bancário e do Mercado de Capitais* 2, mai.-ago. 1998; Maílson F. da Nóbrega e Gustavo J. L. Loyola. "A caderneta de poupança e o Código de Defesa do Consumidor", in *Revista de Direito Bancário e do Mercado de Capitais* 6, set.-dez. 1999.

é concedido mediante condições incorporadas no contrato, tais como a destinação do empréstimo, as garantias, e assim por diante: trata-se de um mútuo com condições. De outro lado pode-se distinguir, e com enorme relevância, o crédito ao consumo do crédito ao investimento ou à produção. Desnecessário dizer que o primeiro está abrigado no Código de Defesa do Consumidor, o segundo não. Isto não significa que o tomador de crédito não ao consumo esteja desprotegido: significa apenas que o seu sistema de proteção não é do consumidor. O crédito ao investidor dá-se sob forma de financiamento e muitas vezes de repasses de fundos públicos ou estrangeiros, desconto, faturização, adiantamento sobre contratos de câmbio, operações de garantia etc.".[44]

Novamente a base de distinção é a elucidação do que é bem de consumo e o que se constitui insumo. Sob esta ótica, aquelas atividades desenvolvidas pelas instituições financeiras e pelos bancos, onde é possível definir que determinado produto ou serviço é bem de consumo, tendo o consumidor como destinatário final, aplicam-se as disposições do CDC.

Quanto ao âmbito de incidência das disposições do CDC, Arnoldo Wald leciona: "(...) se as normas do Direito do Consumidor podem, eventualmente, se aplicar às operações ativas dos bancos (quando os mesmos são credores) e especialmente no crédito ao consumidor, ao contrário, tais disposições são inaplacáveis quando se trata de operações passivas das instituições financeiras, quando as mesmas recebem a poupança ou os depósitos, sendo os credores do banco os depositantes ou poupadores e não se podendo confundir o credor de quantia de dinheiro com o consumidor".[45]

Neste ponto, observa Athos Gusmão Carneiro que: "(...) poupar e consumir são atos diametralmente opostos e mutuamente excludentes: o consumo é a negação da poupança e vice-versa; a decisão de consumir implica automaticamente decisão de não poupar. (...) De qualquer forma, no tempo presente não estará havendo consumo algum".[46]

Cláudia Lima Marques, defensora da aplicação das normas do CDC às operações bem como aos serviços bancários, coloca o contrato de adesão como uma das formas mais usuais na relação que se cria: "É o contrato de adesão por excelência, é uma das relações consumidor-fornecedor que mais se utiliza do método de contratação por adesão e com *condições gerais* impostas e desconhecidas".[47] Estas *condições gerais*, por muitas vezes, são postas pelo próprio Banco Central e pela lei, cabendo à instituição financeira respeitá-las. Ora, a prática comercial abusiva ou um eventual prejuízo por parte do cliente não ensejam a aplicação do CDC, posto que cabe ao Banco Central, em função que lhe é peculiar, a supervisão da atividade das instituições financeiras.

Sob este aspecto, grande é a confusão feita por aqueles que defendem a aplicação do CDC aos depósitos em caderneta de poupança. Neste ponto, embaralham conceitos de remuneração indireta e a remuneração auferida pelos agentes financeiros decorrentes da já citado *spread*. Marco Antonio Zanellato, em interessante parecer, analisa a aplicabilidade das normas relativas à proteção ao consumidor e a chamada "remuneração indireta" auferida pelos bancos: "Com o devido respeito aos que entendem que há remuneração indireta na captação de recursos, sustentar que existe relação de consumo na atividade de depósito de caderneta de poupança parece fugir à lógica do razoável, à medida que não se poderia fugir da inelutável ilação de que estaria o Banco recebendo duas remunerações, uma pela captação (dita *indireta*) e outra pelo repasse, quando, em verdade, a

44. José Reinaldo de Lima Lopes, ob. cit., pp. 94-95.
45. Arnoldo Wald, ob. cit., p. 54.
46. Athos Gusmão Carneiro, ob. cit., p. 202.
47. Cláudia Lima Marques, ob. cit., p. 197.

remuneração é única e decorre do pagamento de juros e demais encargos do mútuo diretamente pelo tomador do empréstimo (o mutuário). O aplicador de poupança não paga nada ao banco, nem direta, nem indiretamente. Não cabe falar em remuneração indireta se não há o pagamento pela via indireta".[48]

Conforme exposto no início deste trabalho, o entendimento dos nossos tribunais não é pacífico quanto a aplicabilidade das normas previstas no CDC à atividade (contratos) bancária.

Conforme demonstrado, é aplicável, e de outra maneira não poderíamos entender, até em decorrência do disposto no § 2º do art. 3º. O que se discute é a abrangência desta aplicação.

No julgamento da apelação cível 0694614-9, em 23.9.1997, a 8ª Câmara de Férias do 1º Tribunal de Alçada de São Paulo rejeitou a tese de que aplicar-se-iam as disposições do CDC a contrato de financiamento bancário por não se tratar de relação de consumo.

A 3ª Câmara Cível do Tribunal de Alçada do Paraná, diferente entendimento não teve. No julgamento da apelação cível 124960500, em 22.12.1998, entendeu não serem aplicáveis as disposições do CDC às operações de crédito, efetuadas com instituições bancárias, onde o cliente é mero repassador de recursos para terceiros. Mais uma vez, observamos no referido acórdão a exigência da caracterização do consumidor como destinatário final.

Uma recente decisão do Tribunal de Alçada de Minas Gerais também entendeu não se aplicarem as normas do CDC aos contratos de empréstimo bancário, pois não se configura relação de consumo. Determina, ainda, o referido acórdão, sejam aplicadas as normas do Código Civil.

Ora, outro entendimento não poderíamos deduzir, uma vez que nas atividades negociais das instituições financeiras, o dinheiro usualmente tomado a título de empréstimo é destinado à produção, e não ao consumo.

Contudo, existem alguns tópicos pacificados pela jurisprudência, como é o caso da chamada *cláusula mandato*, considerada abusiva, tendo sido objeto da Súmula 60 do STJ.

O foro de eleição, igualmente, também é considerado cláusula abusiva. Isto porque tornar-se-ia muito oneroso a clientes de determinada instituição deslocar-se para onde está situada a sede do agente financeiro no caso de eventual litígio. Esta representa claramente a proteção paternalista do CDC. Bomfim Viana ensina: "Reprime-se a eleição de foro contratual noutra agência situada em local diverso do domicílio do mutuário, com o propósito de impedir-lhe ou dificultar-lhe o exercício de direitos. Excetuam-se os casos de pluralidade de domicílios, nos quais o escolhido coincida com o principal do mutuário".[49]

Outros exemplos que podemos citar como cláusulas abusivas, amplamente recriminadas pela jurisprudência, são: a capitalização de juros; o desconto de créditos em conta corrente (compensação); a cumulação de juros e comissão de permanência; a cobrança de prestações vincendas em contrato de *leasing*; a redução da multa moratória de 10% (dez por cento) para 2% (dois por cento); e a alteração unilateral de cláusula remuneratória.

48. Marco Antonio Zanellato, "Oposição entre poupança e consumo. Inaplicabilidade do Código de Defesa do Consumidor", in *Revista de Direito Bancário e do Mercado de Capitais* 4, jan.-abr. 1999.

49. Bomfim Viana, *Desconto Bancário*, 3ª ed. corrigida, Brasília, Brasília Jurídica, 1999, p. 58.

CONTRATOS E OBRIGAÇÕES "VIRTUAIS"

JOÃO LUIZ COELHO DA ROCHA

A. Virtualidade e realidade. B. A concretude das formas obrigacionais. C. A formalização "virtual" dos ajustes. D. Avanços na área processual. E. A materialidade e a prova. F. O evento "virtual" e a tribulação.

A. Virtualidade e realidade

"Virtual — suscetível de se realizar; potencial" (*Novo Dicionário Aurélio*, 2ª ed., Nova Fronteira).

Neste sentido clássico acima começou-se a se lidar com o adjetivo "virtual" para se tratar da matéria embutida na comunicação informática, e mal se sabia o quanto de escondido estava nas imensas novas possibilidades mediáticas.

Dentro do aparato dos computadores e sua avassaladora presença na sociedade pós-moderna, sua linguagem, o conteúdo de suas transmissões, as imagísticas ali transportadas de um lugar a outro, tudo isto passou a ser relacionado como a "realidade virtual". Logo se experimentou como essa virtualidade superou os limites de simples meio potencial para se tornar uma realização própria.

Como esse trânsito incrível, exponenciado, entre pessoas, empresas, órgãos públicos, nações soberanas, corre longe do contato físico, material, *vis a vis*, do relacionamento civil ou comercial de praxe, nasceu daí o uso do termo "virtual" para qualificar essa nova realidade.

A nova teia sinergética representada por essa infra-estrutura informática tem trazido, como seria de se antever, uma grande mudança de comportamentos e hábitos culturais, pois é forte o impacto de tantas pessoas, dia a dia, em frente a milhões de telas luminosas, obtendo, enviando e partilhando informações, imagens, idéias, códigos, tudo isso com uma incrível velocidade de realização.

Se os hábitos mudam, se a literatura tradicional talvez se ressinta, se o nível mediano de leitura acusa baixas, se a falta de estágios civilizacionais médios em países como o nosso complique a absorção dos novos signos, tudo isso é estofo para análises culturais estrito senso.

No plano jurídico, a nova "virtualidade" das relações e das manifestações de vontade corporificadas no dedilhar de teclas de um computador ligado à Internet provoca algumas ponderações sérias no campo obrigacional.

B. A concretude das formas obrigacionais

O primeiro artigo do Código Civil Brasileiro a tratar dos contratos assim declara: "Art. 1.079. A manifestação da vontade nos contratos pode ser tácita, quando a lei não exigir que seja expressa".

Vemos que aí nessa matriz legal já se insere a admissão de contratos verbais, para além dos acertados por escrito, sendo aqueles presentes nas hipóteses onde os contratantes se combinam por palavras não apostas no papel.

Ainda que tácito não simplifique necessariamente verbal, segue-se que ou a vontade de contratar é diretamente colocada em palavras escritas sob assinaturas ou tal vontade será deduzida, quer de palavras escritas não diretamente expondo (mas implicando) tal desiderato, quer de manifestação verbal (não escrita) ou gestual no sentido do ajuste.

Dentre os contratos não escritos, pois, têm-se os contratos simbólicos (cf. Orlando Gomes, *Contratos*, Forense, 11ª ed., p. 51) onde as declarações fazem-se "por meio de gestos ou sinais", como "o gesto de levantar o braço" (o que acontece, sugerimos nós, em compras realizadas em leilões, por exemplo).

Há casos especiais arrolados em lei (arts. 133 e 134 do Código Civil) em que a forma escrita e pública é a essência do ato jurídico, daí não ter validade o acerto obrigacional sem tal requisito de aparência.

São eles contudo, exceção, pois como bem espelha Orlando Gomes (ob. cit., p. 55) "para os contratos, vigora o princípio da forma livre".

Adverte ainda o mestre civilista: "Embora não exigida para a maioria dos contratos, a forma escrita é preferida. Sua superioridade sobre a forma verbal é manifesta, principalmente no que diz respeito à prova do contrato".

Na verdade, para o comum dos homens, e mesmo para as grandes empresas, a experiência mostrou que o documento escrito tem a qualidade inegável ou de corporificar a prova inequívoca da obrigação ou de esclarecer devidamente os limites, confrontos e condições de cada assunção obrigacional.

Ficaram para trás os tempos de grupos sociais limitados, de número reduzido de participantes, todos se conhecendo de um modo ou outro, onde o aperto solene de mãos era prova da obrigação acertada e a palavra empenhada continha os limites dos compromissos exigíveis.

Talvez se pensasse com segurança, no correr dos últimos séculos, que o papel, esse corpo de celulose industrializada, contendo os signos de comunicação humana e a expressão formal da singular assinatura de cada um, fosse o leito definitivo das expressões obrigacionais.

C. A formalização "virtual" dos ajustes

Contudo, mais uma vez, parece que a incrível alquimia da vida econômica e a ágil atuação do invento tecnológico andam à frente dos sedimentados padrões da ordem jurídica, abrindo fronteiras na vanguarda social, como esta comunicação no "ciberespaço" da informática, e aí demandando novas soluções jurídicas para dar a segurança e a exigibilidade das obrigações heterodoxamente formadas no meio eletrônico.

A grande agilidade da informática pode colocar um cidadão, ou uma empresa, na sua casa, no seu estabelecimento, defrontado com inúmeras possibilidades de contratar, mais freqüentemente a compra e venda de bens e mercadorias, mas também a prestação de serviços, realização de obras etc.

A contratação veiculada no meio virtual pode se dar, pode se concretizar, em nível *off-line*, ou seja, ser ultimada por outros meios fora os eletrônicos, pois muita vez a oferta passada virtualmente é aceita por escrito, aqui se formando o contrato e, às vezes, o contrário ocorre, e uma oferta epistolar, ou por fax, é acolhida por uma manifestação via computador.

Ainda pode se considerar *off-line* o vínculo obrigacional que nasce e se forma via comunicação informática, mas não concomitantemente, não derivando de uma interação em tempo real, por isso que aí a aceitação virá ao oblato tempos depois da oferta.

Podemos falar em contrato realmente *on-line* naquele caso onde oferta e aceitação vinculam de imediato, sucessivamente, no tempo real, via computador, como já é muito comum hoje nesses "supermercados" virtuais de livros, discos e outros bens.

Em qualquer desses casos acima, contudo, existe a assunção de obrigações, juridicamente exigíveis, por meio de uma manifestação de vontade exteriorizada na via eletrônica dos computadores.

Em artigo recente na *Revista de Direito Bancário* (n. 5, Ed. RT, p. 100) o Professor Silvânio Covas faz ponderações relevantes sobre a questão da segurança na contratação virtual:

"Dúvidas sobrepairam, entretanto, sobre a segurança do sistema, pois o ciberespaço apresenta-se vulnerável.

"O ambiente virtual exige providências apropriadas para estabelecer procedimentos seguros e confiáveis. A autenticidade e integridade das informações veiculadas pelas redes de informática são questões que merecem aperfeiçoamento."

Essa é a questão hoje mais em pauta diante dessa avalanche de contratações e declarações de vontade via computador.

D. Avanços na área processual

Veja-se que, no âmbito da própria "vida" judiciária, o STF só aceitava ato processual via fax se, dentro do prazo se apresentasse o original por escrito, o que era forma de negar efeito à transmissão por fac-símile (*RTJ* 154/217, 157/502); alguns tribunais, na linha moderna, como o TRF da 3ª Região, em São Paulo, admitiam o pedido por fax se confirmado pelo original juntado no prazo de cinco dias (Resolução 006 de 1991 do TRF da 3ª Região).

Pois agora o art. 1º da Lei 9.800/99 permite às partes o uso do "sistema de transmissão de dados e imagens, para a prática de atos que dependam de petição escrita". Note-se que a lei fala em sistema de transmissão de dados e imagens tipo fac-símile "ou outro similar" e aí então temos o uso informático dos *e-mails*.

Assim, no nível do direito processual, das obrigações das partes em juízo os pedidos, os recursos, os documentos escritos, as alegações, tudo pode ser remetido no meio virtual, cabendo a confirmação por original em até 5 (cinco) dias depois de vencido o prazo (art. 2º). A idéia é justamente garantir o cumprimento dos — às vezes — apertados prazos processuais por petição virtual, só sendo exigível a materialidade escrita depois do termo legal esgotado.

As novidades tecnológicas são expressamente recebidas como meio de celeridade e garantia processual às partes, devendo estas, para corroborar a boa-fé que se há como exigível, juntar, com mais largueza de tempo, os originais escritos.

Sobre esse tópico, o Promotor de Justiça Júlio M. Teixeira Costa escreveu uma boa monografia, "A transmissão de atos processuais por fac-símile ou meios semelhantes" na *Revista de Processo* 96 (Ed. RT, 1999, p. 9) e, em certo ponto, assim conclui: "Há meios tecnológicos modernos que permitem verificar a autenticidade das transmissões realizadas por meios eletrônicos, os quais certamente serão de utilização comum em futuro próximo".

E. A materialidade e a prova

A identificação clara do documento escrito é a assinatura, elemento gráfico inconfundível, próprio a cada pessoa, e por meio desta, a cada sociedade ou entidade.

Mas, no campo virtual não há lugar para esse código escrito, de próprio punho, pelas pessoas envolvidas. Temos que procurar ali a contrapartida indispensável, que seria a "assinatura digital" contida na expressão obrigacional assumida.

Nas palavras do Prof. Silvânio Covas (ob. cit., p. 113): "Essa assinatura digital é um substituto eletrônico para a assinatura manual que atende às mesmas funções ou até mesmo mais. É uma identificação criada por um computador em lugar de uma caneta".

Certos códigos alfanuméricos representam a identificação própria de cada emitente (unidade pessoa/computador), uma relação seqüencial de números e letras que só vigora se provinda daquela específica máquina e que identificada no agente receptor representará a marca singular de uma declaração de vontade.

Transmitidas pelo "ciberespaço", as vontades integradoras da relação obrigacional, na indissociável validade desse meio, desse suporte informático, podem ser evidenciadas, a nível de comprovação do vínculo e das condições aplicáveis assumidas, por suprimentos técnicos auxiliares da nova mídia: a impressão imediata, por escrito, da mensagem recebida, a consignação eletrônica de tal mensagem em disquetes próprios, ensejando a reprodução visual posterior etc.

Não somos tentados pela idéia de um cartório eletrônico que concedesse fé pública a expressões de vontade veiculadas no meio informático, a uma, porque já bem sabemos, na experiência latina, dos perigos e dos ônus desses entraves virtuais e que só tendem a agravar o custo e retardar o ritmo vantajoso dos acertos virtuais e, a duas, porque o mesmo risco que corre a certificação de autenticidade da palavra virtual de uma empresa ou de uma pessoa, corre a verificação da palavra "pública" do oficial notário.

Os *hackers*, piratas, estelionatários do computador, tanto podem "acessar" (e viciar, pois) a palavra de um cidadão quanto a de um tabelião, via seus computadores respectivos.

Pode-se ponderar sobre a evolução dos sistemas eletrônicos de códigos comuns como existem, a serem confirmados então, no caso de transações obrigacionais, por um outro código, de posse de um terceiro aceitável pelas partes, em cuja convergência, enfim, se daria como aperfeiçoado o contrato ou a manifestação de vontade.

O caminho parece aberto e não nos parece ter voltas ou retrocessos. Veja-se acima como o Judiciário, antes um tanto recalcitrante no aceite de documentos via fax — e estamos aí no campo intensamente formal do processo civil — vem de acolher o uso dos documentos processuais remetidos por fac-símile e até mesmo pela via virtual do *e-mail*, agora à força da Lei 9.800, de 26.5.1999.

Particularmente achamos que o "futuro próximo" já é hoje. A intensidade das relações de escambo, compra e venda mercantil, de outras tantas contratações pela linguagem dos computadores já é sensível a grande parcela da sociedade.

Com o perceptível barateamento da telefonia novos setores sociais estão se agregando ao supermercado virtual.

Tudo indica esta tendência da ordem jurídica em conceder acolhida aos meios eletrônicos como prova da existência e da extensão das obrigações ali assumidas, recomendando-se, a cada cliente — e a cada empresa oblata — que se cerque daqueles códigos físicos bem claros (impressão em papel, cópias *back up* em disquetes) dos termos obrigacionais acertados para efeitos de exigências futuras.

F. O evento "virtual" e a tribulação

É claro que essa nova vertente obrigacional, configurada nos aceitos pelo meio virtual, está apresentando também questões sobre o controle tributário decorrente.

Há tempos que os livros comerciais caíram em desuso, junto com sua compulsoriedade, restando hoje na prática só aqueles ligados às formalidades do tipo societário (Livro de Atas, Livro de presença de acionistas etc.). Contudo, os livros e documentos de matriz fiscal continuam legalmente exigíveis, sob forma escrita, pois são a cristalização operacional, financeira, contábil, necessária à prova e controle de cumprimentos de obrigações tributárias e parafiscais (previdenciárias, FGTS etc.).

Nada impede, então, que as transações virtuais fiquem estratificadas também em disquetes e impressões gráficas, de modo a suportar os lançamentos contábeis integrantes da escrituração fiscal. Quanto aos tributos "de trânsito", como os atuais ICMS, IPI e ISS e os sempiternos impostos do Comércio Exterior, o transbordo físico da mercadoria, por óbvio, não apresentam mais problema, já que a nota fiscal, fatura/documento de importação/exportação, sob qualquer meio reduzido a escrito, vai seguindo compulsoriamente o carreto material.

Mais complicado, por certo, o caso de prestação de serviços desenvolvida toda no quadro e no limite das trocas de informes virtualizados, pois aí não haverá estrato material do serviço como prova de sua ocorrência. Mas esta é uma dificuldade própria do campo intangível de certas prestações de serviços e que existe no próprio acerto ortodoxo. Cabe sempre a exigência de guardar na memória do computador, de forma seriada, as comunicações comerciais de modo a refletir a realização de serviços.

Ademais, o que se deve evitar é um perigoso e tentador controle estatal sobre os meios virtuais — nem mesmo via "cartórios cibernéticos" — para registros públicos de transações, pois que esses são caminhos conhecidos do atraso, da fábrica de privilégios, da extorsão indireta.

Sendo as Fazendas Públicas e a Previdência Social dotadas hoje de fortes instrumentos administrativos de inspeção e fiscalização das contas dos contribuintes, caberá a tais credores públicos o ônus de desqualificar, por incompleta, por falha, a comprovação das operações virtuais, diante de evidências que assim indiquem.

O "DUMPING" E A DEFESA COMERCIAL NO BRASIL

MARCELO GAZZI TADDEI

No final da década de 80 verificou-se no Brasil o fim da política protecionista dirigida às importações que, por longo tempo, caracterizou as relações comerciais internacionais e foi objeto de constantes críticas dos principais parceiros comerciais brasileiros. Intensificada em 1994, mediante a redução tarifária e a desregulamentação das operações de comércio exterior, a abertura econômica contribuiu para inserir o país no cenário do comércio internacional de forma definitiva, submetendo-o aos efeitos da concorrência internacional e proporcionando uma verdadeira revolução produtiva na economia brasileira.

A exposição à concorrência externa tem obrigado as empresas nacionais a reduzir custos, investir no processo de inovação e realizar alianças estratégicas. Essa busca de adequação aos padrões internacionais contribuiu para gerar ganhos de qualidade e de produtividade com reflexos na queda do nível geral de preços dos produtos. A concorrência internacional incentivou o desenvolvimento das empresas, proporcionando nova dinamicidade às relações empresariais. Os resultados alcançados são evidenciados pela patente melhoria da qualidade dos produtos nacionais e diante da sensível redução dos preços, constatados nos vários setores do mercado brasileiro, demonstrando as vantagens apresentadas pelo processo de abertura econômica.

No atual processo de integração econômica, as empresas que não se propõem a desenvolver seus produtos conforme os padrões mundiais deixam de ser competitivas e têm a existência ameaçada. As restrições impostas aos produtos importados na fase protecionista retardaram o desenvolvimento empresarial no país. Os empresários encontravam-se *desestimulados* em aplicar grandes investimentos no desenvolvimento da qualidade dos produtos em decorrência da ausência de grandes competidores. Na fase protecionista, muitos dos produtos vendidos aos consumidores caracterizavam-se pelo alto preço e pela qualidade inferior em relação aos similares importados.

Essa fase de reestruturação das empresas e consolidação dos benefícios resultantes da concorrência internacional exige do governo atenção constante quanto às condições em que os produtos estrangeiros ingressam no país, pois eventuais práticas desleais de comércio podem causar efeitos danosos a uma indústria que precisa ajustar-se rapidamente a um novo paradigma tecnológico e cuja proteção repousa, praticamente, na tarifa aduaneira. A atuação da defesa comercial mostra-se fundamental para assegurar a sobrevivência das empresas nacionais, principalmente em decorrência do importante papel econômico, político e social que desempenham. Nesse contexto, a defesa comercial tem por finalidade acompanhar e interferir nas importações, restringindo apenas aquelas que se destinam a prejudicar o desenvolvimento normal do comércio por meio de práticas desleais.

Entre as práticas desleais existentes no comércio internacional destaca-se aquela que se caracteriza pela introdução de um bem no mercado internacional com preço de exportação inferior ao valor normal praticado no mercado interno do país exportador (Casella, 1998, p. 299). Geralmente essa prática desleal — conhecida por *dumping* — causa prejuízo material a uma indústria estabelecida no território do país importador, podendo também retardar o estabelecimento de uma indústria nacional, prejudicando a livre concorrência.

O *dumping* existe desde o início do século e sempre representou uma prática desleal prejudicial ao livre desenvolvimento do comércio, motivando a reação dos países, que passaram a elaborar leis para coibi-lo. A primeira lei *antidumping* foi adotada pelo Canadá, em 1904, seguindo-se a lei da Nova Zelândia, em 1905, e a lei da Austrália, em 1906. Os Estados Unidos e o Reino Unido criaram suas leis *antidumping* antes da Primeira Guerra Mundial, enquanto que as primeiras regulamentações européias de proteção às indústrias locais surgiram após a Primeira Guerra Mundial, iniciando-se na Alemanha (Johannpeter, 1996, p. 62).

Além das legislações internas dos países, o *dumping* ganhou tratamento especial no âmbito do *General Agreement on Tariffs and Trade* (GATT) 1947 e nas Rodadas Kennedy (1967), Tóquio (1979) e Uruguai (1994). A Rodada Uruguai destaca-se pela criação da Organização Mundial do Comércio (OMC) e pela sensível evolução que proporcionou à legislação *antidumping*, adaptando-a às atuais exigências do comércio internacional (Costa, 1996, p. 3).

O atual Código *Antidumping*, aprovado em 1994 na Rodada Uruguai, regula a matéria no âmbito mundial e os países membros da OMC devem adequar suas legislações internas aos princípios vigentes nas normas da Organização. O Brasil incorporou os novos conceitos relativos ao Código *Antidumping* da OMC por meio do Decreto 1.355, de 30 de dezembro de 1994, que juntamente com a Lei 9.019, de 30 de março de 1995 e o Decreto 1.602, de 23 de agosto de 1995 (*Juris Síntese*, 1999, n. 19), constituem a legislação brasileira vigente sobre *dumping*.

De acordo com a OMC, a mera exportação de produtos a preços mais baixos que aqueles praticados no mercado interno do país exportador não justifica a aplicação de direitos *antidumping*. É imprescindível a prova do prejuízo ou de uma ameaça de prejuízo para autorizar a aplicação desses direitos, além da comprovação do nexo causal entre o alegado *dumping* e o prejuízo (Thorstensen, 1999, p. 108). Essa relação existente entre as importações a preços de *dumping* e o dano causado à indústria nacional é de extrema importância, pois a constatação do dano determina todo o processo que decidirá sobre a aplicação ou não de um direito *antidumping*.

Assim, pode-se dizer que a simples prática de *dumping* não configura necessariamente uma prática desleal. É preciso que ele seja condenável, quer no plano internacional ou no âmbito doméstico. Nesse sentido, mostra-se de extrema relevância a relação causal entre preço do produto e dano à indústria nacional do país importador, visto que a importação de pequena quantidade de mercadoria, pelo seu inexpressivo valor e quantidade, não chega a causar dano à indústria instalada ou em vias de instalação, razão que afasta a aplicação de medidas *antidumping*.

Uma das razões de caráter intrínseco da prática de *dumping* é a eliminação da concorrência do fabricante de produto similar. O princípio é o mesmo da competição predadora no âmbito do mercado doméstico. Uma empresa com práticas comerciais agressivas, visando conquistar aquele segmento de mercado, vende seus produtos por preços extremamente baixos, pretendendo, em curto espaço de tempo, aniquilar os concorrentes, ficando, em última instância, sozinha no mercado para, posteriormente, gozando de situação privilegiada, aumentar os preços e atingir lucros decorrentes de uma atividade sem concorrentes.

Ressalta-se que a doutrina dominante entende que a ocorrência de *dumping* somente é possível no mercado internacional. A introdução de produto no mercado interno do produtor com preço inferior àquele normalmente praticado em circunstâncias normais de competição, ou seja, a venda injustificada de mercadoria abaixo do preço de custo, não corresponde a prática de *dumping*. Equivale, isto sim, à conduta caracterizadora de infração contra a ordem econômica, prevista no Brasil pelo art. 21, XVIII, da Lei 8.884/94, Lei Antitruste Brasileira (*Juris Síntese*, 1999, n. 19), conhecida como preço predatório ou *underselling*, destinada a tentativa de domínio de mercado.

No Brasil, o procedimento administrativo relativo à aplicação de medidas *antidumping* é disciplinado pelo Decreto 1.602/95 (*Juris Síntese*, 1999, n. 19), estando, de forma genérica, em consonância com as normas da OMC. Os órgãos diretamente envolvidos nas investigações *antidumping* são a Secretaria de Comércio Exterior (SECEX), o Departamento de Defesa Comercial (DECOM) e o Comitê Consultivo de Defesa Comercial (CCDC), integrantes do Ministério do Desenvolvimento, Indústria e Comércio Exterior. Além desses órgãos, atuam na aplicação de medidas *antidumping* a Secretaria da Receita Federal do Ministério da Fazenda e os Ministros de Estado do Desenvolvimento, Indústria e Comércio Exterior e da Fazenda.

Em termos genéricos, o procedimento *antidumping* abrange um processo de investigação para a determinação da existência, do grau e do efeito da prática de *dumping*, tendo início por meio de petição encaminhada pela indústria doméstica à SECEX ou, ainda, em casos excepcionais, de ofício pelas autoridades encarregadas da defesa comercial no país importador. Se a SECEX chegar a uma determinação final da existência de *dumping*, de dano e de nexo causal entre eles, a investigação poderá ser encerrada com aplicação de direitos *antidumping*, conforme a decisão dos Ministros de Estado do Desenvolvimento, Indústria e Comércio Exterior e da Fazenda.

O direito *antidumping* significa um montante em dinheiro igual ou inferior à margem de *dumping* apurada e tem por finalidade exclusiva neutralizar os efeitos danosos das importações caracterizadoras da prática desleal, restabelecendo o equilíbrio de competitividade rompido no mercado interno. O direito *antidumping* é aplicado às importações, sendo adicionado ao Imposto de Importação já existente, resultando em um preço mais elevado de aquisição da mercadoria estrangeira pelo importador. Ressalta-se que o direito *antidumping* não apresenta natureza tributária, constituindo conteúdo de norma de direito internacional que impõe ao produto importado condições de acesso ao mercado do país importador, objetivando a comercialização condizente com o interesse global da economia (Ferraz Júnior, 1994, p. 96).

Os mecanismos utilizados para combater os efeitos do *dumping* no mercado interno do país importador, além da aplicação de direitos *antidumping*, abrangem também medidas *antidumping* provisórias e compromissos de preços, encontrando-se submetidos a uma série de requisitos disciplinados no Decreto 1.602/95. Medidas *antidumping* provisórias têm por finalidade antecipar a correção de uma situação irregular, correspondendo a uma proteção temporária e cautelar, diante do longo tempo demandado no julgamento em decorrência da complexidade do procedimento, que pode prejudicar definitivamente as empresas vítimas dos danos. Os compromissos de preços são firmados pelas partes interessadas nas investigações *antidumping*, podendo suspender o prosseguimento da investigação sem a aplicação de medidas se o exportador assumir voluntariamente compromissos satisfatórios de revisão dos preços ou de cessação das exportações a preços de *dumping*.

A primeira aplicação de medidas *antidumping* no Brasil ocorreu em 1988 e, desde 1991, o país vem ampliando a utilização desses instrumentos (Meziat, 1999, p. 55). Atualmente, de acordo com as informações divulgadas pela SECEX, em 30 de abril de 2000 (http://www.mdic.gov.br/publica/secex, obtido na Internet em 20.6.2000), existem, no Brasil, vinte e seis medidas de proteção comercial em vigor, das quais vinte e três correspondem a medidas *antidumping*. Duas referem-se a direitos compensatórios e uma corresponde a aplicação de salvaguarda. No tocante às investigações *antidumping* realizadas pelo Brasil existem sete em curso. A cobertura das ações *antidumping* iniciadas no país é variada, já envolveram mais de quarenta países, entre os quais destacam-se a China, Estados Unidos, Rússia, Argentina, Romênia, Taiwan, Tailândia, Chile, México, entre outros (Naidin, 1999, p. 57).

O Brasil também é vítima de ações *antidumping* iniciadas contra suas exportações. Na Argentina, entre 1992 e 1996, o Brasil foi o país mais afetado pelas ações *antidumping* (Araújo Júnior, 1997, p. 248). Recentemente, o Canadá iniciou processo *antidumping* contra as exportações de chapas grossas de aço provenientes no Brasil. Em 1999, o aço carbono laminado a frio brasileiro sofreu sérias restrições nos Estados Unidos. As empresas norte-americanas alegavam que as siderúrgicas brasileiras praticavam no mercado norte-americano preços inferiores aos praticados no Brasil e que ainda se beneficiavam dos subsídios recebidos na época em que eram estatais. No entanto, em março de 2000, a *International Trade Comission*, órgão do governo dos Estados Unidos, decidiu pela inexistência de dano à indústria norte-americana causado pelas importações do aço brasileiro, permitindo que o produto encontre novamente condições de venda no mercado norte-americano já que as exportações desse tipo de aço estão livres das taxas *antidumping* aplicadas pelos Estados Unidos, que variavam de 46,6% a 63,2% (*Gazeta Mercantil Latino-Americana*, 18.10.1999).

Considerando a evolução da legislação *antidumping* no âmbito mundial e o tratamento à referida legislação no Brasil, conclui-se que o país vem cumprindo seu papel no desenvolvimento de mecanismos de defesa comercial capazes de assegurar a proteção das empresas contra a concorrência externa predatória. Os efeitos da globalização econômica impedem que um país apresente desenvolvimento paralelo e indiferente aos efeitos resultantes da economia mundial, não se podendo negar ou mesmo ignorar essa realidade. O país que pretende alcançar repercussão no comércio internacional, além de aplicar os mecanismos internos de defesa comercial existentes contra as práticas desleais, deve desenvolver eficiente estrutura que possibilite aos seus representantes defender seus interesses no âmbito da Organização Mundial do Comércio, a quem compete a supervisão da aplicação de medidas de defesa comercial pelos países-membros e a solução de controvérsias resultantes da aplicação inadequada dessas medidas, objetivando assegurar o recíproco respeito e atendimento às normas que regem o comércio internacional.

Por fim, cumpre ressaltar o aspecto social relacionado às leis de defesa comercial. Objetivando a proteção das empresas em atividade no país, referidas leis têm por finalidade impedir que práticas empresariais condenáveis decorrentes da concorrência internacional produzam seus efeitos, prejudicando os interesses existentes em torno da empresa, como são os dos sócios, empregados, consumidores e de toda a comunidade cuja atividade encontra-se vinculada à vida das empresas. A preservação e manutenção das empresas existentes constitui preocupação constante dos dirigentes estatais dos países industrializados e em fase de industrialização diante de sua importância econômica, tecnológica e social.

As leis de defesa comercial são aplicadas com a finalidade precípua de defender a atividade empresarial desenvolvida no país, assegurando, em conseqüência, os interesses sociais relacionados à existência das empresas. Assim, pode-se dizer que a legislação de defesa comercial, ao proteger a atividade empresarial, também se destaca como importante meio de garantir o nível de emprego no país e os interesses sociais diretamente envolvidos nas atividades desenvolvidas pelos empresários, o que evidencia a relevância dessas leis no quadro legislativo dos países participantes do comércio internacional.

Bibliografia

ARAÚJO JR., José Tavares e TINEO, Luís. "Integração regional e política da concorrência", *Revista do IBRAC*, v. 4, n. 6, pp. 245-261, 1997.

CASELLA, Paulo Borba, MERCADANTE, Araminta de Azevedo (coord.). *Guerra Comercial ou Integração Mundial pelo Comércio? A OMC e o Brasil*, São Paulo, LTr, 1998, 854 pp.

FERRAZ JÚNIOR, Tércio Sampaio *et al.* "Direitos *antidumping* e compensatórios: sua natureza jurídica e conseqüências de tal caracterização", *RDM*, São Paulo, Ed. RT, n. 96, pp. 87-96, out.-dez. 1994.

JOHANNPETER, Guilherme Chagas Gerdau. *"Antidumping" — Prática Desleal no Comércio Internacional*, Porto Alegre, Editora do Advogado, 1996, 130 pp.

JURIS SÍNTESE — LEGISLAÇÃO E JURISPRUDÊNCIA. CD ROM n. 19, Porto Alegre, Síntese, set.-out. 1999.

LEÃES, Luiz Gastão Paes de Barros. "O *dumping* como forma de abuso do poder econômico", *RDM*, São Paulo, Ed. RT, n. 91, pp. 5-15, jul.-set. 1993.

MEZIAT, Armando. "A defesa comercial no Brasil", *Revista Brasileira de Comércio Exterior*, s.c.p., n. 58, pp. 54-56, jan.-mar. 1999.

NAIDIN, Leane Cornet. "Nove anos de aplicação da política *antidumping* no Brasil", *Revista Brasileira de Comércio Exterior*, s.c.p., n. 58, pp. 57-63, jan.-mar. 1999.

THORSTENSEN, Vera. *OMC — Organização Mundial do Comércio: As Regras do Comércio Internacional e a Rodada do Milênio*, São Paulo, Aduaneiras, 1999, 406 pp.

PRIVATIZAÇÕES E RELAÇÃO ENTRE INTERESSES PÚBLICOS PRIMÁRIOS E SECUNDÁRIOS — AS ALTERAÇÕES NA LEGISLAÇÃO SOCIETÁRIA BRASILEIRA[1]

OTAVIO YAZBEK

I — Introdução. II — Os fins das privatizações e o fortalecimento do mercado acionário. III — As bases da legislação societária brasileira. IV — A Lei 9.457/97. V — Efeitos das alterações trazidas pela Lei 9.457/97. VI — Interesses públicos primários e secundários. VII — Conclusões.

I — Introdução

Em todo o mundo os processos de privatização geraram imensos desafios de ordem jurídica e institucional. Tanto as estruturas próprias do Estado social quanto aquelas herdadas do modelo de Estado liberal clássico, que são sobretudo garantidoras de direitos, não se mostraram de todo adequadas às peculiaridades de tais processos, impondo-se uma série de transformações nos regimes jurídicos vigentes para determinadas atividades.

O termo privatização será tomado, para os fins deste ensaio e sem maiores questionamentos, como a *transferência do poder de controle de empresas estatais (empresas públicas e sociedades de economia mista) ou de bens públicos para agentes privados.*[2] Não é relevante, tendo em vista os fins pretendidos, indagar quanto à natureza da atividade econômica desenvolvida pela empresa privatizada, se serviço público ou atividade econômica em sentido estrito.

O objetivo mais imediato deste trabalho é a análise de algumas das alterações carreadas à legislação acionária brasileira, em especial por força da Lei 9.457, de 5.5.1997. Não serão discutidas em grandes detalhes tais mudanças, mas muito mais as suas motivações. O objeto deste ensaio é, pois, a chamada política do direito.

1. O presente texto é uma versão revisada de trabalho apresentado no Seminário "L'État en Mutation", realizado no âmbito do Projeto CAPES/COFECUB desenvolvido pela Faculdade de Direito da Universidade de São Paulo e pela Faculdade de Direito de Montpellier, em Tiradentes (MG), de 21 a 23.10.1999. O autor agradece as críticas e observações de Eros Roberto Grau, Michel Miaille, Jean-Louis Autin, Jean-Philippe Colson, Jean Paul Cabral Veiga da Rocha, Gilberto Bercovici, Luís Virgílio Afonso da Silva, Martim della Valle, Roberto Neves Pedrosa de Cillo e José Augusto Fontoura da Costa.

2. Quanto aos múltiplos sentidos do termo, cf. Pierre Guislain, *Les Privatisations, un Défi Stratégique, Juridique et Institutionnel*, Bruxelles, De Boeck, 1995, pp. 24 e ss. A Lei 9.491/97, no § 1º de seu art. 2º, define desestatização como "a) a alienação, pela União, de direitos que lhe assegurem, diretamente ou através de outras controladas, preponderância nas deliberações sociais e o poder de eleger a maioria dos administradores da sociedade; b) a transferência, para a iniciativa privada, da execução de serviços públicos explorados pela União, diretamente ou através de entidades controladas, bem como daqueles de sua responsabilidade".

II — *Os fins das privatizações e o fortalecimento do mercado acionário*

No Brasil, a Lei 9.491, de 9.9.1997, que atualizou a Lei 8.031/90, instituidora do Programa Nacional de Desestatização, enumera, nos incisos do seu art. 1º, os objetivos fundamentais deste programa, que são: "I — Reordenar a posição estratégica do Estado na economia, transferindo à iniciativa privada atividades indevidamente exploradas pelo setor público; II — Contribuir para a reestruturação econômica do setor público, especialmente através da melhoria do perfil e da redução da dívida pública líquida; III — Permitir a retomada de investimentos nas empresas e atividades que vierem a ser transferidas à iniciativa privada; IV — Contribuir para a reestruturação econômica do setor privado, especialmente para a modernização da infra-estrutura e do parque industrial do País, ampliando sua competitividade e reforçando a capacidade empresarial nos diversos setores da economia, inclusive através da concessão de crédito; V — Permitir que a Administração Pública concentre seus esforços nas atividades em que a presença do Estado seja fundamental para a consecução das prioridades nacionais; *VI — Contribuir para o fortalecimento do mercado de capitais, através do acréscimo da oferta de valores mobiliários e da democratização da propriedade do capital das empresas que integrarem o Programa*" (grifamos).

Também em outros países as privatizações têm, dentre seus fins, o fortalecimento dos mercados de capitais, procurando-se incentivar o desenvolvimento das atividades empresariais a partir desta forma específica de recurso às poupanças individuais, reputada o mecanismo ideal de financiamento.[3] Desta maneira, na maior parte destes países foram criados mecanismos destinados a atrair pequenos investidores e a estimular a aquisição de parcelas do capital das empresas a serem privatizadas por grupos de funcionários, dentre outras medidas.[4]

Deve-se destacar, porém, que o fortalecimento dos mercados de capitais ocupa,

3. Destaque-se que o modelo de mercado de capitais tomado como referência é, usualmente, o norte-americano. Com efeito, no modelo econômico norte-americano o mercado acionário assume posição central, sobre ele fundando-se, em grande medida, o financiamento da atividade empresarial. Ao contrário, nos modelos historicamente consagrados na Europa, predomina a busca de financiamento no setor bancário. Cf. Margaret M. Blair, *Ownership and Control — Rethinking Corporate Governance for the twenty-first Century*, Washington, The Brookings Institution, 1995, pp. 145 e ss. e Julian Franks e Colin Mayer, "Corporate ownership and control in the U.K., Germany, and France", in Donald H. Chew (ed.), *Studies in International Corporate Finance and Governance Systems, a Comparison of the U.S., Japan & Europe*, New York, Oxford University Press, 1997, pp. 281 e ss. e 295 e ss.

4. Para a análise da experiência francesa, cf. Hubert de Vauplane, "Les aspects juridiques des privatisations", in Fabrice Dion (coord.), *Les Privatisations en France, en Allemagne, en Grande-Bretagne et en Italie*, Paris, La Documentation Française, 1995, pp. 63 e ss. e Franck Bancel, "Le processus de privatisation: la specificité française", in Fabrice Dion (coord.), ob. cit., 1995, pp. 35 e ss. Para outros países, cf. Pierre Guislain, ob. cit., pp. 148 e ss. Quanto aos efeitos destas políticas, cumpre destacar que nem sempre a outorga de estímulos é suficiente para manter os novos investidores vinculados ao mercado, como comprova a experiência inglesa. Cf., neste sentido, Roberto Neves Pedrosa de Cillo, *British Privatizations: Lessons for Brazil*, London, University of Notre Dame, 1999, p. 12 e Ian Snaith, "Grande-Bretagne: la phase de maturité", in Fabrice Dion (coord.), ob. cit., p. 159. Vale destacar que, mesmo no caso inglês, os minoritários não chegaram a receber direitos ou garantias distintos daqueles usuais. Cf., para a matéria, Paul Davies, *Gower's Principles of Modern Company Law*, London, Sweet & Maxwell, 1997, p. 71. As experiências das chamadas "economias de transição", de especial interesse para a análise do caso brasileiro, dados os desafios com os quais se deparavam tais países, é referida por John C. Coffee Jr., "Inventing a corporate monitor for transitional economies: the uncertain lessons from the Czech and Polish experiences", in Klaus J. Hopt, Hideki Kanda, Mark J. Roe, Eddy Wymeersch and Stefan Prigge (eds.), *Comparative Corporate Governance — The State of the Art and Emerging Research*, Clarendon Press, Oxford, 1998, pp. 75 e ss., que também refere os resultados, não raro frustrantes, de tais experiências e sua relação com a escassa proteção outorgada aos acionistas minoritários.

originariamente, um papel de importância secundária dentre as motivações que levaram aos processos de privatização. Sua consideração dá-se apenas em um momento posterior, derivada de uma das conseqüências naturais da transferência de atividades à iniciativa privada, que é a valorização das estruturas de mercado, como adiante se verá.

Com efeito, o discurso privatizante surge com a ampla crise que, ainda nos anos 70, assolou as finanças públicas de diversos países, acompanhada por uma conseqüente degeneração na prestação de serviços públicos. Ressurgem, neste quadro, as políticas econômicas mais ortodoxas. Desta maneira, os discursos governamentais voltaram-se para questões fiscais e orçamentárias, tendo em vista a necessidade de redução dos déficits públicos e, já posteriormente, de melhoria na prestação dos serviços de utilidade pública. Trata-se de um movimento de reforma do Estado, com a redefinição de suas funções.[5]

Com a conseqüente valorização da iniciativa privada, alçada ao papel de principal investidora em setores de infra-estrutura, adquirem maior importância, dentre outras, as políticas de promoção da concorrência e eficiência. O mesmo vale para o desenvolvimento dos mercados de capitais. Ocorre que, apesar da relativa uniformidade deste quadro, cada país acabou priorizando alguns aspectos em detrimento de outros.

No Brasil, até em razão da inflação crônica que há muito assolava o país, o problema do déficit público assumiu posição de destaque, associado à defesa da estabilidade da moeda. Desta maneira, a preocupação com o crescimento do mercado de capitais restou em posição secundária, havendo sido priorizadas, nos últimos tempos, medidas nem sempre congruentes com as necessidades deste mercado, ou mesmo prejudiciais ao seu desenvolvimento, o que explica como as vias efetivamente seguidas e os resultados obtidos acabaram diferindo de forma tão acentuada das intenções declaradas no inc. VI do art. 1º da Lei 9.491/97.

Cumpre, neste momento, tecer algumas considerações acerca da Lei 6.404/76, que rege as sociedades por ações, e do seu papel na criação de estruturas institucionais de um mercado de capitais que se pretendeu implantar no país.

III — As bases da legislação societária brasileira

A Lei 6.404, de 15.12.1976, é fruto de um momento histórico bastante característico, estando diretamente relacionada ao modelo econômico consolidado no II Plano Nacional de Desenvolvimento (II PND). Este sistema de planejamento teve suas diretrizes e prioridades aprovadas pela Lei 6.151, de 4.12.1974, havendo sido fixada sua vigência, inicialmente, para os exercícios de 1975 a 1979. Seu efetivo período de vigência, porém, foi menor do que aquele inicialmente pretendido, uma vez que, quando da própria promulgação do Plano, ocorria um marcado agravamento da situação econômica brasileira, tornando inviável a consecução dos objetivos fixados.

Em muitos pontos, o II PND espelhava as discussões da década anterior, quando pareceu de meridiana clareza que o processo de desenvolvimento do Brasil passava pela criação de um sistema financeiro bem estruturado e de um forte mercado de capitais, capazes de financiar o crescimento da atividade empresarial no país. Àquela época, o subdesenvolvimento afigurava-se para muitos, em boa parte, como um problema crônico no processo de "formação de capital". Impunha-se pois, a criação de mecanismos institucionais capazes de sanar tais problemas, estimulando a canalização das poupanças individuais para o financiamento da atividade empresarial.[6]

5. Catherine Kessedjian e Fabrice Dion, *Introducion*, in Fabrice Dion (coord.), ob. cit., p. 9.

6. Alfredo Lamy Filho e José Luiz Bulhões Pedreira, *A Lei das S/A — Pressupostos, Elaboração, Modificações*, v. I, Rio de Janeiro, Renovar, 1997, p. 139.

Daí decorre, por exemplo, a legislação instituidora do Sistema Financeiro Nacional, nomeadamente as Leis 4.595/64 (que dispõe sobre a política e as instituições monetárias, bancárias e creditícias, criando o Conselho Monetário Nacional e o Banco Central), 4.728/65 (que disciplina o mercado de capitais, estabelecendo medidas para o seu desenvolvimento) e 6.385/76 (que dispõe sobre o mercado de valores mobiliários, criando, ainda, a Comissão de Valores Mobiliários — CVM), dentre inúmeros outros diplomas. Impunha-se também, dentro deste movimento, a reforma da legislação acionária brasileira ante a obsolescência do Decreto-lei 2.627/40, que regulava as sociedades anônimas àquela época.

Depois de longos debates[7] foi promulgada a Lei 6.404/76. O novo diploma acionário, integrado naquele quadro mais amplo de reformas institucionais, visava, conforme uma série de artigos publicados pelos autores do Anteprojeto na imprensa, criar um "modelo de companhia adequado à organização e ao funcionamento da grande empresa privada, requerida pelo estágio atual da economia brasileira".[8]

Com a Lei 6.404/76 foi fixado o conceito, ainda hoje vigente, de companhia aberta, com a criação de toda a sistemática de funcionamento das companhias desta natureza, modeladas para a captação de recursos em bolsa. Dentro desta tendência, foram outorgados determinados direitos e garantias aos acionistas minoritários, providências necessárias para a atração de novos investidores e a criação de um mercado acionário forte.

É com este espírito que foram criados, dentre outros institutos, a oferta pública de aquisição de ações, constante dos arts. 254 e 255 da Lei 6.404/76, e a possibilidade de exercício de direito de retirada em caso de tomada de determinadas decisões pela assembléia-geral. Tais pontos serão novamente referidos mais adiante.

IV — A Lei 9.457/97

Com o advento do Programa Nacional de Desestatização, algumas daquelas garantias outorgadas aos acionistas minoritários começaram a ser questionadas, em especial por aumentar os custos das privatizações tanto para o Governo como para os principais interessados na aquisição das empresas. Tais questionamentos ganharam destaque com a chegada do momento em que se realizaram as privatizações de empresas dos setores elétrico e de telecomunicações, que precisariam ser submetidas a uma série de operações societárias antes da sua venda.[9]

Os empecilhos representados por alguns dos direitos outorgados aos acionistas minoritários foram afastados por meio da promulgação da Lei 9.457/97, que alterou diversos dispositivos das Leis 6.404/76 e 6.385/76. É verdade que nem todos os dispositivos afetados por esta nova legislação relacionavam-se diretamente às necessidades da desestatização.[10] Algumas des-

7. O que não diminui o caráter impositivo que se deu à tramitação da matéria, como bem destaca Philomeno Joaquim da Costa, *Anotações às Companhias*, São Paulo, Ed. RT, 1980, p. 14.

8. *Apud* Alfredo Lamy Filho e José Luiz Bulhões Pedreira, ob. cit., p. 139.

9. Nelson Laks Eizirik, *Reforma das S/A & do Mercado de Capitais*, Rio de Janeiro, Renovar, 1997, p. 60. Para uma descrição do modelo jurídico adotado para a privatização do sistema Telebrás, cf. Luiz Leonardo Cantidiano, "Aspectos jurídicos das privatizações no Brasil", in Roberto Quiroga Mosquera (coord.), *Aspectos Atuais do Direito do Mercado Financeiro e de Capitais*, São Paulo, Dialética, 1999, pp. 184 e ss.

10. No presente trabalho apenas serão comentados alguns aspectos das alterações referentes às privatizações. Para uma relação sistemática das alterações trazidas pela Lei 9.457/97, cf. Nelson Laks Eizirik, ob. cit. Para uma análise crítica, cf. Modesto Carvalhosa, *Comentários à Lei das Sociedades Anônimas*, São Paulo, Saraiva, 1997, v. I, XLVII e ss. Sobre casos recentes que demonstram os efeitos deletérios da Lei 9.457/97, cf. Amália Safatle, "Minoritários — O rigor da lei", *Revista Carta Capital* 50/71 e Carlos Drummond, "Lei Kandir — Minoritários fisgados", *Revista Carta Capital* 72/58.

tas alterações, porém, atingindo em especial os institutos da oferta pública de aquisição de ações e do direito de recesso, visavam nomeadamente a redução dos custos de processos de privatização. Impõe-se, pois, a sua consideração.

Assim, com o advento da Lei 9.457/97, o direito de recesso que cabe ao acionista dissidente em caso de tomada de determinadas deliberações, referentes a pontos cruciais da vida social, teve as hipóteses de sua ocorrência radicalmente restringidas. Com este diploma, as decisões aprovadoras de cisão, dissolução e cessação de estado de liquidação da companhia foram excluídas do elenco de deliberações que podem ensejar a retirada.[11]

Já a chamada oferta pública de aquisição de ações, consagrada, anteriormente nos arts. 254 e 255 da Lei das Sociedades por Ações,[12] teve a sua obrigatoriedade extinta, restando facultada, pois, a aquisição da participação majoritária, no caso detida pelo governo, sem a obrigatória formulação de oferta, nos mesmos termos e submetida à CVM, para a aquisição das participações detidas pelos acionistas minoritários. De outra forma, estes poderiam representar um significativo custo suplementar para o adquirente.

É bem verdade que este último instituto sempre foi bastante polêmico. Quando da elaboração da Lei 6.404/76 diversas propostas de emendas foram apresentadas, havendo sido aprovada, após acirrados debates, a emenda de autoria do Senador Otto Cirillo Lehmann.[13] Os autores do Anteprojeto manifestaram-se, em carta enviada ao Ministro da Fazenda e ao Presidente da República, reputando nefasta a criação da oferta pública de aquisição de ações. Conforme a sua análise, esta desestimularia a abertura do capital das companhias, na medida em que, nas sociedades de capital aber-

11. Originariamente, eram hipóteses de direito de recesso para os dissidentes, na Lei 6.404/76 a criação de ações preferenciais ou aumento de classe existente sem guardar proporção com as demais, salvo se já previstos ou autorizados pelo estatuto; as alterações nas preferências, vantagens e condições de resgate ou amortização de uma ou mais classes de ações preferenciais, ou criação de nova classe mais favorecida; alteração do dividendo obrigatório; mudança do objeto da companhia; a incorporação da companhia em outra, sua fusão ou cisão; dissolução da companhia ou cessação do estado de liquidação; e participação em grupo de sociedades. A Lei 9.457/97 afetou também a possibilidade de recesso nos casos de deliberação quanto a incorporação, fusão e participação em grupo de sociedades, afastando-a em caso de atendimento a determinados critérios objetivos (sujeitos, porém, a oscilações) que fazem presumir liquidez e dispersão das ações prejudicadas (art. 137, II, *a* e *b*). Foram alterados também outros pontos, menos diretamente relacionados aos processos de privatização. Foi criada, ainda, a possibilidade de adoção de critério alternativo (o chamado "valor econômico") para o reembolso do valor das ações dos acionistas dissidentes (art. 45, § 1º).

12. Em sua redação original, antes da revogação, pois, do art. 254 e dos §§ 1º e 2º do art. 255, tais dispositivos tinham a seguinte redação:

"Art. 254. A alienação do controle da companhia aberta dependerá de prévia autorização da Comissão de Valores Mobiliários. § 1º. A Comissão de Valores Mobiliários deve zelar para que seja assegurado tratamento igualitário aos acionistas minoritários, mediante simultânea oferta pública para aquisição de ações. § 2º. Se o número de ações ofertadas, incluindo as dos controladores ou majoritários, ultrapassar o máximo previsto na oferta, será obrigatório o rateio, na forma prevista no instrumento da oferta pública. § 3º. Compete ao Conselho Monetário Nacional estabelecer normas a serem observadas na oferta pública relativa à alienação do controle de companhia aberta."

"Art. 255. A alienação do controle de companhia aberta que dependa de autorização do governo para funcionar e cujas ações ordinárias sejam, por força de lei, nominativas ou endossáveis, está sujeita à prévia autorização do órgão competente para aprovar a alteração do seu estatuto. § 1º. A autoridade competente para autorizar a alienação deve zelar para que seja assegurado tratamento eqüitativo aos acionistas minoritários, mediante simultânea oferta pública para a aquisição das suas ações, ou o rateio, por todos os acionistas, dos intangíveis da companhia, inclusive autorização para funcionar. § 2º. Se a compradora pretender incorporar a companhia, ou com ela se fundir, o tratamento eqüitativo referido no § 1º será apreciado no conjunto das operações."

13. Cf. Modesto Carvalhosa, *Comentários à Lei das Sociedades Anônimas*, São Paulo, Saraiva, 1998, v. IV, t. II, pp. 143 e ss.

to, o empresário perderia, na prática, "a livre disponibilidade de suas ações".[14]

Logo após a promulgação da Lei 6.404/76 o benefício da oferta pública foi restringido, passando a valer apenas em benefício dos acionistas titulares de ações com direito de voto, por força da Resolução CMN 401, de 22.12.1976. Mesmo antes do advento da Lei 9.457/97 foram feitas diversas tentativas de extinguir a oferta pública, sobretudo por força da atuação de grupos mais conservadores.

De qualquer maneira, porém, e qualquer que seja a posição adotada acerca das garantias criadas pela Lei 6.404/76 em favor das minorias acionárias, reconhecendo seus méritos ou apontando os pontos em que aquelas se afiguravam como empecilhos ao funcionamento do mercado, a Lei 9.457/97 teve resultados inequívocos para o Governo, os adquirentes das empresas privatizadas e os acionistas minoritários. Como bem esclarece Nelson Eizirik, "Para o Governo, os benefícios são evidentes: eliminado o direito de recesso na cisão, poderá promover tal modalidade de operação como 'ajuste prévio' aos processos de privatização de empresas concessionárias de energia e telecomunicações, particularmente, sem a necessidade de pagar o valor do reembolso aos minoritários discordantes; extinguindo a oferta pública, poderá apropriar-se, integralmente, da mais-valia decorrente da alienação de controle das companhias abertas sob seu controle, sem ter que dividi-la com os acionistas minoritários.

"Para os empresários privados, tais medidas igualmente reduzem os custos dos processos de reorganização societária, assegurando-lhes, ademais, ao alienarem o controle acionário da companhia, a apropriação exclusiva do preço pago pelo adquirente.

"É inequívoco que, com tais modificações, são beneficiados os acionistas controladores — e as próprias empresas — e prejudicados os acionistas minoritários."[15]

V — *Efeitos das alterações trazidas pela Lei 9.457/97*

De um modo geral, afirmou-se em favor das alterações carreadas pelo diploma de 1997 que a redução das garantias outorgadas pela Lei 6.404/76 aos minoritários é coerente com a evolução do mercado de valores mobiliários, uma vez que, atualmente, o acionista minoritário não é mais o investidor isolado, pessoa física que decidiu aplicar as suas economias em bolsa, mas sim o grande investidor institucional, que não tem necessidade de tutela governamental.[16]

As falhas deste argumento são claras. Os investidores institucionais acompanham diretamente a evolução dos padrões de relacionamento e das estruturas caracterizadoras de um dado mercado, atentando, antes de mais nada, para os riscos existentes em tal mercado.[17] Desta maneira, em especial em determinados mercados de cultura autoritária ou por demais centralizadora, como a seguir se verá, a atração de tais investidores passa pela outorga de suficientes garantias formais, consolidadas em diplomas legais.[18]

De fato, estas garantias assumem extrema importância quando da existência de estruturas empresariais obsoletas, muitas vezes relacionadas a empresas familiares, marcadas pela concentração de poder. Este é, ao que parece, o caso brasileiro, onde

14. *Apud* Alfredo Lamy Filho e José Luiz Bulhões Pedreira, ob. cit., p. 289.

15. Nelson Laks Eizirik, ob. cit., p. 25.

16. Neste sentido, cf. Nelson Laks Eizirik, ob. cit., p. 2.

17. Pode-se definir investidor institucional como "an investor with money under professional management in an organization that invests on behalf of a group of individuals, another organization, or a group of organizations" (Carolyn Kay Brancato, *Institutional Investors and Corporate Governance — Best Practices for Increasing Corporate Value*, Chicago, Irwin, 1997, pp. 21 e ss. e Margaret M. Blair, ob. cit., pp. 147 e ss.).

18. Cf. Margaret M. Blair, ob. cit., pp. 116 e ss.

estão presentes diversos fatores de fundo, impeditivos da modernização das empresas, como a grande rigidez das estruturas e o excessivo patrimonialismo ainda dominante.[19] Tais fatores corporificam-se, dentre outras maneiras, em reduzidos ou deformados fluxos de informações ao mercado (*disclosure*) e na baixa capacidade de assegurar a observância e cumprimento das relações contratuais pelos controladores e administradores das companhias (*enforcement*), como bem demonstram as escalas de aferição adotadas por órgãos internacionais.[20]

A posição bastante peculiar dos investidores institucionais representou, nos Estados Unidos e em muitos países europeus, a superação da indiferença e do absenteísmo dos pequenos investidores individuais, notórios desde a obra pioneira de Berle e de Means e tantas vezes referidos no correr da segunda metade deste século.

Surge, com esse novo tipo de investidor, uma postura distinta, o *shareholder activism*, presente, por exemplo, no exercício de contínuas pressões para que as companhias adotem políticas referentes a proteção do consumidor e do meio ambiente; no combate às medidas *antitakeover* adotadas pela administração de algumas empresas; nas pressões pela adoção de novas estruturas e critérios de administração; no acompanhamento das atividades e resultados dos órgãos de administração da companhia; na adoção de critérios não exclusivamente econômicos para avaliação da *performance* da companhia etc.[21] Desta maneira, a atração de tais investidores acaba sendo benéfica em vários sentidos para mercados como o brasileiro, trazendo capital e propugnando pela superação de antigos critérios gerenciais e práticas arraigadas, em favor dos padrões da chamada *governança das empresas* ou *governança corporativa/empresarial* (expressões adotadas no Brasil como tradução da expressão de língua inglesa *corporate governance*).[22]

Ante este quadro, a mera retirada das escassas garantias já existentes contra o arbítrio de acionistas controladores ou administradores das companhias, por mais que estas garantias não tenham se mostrado plenamente efetivas em todos os casos (e a experiência mostra as muitas falhas de alguns dos mecanismos criados pela Lei 6.404/76 para a tutela dos minoritários), pode apresentar efeitos catastróficos. Ao menos abstratamente, o mercado torna-se mais arriscado do que já é, reduzindo-se a sua capacidade de atração de novos investidores.

É inegável que, quando da elaboração de políticas públicas de qualquer natureza, deve-se levar em conta, ao lado dos modelos conceituais puros e das premências eventualmente surgidas, de caráter conjuntural, as peculiaridades e necessidades locais. Ao desconsiderar tais aspectos, os novos diplomas legais correm o risco, por exemplo, de não se afigurarem plenamente eficazes ante os fins originariamente buscados (isso presumindo que, no caso em tela, o objetivo declarado no inc. VI do art. 1º da Lei 9.491/97 não seja mera retórica). De nada adianta, neste sentido, a tomada de medidas, muitas vezes tardias, para ga-

19. Luciano Coutinho, "A fragilidade da proposta neoliberal em face do anacronismo da estrutura empresarial brasileira", in João Paulo dos Reis Velloso (coord.), *Brasil em Mudança*, São Paulo, Nobel, 1991, p. 163.

20. Cf. Dante Mendes Aldrighi, Antonio Gledson de Carvalho e Roberto Guena de Oliveira, "Governança das empresas no Brasil: pouco barulho por muito", in *Informações Fipe* 229, out. 1999, p. 21. Vale considerar, ainda, as posições defendidas no XV Congresso da Associação Brasileira dos Analistas do Mercado de Capitais (Carlos Drummond, "XV Congresso ABAMEC — Fora da medida", *Revista Carta Capital* 75/39).

21. Carolyn Kay Brancato, ob. cit., pp. 81 e ss.

22. Cujo significado é analisado, dentre muitos outros autores, por Carolyn Kay Brancato, ob. cit., pp. 127 e ss. Quanto à adoção de critérios de *corporate governance* na França a partir das privatizações, cf. Hervé Juvin, "Les répercussions économiques et financières", in Fabrice Dion (coord.), ob. cit., pp. 113 e ss.

rantir a dispersão do capital em algumas das empresas privatizadas. O verdadeiro problema reside nas concepções fundamentadoras da legislação promulgada, naturalmente contraditórias.[23]

É bem verdade que, a despeito das posições adotadas pelo Governo brasileiro no processo de privatizações, ocorreu com este processo um certo aumento da "base acionária", decorrente da simples transferência, à iniciativa privada, da titularidade do capital das empresas privatizadas.[24] Além disso, um número significativo de empresas privatizadas foi adquirido por consórcios ou grupos de empresas ou investidores, aumentando o número de casos de companhias abertas com o controle compartilhado (valendo destacar, porém, como contraponto, o grande número de fechamentos de capital ocorridos nos últimos tempos).[25] Tais resultados positivos, porém, não estão diretamente relacionados com a reforma da legislação acionária, sendo efeitos reflexos do processo de privatização.

VI — Interesses públicos primários e secundários

A análise destas relações entre os diversos objetivos dos processos de privatização e as vias efetivamente seguidas requer algumas considerações acerca da natureza dos interesses que se pode identificar, no caso, como contrapostos.

A despeito de restar claro que o Programa Nacional de Desestatização diz respeito primordialmente ao atendimento da problemática financeira do Estado brasileiro, tendo os outros objetivos declarados na Lei 9.491/97 natureza acessória, quando não meramente retórica, cumpre avaliar a natureza da relação existente entre os fins formalmente escolhidos.

A distinção entre interesse público primário e secundário pode ser de alguma valia para a análise desta situação, ajudando a classificar os interesses envolvidos em planos distintos. É verdade que, dadas as dificuldades para a avaliação, do ponto de vista jurídico, do conteúdo de políticas públicas, esta distinção apresenta um valor bastante relativo, devendo ser aplicada com a observação de determinadas ressalvas.

Como bem esclarece Renato Alessi, a posição de supremacia da Administração Pública decorre das funções por esta exercidas, restando a sua situação privilegiada estritamente vinculada à necessidade de

23. Quanto às escassas medidas adotadas, no Brasil, para o estímulo à dissolução de capital das empresas privatizadas, cumpre destacar que estas visaram garantir a oferta de parte das ações aos "empregados de empresas controladas, direta ou indiretamente pela União, incluídas no Programa Nacional de Desestatização", dentro de determinadas condições a serem aprovadas pelo Conselho Nacional de Desestatização. Tal oferta seria da ordem de "pelo menos, 10% (dez por cento) das ações do capital social detidas, direta ou indiretamente, pela União" (art. 28 e ss. da Lei 9.491/97), podendo a aquisição ser efetuada por meio de clube de investimento. O mesmo diploma permitiu aos trabalhadores a "utilização máxima de 50% (cinqüenta por cento) do saldo existente e disponível em sua conta vinculada do Fundo de Garantia do Tempo de Serviço", devendo tais valores ser aplicados "em quotas dos Fundos Mútuos de Privatização", desde que as "destinações sejam aprovadas pelo Conselho Nacional de Desestatização". É interessante destacar que a regulamentação mais minuciosa da oferta aos empregados e mesmo a possibilidade de utilização dos recursos do FGTS apenas surgiram após a venda da maior parte dos ativos disponíveis para privatização (Vladimir Rioli, "Poupança organizada", *Revista Carta Capital* 81/101). Para um esboço quanto ao desenvolvimento e estrutura atual de tais mecanismos, cf. *Cadernos CVM* 4, *Fundos Mútuos de Privatização — FGTS, Clube de Investimento — FGTS e Fundo Mútuo de Privatização — FGTS Carteira Livre*, Rio de Janeiro, 2000. Vale a comparação com os instrumentos criados na República tcheca para os mesmos fins, conforme analisados por John C. Coffee, ob. e loc. cits., pp. 125 e ss.

24. Cf. Luiz Leonardo Cantidiano, ob. cit., p. 188. Para uma comparação entre o ingresso de pequenos investidores nos mercados do Brasil e Inglaterra e para referências ao crescimento recente do mercado acionário francês, cf. Hervé Juvin (ob. e loc. cits., p. 91) e Carlos Drummond ("XV Congresso ABAMEC — Fora da medida", *Revista Carta Capital* 75/39).

25. Cf. neste sentido, Vladimir Rioli, "Poupança organizada", *Revista Carta Capital* 58/69.

consecução do interesse público.[26] A despeito das polêmicas que podem surgir das discussões acerca do conceito de "interesse público", torna-se necessário, para a presente análise e sem maiores pretensões, identificar os interesses que se pretende atender com a atuação do poder público.

Destaca Alessi que o fim perseguido pela Administração deve sempre ser, em um primeiro momento, um interesse coletivo primário "formato dal complesso degli interessi individuali prevalenti in una determinata organizzazione giuridica della collettività".[27] Este interesse primário não deve ser confundido com os interesses próprios da Administração. Estes últimos, de titularidade do aparato estatal propriamente dito, mais relacionados à subsistência deste, seriam os interesses públicos secundários.

Ora, em caso de necessidade de opção entre interesses públicos primários e secundários, e considerada a natureza instrumental destes últimos, deveriam sempre prevalecer os interesses primários, aqueles em razão dos quais existe a própria organização estatal. É claro que, não raro, interesses primários e secundários encontram-se entremeados, sendo comum que o atendimento ao interesse secundário seja verdadeiro requisito para um melhor atendimento a interesses primários diversos. Permanece, porém, o valor da distinção como critério organizativo, fundamento de uma análise crítica da matéria.

Desta maneira, seria possível classificar, ainda que genericamente e sem um maior rigor, os objetivos estabelecidos no Programa Nacional de Desestatização. Pode-se, então, verificar a adoção de objetivos relacionados a interesses primários (referidos nos incs. III, IV e VI do art. 1º da Lei 9.491/97) e objetivos relacionados a interesses secundários, ou seja, referentes mais diretamente ao aparato estatal (incs. I, II e V do mesmo artigo).

O que se pode ver no caso brasileiro é uma extrema valorização dos interesses ditos secundários, com os esforços voltados quase que unicamente para a solução dos problemas fiscais e orçamentários da Administração Pública, em detrimento da implementação de outros objetivos. Cumpre questionar, pois, quanto à precedência que foi dada àqueles fins em relação aos demais, interesses legítimos e há muito reconhecidos. Cumpre, nesta mesma linha, questionar quanto à real necessidade de alteração do regime societário de defesa dos acionistas minoritários.

Quanto a este último ponto, para fins de comparação, vale destacar que as medidas adotadas na Inglaterra com os mesmos fins que teve a reforma da legislação societária brasileira ("to enable the Government to prevent takeovers or other changes of control which it regards undesirable") tiveram natureza excepcional, sendo aplicadas a cada caso.[28] Providências desta ordem, derrogatórias das normas de direito societário apenas e tão-somente para a realização de determinadas privatizações, foram adotadas ainda em outros países,[29] havendo, no mais das vezes, sido preservada a legislação societária no que tange aos direitos e garantias dos acionistas minoritários. Cumpre questionar, então, se, *mutatis mutandis*, não se poderia submeter os aspectos societários das privatizações no Brasil a uma legislação própria. Ao que parece, e assim demonstram os mais recentes projetos de reforma da legislação societária, adiante referidos, esta seria a solução mais adequada.[30]

26. Renato Alessi, *Principi di Diritto Amministrativo*, v. I, Milano, Dott. A. Giuffrè Editore, 1978, p. 232.

27. Ob. cit., pp. 232 e ss.

28. Paul Davies, ob. cit., p. 70.

29. Cf. as referências de Pierre Guislain, ob. cit., pp. 75 e ss.

30. Ressalve-se, porém, a posição falaciosa defendida pelo Presidente da ABRASCA — Associação Brasileira das Companhias Abertas, entidade que desde a promulgação da Lei 6.404/76 combateu o instituto da oferta pública de aquisição de ações, que alega que "uma lei federal não pode ser específica:

VII — Conclusões

O inc. VI do art. 1º da Lei 9.491, de 9.9.1997, declara que o fortalecimento do mercado acionário decorreria do "acréscimo da oferta de valores mobiliários" e da "democratização da propriedade do capital" das empresas integrantes do programa governamental de privatizações. A legislação elaborada em razão do Programa Nacional de Desestatização deveria seguir estas linhas fundamentais.

Talvez até seja possível reconhecer, naquela legislação, providências capazes de, em certa medida, oferecer algum estímulo à oferta de valores mobiliários. Adotando-se como verdadeira, por exemplo, a posição originariamente defendida por Alfredo Lamy Filho e José Luiz Bulhões Pedreira, mais acima referida, é possível que a exclusão da oferta pública de aquisição de ações estimule um número maior de empresários a abrir o capital de suas empresas. Em tese, também poderiam atuar neste sentido as limitações ao direito de recesso.[31]

Resta saber, porém, quanto às medidas que levam à tão falada democratização do capital. Nas empresas privatizadas, contrariamente ao que se poderia imaginar, democratização e pulverização foram cerceadas em razão de opções governamentais, não apenas por efeito da Lei 9.457/97, mas principalmente em razão das limitações e empecilhos à participação de fundos de pensão nos processos de privatização.

Mesmo nas demais empresas (ou seja, nas empresas que já eram privadas), a possibilidade de democratização do capital acabou sendo sacrificada. A retirada de direitos dos acionistas minoritários tende antes a afastar do que a atrair novos investidores ao mercado. Tampouco poderia criar o tipo de investidor considerado desejável para o desenvolvimento do mercado de valores mobiliários como verdadeira opção de financiamento à atividade empresarial.[32]

As concepções albergadas pela Lei 9.457/97 e pelas diversas outras medidas que se seguiram[33] denotam o extremo casuísmo com que tem sido tratada a matéria no Brasil. Não bastando o sacrifício dos direitos dos acionistas minoritários nos processos de privatização, restaram prejudicadas as estruturas que, em um mercado caracterizado pela falta de um modelo claro de desenvolvimento, outorgavam algumas garantias aos partícipes, em uma flagrante demonstração de submissão de uma necessidade já há muito reconhecida a interesses conjunturais.

A maior prova da especificidade das preocupações que levaram à elaboração da Lei 9.457/97 reside nas recentes discussões acerca do substitutivo ao Projeto de Lei 3.115/97, que altera e acrescenta dispositivos nas Leis 6.404/76 e 6.385/76 e de outros projetos que vêm tramitando.[34] Tais discussões passam, dentre muitos outros pon-

ou vale para todos ou para ninguém. Temos que deixar de ver a questão sob a óptica das causas próprias, e sim ceder a interesses maiores do país" (*apud* Amália Safatle, "Minoritários — O rigor da lei", *Revista Carta Capital* 50/71).

31. Nelson Laks Eizirik, ob. cit., p. 69.

32. E esta é uma questão extremamente relevante, ante a importância, no debate norte-americano mais recente, da distinção entre *investors* e *traders* (Carolyn Kay Brancato, ob. cit., pp. 28 e ss. e 178 e ss. e Margaret M. Blair, ob. cit., pp. 122 e ss.). Neste sentido, vale analisar os padrões de crescimento do mercado brasileiro: "embora a importância do mercado de capitais tenha aumentado nos últimos dez anos, predominaram as operações de transferência de propriedade e financiamento do déficit público, em detrimento dos investimentos produtivos... Há outros indicadores desta tendência. O crescimento dos fundos nos últimos anos denota muito mais uma acomodação de investimentos novos — nas privatizações, por exemplo — do que aumento de opção por renda variável, como os jornais costumam destacar. Dos US$ 14 bilhões de ativos dos fundos de investimentos em abril, só US$ 1 bilhão se refere a pessoas físicas" (Carlos Drummond, "XV Congresso ABAMEC — Fora da medida", *Revista Carta Capital* 75/39).

33. Cf. Modesto Carvalhosa, "A nova lei das sociedades por ações e o mercado de capitais", in Roberto Quiroga Mosquera (coord.), ob. cit., p. 219.

34. Para um histórico da tramitação de tais projetos, com a identificação dos diversos interesses envolvidos e dos percalços para a consecução das alterações pretendidas, cf. Adriana Wilner, "Futuro do

tos referentes à necessidade de reforma da legislação acionária, com a outorga de maiores defesas aos acionistas minoritários (investidores institucionais, conforme já referido), pela consideração da possibilidade de volta da oferta de aquisição de ações prevista no revogado art. 254, remodelada. Resta patente, em todos os debates, a inadequação das alterações procedidas em 1997.

A análise da natureza das escolhas feitas em matéria societária, constantes da Lei 9.457/97, leva a uma consideração final, mais genérica, acerca do modelo de "redução do tamanho do Estado" adotado no Brasil e em alguns outros países. O predomínio dos "interesses públicos secundários" (que tem por objeto a máquina estatal e suas necessidades) sobre aqueles "interesses primários" (no caso, do público investidor, do mercado de capitais como um todo etc.[35]) é sintomático de um modelo de política econômica largamente adotado nos países em desenvolvimento nos últimos tempos, recebido dos países centrais sem maiores críticas, com mais de uma década de atraso e aplicado sem qualquer gradação ou consideração de ordem estratégica. É neste modelo e nas suas inúmeras variantes que se deve buscar a *ultima ratio* das alterações referidas no presente ensaio.

mercado — Panelas de pressão", *Revista Carta Capital* 122/80 e ss. e Vladimir Rioli, "Reforma da Lei das S/A, para que e para quem", *Mercado de Capitais — ABAMEC* 82/10 e ss. Neste sentido, cumpre verificar ainda as observações de Luiz Leonardo Cantidiano, "Alteração na Lei das Sociedades por Ações — O Substitutivo do Deputado Emerson Kapaz", in Roberto Quiroga Mosquera (coord.), *Aspectos Atuais do Direito do Mercado Financeiro e de Capitais*, 2º v., São Paulo, Dialética, 2000, pp. 143 e ss.

35. Valendo destacar, ainda, neste ponto, os interesses dos próprios consumidores de serviços públicos, que de um modo geral também acabaram esquecidos por um grande período, como pode-se depreender da falta de estabelecimento de padrões e regras claras para a prestação dos serviços privatizados, da indefinição do modelo de agências regulatórias ou da tibieza da atuação de tais agências, matérias que, ao que parece, apenas recentemente começaram a chamar a atenção dos entes governamentais brasileiros.

Atualidades

O CONTROLE DE CONSTITUCIONALIDADE DA CAPACIDADE NORMATIVA DE CONJUNTURA DO CONSELHO MONETÁRIO NACIONAL E DO BANCO CENTRAL: O CASO DO FUNDO GARANTIDOR DE CRÉDITOS (FGC)[1]

JEAN PAUL C. VEIGA DA ROCHA

1. Burocracia, direito e ordem democrática. 2. CMN e Bacen: um enquadramento jurídico. 3. A atuação do CMN e do Bacen. 4. O CMN e o STF: estudo do caso FGC.

1. *Burocracia, direito e ordem democrática*

A crescente atuação do Estado na economia, representada pelo fenômeno da "inflação normativa", deixa perplexa a doutrina jurídica tradicional, fortemente apegada a postulados do constitucionalismo clássico.

O princípio da *separação de poderes*, elevado à condição de verdadeiro mito do Estado de Direito, serve de couraça a um pensamento jurídico-político que reluta em aceitar a constitucionalidade das normas editadas por órgãos do Poder Executivo. Dentre estes, ocupam lugar especial as autoridades monetárias que, além de exercer as funções monetárias clássicas, regulam e fiscalizam o sistema financeiro. No Brasil, são elas o Conselho Monetário Nacional — CMN, e o Banco Central do Brasil — Bacen, criados no bojo do regime político autoritário instaurado em 1964.

Dotados de numerosas competências, esses órgãos governamentais editam, em

1. Esta é uma versão revisada de trabalho apresentado no Seminário "L'État en Mutation", realizado no âmbito do Projeto CAPES/COFECUB desenvolvido pela Faculdade de Direito da Universidade de São Paulo e pela Faculdade de Direito de Montpellier, em Tiradentes (MG), de 21 a 23.10.1999. O estudo de caso discutido neste texto foi apresentado pela primeira vez em março de 1999, num texto mais amplo ("Lei, regulamento e separação dos poderes: a capacidade normativa de conjuntura das autoridades monetárias"), no CEBRAP (Centro Brasileiro de Análise e Planejamento), quando da conclusão de meu estágio no do Programa de Formação de Quadros Profissionais. Ambos os textos foram produzidos como parte do projeto de pesquisa que desenvolvo sob orientação do Prof. Eros Roberto Grau, a quem devo não somente a sugestão do tema — *A Capacidade Normativa de Conjuntura no Direito Econômico* —, mas também o estímulo e apoio constantes para a execução do mesmo. Sou muito grato às críticas e observações de José Arthur Giannotti, Ronaldo Porto Macedo Júnior, Argelina Figueiredo, Marcos Nobre, Inês Patrício, José Eduardo Faria, Michel Miaille, Jean-Louis Autin, Jean-Philippe Colson, Dalmo Dallari, José Reinaldo de Lima Lopes, Fernando Herren Aguillar, Laurindo Minhoto, Luís Virgílio Afonso da Silva, Otavio Yazbek, Gilberto Bercovici, Samuel Rodrigues Barbosa, Caio Mário da Silva Pereira Neto e Caio Moysés de Lima. Agradeço também à FAPESP (Fundação de Amparo à Pesquisa do Estado de São Paulo) pelo indispensável apoio financeiro.

curtos lapsos de tempo, um grande número de normas que regulamentam uma infinidade de transações econômicas, alterando desde a política monetária até os contratos de consórcio. Essa sua *capacidade normativa de conjuntura*,[2] apesar da contestação oriunda da doutrina jurídica predominante, é efetivo — os agentes econômicos e os órgãos estatais respeitam e acatam essas normas.[3]

Essa "inflação normativa" provocada pelo Poder Executivo termina por colocar em xeque o consagrado princípio da separação dos poderes, atribuído a Montesquieu, implicando a reformulação ou mesmo a revogação de categorias e esquemas interpretativos jurídicos basilares do Estado Democrático de Direito.

Mais que isso, o poder normativo das autoridades monetárias implica a retomada, em novos termos, do clássico debate sobre o papel da burocracia nas sociedades democráticas.

É bastante conhecida a caracterização que Max Weber fez do fenômeno burocrático moderno (distinto das burocracias antigas).[4] Para ele, a organização burocrática do Estado e das empresas modernas tem competências hierarquizadas determinadas por leis e regulamentos, um corpo de funcionários profissionais (cujo recrutamento e promoção na carreira dão-se segundo o mérito). As funções não se confundem com os homens, o que garante a força impessoal das organizações públicas e privadas. Trata-se, como se sabe, de mais um tipo ideal de Weber.[5] A burocracia, aqui, é pensada não como um tipo de governo, mas sim como um sistema de administração, e a burocratização, processo conexo ao de racionalização, desenvolvido em meio a uma luta entre inovação carismática e racionalização burocrática.[6] Embora a experiência alemã fosse sua referência empírica mais importante, aquele processo seria uma característica universal da sociedade moderna.[7]

Weber constatou a superioridade das modernas técnicas da organização burocrática em relação às formas tradicionais de organização social, o que indicava que as sociedades industriais avançadas não poderiam mais abrir mão daquelas técnicas.

Entretanto, mais do que a eficiência, foram as conseqüências políticas da expansão do poder burocrático que preocuparam Weber.[8] Para ele, há uma antinomia insolúvel: ao mesmo tempo em que a moderna burocracia traz eficiência, ela pode minar a sociedade liberal, destruindo as próprias premissas sociais das quais depende a conduta individual. Um dos perigos reside na tendência apresentada pela burocracia de inibir o surgimento de novas lideranças. Daí

2. Cf. Eros Roberto Grau, "Capacidade normativa de conjuntura", in *Enciclopédia Saraiva de Direito*, v. 13, São Paulo, Saraiva, 1977, pp. 48-50: "Desenvolve-se assim, mediante a edição de normas emanadas do Poder Executivo, seja da administração centralizada, seja de alguns de seus entes autônomos, uma dinâmica capacidade normativa, com o que se confere resposta à exigência de produção imediata de normas jurídicas, que as flutuações da conjuntura econômica estão, a todo o tempo, a impor. A essa potestade, em função da qual tais normas são geradas dentro de um clima de dinamismo e flexibilidade adequados à realidade, é que denominamos *capacidade normativa de conjuntura*" (grifos nossos). V., tb., do mesmo autor, "Crítica da 'separação dos poderes': as funções estatais, os regulamentos e a legalidade no Direito brasileiro, as leis-medida", in *O Direito Posto e o Direito Pressuposto*, São Paulo, Malheiros Editores, 1996, pp. 167 a 199 (especialmente as pp. 172-173).

3. Discute-se, no plano da dogmática constitucional, se essas normas são regulamentos, ou atos infra-regulamentares, polêmica que não será tratada neste trabalho.

4. Ver Max Weber, "Burocracia", in C. Wright Mills and Hans Gerth (org.), *Max Weber: Ensaios de Sociologia*, trad. Waltensir Dutra, Rio de Janeiro, Guanabara Koogan, 1982, pp. 229-282.

5. Ver Wolfgang Mommsen, "Max Weber on bureaucracy and bureaucratization: threat to liberty and instrument of creative action", in *The Political and Social Theory of Max Weber*, Chicago, The University of Chicago Press, 1989, pp. 109-120.

6. Ver Wolfgang Mommsen, *The Age of Bureaucracy*, London, Harper & Row, 1974, especialmente o capítulo V: "A liberal in despair", pp. 95-115.

7. Cf. David Beetham, *Bureaucracy*, 2ª ed., Minneapolis, University of Minnesota Press, 1996, p. 52.

8. Ver David Beetham, ob. cit., pp. 51 e ss.

a necessidade do desenvolvimento de instituições que viabilizem o aparecimento de líderes — a democracia plebiscitária evitaria o crescimento exagerado da burocracia. O outro perigo consistiria na propagação de valores instrumentais na sociedade.

Este último aspecto é importante para que se entenda a relação entre burocratização e racionalização do direito. Foi a burocracia que estabeleceu as bases da administração de um direito racional, conceitualmente sistematizado.

A racionalização do direito deve ser vista em duas perspectivas: interna e externa.[9] Do ponto de vista interno, ela foi fruto principalmente do trabalho dos juristas profissionais (dos práticos, na Inglaterra, onde o Direito Romano foi barrado pelo corporativismo dos advogados ingleses; dos teóricos, nas universidades). A difusão da escrita possibilitou o registro dos antecedentes judiciais e a codificação.

Enquanto o trabalho dos juristas contribuiu para a racionalização do direito formal (ponto de vista interno), os processos econômicos e políticos contribuíram para racionalizar o direito material (perspectiva externa). Nesta tensão direito formal/direito material, o processo de burocratização tem exercido papel fundamental, mediante a profissionalização dos operadores do direito e a concretização do valor liberal da impessoalidade do Estado.

Entretanto, o agigantamento das burocracias econômicas no século XX, especialmente das autoridades monetárias,[10] radicaliza essa tensão, exigindo a revisão ou mesmo a revogação de princípios e categorias jurídicas do modelo liberal de direito. Mais que isso: esse crescimento solapa o direito formal, transformando a tensão em subordinação do direito formal ao direito material.

O Estado liberal aceitou, como exceção ao princípio da legalidade, o "poder discricionário"[11] do Executivo, ou, melhor dizendo, a expressão da polícia administrativa[12] mediante atos praticados no exercício

9. Sobre essa dupla perspectiva, ver Julien Freund, "La rationalisation du droit selon Max Weber", *Archives de Philosophie du Droit*, v. 31, Paris, Sirey, 1981; Wolfgang Schluchter, *The Rise of Western Rationalism*, Berkeley, University of California Press, 1979, pp. 83 e ss.; José Eduardo Faria, *Eficácia Jurídica e Violência Simbólica: o Direito como Instrumento de Transformação Social*, São Paulo, EDUSP, 1988, pp. 71 e ss. Não abordo, neste trabalho, as discussões sobre as diversas interpretações dos textos de Weber (Schluchter e Habermas, p. ex.). Devo ao meu colega bolsista no Programa de Formação de Quadros Profissionais do CEBRAP, Edmar Tetsuo Yuta, importantes indicações sobre Weber. Não discuto, também, neste texto, as reflexões apresentadas por Eros Roberto Grau em seu ensaio "Os modelos de direito formal e de direito moderno e a dupla desestruturação do direito", in *O Direito Posto e o Direito Pressuposto*, São Paulo, Malheiros Editores, 1996, pp. 64-82. Ver também, deste mesmo autor, *La Doppia Destrutturazione del Diritto*, Milano, Unicopli, 1996.

10. O processo de criação do Banco Central Europeu, com autonomia formal determinada no próprio Tratado de Maastricht, é a demonstração contemporânea mais impressionante do agigantamento da burocracia econômica.

11. A doutrina do Direito Administrativo define o "poder discricionário" como "a faculdade concedida à Administração de apreciar o valor dos motivos e determinar o objeto do ato administrativo, quando não o preestabeleça a regra de direito positivo" (Caio Tácito, *apud* Maria Silvia Zanella Di Pietro, *Discricionariedade Administrativa na Constituição de 1988*, São Paulo, Atlas, 1991, p. 49). A discricionariedade consiste, portanto, na "margem de liberdade que remanesça ao administrador para eleger, segundo critérios consistentes de razoabilidade, um, dentre pelo menos dois comportamentos cabíveis, perante cada caso concreto, a fim de cumprir o dever de adotar a solução mais adequada à satisfação da finalidade legal, quando, por força da fluidez das expressões da lei ou da liberdade conferida no mandamento, dela não se possa extrair objetivamente uma solução unívoca para a situação vertente" (Celso Antônio Bandeira de Mello, *Discricionariedade e Controle Jurisdicional*, São Paulo, Malheiros Editores, 1992, p. 48). Essa concepção de discricionariedade, hegemônica na doutrina brasileira, é contestada no ensaio "Crítica da discricionariedade e restauração da legalidade", de Eros Roberto Grau, a partir do ataque aos chamados "conceitos jurídicos indeterminados" (in *O Direito Posto e o Direito Pressuposto*, São Paulo, Malheiros Editores, 1996, pp. 140-166). Não vou tratar, neste trabalho, dessa divergência, preferindo ficar, ao menos provisoriamente, com a concepção da doutrina tradicional.

12. "Polícia administrativa", na definição de Celso Antônio Bandeira da Mello (*Curso de Direito

de competência discricionária.[13] Se a lei deveria ser um preceito genérico e abstrato, a sua execução exigiria uma concretização que seria levada a cabo mediante atos administrativos cujo mérito não poderia ser discutido pelo Poder Judiciário. O "poder discricionário" é exercido no caso concreto, segundo critérios de conveniência e oportunidade, sobre cujo conteúdo não se podem formular juízos de legalidade.[14]

No Estado intervencionista deste século, Executivos extremamente fortalecidos e burocracias agigantadas ampliaram assustadoramente não somente seu "poder discricionário", mas também o *poder normativo* — no lugar do *Estado Legislativo* —, entra em cena o *Estado Administrativo*, no qual não tem mais espaço o monopólio da produção da lei — em sentido material — pelo Parlamento.

É no sistema financeiro do Estado Administrativo que o poder da burocracia se manifesta com mais veemência, principalmente se a autoridade monetária tem autonomia formal, ou seja, determinada por lei. Entretanto, mesmo quando esta inexiste, pode haver a *autonomia de fato*, já que a complexidade técnica de suas atribuições inviabiliza um controle absoluto das lideranças políticas sobre a burocracia.[15] A relação íntima e necessária entre o manejo dos instrumentos de política monetária e as demais políticas públicas, principalmente a política fiscal, com conseqüências diretas nas políticas sociais, além de óbvia, ressalta o caráter político da atuação da burocracia econômica.

Não se trata, porém, de mudança meramente quantitativa, mas sim qualitativa. A burocracia econômica deixa de ser mera *executora* de políticas, transformando-se oficialmente em *formuladora* das mesmas. Todavia, sua crescente importância política não vem acompanhada de mecanismos de responsabilidade (*accountability*) adequados. Uma das razões para tanto é inerente à missão da autoridade monetária: o sigilo como condição da estabilidade do sistema financeiro. A racionalidade instrumental subjuga a exigência de publicidade, princípio basilar do modelo liberal-democrático de direito.

A superação da distinção entre formulação e execução das políticas monetária/creditícia e de regulação/supervisão do sistema financeiro obriga os juristas práticos e teóricos e o Judiciário a repensar os poderes da elite da burocracia econômica.

Todavia, como este trabalho, através de um estudo de caso, pretende demonstrar a tensão entre eficiência econômica e certeza jurídica, entre governabilidade substantiva e legitimidade legal-racional,[16] num contexto de manutenção da estabilidade econômica a qualquer custo, em suma, *fatores não-constitucionais subjacentes*[17]

Administrativo, 11ª ed., São Paulo, Malheiros Editores, 1999, p. 567), é a "atividade da Administração Pública, expressa em atos normativos ou concretos, de condicionar, com fundamento na supremacia geral e na forma da lei, a liberdade e a propriedade dos indivíduos, mediante ação ora fiscalizadora, ora preventiva, ora repressiva, impondo coercitivamente aos particulares um dever de abstenção (*non facere*) a fim de conformar-lhes os comportamentos aos interesses sociais consagrados no sistema normativo".

13. Cf. Celso Antônio Bandeira de Mello, *Curso*, ob. cit., p. 566.

14. Cf. Maria Silvia Zanella Di Pietro, *Discricionariedade Administrativa na Constituição de 1988*, São Paulo, Atlas, 1991.

15. Ver David Beetham, ob. cit., p. 93.

16. Nesta perspectiva, numa análise sobre o *Plano Collor*, ver José Eduardo Faria, *Direito e Economia na Democratização Brasileira*, São Paulo, Malheiros Editores, 1993.

17. Ver Robert Dahl, *Um Prefácio à Teoria Democrática*, trad. Ruy Jungman, Rio de Janeiro, Jorge Zahar Editor, 1996 (primeira edição brasileira: 1989; primeira americana, 1956) p. 83: "Uma vez que somos educados para acreditar na necessidade de controles constitucionais recíprocos, pouca fé depositamos nos seus correspondentes sociais. Admiramos a eficácia da separação constitucional de poderes no freio às maiorias e minorias, mas freqüentemente ignoramos a importância das restrições impostas pela dimensão social no particular. Ainda as-

intimidam e confundem o Poder Judiciário, que se torna ambíguo e contraditório, em meio à distorção da ordem constitucional vigente no País.

2. *CMN e Bacen: um enquadramento jurídico*

Em meio à complexidade das decisões, fórmulas e instituições que devem ser adotadas ou reformuladas, enquanto se anunciam ou prenunciam crises sistêmicas e a ruína de economias nacionais, pouco ou nenhum lugar no debate público parece estar reservado para os que não são economistas. Cientistas políticos, filósofos, sociólogos, historiadores e juristas práticos e teóricos,[18] atônitos, acompanham os diagnósticos e prognósticos dos teóricos da escassez.

No caso do Brasil — país em desenvolvimento e em processo de consolidação de sua ordem democrática —, o combate à inflação tem sido a tônica do debate sobre a reformulação do sistema financeiro. Planos econômicos sucessivos têm suscitado calorosos debates acerca dos limites dos poderes da elite da burocracia econômica. Passada a euforia da redemocratização, a política econômica, em sentido amplo, ou mais especificamente, as políticas fiscal, monetária, cambial e creditícia ocuparam o centro das atenções.

Atualmente, no ordenamento jurídico brasileiro, da formulação e da execução dessas políticas estão incumbidos o CMN e o Bacen, concentrando-se, naquele primeiro, as competências normativas, e, neste último, as competências de execução e de fiscalização. É verdade que esses órgãos já existem desde o regime militar — foram criados em 1965 —, mas encontram-se agora inseridos em arranjos institucionais democráticos, sob a égide do princípio da separação de poderes.

O Quadro 1 apresenta um rol mais detalhado, porém não exaustivo, das competências das autoridades monetárias no Brasil.[19] O critério usado para a classificação é jurídico, priorizando a estrutura de cada norma jurídica. Como se percebe facilmente, do ponto de vista funcional encontram-se misturados os instrumentos clássicos de política monetária, de controle do crédito, de política cambial, de supervisão e regulação prudenciais, de controle do meio circulante, além de competências que permitem a criação de instrumentos de preservação da estabilidade do SFN. O critério de classificação é o seguinte:

(a) atos normativos (= normas jurídicas, preceitos genéricos e abstratos);

(b) atos concretos e específicos de competência discricionária;

(c) atos concretos e específicos vinculados.

O presente trabalho tem como objeto de estudo o poder normativo das autoridades monetárias, ou sua *capacidade normativa de conjuntura*. Entretanto, um estudo dos demais poderes poderia também contribuir para a comprovação das teses aqui desenvolvidas.

sim, se a teoria da poliarquia é aproximadamente válida, segue-se que, na ausência de certas condições sociais prévias, nenhum arranjo constitucional pode criar uma república não-tirânica. *A história de numerosos Estados latino-americanos constitui, acho eu, evidência suficiente*. Reciprocamente, um aumento na extensão em que está presente uma das pré-condições sociais talvez seja *muito mais importante no fortalecimento da democracia que qualquer dada elaboração constitucional*. Estejamos preocupados com uma tirania da maioria ou da minoria, a teoria da poliarquia sugere que as primeiras e cruciais variáveis para as quais os cientistas políticos devem dirigir sua atenção são sociais e não constitucionais" (grifamos).

18. Ver Luiz Felipe de Alencastro, "Elogio do bacharelismo", revista *Veja*, 17.2.1999, p. 16.

19. Agradeço ao Dr. Caio Moysés de Lima pelas importantes observações que me permitiram corrigir algumas impropriedades no referido quadro.

Quadro 1
POLÍCIA ADMINISTRATIVA

Órgãos/ Competências	Atos normativos (capacidade normativa de conjuntura)	Atos concretos e específicos (competência discricionária)	Atos concretos e específicos (vinculados)
CMN	disciplinar o crédito em todas as suas modalidades fixar as diretrizes e normas da política cambial limitar, sempre que necessário, as taxas de juros, descontos, comissões e qualquer outra forma de remuneração de operações e serviços bancários ou financeiros determinar a percentagem máxima dos recursos que as instituições financeiras poderão emprestar a um mesmo cliente ou grupo de empresas expedir normas gerais de contabilidade e estatística a serem observadas pelas instituições financeiras estipular índices e outras condições técnicas sobre encaixes, imobilizações e outras relações patrimoniais, a serem observadas pelas instituições financeiras delimitar o capital mínimo das instituições financeiras privadas estipular as reservas legais regulamentar as operações de redesconto e de empréstimo, efetuadas com quaisquer instituições financeiras públicas e privadas de natureza bancária	outorgar ao Banco Central da República do Brasil o monopólio das operações de câmbio quando ocorrer grave desequilíbrio no balanço de pagamentos ou houver sérias razões para prever a iminência de tal situação autorizar o Banco Central e as instituições financeiras públicas federais a efetuar a subscrição, compra e venda de ações e outros papéis emitidos ou de responsabilidade das sociedades de economia mista e empresas do Estado	mediante proposta do BC, aplicar a pena de cassação de autorização de funcionamento das instituições financeiras públicas, nos casos de reincidência específica de infrações
Bacen	regular a execução dos serviços de compensação de cheques e outros papéis		exercer a fiscalização das instituições financeiras e aplicar as penalidades previstas

continua ...

CMN	estabelecer normas a serem observadas pelo Banco Central em suas transações com títulos públicos e de entidades de que participe o Estado estatuir normas para as operações das instituições financeiras públicas, para preservar sua solidez baixar normas que regulem as operações de câmbio, inclusive *swaps*		
Bacen	exercer o controle do crédito sob todas as suas formas	realizar operações de redesconto e empréstimo a instituições financeiras bancárias autorizar o funcionamento de cooperativas de crédito de qualquer tipo	exercer permanente vigilância nos mercados financeiros e de capitais sobre empresas que, direta ou indiretamente, interfiram nesses mercados e em relação às modalidades ou processos operacionais que utilizem promover a intervenção nas instituições financeiras públicas não federais e nas privadas, ou mesmo proceder a sua liquidação extrajudicial exigir das instituições financeiras ou das pessoas físicas ou jurídicas, a exibição de documentos, papéis e livros de escrituração exigir das instituições financeiras, bem como dos corretores de fundos públicos, os dados ou informes julgados necessários para o fiel desempenho de suas atribuições propor ao CMN a pena de cassação de autorização de funcionamento das instituições financeiras públicas, nos casos de reincidência específica de infrações efetuar o controle dos capitais estrangeiros

3. *A atuação do CMN e do Bacen*

São tantas e tão variadas as normas editadas pela burocracia econômica que se torna difícil resenhá-las. Os próximos parágrafos trazem alguns exemplos da atuação do CMN e do Bacen nos últimos anos.

Em agosto de 1994, o CMN criou novos padrões de capital e de patrimônio líquido para serem seguidos pelas instituições financeiras.[20] No que se refere ao patrimônio líquido, a Resolução exigiu sua compatibilidade com o grau de risco da estrutura dos ativos da instituição.[21] Estipulou a fórmula para a mensuração dessa compatibilidade e trouxe uma tabela de classificação dos ativos, de acordo com seu risco.[22] O CMN autorizou o Bacen a alterar essa tabela.[23] Em dezembro de 1997 o Bacen exerceu essa competência, estabelecendo que "as aplicações em títulos públicos estaduais correspondentes à dívida que tenha sido objeto de assunção e refinanciamento pela União no âmbito do Programa de Apoio à Reestruturação e ao Ajuste Fiscal dos Estados" fossem classificados como de risco zero.

No final do mês de outubro de 1994, o CMN adotou decisões visando ao desaquecimento da economia: restrição do crédito a três meses, limitação dos consórcios de automóveis a doze meses, e proibição do financiamento pelos bancos de empresas de *factoring* e de cartões de crédito.

Em março de 1997, uma Circular do Bacen[24] foi editada com o objetivo de restringir as importações e equilibrar a balança comercial, diminuindo consideravelmente os prazos de pagamento das importações.

Três meses depois, circulares do Bacen foram utilizadas como meio de ataque ao desemprego. Todas as medidas se referiam ao regime jurídico dos consórcios:[25] o prazo máximo para aquisição ou construção de imóveis residenciais passou de 100 para 180 meses; foi autorizada a criação de consórcios para a aquisição e construção de imóveis comerciais, e para a compra de pacotes turísticos (até então era permitida somente para a compra de passagens aéreas). O Bacen também promoveu a desregulamentação do setor, em relação a quaisquer tipos de bens, permitindo que os contratos privados passassem a tratar da forma de pagamento, da aplicação de multas e das condições do lance. As medidas geraram a expectativa de que as vendas de planos para a compra de bens seria da ordem de R$ 9 bilhões em 1997, superando os R$ 7,3 bilhões de 1996.

Os exemplos poderiam se multiplicar indefinidamente. Mediante resoluções, circulares e portarias a burocracia econômica altera a política monetária, expande ou retrai o crédito, interfere nos contratos privados (consórcios, financiamento no âmbito do mercado imobiliário, importação de bens, contratos bancários, cartões de crédito, *leasing*, *factoring*), restringe ou estimula a entrada de capital estrangeiro, manipula a concorrência no setor bancário (autorizando fusões e incorporações), impõe limites ao endividamento dos Estados e Municípios.[26]

Em todos esses casos, são criadas pesadas restrições a princípios jurídicos cons-

20. Resolução CMN 2.099, de 17.8.1994.

21. Anexo IV.

22. Tabela anexa ao Anexo IV. Como exemplo, os fatores de ponderação do risco de Obrigações do Tesouro Nacional, de depósitos bancários, de títulos estaduais e municipais, e de Títulos da Dívida Agrária seriam, respectivamente, de 0% (risco nulo), 20% (risco reduzido), 50% (risco reduzido), e 100% (risco normal).

23. Anexo IV, art. 2º, § 2º.

24. Circular Bacen 2.747, de 25.3.1997, editada como medida complementar à Medida Provisória 1.569, do mesmo dia. Ver também *Gazeta Mercantil*, 17.4.1997, p. A-10.

25. Ver "BC muda regra de consórcio para criar empregos", *O Estado de S. Paulo*, 4.7.1997, p. B-1.

26. Para um levantamento e uma análise do impacto político das medidas mais importantes relativas às finanças estaduais e municipais, ver Lourdes Sola *et. al.*, "Central banking, democratic governance and political authority: the case of Brazil in a comparative perspective", *Workpaper* apresentado no 17º Congresso da Associação Internacional de Ciência Política, Seul, 17-21.8.1997.

titucionais como autonomia da vontade, liberdade contratual, propriedade privada, livre iniciativa, livre concorrência, e mesmo ao princípio federativo. Em nome da racionalidade econômica, do combate à inflação e da estabilidade do sistema bancário, todas as semanas pode-se assistir a uma avalanche de normas que, embora não sejam provenientes do Poder Legislativo, nem de quaisquer outros agentes políticos eleitos, alteram o estatuto da liberdade e da propriedade de pessoas físicas e jurídicas.

4. O CMN e o STF: estudo do caso FGC

> "O Supremo Tribunal Federal, instituição mais do que centenária, guarda da Constituição, não tem compromissos com projetos governamentais. Seu compromisso é com a Carta. Projetos governamentais devem ajustar-se à Constituição, não esta àqueles" (Carlos Velloso, Ministro do Supremo Tribunal Federal, *Folha de São Paulo*, 3.10.1999, p. 1-6).

O CMN é um órgão colegiado composto pelo Ministro da Fazenda (presidente), o Ministro do Planejamento e o Presidente do Bacen. A Medida provisória que instituiu o Plano Real[27] excluiu do Conselho representantes da sociedade civil, eliminando as feições corporativistas que lhe eram atribuídas.[28] O objetivo deste trabalho não é traçar a evolução do órgão desde sua criação, mas sim analisar sua competência normativa (seu "poder legislativo") no Brasil de hoje, sob a égide da Constituição de 1988. Para tanto, ele será considerado o que se tornou após o Plano Real — um órgão exclusivamente governamental, sem representantes da sociedade civil.

São poucas as vezes em que normas editadas pelo CMN são contestadas judicialmente. O caso aqui analisado diz respeito ao *Fundo Garantidor de Créditos* (*FGC*), um dos instrumentos criados recentemente para a preservação da estabilidade do sistema financeiro. De forma resumida, o FGC "(...) é uma associação civil sem fins lucrativos, com prazo indeterminado de duração e constituído sob a forma de sociedade de direito privado, tendo por objetivo dar cobertura, de até R$ 20 mil por titular, a depósitos e aplicações nas hipóteses de decretação de intervenção, liquidação extrajudicial ou falência de instituição que participe do referido fundo, ou, ainda, de reconhecimento, pelo Banco Central, de estado de insolvência da instituição que, nos termos da legislação vigente, não esteja sujeita aos regimes acima mencionados. A proteção de até R$ 20 mil foi aplicada aos depositantes de todas as instituições intervindas e liquidadas após o Plano Real (junho/94)".[29]

O CMN autorizou, em agosto de 1995, a constituição de entidade privada — sem fins lucrativos — com o objetivo de administrar mecanismo de proteção a titulares de créditos contra instituições financeiras.[30]

Em novembro do mesmo ano, o CMN aprovou o estatuto e o regulamento do FGC.[31] São objetos da garantia os depósitos à vista, depósitos de poupança, depósitos a prazo, letras de câmbio, letras imobiliárias e letras hipotecárias.[32]

O Partido dos Trabalhadores (PT) ajuizou uma ação direta de inconstitucionalidade contra as Resoluções do CMN que permitiram a criação do FGC e aprovaram seu estatuto e seu regulamento.[33]

27. MP 542, de 30.6.1994.

28. Ver Maria Lúcia Teixeira Werneck Vianna, *A Administração do Milagre: o Conselho Monetário Nacional 1964-1974*, Petrópolis, Vozes, 1987.

29. Ver o *site* do Banco Central na Internet, www.bcb.gov.br.

30. Resolução CMN 2.197, de 31.8.1995.

31. Resolução CMN 2.211, de 16.11.1995. De acordo com o Estatuto do FGC, não participam do FGC as cooperativas de crédito e as seções de crédito das cooperativas (anexo I, art. 6º, parágrafo único).

32. Regulamento (Anexo II), art. 2º. O § 1º do mesmo artigo exclui da garantia os depósitos, empréstimos e quaisquer outros recursos captados ou levantados no exterior, e os créditos de titularidade de pessoas ligadas à instituição (administradores, controladores, sociedades controladas e coligadas sob controle comum).

33. ADIn 1.398-0-DF. Ver *Lex-JSTF* 218/41, fevereiro de 1997.

O PT sustentou que o CMN desrespeitou o art. 192 (inc. VI) da Constituição e usurpou *competência exclusiva do Congresso Nacional*, pois regulou matéria que somente poderia ser objeto de *lei complementar* (inconstitucionalidade formal).[34]

Ainda segundo o PT, o Regulamento do FGC, em seu art. 4º, permitia que, se o patrimônio do FGC fosse insuficiente para a cobertura da garantia, pudesse ser utilizado adiantamento de recursos líquidos da Reserva Monetária, que é formada com o produto da arrecadação do Imposto sobre Operações Financeiras (IOF). Como o IOF é imposto de competência da União, a inconstitucionalidade material do preceito estava também configurada, uma vez que a Constituição proíbe a participação de recursos da União para esses fins.[35]

Teriam sido violados também os arts. 167 (inc. VIII: vedação da utilização, sem autorização legislativa específica, de recursos dos orçamentos fiscal e da seguridade social para suprir necessidade ou cobrir déficit de empresas, fundações e fundos; e inc. IX: proibição da instituição de fundos de qualquer natureza, sem prévia autorização legislativa) e 37 (legalidade da administração pública).

A outra inconstitucionalidade derivaria do fato de o CMN determinar a extinção do Fundo de Garantia de Depósitos e Letras Imobiliárias (FGDLI)[36] e da Reserva para a Promoção da Estabilidade da Moeda e do Uso do Cheque (RECHEQUE),[37] ambos constituídos por recursos públicos, transferindo seu patrimônio para o novo fundo criado, o FGC, que é um fundo privado.

Em seu despacho solicitando informações ao CMN, o Ministro Celso de Mello aceitou o principal argumento da ação:

"(C)om a edição das Resoluções ora impugnadas, parece-me que se degradou para instância juridicamente inadequada o *poder de regulação* concernente à categoria temática — a criação de fundo ou seguro, com o objetivo de proteger a economia pública e de garantir créditos, aplicações e depósitos até determinado valor — que se acha submetida, em razão de sua própria matéria, ao postulado constitucional da reserva absoluta de *lei em sentido formal*.

"O Poder Executivo não pode outorgar-se, num inaceitável processo de autoinvestidura, a pretexto de eventual omissão do Congresso Nacional no desempenho de suas funções institucionais, uma prerrogativa jurídica cuja sedes *materiae* — tendo em vista o sistema constitucional de poderes limitados vigente no Brasil — só poderia residir em atos estatais primários editados pelo Poder Legislativo.

"(...)

"Vê-se, portanto, que o Conselho Monetário Nacional, parecendo olvidar a incontornável necessidade da submissão constitucional do tratamento jurídico de certas matérias ao exclusivo domínio normativo da lei formal, teria concretizado, com o seu comportamento institucional, uma *evidente transgressão ao princípio nuclear da separação de poderes*"[38] (grifos meus).

34. CF, art. 192: "O sistema financeiro nacional, estruturado de forma a promover o desenvolvimento equilibrado do País e a servir aos interesses da coletividade, será regulado em lei complementar, que disporá, inclusive, sobre: (...) VI — a criação de fundo ou seguro, com o objetivo de proteger a economia popular, garantindo créditos, aplicações e depósitos até determinado valor, vedada a participação de recursos da União".

35. Art. 192, VI, cf. nota anterior.

36. O FGDLI, previsto no art. 17 da Lei 4.380/64, é um fundo de natureza contábil, sem personalidade jurídica, criado para garantir a integridade dos depósitos de poupança e letras imobiliárias, aplicações voltadas para o sistema financeiro da habitação.

37. O RECHEQUE, criado pela Resolução CMN 1.631, de 24.8.1989, foi constituído para patrocinar a divulgação e promoção da defesa da estabilidade da moeda nacional e do uso correto do cheque e para custear despesas com a elaboração e divulgação do Cadastro de Emitentes de Cheques sem Fundos.

38. *LEX-JSTF* 218/41, pp. 54-55.

O Ministro Francisco Rezek, Relator do processo, seguiu a mesma linha de argumentação, mas, ao votar pela concessão de medida liminar, entendeu que naquele momento o que mais importava era "a possibilidade de utilização de recursos públicos na composição de um fundo privado, criado por resolução para garantir depósitos de clientes de instituições financeiras. Os dinheiros públicos uma vez gastos serão de improvável recuperação".[39] Assim, a medida liminar não abordou a questão da inconstitucionalidade formal, deixando esta para ser resolvida no julgamento definitivo da ação.

Uma vez que o próprio CMN já recuara, revogando, no dia 8.2.1996, as suas normas que permitiam o adiantamento de recursos líquidos da Reserva Monetária,[40] o Relator entendeu que houve perda parcial do objeto da ação. A medida liminar foi concedida portanto para suspender a eficácia das normas que permitiam a utilização dos recursos do FGDLI e do RECHEQUE.[41]

A medida liminar foi concedida nesses termos, por unanimidade, em sessão de 13.3.1996, mas, *decorridos mais de quatro anos desde então, o mérito da ação ainda não foi julgado.*

Deve-se ressaltar um outro aspecto desse caso: o próprio fato de o STF ter considerado a possibilidade de uma resolução do CMN ser objeto de controle de constitucionalidade. Essa posição foi sintetizada pelo Ministro Celso de Mello, em seu despacho de solicitação de informações ao CMN:

"Tenho para mim, ao menos para efeito deste juízo de mera delibação — não obstante as referências legislativas constantes do preâmbulo das Resoluções ora impugnadas (o que poderia sugerir fossem ela deliberações de caráter *meramente regulamentar*, hipótese que *não autorizaria o ajuizamento da ação direta*) — que os atos em causa, notadamente a Resolução CMN 2.197/95, revestem-se de *conteúdo normativo.*

"É bastante expressiva, sob tal aspecto, a regra inscrita no *art. 6º da Resolução 2.197/95*, no ponto em que dispõe que o mecanismo de proteção a titulares de créditos contra instituições financeiras, '*de que trata esta Resolução, funcionará enquanto não regulamentado, pelo Congresso Nacional, o art. 192 da Constituição Federal'.*

"Vê-se, portanto, que o ato em causa foi editado pelo Conselho Monetário Nacional com a evidente finalidade de suprir a exigência constitucional de lei complementar. Na realidade, essa resolução transformou-se em verdadeiro sucedâneo, constitucionalmente não autorizado, da lei complementar exigida pelo art. 192, VI, da Carta Política.

"Tratando-se de deliberação veiculadora de *prescrições gerais, abstratas e autônomas*, não há como recusar-lhe — ante esse expressivo coeficiente de generalidade abstrata (...) — o *caráter de ato normativo*, para efeito de instauração da jurisdição constitucional *in abstracto* do Supremo Tribunal Federal" (grifos meus).[42]

Não obstante a ênfase dada ao desrespeito ao art. 192 da Constituição, a medida liminar, como já foi visto, não abordou essa questão, e o julgamento definitivo ainda não veio. Enquanto isso, *continuam tendo eficácia resoluções do CMN que tratam de assuntos de competência exclusiva do Congresso*. A esse respeito, vale a pena transcrever o voto do Ministro Marco Aurélio:

"Senhor Presidente, creio que todos nós estamos de acordo quanto à plausibilidade jurídica do pedido, no seu todo. *Costumo dizer que as coisas se complicam sempre quando há falha em atividade desenvolvida por determinada instituição. Refi-*

39. *LEX-JSTF* 218/41, p. 57.

40. A Resolução CMN 2.249, de 8.2.1996, revogou as seguintes normas: Anexo I, art. 5º, § 2º, III e Anexo II, art. 4º, III da Resolução CMN 2.211/95.

41. Resolução CMN 2.197/95, art. 5º e Resolução CMN 2.211/95, Anexo II, art. 7º, *caput* e § 1º.

42. *LEX-JSTF* 218/41, pp. 52-53.

ro-me ao Congresso Nacional no que, passados oito anos, ainda não editou a lei complementar de que cogita o art. 192 da Carta Federal.

"(...)

"Senhor Presidente, *não fosse a repercussão do deferimento de uma liminar em maior extensão*, considerados principalmente os pequenos investidores, os pequenos correntistas, não teria a menor dúvida em atuar no campo pedagógico, sinalizando ao autor do ato atacado que ele também deve obediência à Lei Maior, à Constituição Federal. Sensibiliza-me, contudo, o que foi dito relativamente à necessidade de manter-se, com eficácia, parte do diploma atacado *visando a proteger justamente esses pequenos investidores. Assim, projeto o exame do vício formal para o julgamento da ação direta de inconstitucionalidade*" (grifos meus).[43]

Essa foi a diretriz do julgamento: não obstante o claríssimo vício de inconstitucionalidade formal, o Tribunal, diante da omissão do Legislativo, que ainda não editou a lei complementar que viabilizaria a proteção dos poupadores e investidores – garantindo a estabilidade do sistema financeiro, deveria adotar uma ética de conseqüência, levando em conta a "repercussão" de uma liminar mais ampla. O exame do vício formal seria portanto "projetado" para o julgamento definitivo da ação. A julgar pela demora da decisão definitiva — até hoje não foi prolatada, a impressão que se tem é de que o Supremo decidiu não decidir. Se já tivesse decidido, a anulação das resoluções do CMN que criaram o FGC significaria a extinção de um importante instrumento de garantia da estabilidade do sistema financeiro, uma vez que o Congresso ainda levará um tempo indeterminado para editar a lei complementar do SFN. O Tribunal, portanto, deferiu "o possível",[44] evitando a transferência de verbas públicas para o FGC, mas manteve o Fundo, que tem outras fontes de receita.[45]

O dilema entre governabilidade substantiva e legitimidade legal-racional parece traduzir a ambigüidade do STF.[46] Outra forma de expressar essa ambigüidade é o dilema entre decisões de bloqueio e decisões de intervenção.

Ao agir conforme a lógica do bloqueio, o Supremo segue um figurino liberal clássico, nos termos de uma visão tradicional da separação de poderes. Foi o que aconteceu com o *mandado de injunção*.[47] A distorção da representação política no Brasil, um dos temas mais recorrentes nos últimos anos, foi levada ao Supremo pela via de um mandado de injunção impetrado por deputados e senadores do PSDB de São Paulo, elaborado pelo Prof. Miguel Reale Jr.[48] A Constituição Federal prevê a elaboração de lei complementar[49] para a dimi-

43. *LEX-JSTF* 218/41, pp. 58-59.

44. Voto do Ministro Maurício Corrêa, p. 58.

45. Contribuições das instituições associadas, taxas de serviço decorrentes da emissão de cheques sem fundo, dentre outras — cf. Resolução CMN 2.211, Anexo II (Regulamento do FGC), art. 3º.

46. Ver José Eduardo Faria, *Direito e Economia na Democratização Brasileira*, São Paulo, Malheiros Editores, 1993, p. 22; Oscar Vilhena Vieira, *Supremo Tribunal Federal: Jurisprudência Política*, São Paulo, Ed. RT, 1994; e Rogério Bastos Arantes, *Judiciário e Política no Brasil*, São Paulo, Idesp/Sumaré/Educ/Fapesp, 1997.

47. Para uma retrospectiva da evolução do entendimento do STF a respeito do mandado de injunção, principalmente a partir do ingresso no Supremo dos Ministros Marco Aurélio Mello e Carlos Velloso, ver Oscar Vilhena Vieira, *Supremo Tribunal Federal: Jurisprudência Política*, ob. cit., pp. 120-133. Para uma crítica da confusão que se faz entre o mandado e a *ação de inconstitucionalidade por omissão*, que tem sido a posição do STF, ver José Afonso da Silva, *Curso de Direito Constitucional Positivo*, 14ª ed., São Paulo, Malheiros Editores, 1997, pp. 426 e ss.

48. MI 219-3.

49. "Art. 45. A Câmara dos Deputados compõe-se de representantes do povo, eleitos pelo sistema proporcional, em cada Estado, em cada Território e no Distrito Federal. § 1º. O número total de Deputados, bem como a representação por Estado e pelo Distrito Federal, será estabelecido por lei complementar, proporcionalmente à população, procedendo-se aos ajustes necessários, no ano anterior às

nuição da distorção da representação. Os autores pediam ao STF, diante da omissão do Congresso, que não editara a referida lei, que o próprio Tribunal solucionasse o caso concreto, "determinando que o número de Deputados por São Paulo, tal como constaria, de forma indubitável, de lei, caso tivesse sido editada, seja de 70, para garantir prerrogativa inerente à soberania popular e à cidadania".[50] O Supremo reconheceu a omissão do Congresso, mas limitou-se, em sua decisão, a "dar-lhe ciência dessa situação de mora constitucional para que supra a omissão em tempo útil", frustrando a expectativa dos autores da ação e de todos que esperavam uma atuação mais incisiva da Corte.[51]

Em relação às medidas provisórias aconteceu o contrário. Apesar de, em deci-

eleições, para que nenhuma daquelas unidades da Federação tenha menos de oito ou mais de setenta deputados."

50. Miguel Reale Jr., *Casos de Direito Constitucional*, São Paulo, Ed. RT, 1992, p. 73, *apud* Oscar Vilhena Vieira, *Supremo Tribunal Federal: Jurisprudência Política*, ob. cit., pp. 129-130.

51. O exercício da jurisdição constitucional na Alemanha tem sido um exemplo dinâmico de como a defesa radical dos direitos fundamentais, tão caros aos alemães, não pode ser abandonada em nome da "separação dos poderes" (ver Gilmar Ferreira Mendes, "O apelo ao legislador — *Apellentscheidung* — na práxis da Corte Constitucional Federal Alemã", *RT — Cadernos de Direito Constitucional e Ciência Política* 1/91-114, e Jean-Claude Béguin, *Le Contrôle de la Constitutionnalité des Lois en République Fédérale d'Allemagne*, Paris, Economica, 1982). Nesse sentido, a atuação do *Bundesverfassungsgericht*, o Tribunal Constitucional Alemão, tem grande influência na "conformação da própria realidade político-social da Alemanha". Dentre suas técnicas de decisão em matéria de controle de constitucionalidade, nenhuma é tão discutida quanto a *Apellentscheidung*, a "decisão de apelo ao legislador", que suscita importantes questões de caráter jurídico e político. As técnicas de decisão em matéria de controle de constitucionalidade, no direito alemão, podem ser de duas espécies: declaração de inconstitucionalidade ou de rejeição de inconstitucionalidade. Aquela primeira, de acordo com a Lei Orgânica do Tribunal Constitucional Alemão, pode trazer nulidade (caráter cassatório) ou não traze-la (caráter mandamental ou condenatório — é a *Unvereinbarkeitserklärung*, introduzida no direito alemão em 1970, por alteração da Lei do *Bundesverfassungsgericht*). Dentre as técnicas de decisão em matéria de controle de constitucionalidade, a decisão de apelo ao legislador é classificada como uma decisão de rejeição de inconstitucionalidade. Na decisão de apelo, o Tribunal reconhece a constitucionalidade de uma lei, mas dá a entender que essa constitucionalidade é precária, ou seja, a lei *ainda é constitucional*, mas está em vias de deixar de sê-lo. Essa afirmação é seguida de uma exortação ao legislador para que tome as providências necessárias para que, numa futura eventual nova ação de inconstitucionalidade com o mesmo objeto, não seja declarada a inconstitucionalidade da lei. A decisão de apelo não se confunde com a declaração de inconstitucionalidade sem cominação de nulidade (*Unvereinbarkeitserklärung*). Em primeiro lugar, a *Unvereinbarkeitserklärung*, como já foi referido, contém uma declaração de inconstitucionalidade, enquanto a decisão de apelo configura uma peculiar decisão de rejeição de inconstitucionalidade. Em segundo lugar, a *Unvereinbarkeitserklärung* tem caráter mandamental — obriga o legislador a suprimir o estado de inconstitucionalidade, enquanto a decisão de apelo tem caráter preventivo (Gilmar Ferreira Mendes, ob. cit., p. 95). É importante ressaltar que *a decisão de apelo nunca esteve prevista pela Lei do Tribunal — trata-se de construção jurisprudencial*. Não há uma sistematização das decisões de apelo. Isso se deve, em parte, a sua condição de técnica de decisão sem previsão legal, nascida da práxis do Tribunal. Num ensaio de classificação, os autores têm referido três tipos básicos: apelo ao legislador em virtude de mudança nas relações fáticas ou jurídicas; apelo em virtude de descumprimento de dever constitucional de legislar; apelo em virtude de falta de evidência de constitucionalidade. Exemplo do primeiro tipo — apelo em virtude de mudança nas relações fáticas — é dado pela decisão de 22.5.1963 do Tribunal. Apesar das grandes alterações demográficas ocorridas na Alemanha Federal no período pós-guerra, a lei eleitoral de 1961 manteve a *divisão dos distritos eleitorais* criada em 1949. O princípio da igualdade eleitoral foi utilizado como fundamento de uma ação que visou à declaração de inconstitucionalidade da lei de 1961. O Tribunal rejeitou a alegação de inconstitucionalidade, mas conclamou o legislador a tomar as medidas necessárias para reduzir a desigualdade decorrente das alterações populacionais. Menos de um ano depois da decisão, o Parlamento atendeu ao apelo — foi promulgada uma nova lei eleitoral, em 14.2.1964. O segundo tipo — apelo em virtude de descumprimento de dever constitucional de legislar — abrange uma série de inadimplementos do Legislativo, relativos a um dever de legislar decorrente : (a) de expressa exigência constitucional; (b) do chamado dever de proteção, que obriga o Estado a atuar na defesa e proteção de certos valores, como a vida, a honra, sobretudo em face de agressões praticadas por

são histórica,[52] o STF ter suspendido a eficácia da Medida Provisória 190 (Governo Collor) — reedição da MP 189, que fora rejeitada pelo Congresso, ele não tem considerado inconstitucional a reedição de medidas provisórias *que não foram rejeitadas* pelo Legislativo.[53] Essa distinção é fundamental. Como a Constituição não traz regras específicas a respeito da reedição,[54] coube ao STF, defensor da Constituição,

terceiros; (c) do dever geral de adequação, que impõe ao legislador a obrigação de corrigir as conseqüências danosas ou perversas para os direitos fundamentais resultantes da aplicação da legislação existente. O caso referido por Gilmar Ferreira Mendes para ilustrar esse segundo tipo envolve o problema de energia nuclear. O Tribunal entendeu, em decisão de 8.8.1978, que os novos desenvolvimentos científicos obrigavam o legislador a rever sua decisão em favor do uso pacífico da energia atômica. Semelhante decisão foi adotada para o problema da poluição sonora provocada por aviões (julgado de 14.1.1981), e ao procedimento do censo (15.12.1983). O terceiro tipo de apelo, na realidade, confunde-se com o primeiro. Tanto é assim que, em sua exposição, Gilmar Ferreira Mendes repete *o exemplo do caso da lei eleitoral* — não havia, quando da elaboração da lei, evidência de sua inconstitucionalidade. A decisão do Tribunal tornaria a mácula evidente, não podendo mais o legislador alegar desconhecimento ou ignorância do estado "patológico" identificado. *Os efeitos técnico-jurídicos da decisão de apelo não estão previstos em lei*, uma vez que ele próprio é fruto de construção jurisprudencial. De acordo com a práxis do Tribunal, o apelo tem integrado os fundamentos da decisão, enquanto a parte dispositiva desta tem trazido o reconhecimento da constitucionalidade — relembre-se que a decisão de apelo é um tipo especial de decisão de rejeição de inconstitucionalidade, e não de declaração de inconstitucionalidade. Nos fundamentos da decisão pode-se ler, portanto, de modo mais ou menos ostensivo, a depender do caso, a advertência do Tribunal no sentido de que uma determinada situação não será mais aceita após certo prazo. A decisão de apelo não faz coisa julgada (*Rechtskraft*) nem tem força de lei (*Gesetzeskraft*) — o desenvolvimento posterior não é objeto do controle. Isso quer dizer que após o decurso do prazo pode-se suscitar novamente a inconstitucionalidade da lei. É importante ressaltar que o *Apellentscheidung* não cria um dever jurídico de legislar para o Legislativo, mesmo que conste da parte dispositiva da decisão. Sustentar o contrário extrapolaria a liberdade de ousadia da jurisprudência do Tribunal. Após o decurso do prazo fixado pelo Tribunal para que sejam tomadas as providências cobradas do Legislativo (nem sempre há uma estipulação de prazo), se tais medidas não forem adotadas, não há um reconhecimento automático da inconstitucionalidade da lei. A decisão de apelo não é uma declaração de nulidade submetida a uma condição suspensiva. Uma nova ação deve ser proposta para se argüir a constitucionalidade da lei. Ao lado das conseqüências técnico-jurídicas, a prática do Tribunal consistente nas decisões de apelo tem gerado profundas reformas legislativas na Alemanha, nas mais diversas áreas (direito de família, execução penal, regime jurídico das escolas públicas, legislação eleitoral etc.). Dentre as críticas que surgiram contra essa técnica de decisão do Tribunal, destaca-se a alegação de falta de fundamento legal para ela. Além disso, estaria havendo um *desrespeito ao princípio da separação dos poderes* — a decisão de apelo seria uma maneira de compensar, mediante decisão judicial, o déficit identificado no processo legislativo, o que terminaria por demitir o Legislativo da tarefa de concretizar a Lei Fundamental. Além disso, que bola de cristal, dizem os críticos, autoriza o Tribunal a "ameaçar" o Legislativo com a profecia de que uma lei "ainda não é constitucional", mas está em vias de sê-lo? Qual o fundamento dessa competência do Tribunal para fazer prognósticos? Os críticos do *Apellentscheidung* talvez não se tenham apercebido do seguinte: a decisão de apelo surge como a resposta prática e lógica a um tipo de problema para cuja resolução o legislador não concedeu instrumentos adequados ao Tribunal (cf. Jean-Claude Beguin, ob. cit., p. 266 e ss.). Considere-se o problema do vício constitucional que não é intrínseco ao texto da lei. Em relação a ele, duas hipóteses são possíveis: ou o vício está em vias de formação, ou já se configura. Na primeira situação, a decisão de apelo é uma mera advertência. Na segunda, porém, ela permite contornar o problema da nulidade — se o vício não era de origem, como determinar exatamente quando a lei se tornou inconstitucional? Que significado teria a expressão *ex tunc*, quanto à nulidade, nessa inusitada situação? A decisão de apelo é uma maneira de o Tribunal adiar o momento de retirar (ou de suspender sua eficácia) uma norma do ordenamento. Assim, conclui Beguin, com a técnica de "reenvio" ao legislador com diretivas, o Tribunal é dotado de um instrumento de intervenção eficaz na medida em que permite impulsionar a fase de decisão legislativa mediante a qual uma situação conforme à constituição será restabelecida nos domínios mais diversos do direito.

52. ADIn 239-7/600, *apud* Oscar Vilhena Vieira, *Supremo Tribunal Federal: Jurisprudência Política*, ob. cit., pp. 105-109.

53. ADIn 1.250-9-DF.

54. No momento em que faço a última revisão deste texto, discute-se no Congresso proposta de Emenda Constitucional que limita a reedição de medidas provisórias.

interpretar e concretizar o princípio da separação de poderes. Adotou uma posição de bloqueio, quando não permitiu a reedição de medida provisória rejeitada, mas favoreceu a intervenção do Executivo na economia, na liberdade contratual e na propriedade privada em diversos casos, ao julgar constitucional a reedição de medidas provisórias não rejeitadas — afastando, assim, a tese da "rejeição tácita".[55] Os críticos da decisão alertam para o perigo de o STF ter efetivamente transferido para o Executivo o poder legislativo – basta enviar ao Congresso uma grande quantidade de medidas provisórias, inviabilizando seu exame e sua rejeição em tempo hábil, para que a reedição das mesmas não se submeta a qualquer tipo de controle parlamentar. Nem mesmo os requisitos constitucionais para a adoção da medida provisória — relevância e urgência, segundo o art. 62 — podem mais servir de freio ao Executivo, uma vez que o STF entende que a avaliação dos mesmos não é questão jurídica, mas sim política, devendo ser objeto de negociação entre Parlamento e Governo.

Quanto a este último aspecto, o STF busca evitar ou diminuir o fenômeno da *judicialização da política*.[56] A ampliação do acesso ao Judiciário, das técnicas de tutela jurisdicional (principalmente do controle de constitucionalidade) e do rol de legitimados para a proposição de ações de defesa de interesses difusos e coletivos tem transformado o Judiciário em arena de importantes disputas políticas, desde a promulgação da Constituição de 1988. Entre o jurídico e o político, uma zona cinzenta abrange questões que exigem dos juízes um posicionamento bem menos autômato do que aquele desempenhado pelo perfil de magistrado de Montesquieu.

Os exemplos poderiam se multiplicar, se fossem tomados os períodos Sarney, Collor, Itamar e Fernando Henrique, não somente em relação a medidas provisórias, mas também a respeito de várias outras questões. Em todas elas, os dilemas se repetem: garantir direitos individuais ou a eficácia da política econômica; técnica de bloqueio ou permissão de intervenção; efetivamente decidir ou abdicar da decisão em favor dos agentes políticos; manifestar-se claramente ou aguardar que o sempre referido "acúmulo de processos" crie fatos consumados e a conseqüente "perda de objeto" das ações polêmicas.

É neste contexto de judicialização da política e de politização do Judiciário, de consolidação das instituições democráticas, de instabilidade política e econômica, de intensa disputa por espaço político, de afirmação da sociedade civil, no seio de uma sociedade desigual e conflituosa, que se deve examinar o controle judicial da burocracia econômica.

Que feições podem assumir, nessa concretização da Constituição, as competências dos conselhos e agências do Executivo? Particularmente no âmbito do sis-

55. Para uma exposição sistemática da questão das medidas provisórias, do ponto de vista do Direito Constitucional, ver Clèmerson Merlin Clève, *Atividade Legislativa do Poder Executivo no Estado Contemporâneo e na Constituição de 1988*, São Paulo, Ed. RT, 1993, e, principalmente, do mesmo autor, *Medidas Provisórias*, 2ª ed., São Paulo, Max Limonad, 1999. Para uma abordagem dos padrões de relação Executivo/Legislativo na perspectiva da Ciência Política, ver o importante trabalho de Argelina Figueiredo e Fernando Limongi, "O Congresso e as medidas provisórias: abdicação ou delegação?", *Novos Estudos CEBRAP* 47/127-154, março 1997. Dos mesmos autores, ver os outros trabalhos publicados em *Executivo e Legislativo na Nova Ordem Constitucional*, Rio de Janeiro, FGV/FAPESP, 1999. De consulta obrigatória também é o trabalho de Rogério Bastos Arantes, *Judiciário e Política no Brasil*, ob. cit. Este último configura uma tentativa de análise interdisciplinar do controle de constitucionalidade exercido pelo STF. Entretanto o autor foi infeliz ao caracterizar como "administrativa" a natureza da medida provisória, reproduzindo uma equivocada doutrina jurídica (pp. 127-128).

56. Ver Manoel Gonçalves Ferreira Filho, "O Poder Judiciário na Constituição de 1988: judicialização da política e politização da justiça"; e Cristina M. M. Queiroz, *Os Actos Políticos no Estado de Direito: o Problema do controle Jurídico do Poder*, Coimbra, Almedina, 1990.

tema financeiro nacional, como a racionalidade que rege a manutenção da estabilidade do sistema condiciona as categorias e os esquemas interpretativos do Direito Público? O CMN e o Bacen estão efetivamente *legislando*? Qual a reação do Direito Público à pretensão de validade jurídica e de legitimidade das medidas econômicas?

O caso estudado mostra como um dos principais dogmas do Direito Público, a *hierarquia das normas*, foi, na prática, desrespeitado, com a decisão do STF de protelar a decisão de mérito sobre o caso FGC. Uma norma do CMN, até hoje, faz as vezes de lei complementar.

O CMN, principal representante da burocracia econômica, tem, portanto, graças à omissão do STF, que diz "não ter compromissos com projetos governamentais", exercido uma *efetiva função legislativa*, que não poderia nem ser delegada ao Presidente da República — segundo o § 1º do art. 68 da Constituição, as matérias reservadas à lei complementar não podem ser objeto dessa delegação.

Por sua vez, a doutrina do Direito Público brasileiro tem apresentado duas reações básicas ao agigantamento dos poderes da burocracia econômica.

A primeira delas consiste em sustentar uma interpretação rígida do princípio da separação dos poderes, o que implica a inconstitucionalidade das normas editadas pela burocracia.

Ainda segundo os defensores dessa tese, haveria mais uma evidência de que a Constituição não admite o poder normativo das autoridades monetárias brasileiras. Ela surge da leitura do art. 25 do Ato das Disposições Constitucionais Transitórias (ADCT): "Art. 25 Ficam revogados, a partir de cento e oitenta dias da promulgação da Constituição, sujeito este prazo a prorrogação por lei, todos os dispositivos legais que atribuam ou deleguem a órgão do Poder Executivo competência assinalada pela Constituição ao Congresso Nacional, especialmente no que tange a: I — ação normativa".

O texto constitucional parece ser claro: trata-se de uma revogação explícita das leis que davam competências normativas ao CMN e ao Bacen. A *lei* (=lei em sentido formal) que seria necessária para prorrogar a vigência dessas competências só foi promulgada em junho de 1990,[57] portanto, depois do prazo de cento e oitenta dias.[58]

Do ponto de vista técnico-jurídico, não teria ocorrido a prorrogação — já que não se pode prorrogar a vigência de leis já revogadas, a lei editada em junho de 1990 estaria na verdade *criando nova delegação legislativa*, o que seria inconstitucional.

Entretanto, a questão complica-se com a constatação de que dentro do prazo de cento e oitenta dias foi editada uma medida provisória[59] que estipula a necessária prorrogação. Esta medida só foi aprovada pelo Congresso após o decurso do prazo. Considerando que a exigência do art. 25 do ADCT era de lei em sentido formal, a prorrogação não foi efetuada, pois a medida provisória não foi convertida em lei tempestivamente.

A segunda vertente da doutrina brasileira, que poderíamos chamar de vanguardista, tenta reformular categorias e esquemas interpretativos, assumindo a premissa — realista — de que a complexidade técnica das atribuições da burocracia exige que lhe seja conferido um poder legislativo de conjuntura.[60]

O poder regulamentar do CMN e do Bacen deveria ser reconhecido — primeiro passo para o seu controle. A postura da doutrina tradicional, que simplesmente ignora o poder regulamentar da burocracia econômica, por considerá-lo inconstitu-

57. Lei 8.056, de 28.6.1990.

58. O prazo expirou na primeira semana de abril de 1990, seis meses após a promulgação.

59. Medida Provisória 45, de 31.3.1989.

60. Cf. Eros Roberto Grau, "Capacidade normativa de conjuntura", ob. cit., e "Crítica da 'separação dos poderes': as funções estatais, os regulamentos e a legalidade no Direito brasileiro, as leis-medida", ob. cit. (ver nota 15, *supra*).

cional, bloqueia o debate sobre o seu controle democrático.

Não obstante a riqueza do debate doutrinário, o que o caso estudado demonstra é que o controle judicial do poder normativo da burocracia econômica é ambíguo. Em meio às constantes ameaças de recrudescimento inflacionário e de crises bancárias, o STF vê-se obrigado a permitir a usurpação de competências do Congresso pelas autoridades monetárias. O que aumenta a ambigüidade é o fato de essa permissão não ter sido explícita. Deu-se tacitamente, com a demora para decidir.[61]

No capitalismo contemporâneo, principalmente em países pobres como o Brasil, a complexidade e o caráter conjuntural do manejo dos instrumentos de política monetária/creditícia/cambial e a regulação/supervisão do sistema financeiro impedem que estas tarefas sejam executadas pelo Parlamento. Mais grave que isso — diria um democrata —, o próprio Executivo, na figura de seu líder político é incapaz de assumi-las. Desse modo, a burocracia amplia seu poder normativo.

No Brasil, a frágil democracia ainda aguarda que a Suprema Corte *decida*, explicitando, em suas razões, quando, como e por que o controle judicial das autoridades monetárias será um instrumento efetivo de *accountability*. Enquanto a decisão não vem, a burocracia econômica está, aparentemente, fora de controle.

61. Até o dia 1.8.2000, data em que fiz a última revisão deste texto, não houve julgamento do mérito, de acordo com informações disponíveis no *site* do STF na Internet (www.stf.gov.br).

A QUESTÃO DA RESPONSABILIDADE, POR SUCESSÃO "INTER VIVOS", NO CONTRATO DE TRESPASSE

ALEXANDRE AGUIAR DE BRITO

1. Introdução. 2. No Direito Comparado. 3. Variações exegéticas no Direito nacional: 3.1 Obrigações comerciais. Aspectos gerais; 3.2 Obrigações tributárias. Responsável tributário. Formalidade da venda; 3.3 Obrigações trabalhistas.

1. *Introdução*

Interessa, aos empresários, quando propensos à investimentos vultosos, racionalizar riscos, quantificando contingências econômicas e jurídicas relacionadas ao negócio pretendido.

As restruturações societárias, necessárias à sobrevivência empresarial, impõem sofisticados mecanismos de auditorias contábeis e jurídicas.

Alternativamente, alguns empresários optam por não adentrarem o mérito das discussões societárias. Conduzem negociações no sentido da aquisição restrita do estabelecimento empresarial desejado. Por vezes, desinformados, acreditam prescindir das mencionadas auditorias jurídicas — *due diligence* — pois que passivos e ativos, segundo os mesmos, seriam atributos da sociedade alienante, não integrando o estabelecimento empresarial.

O objeto do presente estudo visa clarificar e delimitar esta responsabilidade — pelo passivo da pessoa jurídica sucedida, *inter vivos*, em estabelecimento empresarial.

"O contrato de compra e venda de estabelecimento comercial denomina-se *trespasse*".[1] Alguns, contudo, preferem a designação de transpasse ou trepasse.

Ao revés da mentalidade empresarial, é comum a conexidade do tema, responsabilidade por sucessão e trespasse.

No Direito brasileiro, o tema é enfocado, separadamente, em cada sub-ramo, de forma específica. A compartimentalização do instituto, todavia, causa estranheza e, às vezes, imprecisões, confusões e atecnias, sendo polêmicas suas implicações, vejamos:

2. *No Direito Comparado*

Na Alemanha, a responsabilidade do sucessor pelo passivo da empresa sucedida, no contrato de trespasse, condiciona-se à utilização, pelo sucessor, do nome empresarial do sucedido.

Na França, o credor do alienante pode se opor à venda do estabelecimento.

Na Argentina, o pagamento pelo trespasse, só se faz após dez dias do anúncio de venda. O passivo não pode ser maior que

1. Fábio Ulhôa Coelho, *Curso de Direito Comercial*, São Paulo, Saraiva, 1998.

o ativo. Terceiros podem reclamar seu crédito junto ao adquirente que pagará o saldo ao alienante.

Na Itália, o adquirente se sub-roga em todas as obrigações ativas e passivas do alienante, salvo as de caráter pessoal e as expressamente ressalvadas no contrato.

3. Variações exegéticas no Direito nacional

Genericamente, "não há (responsabilidade por) sucessão universal na alienação do estabelecimento ou empresa, salvo *lex specialis*"[2] ou contrato. Esta regra genérica deflui do princípio constitucional insculpido no art. 5º, inc. II (*ninguém é obrigado a fazer ou deixar de fazer alguma coisa, senão em razão da Lei*), da Constituição Federal de 1988.

As leis especiais, ao seu turno, serão analisadas, detidamente, dentro do sub-ramo do direito pertinente, fazendo-se, sempre que possível, remissão aos elementos comuns existentes.

A necessidade moderna de proteção aos credores e aperfeiçoamento do ordenamento jurídico, bem como a evolução da garantia pessoal (Roma) para a patrimonial (moderna), fez multiplicar as referidas normas especiais, ampliando o âmbito de incidência da responsabilidade por sucessão e, conseqüentemente, a sub-rogação do sucessor no passivo do sucedido.

A responsabilização do sucessor, pelo passivo do sucedido, assemelha-se à uma cessão de dívida *ex lege*.

Como regra, a falta de anuência do credor quanto à hipótese de "cessão de dívida legal" não desvincula o sucedido da obrigação de pagar, todavia, obriga o sucessor, subsumido aos elementos dos preceitos específicos.

Há polêmica quanto a estes elementos específicos e a extensão da sucessão em cada disciplina jurídica e nas disposições contratuais.

Tal mister não induz incompatibilidades nem divisão da unicidade do ordenamento jurídico, tão-só estabelece regramentos específicos para um fenômeno jurídico comum ao ordenamento como um todo.

3.1 Obrigações comerciais. Aspectos gerais

"O passivo não integra o estabelecimento, a regra é a de que o adquirente não se torna sucessor (responsável) do alienante",[3] com efeito, o próprio ordenamento assegura outros meios para que o credor, de obrigação de natureza privada, satisfaça seu crédito, em sentindo-se lesado com a alienação do estabelecimento comercial de seu devedor. Como exemplo, podemos citar a ação pauliana e a revocatória.

Na doutrina do inesquecível Pontes de Miranda, a abrangência da responsabilidade, aquiliana (extracontratual), por sucessão, no direito privado, encontra limitação: "Há sucessão universal na fusão ou na incorporação de pessoas jurídicas e na extinção da personalidade conseqüente à aparição de outra",[4] e continua, "não é fusão a aquisição de outra pessoa jurídica, com reembolso dos acionistas e credores da pessoa jurídica alienante (...) nem a aquisição de todas as ações de outra pessoa jurídica, ou todas menos número suficiente à continuação da existência daquela cujas ações foram adquiridas".[5]

Válida, portanto, a ressalva feita pelo Professor Fábio Ulhôa Coelho: "sucessão empresarial pode ou não existir no contrato de trespasse, mas não existe na transferência de participação societária",[6] e con-

2. Pontes de Miranda, *Tratado de Direito Privado*, v. 15, 1984.

3. Fábio Ulhôa Coelho, *Curso de Direito Comercial*, São Paulo, Saraiva, 1998.

4. Pontes de Miranda, *Tratado de Direito Privado*, v. 15, 1984.

5. Pontes de Miranda, *Tratado de Direito Privado*, v. 15, 1984.

6. Fábio Ulhôa Coelho, *Curso de Direito Comercial*, São Paulo, Saraiva, 1998.

tinua, "não existe regra de sub-rogação em decorrência do trespasse".[7]

No mesmo sentido, "a alienação de estabelecimento ou empresa somente suscita sucessão universal se a alienação é de patrimônio, prevista, assim, a universalidade de sucessão",[8] a venda do imóvel ou do maquinário, em separado, não implica responsabilidade por sucessão empresarial.

Todavia, "é comum a assunção das obrigações do alienante pelo adquirente (...) geralmente é anexo ao contrato e de fato é uma cessão de dívida que, embora não disciplinada, tem sido considerada válida". Trata-se de sucessão contratada e tem, por objetivo, desvincular a responsabilidade do alienante e limitar o risco do adquirente. Não tem validade contra terceiros alheios ao trespasse mas se torna instrumento importante de exercício do direito de regresso.

3.1.1 Elementos normativos

A escassez legislativa quanto à conceituação da sucessão no âmbito do direito comercial conduz-nos à doutrina.

Com efeito, não cabe à norma conceituar institutos, tal mister é atribuído à doutrina.

Maria Helena Diniz, em *Dicionário Jurídico*, v. 4, define: "Sucessor de estabelecimento. Direito comercial. Comerciante que, ao adquirir um estabelecimento mercantil ou industrial de outro, continua a exercer o mesmo ramo do comércio".

Todavia, não há regra jurídica que implique, diretamente, a assunção das obrigações comerciais do alienante pelo adquirente.

A única norma que vincula o estabelecimento empresarial ao passivo comercial do alienante, no contrato de trespasse, é o art. 52, VIII da Lei de Falências.

Por este dispositivo, resta estabelecido a "ineficácia" do trespasse, face aos credores do alienante, quando a alienação se dá sem o consentimento destes.

Como garantia do adquirente, os credores do alienante devem ser notificados judicialmente ou extrajudicialmente para manifestarem seu consentimento, expresso ou tácito (trinta dias *in albis*), com a alienação do estabelecimento empresarial do devedor.

A inobservância desta cautela torna o contrato de trespasse passível de ação revocatória.

Observe-se que, na sucessão do estabelecimento, a responsabilidade quanto ao passivo comercial do alienante, na hipótese de falência, e sem a anuência dos credores do alienante quanto ao trespasse, prescinde do exercício, pelo sucessor, da mesma atividade do sucedido.

A sucessão de posse, sem alteração na propriedade, nenhuma repercussão produz no campo das obrigações passivas (comerciais) relativamente ao sucessor ou sucedido.

Por fim, aduz-se que, "ou é o ato estatutório (negócio jurídico) que rege a sucessão, ou a lei",[9] "sempre que, a respeito de sucessão universal entre vivos, não há regra jurídica que estatua sobre alguma situação que também ocorra na sucessão universal a causa da morte, tem-se de invocar a regra jurídica a respeito da sucessão a causa da morte".[10]

3.1.2 Conclusão parcial I

Não existe norma jurídica que vincule o sucessor de estabelecimento comercial às obrigações privadas do sucedido.

Quando muito, existe apenas o risco de ações revocatórias na hipótese do art.

7. Fábio Ulhôa Coelho, *Curso de Direito Comercial*, São Paulo, Saraiva, 1998.
8. Pontes de Miranda, *Tratado de Direito Privado*, v. 15, 1984.
9. Pontes de Miranda, *Tratado de Direito Privado*, v. 15, 1984.
10. Pontes de Miranda, *Tratado de Direito Privado*, v. 15, 1984.

52, VIII, da Lei de Falências, ações paulianas, uma vez que se prove o *animus fraudandi* do alienante em relação à seus credores, e declaração, *ex oficio*, de fraude, na hipótese do trespasse suceder, no tempo, a propositura de qualquer ação de cobrança ou congênere.

3.2 Obrigações tributárias. Responsável tributário. Formalidade da venda

O sucessor tributário responde pelos créditos constituídos ou em constituição (art. 129 do CTN).

Os arts. 132 e 133, em observância ao princípio da legalidade tributária, consigna expressamente as pessoas passíveis de serem responsabilizadas pelo passivo tributário do sucedido.

Divergência existe quanto à possibilidade de se responsabilizar sucessor, na posse (contrato de locação, arrendamento etc.), pelo passivo tributário do sucedido.

Entendemos, contudo, em que pese a possibilidade da sucessão (*latu sensu*) abranger a posse, ser impossível a responsabilidade do possuidor direto (sucessor) pelo passivo tributário do possuidor indireto (sucedido).

Deveras, o art. 133 do CTN expressamente consigna a expressão, "(...) adquirir de outra, por qualquer título, fundo de comércio ou estabelecimento comercial (...)" restringindo a hipótese aos casos de transferência do domínio que não se confunde com a posse.

Aliás, as hipóteses de incidência tributária interpretam-se restritivamente.

3.2.1 Elementos normativos. Extensão da responsabilidade

As hipóteses de responsabilidade tributária dos sucessores encontram-se consignadas nos arts. 129 à 133 do CTN.

Analisados os responsáveis tributários pelo passivo na sucessão do estabelecimento empresarial, cabe-nos analisar os demais requisitos e a extensão dessa responsabilidade.

O *caput* do dispositivo 133, condiciona a responsabilidade do sucessor à manutenção da exploração da atividade do sucedido.

Registre-se que, alterando-se a atividade explorada, exclui-se a responsabilidade do sucessor (interpretação restritiva do art. 133, *caput*).

Por outro lado, mantida a atividade do sucedido que não mais explore, nos seis meses seguintes, qualquer tipo de atividade, o sucessor responderá, *integralmente*, pelo passivo tributário daquele, ressalvado seu direito de regresso.

Hugo de Brito, entende pela interpretação de solidariedade na expressão "integralmente", "a palavra integralmente, no inc. I do art. 133 do CTN, há de ser entendida como solidariamente e não como exclusivamente. O elemento teleológico da interpretação impõe esse entendimento",[11] contudo, como solidariedade não se presume, cumpre esclarecer a existência concomitante de uma obrigação principal pelo sujeito passivo sucedido e uma responsabilidade legal de seu sucessor.

Tal mister, não descaracteriza a solidariedade de devedores nos termos do art. 896 do Código Civil.

A responsabilidade por sucessão, neste sentido, assemelha-se a uma cessão de débito, *ex lege*. Como o credor não anui quanto ao trespasse, o devedor principal, sujeito passivo da relação tributária, não se libera do vínculo anterior assumido.

Se, por outro lado, o sucedido der prosseguimento a qualquer atividade, a responsabilidade do sucessor será subsidiária, isto também, em razão de lei.

Não havendo cláusula contratual, no trespasse, de assunção da obrigação fiscal, o adquirente poderá exercer o direito de

11. Hugo de Brito Machado, *Curso de Direito Tributário*, 11ª ed., Malheiros Editores, 1996.

regresso em relação ao sucedido, sujeito passivo da relação tributária originária.

3.2.2 A questão das infrações tributárias

Ainda quanto ao dispositivo em comento, dúvida há, quando, no passivo tributário do sucedido, incluem-se multas.

O art. 134 induz-nos ao entendimento de possibilidade da cobrança desta ao sucessor.

Tal entendimento, todavia, colide com o princípio insculpido no art. 5º, XLV, da Constituição Federal: "Nenhuma pena passará da pessoa do delinqüente".

A multa de mora, apesar da divergência jurisprudencial, pode ser exigida pelo entendimento de comportar natureza indenizatória em função da mora.

Separadamente, a multa tem natureza penal e, destarte, não ultrapassa a pessoa do infrator.

3.2.3 Conclusão parcial II

No direito tributário, o sucessor que mantém a exploração da mesma atividade do sucedido e no mesmo local, responde por seu passivo, de forma subsidiária ou integral.

As infrações tributárias, transmitem-se de forma restrita ao sucessor, pela própria natureza penal, e pela observância de princípio constitucional.

3.3 Obrigações trabalhistas

3.3.1 Conceito. Elementos normativos

A mudança na propriedade ou na estrutura jurídica da empresa não afetará os contratos de trabalho (arts. 10 e 448 da CLT).

"Sucessão de empresas. No direito do trabalho. É a que se dá quando uma empresa é adquirida por outrem, ou vem a sofrer a mudança na sua estrutura jurídica, sem que haja, contudo, alteração dos seus objetos, mantendo-se inalteráveis os contratos de trabalho e a continuidade na prestação do trabalho pelos empregados. Logo o sucessor responde pelos encargos trabalhistas do antecessor."[12]

O conceito de empresa, enquanto atividade econômica organizada, dentro de uma exegese favorável aos interesses dos empregados, confunde-se com o de estabelecimento empresarial.

Melhor teria ocorrido se a legislação, especificamente, comentasse o fenômeno jurídico em apreço.

A assunção da responsabilidade do sucessor é fruto de uma exegese forçosa dos dispositivos referidos.

Deveras, a inteligência da Lei, com a estipulação da impossibilidade de prejuízo ao contrato de trabalho, não induz, necessariamente, a obrigação do sucessor pelo passivo constituído anterior ao trespasse. Este é um entendimento jurisprudencial forçoso que, infelizmente, predomina em detrimento de uma garantia constitucional fundamental.

A formalidade da venda

"Prevalece, tanto na doutrina quanto na jurisprudência trabalhista, uma acentuada inclinação de conceber a ocorrência de sucessão de empresa, tão-somente quando a mudança na propriedade ocorrer de forma definitiva e formal".[13]

Outros, contudo, entendem ser a responsabilidade pela sucessão, no direito do trabalho, fruto de uma natureza econômica objetiva mais do que propriamente jurídica. Bastando a continuação da finalidade econômica do conjunto patrimonial e a manutenção dos contratos de trabalho.

Não haveria necessidade, portanto, de nenhum vínculo jurídico expresso (contrato de trespasse), entre o sucedido e o su-

12. Maria Helena Diniz, *Dicionário Jurídico*, v. 4, São Paulo, Saraiva, 1998.

13. Evaristo de Moraes Filho, *Sucessão*, Bahia.

cessor, bastando que persistissem as finalidades econômicas. Nesse sentido Mozart Víctor Russomano.

Todavia, a falta de fundamentação jurídica, quanto a esta tese, torna-a frágil e remete-nos à posição intermediária do jurista baiano José Martins Catharino.

Segundo o mesmo, o promitente comprador não é responsável pelo passivo trabalhista, mesmo que já investido na posse como não é o simples arrendatário, possuidor indireto.

O empregador temporário torna-se solidário, com base no art. 896 do Código Civil, apenas das obrigações originadas enquanto possuidor do estabelecimento. Adere ao contrato, no pólo do empregador, sem a exclusão do sucedido.

Não havendo alienação, subsiste a responsabilidade do empregador anterior.

Todavia, parte da jurisprudência entende pela responsabilidade total do sucessor, na posse, bastando, para tanto, continuidade da exploração da atividade econômica do sucedido e manutenção dos contratos de trabalho.

Responsabilidade do sucedido "versus" responsabilidade do sucessor

Tema controvertido, a responsabilidade do sucessor, segundo um segmento da jurisprudência trabalhista, eximiria a do sucedido, mesmo nos contratos iniciados no período de sua gestão, sob o fundamento de sub-rogação (substituição).

Outro segmento, inversamente, sustenta o alargamento do pólo passivo de uma eventual reclamação, podendo, o reclamante, optar pelo acionamento do sucessor ou sucedido, sendo estes credores solidários (o primeiro pela relação jurídica originária e o segundo pelas normas dos arts. 10 e 448 da CLT).

Há, ainda, aqueles que inclinam-se à tese de responsabilidade subsidiária do sucedido, pois que haveria sub-rogação, substituição, do comprador nas obrigações passivas do sucedido e manutenção, amena, do vínculo anterior. Tal mister justifica-se pela ingerência dos empregados no contrato de trespasse, não devendo este ter o condão de alijar o sucedido, definitivamente, do pólo passivo, sem que, por outro lado, tornasse-o solidário.

Deveras, não nos afigura plausível a manutenção da responsabilidade solidária do sucedido quanto às obrigações originárias — pós-sucessão —, ou seja, de uma relação jurídica da qual o sucedido não mais teria ingerência ou proveito.

Sua total exclusão, por seu turno, daria ensejo à expedientes fraudulentos de difícil comprovação.

Destarte, seria sustentável a manutenção de responsabilidade solidária do sucedido pelas obrigações assumidas até a data do trespasse, limitando esta responsabilidade à prescrição qüinqüenal.

Terminações contratuais anteriores ao trespasse

Além da controvertida mudança formal e definitiva na propriedade do estabelecimento e da responsabilidade do sucedido, os dois últimos elementos normativos exigiriam, ainda, a continuidade da prestação do trabalho e a persistência do fim econômico. Esta última, incontroversa, sem a qual não haveria responsabilidade do sucessor.

Quanto à continuidade da prestação do trabalho, a maior parte da doutrina admite a possibilidade de se responsabilizar o sucessor do trespasse pelas terminações contratuais laborais anteriores ao trespasse, deferindo-lhe, sempre, direito regressivo em face do sucedido.

Em que pese as considerações de hipossuficiência do empregado e a segurança de solvabilidade do crédito trabalhista pela prática jurisprudencial referida, carece, a mesma, de fundamentação normativa.

Com efeito, os dispositivos em comento (arts. 10 e 448), como já mencionado, estabelecem a impossibilidade de se prejudicar o contrato de trabalho pelas alterações da estrutura jurídica da empresa.

Ora, os contratos de trabalho terminados, antes do trespasse, não subsumem-se ao preceito, pois, alterações posteriores às suas terminações, não os prejudicam.

Quando muito, referidas alterações poderiam prejudicar sua execução.

Entendendo a exeqüibilidade de um contrato como componente do mesmo, surgiria a possibilidade de responsabilização do sucessor.

Como visto, é necessária uma construção lógica, sofisticada, para se abarcar a responsabilidade do sucessor.

Ademais, a segurança dos credores (empregados) já é garantida pela possibilidade de anulação da venda ou declaração de sua nulidade (ineficácia relativa), nas hipóteses de fraude contra credores e fraude à execução, respectivamente.

Contudo, a jurisprudência é pacífica no entendimento de responsabilidade por sucessão do passivo obrigacional trabalhista anterior ao trespasse, restando, ao sucessor, o exercício do direito de regresso.

3.3.2 Conclusão parcial III

No direito do trabalho a responsabilidade por sucessão é interpretada de forma ampla para se assegurar solvência do crédito do empregado.

A compra do estabelecimento empresarial e a manutenção das atividades e do contrato de trabalho anterior são condições suficientes, porém prescindíveis, para responsabilizar o sucessor.

Solidariedade ou subsidiariedade do sucessor e do sucedido e contratos terminados antes do trespasse são temas polêmicos e divergentes na jurisprudência.

As hipóteses de sucessão na posse do estabelecimento também são controvertidas e extrapolam o objeto do estudo, restrito ao contrato de trespasse, que, por definição, envolve a transferência da propriedade.

Conclusão final

Somente auditorias jurídicas podem assegurar e quantificar os passivos trabalhistas e tributários imputáveis ao sucessor no contrato de trespasse.

A eficácia deste, face aos credores do sucedido falido, depende de mecanismos preventivos, específicos da legislação falimentar.

Glossário

Estabelecimento empresarial: "(...) conjunto de bens que o empresário reúne para a exploração de sua atividade econômica",[14] nestes incluso o fundo de comércio.

Sub-rogação: "Substituição de uma coisa ou de uma pessoa por outra".[15]

Suceder: "Suceder. 1. Acontecer posteriormente; vir em seguida. 2. Tomar o lugar. 3. Ser substituto; substituir. 4. Ter a posse que pertencia a seu antecessor. (...). 6. Assumir direitos do *auctor successionis*".[16]

Suceder a título singular: "Receber determinado bem de herança, por força de legado".[17]

Suceder a título universal: "Herdar o total ou parte ideal da herança".[18]

Sucessão: "2.b) Em sentido amplo, é o modo derivado da aquisição do domínio, indicando o ato *inter vivos* pelo qual alguém sucede à outrem, investindo-se, total ou parcialmente, nos direitos que lhe pertenciam; (...) 3.b) Seqüência de pessoas que se substituem; (...) d) Continuação; relação de continuidade (...) 4. Direito Comercial.

14. Fábio Ulhôa Coelho, *Curso de Direito Comercial*, São Paulo, Saraiva, 1998.

15. Maria Helena Diniz, *Dicionário Jurídico*, v. 4, São Paulo, Saraiva, 1998.

16. Maria Helena Diniz, *Dicionário Jurídico*, v. 4, São Paulo, Saraiva, 1998.

17. Maria Helena Diniz, *Dicionário Jurídico*, v. 4, São Paulo, Saraiva, 1998.

18. Maria Helena Diniz, *Dicionário Jurídico*, v. 4, São Paulo, Saraiva, 1998.

Ato pelo qual uma empresa ou um comerciante, ao adquirir um estabelecimento mercantil ou industrial, continua os negócios anteriores, substituindo o proprietário anterior (...)".[19]

Sucessão "inter vivos": "Transmissão de bens feita por ato *inter vivos*. É aquele que se aplica a todos os modos derivados de aquisição de domínio, indicando o ato *inter vivos* pelo qual uma pessoa sucede a outra, investindo-se, no todo ou em parte, nos direitos que lhe pertenciam. Por exemplo: o comprador sucede o vendedor. O donatário ao doador, tomando uns o lugar dos outros em relação ao bem vendido ou doado".[20]

19. Maria Helena Diniz, *Dicionário Jurídico*, v. 4, São Paulo, Saraiva, 1998.

20. Maria Helena Diniz, *Dicionário Jurídico*, v. 4, São Paulo, Saraiva, 1998.

MEIO AMBIENTE – A VIDA DA EMPRESA ENTRE OS DIREITOS DIFUSOS E OS DIREITOS DE VIZINHANÇA

EVANDRO FERNANDES DE PONTES

1. Generalidades. 2. O tema e a doutrina. 3. O tema pela jurisprudência. 4. Conclusões.

1. Generalidades

O tema, quando analisado sob o prisma da evolução jurisprudencial, mostra com clareza a mudança de eixo ocorrida a partir da Constituição Federal de 1988. Basicamente, esta mudança de prisma se deve à alteração da fonte que subsidia as decisões. Anteriormente tratado como direito subjetivo individual, os Tribunais buscavam soluções pela via do *direito de vizinhança*. Este direito, estatuído no Código Civil, visa coibir os incômodos provenientes de poluição ou interferências sobre o meio ambiente.

Avalie-se a hipótese, por exemplo, do cruzamento de interesses entre uma demanda ajuizada pelo Ministério Público, a fim de prevenir ou definir responsabilidades em matéria ambiental por força de poluição industrial, em sede de Ação Civil Pública, e a reclamação de vizinhos da demandada, pelo mesmo motivo, mas com fundamento no direito de vizinhança estatuído no Código Civil, em sede de Ação Cominatória.

Ambos, Ministério Público e vizinhos, podem apresentar os mesmos pedidos, como interrupção da atividade empresarial, cominação de multa, adequação da produção aos padrões toleráveis de desenvolvimento sustentável no meio ambiente. Contudo, o conflito torna-se mais evidente quando os pedidos, embora diversos e feitos em ações distintas (Ação Civil Pública, por parte do Ministério Público e Ação Demolitória ou Cominatória, por parte dos vizinhos), contem com o mesmo fundamento: a emissão de poluentes ou ruídos incomodativos não só ao meio ambiente mas também ao sossego dos confinantes. Há uma tendência, preliminar entretanto, de se entender que a discussão na Ação Civil Pública, onde se envolvam direitos difusos, coletivos ou individuais homogêneos, vem a excluir aquela gerada por um direito individual personalíssimo.

A evolução do estudo em doutrina mostrou que, neste campo, a existência de interesses metaindividuais estaria suplantando o velho esquema civilístico do direito de vizinhança para a solução de conflitos que tratem da atividade industrial nociva ao meio ambiente, seja em meio urbano ou não.

Tendo o texto constitucional de 1988 cuidado do assunto no art. 225 sob o enfoque coletivo, ficou a doutrina de direito civil ao largo das discussões sobre os incômodos ao meio ambiente, mesmo que originadas ou denunciadas por relação de vizinhança. Isto porque a doutrina de direito civil, como dito, procurou tratar do assunto pelo viés do direito de vizinhança, regulado no Código Civil como uma *limitação ao direito de propriedade* (arts. 554 e 555).[1]

2. *O tema e a doutrina*

Como limitação ao direito real sobre a coisa própria, o direito de vizinhança coordena no Código Civil a atividade e o exercício ilegal do direito de propriedade sobre bem imóvel. Contudo, esta regulação legal, construída pela doutrina, está completamente apoiada nas antigas fórmulas romanas clássicas,[2] apesar do trato clássico como servidão. A visão do Código Civil não prevê, de maneira específica, o contexto destas limitações — se dado em meio urbano, industrial, rural.[3] Este apoio no direito romano força a doutrina a propor caminhos que harmonizem estas velhas fórmulas a um novo contexto sócio-econômico.

Esta restrição ao direito de propriedade, pela doutrina que dá compreensão ao Código, entende que as relações de vizinhança são, ora subordinação das faculdades dominiais ao interesse coletivo ou social, comandado pela regra básica da conciliação de interesses,[4] ora a subordinação do domínio ao bom senso e à boa-fé no uso e no exercício da propriedade.[5] O *mau uso da propriedade* é o centro da regulação e é o que mais chama a atenção da doutrina (art. 554 do Código Civil). Entendem alguns se tratar de responsabilidade objetiva, dispensando-se a prova de culpa em juízo para a solução do litígio.[6] Todavia, mede-se e quantifica-se esta responsabilidade por uma construção doutrinária em volta da *teoria da normalidade*, cuidada por Ripert.[7] A evolução da dogmática resultou por depositar na normalidade a devida consideração das circunstâncias em cada caso. A análise do art. 554, então, em um bairro residencial, não poderia ser a mesma daquela de um bairro industrial e assim por diante.

Outro ponto, baseado na doutrina de Demolombe,[8] leva em consideração a *pré-*

1. Ver-se-á que alguns discordam, tratando-a como servidão. Mas essa discordância deve-se a um vício de leitura causado pela antiga classificação das *institutas* do tardio direito romano do quinto século.

2. Darcy Bessone de Oliveira Andrade, *Da Posse*, São Paulo, Saraiva, 1994; *Direitos Reais*, São Paulo, Saraiva, 1994.

3. O modelo organizado pelo Código é idealizado sobre aquele pastoril romano, já que a sociedade brasileira da virada do século XIX não se distanciava muito dessa realidade. Todavia, com a urbanização e a industrialização do país a partir da década de 30 do século XX, mudanças no quadro social e cultural do país influíram drasticamente sobre a compreensão e a hermenêutica do direito de vizinhança, para este particular. E é sobre esta juridicidade adaptada pela realidade que a jurisprudência teve de colher dados para as décadas subseqüentes.

4. Caio Mário da Silva Pereira, *Instituições de Direito Civil*, v. IV, Rio de Janeiro, Forense, 1970, p. 147; Orlando Gomes, *Direitos Reais*, 8ª ed., Rio de Janeiro, Forense, 1983, p. 169.

5. Washington de Barros Monteiro, *Curso de Direito Civil*, 3º v., 31ª ed., São Paulo, Saraiva, 1994, p. 136.

6. C. M. S. Pereira, idem, p. 149; O. Gomes, idem, p. 173.

7. Georges Ripert e Marcel Planiol, *Traité Pratique de Droit Français*, Paris, Librarie Générale de Droit et de Jurisprudence, 1926, t. III (*Les Biens*), § 461, pp. 436-7. Ripert não anuncia nominalmente a tese da normalidade, mas certamente a formula, definindo os seus limites e conceito. Ao formulá-la, admite a excelência do proprietário, desde que esse aumente os rendimentos de seu investimento em nome do incremento da riqueza nacional, ao mesmo tempo em que deve tomar as precauções necessárias para evitar todo o inconveniente aos seus confinantes, que *ultima ratio* devem ser tolerados pelos confinantes na medida em que as precauções são tomadas. Percebe-se que, no afã do nacionalismo corporativista da década de 20 do século XX, o autor conclama a exacerbação do individualismo em nome de um suposto *volksgeist*, como maneira de conciliar os inconvenientes com o próprio crescimento econômico. Sua intenção é lastimar os efeitos danosos da industrialização, justificando-a pela macroeconomia de cunho corporativista. Noticiam a tese, no Brasil, de modo dogmático e sem a devida contextualização axiológica, C. M. S. Pereira, idem, p. 150; W. B. Monteiro, idem, p. 139; Antonio Chaves, "Direito de vizinhança – Uso nocivo da propriedade", in *RT* 689/16, São Paulo, Ed. RT, ano 82, março de 1993.

8. Jean Charles Florent Demolombe, *Cours de Code Napoleón*, v. XII, "Traité des Servitudes ou services Foncières", v. 2, 3ª ed., Paris, Durand/ Hachette/Lahure, 1983, § 659, pp. 155-6. A leitura da teoria da pré-ocupação feita por Demolombe apre-

ocupação. Influi na causa para fins de quantificar os limites de *tolerância* sobre a repulsa a qualquer fenômeno preexistente ao incômodo e posteriormente argüido por um novo ocupante ou vizinho. Na doutrina francesa, esta tese não veio a prosperar devido às avassaladoras críticas que atacaram o seu excesso de formalismo.[9] Há ainda a *teoria do uso necessário*, propugnada por Bonfante.[10] Esta investiga outra forma de limitação, apta a detectar uma eventual frustração da destinação econômica ou social do bem imóvel utilizado. Nestas hipóteses, em se tendo configurado o dano ou o incômodo, resolve-se o conflito por meio de *indenização*, sempre. Estas soluções práticas oscilam entre a cominatória, a ação de dano infecto (caução de dano iminente, de caráter cominatório, destinada a prevenir danos futuros) e, em último caso a ação demolitória (hipótese de visível possibilidade de ruína da edificação vizinha) — cuja solução é sempre de cunho indenizatório.[11]

O problema do convívio industrial no meio urbano só foi objeto de estudo específico pelo viés do direito de vizinhança em raras obras.[12] O que se detectou, de um modo geral, é que o direito de vizinhança não está sistematizado,[13] e a solução dos casos fica sempre ao alvedrio do bom senso do julgador e das partes, quando há. O direito de vizinhança, na jurisprudência, como se verá, não está dotado de uma organização suficiente para um traçado de provisões. O declínio de seu interesse em favor do direito administrativo, que procura atender aos interesses metaindividuais, acabou por repudiar a incidência dos direitos subjetivos individuais baseados em vizinhança, sempre quando a lide envolvesse interesse metaindividual, como a poluição, por exemplo.

Quando o assunto se volta para a atividade empresarial, a intersecção dos tópicos do direito (Civil e Administrativo) põe o direito civil à margem. Isto porque a *liberdade de indústria*, por tocar em assuntos de macroeconomia em direito constitucional (parágrafo único ao art. 170 da Constituição Federal), assusta a maioria da doutrina civilista. Impera neste campo a *teoria da irressarcibilidade dos danos*. Entende-se tais danos como os produzidos por estabelecimento autorizado e fiscalizado pelo poder público. A teoria da irressarcibilidade dos danos produzidos por estabelecimento autorizado corre paralelamente à teoria da indenização pelo poder público aos terceiros prejudicados. Tecnicamente, em juízo, faz excluir da lide (por ilegitimidade passiva) o suposto causador do dano, substituído pela presença do estado que autoriza.[14] Situação muito cômoda para a civilística, que, ou deixa de averiguar responsabilida-

senta notórios vícios oriundos de leitura excessivamente romanista (não pandeccista) do *Digesto* (Livro VIII, t. II, em especial, cf. nota 1), daí o porquê da classificação dos direitos de vizinhança como tipos específicos de servidão fundiária. Noticiam Demolombe no Brasil: C. M. S. Pereira, ibidem; W. B. Monteiro, ibidem; San Tiago Dantas, *Conflito de Vizinhança e sua Composição*, 2ª ed., Rio de Janeiro, Forense, 1972, p. 127; Manuel Inácio de Carvalho Santos, *Código Civil Brasileiro Interpretado*, v. VIII, 2ª ed., Rio de Janeiro, Freitas Bastos, pp. 10-11.

9. Henri Mazeud, Leon Mazeud e Jean Mazeud, *Leçons de Droit Civil*, v. 2, t. 2, 5ª ed., Paris, Montchrestien, 1976, pp. 77-8. Aqui, os autores já acenam, ainda que com timidez, para uma eventual conciliação dos interesses públicos e privados pela via da tolerabilidade por zona, que de certo modo distorce a teoria da pré-ocupação, maleando-lhe o rigor egoístico, mas reservando uma certa parcela de liberalidade de ação e poderes ao proprietário, desde que o faça exercendo em local apropriado para tanto. Não há análise vertical, porém, de hipóteses extremas, no caso do incômodo não abarcar qualquer local apropriado que seja. Mesmo porque, o reproche à pré-ocupação é curto e superficial, não tomando mais do que página e meia da atenção destes cultores.

10. Piero Bonfante, *Proprietà e Servitù*, Torino, Utet, 1918, pp. 783-4. Explana a tese do uso necessário como decorrência histórica e social da tese do uso normal tratada no *Digesto das Instituições*. Noticiam: O. Gomes, idem, p. 176; F. C. S. T. Dantas, idem, p. 159.

11. O. Gomes, idem, p. 178.

12. F. C. S. T. Dantas, idem, pp. 35 e ss.

13. F. C. S. T. Dantas, idem, p. 16.

14. F. C. S. T. Dantas, idem, pp. 48-56. Sem exclusão do direito de regresso da administração contra o causador do dano, mas já em outro setor do ordenamento, como pregam os especialistas.

de, ou a joga nos braços do Estado, que acaba por assumir, nesta tese, uma postura paternalista desdizente com o intuito da Constituição Federal de 1988.

Mas de toda forma, o pedido de interrupção da atividade industrial mostra-se inviável, sem precedente, sem embasamento legal, e muito menos acolhida doutrinária, seja de direito privado, seja de direito público.[15] Há precedentes, como se verá, de interrupção de atividades, mas não ligadas à indústria e sim, geralmente, à "diversão noturna", quando é o caso de ordem para interrupção das atividades. Isto porque é impossível a equiparação do uso da propriedade imóvel para fins de indústria, ao uso nocivo ou anormal:[16] em suma, uso anormal é diferente de exercício anormal das faculdades do proprietário, que é mais abrangente.[17] Em matéria de desempenho da atividade industrial em contraposição às limitações ao direito de propriedade por direito de vizinhança, não há sanção de cessação absoluta da atividade industrial. Para tais casos, não há outra solução que não a indenização. Quanto à interrupção temporária da atividade industrial, fica adstrita à limitação nas formas de exercitar a empresa, mas sem afetar-lhe a produtividade ou a atividade produtiva como um todo.

Deste quadro geral, dois pontos levaram a doutrina do direito brasileiro a mudar de eixo: (i) a inoperância, a inércia e a inefetividade do direito civil,[18] por seu excesso de egoísmo[19] para solucionar interesses metaindividuais; (ii) a resolução única em indenização, sem que se pudesse operar sobre o causador do dano uma medida que modificasse a sua atuação abusiva como *vizinho* ou *mau proprietário*. Sobre este último ponto, tem-se que, se a fonte é de direito real, a solução sempre recaía sobre o direito obrigacional. Assim, para os publicistas, a persistente resolução em indenização permitiu a adaptação da teoria do *pollueur-payeur* ao direito ambiental brasileiro, extrapolando os limites do direito de vizinhança quando a causa do incômodo tocava o tema *poluição*.[20-21]

Esta, em breves linhas, foi a evolução que se viu em doutrina e que permitiu ao

15. F. C. S. T. Dantas, idem, p. 54.

16. F. C. S. T. Dantas, idem, p. 96.

17. O. Gomes (idem, p. 177) faz esta mesma diferença se reportando a outra terminologia, com base em Josserand: ato abusivo e ato excessivo. Entendo que aqui a distinção está na base da compreensão dos poderes e faculdades inerentes à propriedade: exercício abusivo comporta toda a gama de relações jurídicas que a *propriedade* envolve; já o uso abusivo está restrito a uma das faculdades de proprietário em sua qualidade própria ou por ficção da lei, ora, vezes também, simples direito de uso. Este último abuso está mais restrito à disciplina do direito regulado no art. 742 do Código Civil. A lei fala de fruição da utilidade da coisa além das necessidades pessoais, o que extrapola aquelas abstrações próprias do direito de propriedade, vez que tal fruição comporta direitos restritos, mas de figuras como a do locatário, do usufrutuário, do possuidor, do usuário. Já, os direitos do proprietário, por serem mais extensos, amplos e equiparados a poderes, têm limitações mais delicadas e adstritas à abrangência do seu regular exercício. O resultado acaba gerando parâmetros de exercício pela boa-fé para coibir abusos, apelando para o bom senso, como se verá adiante pela análise jurisprudencial.

18. Primeiro, o direito civil tentou alterar o conceito de vizinhança, extrapolando para além dos lindeiros, depois, autorizou a defesa de interesses coletivos pela representação de sociedades de bairro, mas em nenhum momento foi capaz de criar solução que alcançasse os interesses sociais e metaindividuais como um todo, solução esta apresentada pelo direito administrativo e ambiental.

19. Emprego o termo no sentido estrito de sua etimologia, que remonta o *ego* latino. O direito civil, sobretudo o brasileiro, da forma com que está organizado, é um instrumento que está voltado para o EU, em contraposição ao *alter*. Este *alter*, que envolve o indivíduo comum (daí a preferência por egoísmo a individualismo), recebe maior respaldo noutra seara do direito. O direito civil é a seara do egoísmo jurídico, por excelência.

20. Antonio Herman Vasconcellos Benjamin, "O princípio poluidor-pagador e a reparação do dano ambiental", in Antonio Herman Vasconcellos Benjamin (org.), *Dano Ambiental — Preservação, Reparação e Repressão* (Biblioteca de Direito Ambiental – v. 2), São Paulo, Ed. RT, 1993, pp. 226-236.

21. Hely Lopes Meirelles, "Proteção ambiental e ação civil pública", in *RT* 611/7 e ss., São Paulo, Ed. RT, ano 75, setembro de 1986.

direito ambiental escorar-se na responsabilidade civil objetiva, afastando as questões relativas aos direitos reais e os limites ao direito de propriedade pelo direito de vizinhança, por velhas fórmulas romano-germânicas, assumindo outras teorias como a *função social da propriedade*, a *teoria do risco criado*, a *teoria da diluição dos riscos*, a *teoria dos riscos do desenvolvimento* ou a *teoria do desenvolvimento sustentável*.

A esta tendência que procurou ser apresentada, originada na doutrina, foi fielmente acompanhada pela jurisprudência. Os tribunais seguiram este rumo em busca de outras fontes e outras soluções mais distantes do direito civil. Tais posições acabaram por culminar no trato específico destas relações de vizinhança quando a atividade envolvida pelo demandado fosse essencialmente industrial e o incômodo levantado tangenciasse o problema da poluição. A intenção seria diluir a individualidade dos direitos subjetivos em questão, para permitir-lhes maior difusão quando o assunto mencionasse dano ambiental.

O que este traçado mostra, e acaba evidenciado pela jurisprudência, é justamente que se em algum momento pudesse ter havido evolução na prática de um campo de direito para o outro, em teoria, que é justamente o que fundamenta esta pragmática, o que se vê é uma enorme vala que coloca qualquer prognóstico em uma margem de curta previsibilidade. Ambientalistas e civilistas não se entendem, não dialogam. Não há nexo que justifique, logicamente, uma *evolução*, mas sim uma quebra na progressão do pensamento, pelas dificuldades de assimilação e conciliação teórica da matéria constitucional por ambas as searas do direito.

Os ambientalistas se acomodaram no campo da responsabilidade civil e na função social da propriedade, se eximindo de analisar os efeitos reais do impacto do dano ambiental sobre a propriedade privada do causador do dano e o seu regular exercício. Enquanto, de outro lado, os civilistas, ainda presos ao romanismo do direito de vizinhança, compreendem esta questão de modo muito limitado, forçadamente adaptado e fragmentado, já que a questão ambiental não se limita à relação entre vizinhos e extrapola o âmbito de análise jurídica do direito privado tradicional, muito restrito ainda ao egoísmo advindo daquele arcaico modelo de direito subjetivo *versus* direito público subjetivo. O resultado prático disso, para estes últimos doze anos de vigência da Constituição Federal e dois da lei ambiental, é uma curta margem (incógnita) de precedentes na última década.

3. *O tema pela jurisprudência*[22]

Detectou-se que em juízo, para solucionar os problemas advindos do direito de vizinhança, os tribunais reproduzem os estudos de doutrina, sobretudo aqueles referentes ao direito civil. Cobrindo um período que vai desde 1960 até 2000, tentou-se demonstrar efetivamente, ao contrário de uma tendência de evolução, uma quebra na orientação dos Tribunais acerca desta matéria, como o ocorrido em doutrina.

Num âmbito geral, o problema divide-se em duas correntes não muito distintas, mas que oscilam entre limitação dos poderes dominiais do vizinho, com cominação de multa, até o não conhecimento do reclamo para admitir a atividade dita incomodativa, vez que decorrente da necessidade de se tolerar a atividade exercida dentro do espaço e do império da propriedade do vizinho. Quando o tema acena para a atividade poluidora ou industrial do demandado, a jurisprudência procura tangenciar o assunto e admitir a atividade como *necessária* e conseqüentemente carente de *tolerância* por parte do vizinho insatisfeito.

Até a década de 60, o tema do direito de vizinhança, mesmo quando oriundo de atividade industrial, tinha foco menor na

22. Como convenção, adotei, para indicação entre parênteses dos julgados: (i) a fonte; (ii) o Tribunal e (iii) a data do julgamento.

jurisprudência. O mau uso da propriedade em casos de vizinhanças industriais, quando o incômodo ultrapassava o tolerável, resolvia-se em perdas e danos e multa de caráter cominatório sem interrupção das atividades.[23] Outros precedentes[24] deixaram de conhecer a medida com base na teoria da pré-ocupação, julgando a ação improcedente. Ainda viu-se a denegação de segurança pedida por força da intervenção de chefe de executivo municipal, que determinou a retirada das máquinas que ocasionavam o incômodo.[25] Noutros termos, a questão evoluiu conhecendo-se a possibilidade de incômodo por força de poluição, quando uma indústria instalava-se em local residencial — aí, além de não incidir a teoria da pré-ocupação, a única solução dada era resolver a pendência em perdas de danos.[26] Quando a indústria se situava em zona não residencial, a improcedência do pedido era certa.[27] Na década de 60 há ainda precedentes isolados no sentido de que a culpa de dano por direito de vizinhança não pode ser objetiva e deve ser comprovada nos autos;[28] e em sentido contrário, afirmando a responsabilidade objetiva, mas negando a cessação das atividades, mesmo que recreativas;[29] a condenação de indústria que ocasionara danos a vizinhos, ainda que tendo suas atividades em zona industrial.[30] Esta última decisão abriu caminho para uma mudança de sentido no julgamento das questões que envolvessem o problema da tolerância em zonas, diminuindo, mas não equiparando as zonas. Este foi o primeiro aceno no sentido da preservação do meio ambiente como objetivo indireto da cominação que visasse coibir a emissão de poluentes, por intermédio das queixas de vizinhança.

A década de 70 foi a responsável pelo incremento e a evolução do tema. O crescimento deste assunto nos Tribunais foi o mais significativo em toda a existência do Código Civil. Este aumento de demanda é que acabou gerando novos estudos para a busca de novos eixos que satisfizessem os problemas ambientais não solucionados pelo direito de vizinhança. O que marcou a década de 70 foi justamente um maior protecionismo da figura e dos poderes do *dominus*. Esta tendência ficou marcada pela curta, sucinta e direta ementa: "Nem todo o incômodo ao vizinho está proibido".[31] Contudo, em outros Estados, ou mesmo em São Paulo,[32] a questão não ganhou respaldo tão amplo, admitindo-se a hipótese de cominação, mas rechaçando a de paralisação das atividades.[33-34]

No fim da década de 70, novo precedente, mas isolado, tentava inaugurar, a

23. *RT* 299/249, TJSP, 1960; *RT* 291/674, TACSP, 1960.

24. *RT* 321/182, TJSP, 1961.

25. *RT* 294/144, TJSP, 1960. O acórdão teve por legítima a tal intervenção, mas a devida execução da medida não está noticiada.

26. *RT* 336/350, TACSP, 1963; 332/219, TJSP, 1963; 364/130, TJSP, 1964; 366/115, TJSP, 1964; 399/183, TJSP, 1969.

27. *RT* 329/760, TJPR, 1963; 354/404, TACSP, 1963.

28. *RT* 376/334, TACSP, 1966.

29. *RT* 365/196, TACSP ement., 1966.

30. *RT* 371/144, TJSP ement., 1966.

31. *RT* 417/172, TJSP, 1970. Neste mesmo sentido: *RT* 422/144, TJSP, 1970; *RT* 446/79, TJSP, 1972; *RT* 477/106, TJSP, 1975; *RT* 473/222, TJSP, 1974 (esta, rechaçada com base na liberdade de culto, e no direito de propriedade, garantidos constitucionalmente); *RT* 470/106, TJSP, 1974 (este acórdão tenta estabelecer critérios para a aferição do uso nocivo da propriedade, procurando sistematizar a matéria); *RT* 491/53, TJSP, 1976; *RT* 491/63, TJSP, 1976.

32. Há de se ressaltar, todavia, que a tolerância dos julgados diminuía com relação ao barulho gerado pelo *dominus* quando este se tratava de estabelecimento para fins de diversão, comerciais, mas não industriais, como boates e casas noturnas de dança.

33. *RT* 425/101, TJSP, 1970; 488/233, TJRJ, 1974; 512/224, TJSC, 1977; 504/137, TJSP ement., 1976; 459/63, TJSP, 1972. Diga-se *en passant* que a ré neste último caso citado é a mesma do primeiro, uma conhecida casa de danças no balneário santista que atuou durante a boêmia da década de 70. Esse precedente de reclamação reforça o caráter punitivo, que aqui se dá de forma isolada na jurisprudência.

34. Esta tendência acompanhou o julgado do RE 64.725-PA (originário de Belém-PA, *RTJ* 65/680, 3º v., STF, 1973).

partir de ré localizada na região da Moóca, conhecido bairro industrial da capital paulista, cuja atividade industrial data seu início no começo do século XX, tendência a diminuir a tolerância para com a atividade tida por nociva. Cuida-se do julgado de Apelação em Mandato de Segurança que dirimiu lide entre a Municipalidade de São Paulo e conhecida tecelagem. A falta de autorização administrativa gerou o conflito, que resultou na seguinte ementa: "O fato de uma fábrica estar funcionando há mais de 15 anos não a torna imune à incidência de leis novas".[35] As exigências de enquadramento dos padrões ambientais para regular produtividade sob pena de fechamento da empresa foram tidas por legais. Não há registro de maior respaldo deste julgado, que, isolado, não afetou a continuidade das atividades industriais no comentado bairro.

A automação e a evolução dos métodos de produção nas indústrias afetou não só a vida da empresa em sua linha de produção. A relação capital–trabalho, na virada da década de 70 para a de 80, inaugurava uma nova política trabalhista para as empresas. No tocante à sua relação com a sociedade e a municipalidade, esta evolução dos métodos sofisticou as etapas de produção, de modo que as antigas empresas do começo do século passaram a procurar outros campos e zonas para sua instalação. A indústria ficou mais inteligente, cresceu. Começava a surgir o que hoje conhecemos como o molde de indústria que há de dominar o século XXI, com o domínio de automação no seu processo e fases de produção. A relação desta indústria com a sociedade e com a municipalidade na qual está inserida é bem diversa daquele modelo do início do século XX.

Por isso, a década de 80 sentiu considerável diminuição deste tema na jurisprudência, até o seu crepúsculo, pelo advento da Constituição de 1988. Este período, contudo, é marcado pela divisão em dois tempos da tendência sedimentada na década anterior e posteriormente revertida. No início da década, a tolerabilidade pela necessidade, pela especificidade da zona e pela pré-ocupação, manteve-se.[36] Esta tendência desaguou no aresto RE 95.219-5/SP,[37] que revisitou o citado RE 64.725-PA (nota 34), modificando-lhe o sentido e limitando-lhe a amplitude. A partir de meados da década de 80, houve reação em outros Estados.[38] O Estado de São Paulo manteve o seu entendimento em 1987: aplicabilidade da teoria da pré-ocupação, razoabilidade dos incômodos, tolerância adaptada à zona industrial, resolução, quando possível, em perdas e danos[39] — primeiros julgados em que o tema da poluição e do dano ao meio ambiente é enfrentado de maneira expressa pelo direito de vizinhança, nos quais ficou mais do que comprovada a inoperabilidade deste viés para a solução de conflitos metaindividuais.

Na década de 90, sob o pálio da Constituição Federal de 1988, este tema se dilui no direito de vizinhança e na incipiente sistematização, enfraquecendo-o definitivamente. A questão da tolerabilidade por zona,[40] sempre admitia a cominatória como solução plausível, mas nunca a paralisação da atividade, nem tampouco o acolhimento de danos morais por tais razões.[41] Este entendimento sedimentou-se no Estado de São Paulo.[42] A legitimidade para solução de tais questões quando envolvendo a poluição, ainda que local, passa a ser reconhecida ao Ministério Público pela apelação 162.628-1/2,[43] por se tratar de interesse metaindivi-

35. *RT* 522/67, TJSP, 1978.

36. *RT* 547/194, TARJ, 1980.

37. www.stj.gov.br/jurisprudencia, STF, 1983.

38. *RT* 605/191, TAPR, 1985; *RT* 611/211, TARS, 1986.

39. *RT* 628/138, 1º TACivSP, 1987; 631/140, 1º TACivSP, 1987.

40. *RT* 696/114, 1º TACivSP, 1990; *RT* 677/190, TJMS, 1992.

41. *RT* 696/193, TAPR, 1993.

42. Ao contrário de outros Estados, sempre mantendo a cominatória como solução, *RT* 743/402, TJSC, 1997.

43. *RT* 687/76, TJSP, 1992.

dual. O direito de vizinhança, por este precedente, conta com a presença do Ministério Público por inteligência do art. 129, inc. III, da Constituição Federal de 1988. Aqui, vê-se claramente o direito público penetrando no entendimento do direito civil, a ponto de minar-lhe as forças que o tornam uma seara exclusivamente egoísta. Isso resultou na perda de efetividade para a realidade social, o que contraria a Constituição Federal de 1988, que prima pela coletividade neste aspecto. A própria presença do Ministério Público no pólo ativo passou a inibir postulação incisivamente voltada para o EU do direito subjetivo pugnado pela civilística.

Toda a problemática de coadunação do direito de vizinhança com o direito ambiental vai resumida no mais recente julgado sobre o assunto, proveniente do STJ.[44] Em ação fundada no direito de vizinhança e no direito ambiental, confinantes moveram, contra a Municipalidade de Bagé, demanda apta à combinação de multa e interdição de uma pedreira municipal recentemente usada como "lixão". O recurso especial foi conhecido e provido, apesar de admitir estar tangenciando "reflexamente" a matéria constitucional.

Paralelamente a este aresto, não pode ser recusada a demonstração de igualmente recente decisão nesta matéria, pelo TJSP, em que a teoria da tolerabilidade ganha nova roupagem. Sob o argumento da necessidade que um determinado ecossistema tem de suportar em nome do interesse econômico de uma Nação, as soluções propostas pelo direito ambiental são contornadas por uma noção alterna de coletividade. O coletivo, neste acórdão, é notoriamente confundido com Estado, no que o Ministério Público, apesar de ter a sua legitimidade ativa reconhecida, pela reformulação da tese da tolerabilidade, acaba por sucumbir. Neste pormenor, reconhece o Tribunal paulista que, frente a tal sucumbência, cabe à Fazenda Pública arcar com tais ônus. Sublimi-

44. www.stj.gov.br/jurisprudencia, STF, 1988.

narmente, a tese dos *direitos públicos subjetivos*, da escola decisionista schimittiana, superpõe o direito individual sobre o coletivo, entendendo tal como expresso numa individualidade estatal. Isto é, o coletivo social desaparece, surgindo um conflito entre individual pessoalíssimo e individual estatal (pessoa jurídica de direito público postulante). Para fins de indenização, abre mão da responsabilidade objetiva e retoma, pela especificidade do dano, tese subjetiva que incumbe ao autor da ação a prova do dano e o nexo com o direito invocado.[45]

45. *Bol. AASP* 2.153/1.375j, TJSP, 1999. A lide envolve uma conhecida "indústria alcooleira" da região de Matão, que se utiliza da técnica da queima da palha de cana-de-açúcar para limpeza do solo. Esta técnica, como é sabido, além de comportar sérios riscos, polui sobremaneira o meio ambiente, com a liberação, em altas taxas, de dióxido de carbono durante as queimadas. O acórdão citado, proferido no curso de embargos infringentes (275.971-2/1-01), apega-se, citando o precedente 22.473.5/7 (apelação cível). O faz nestes termos:

"É forçoso reconhecer que a indústria alcooleira detém interesse ainda maior em sua manutenção, inclusive no que tange às práticas por ela efetuadas, porque interessa a toda a Nação, e não somente a um ou alguns determinados Municípios.

"Dessa forma, a ter-se em conta o argumento do interesse da coletividade, deverá preponderar o interesse da coletividade maior, sendo que o incômodo de alguns deve ser por eles suportado em benefício de todos os demais. Considere-se, ademais, que a suspensão abrupta da prática das queimadas poderá gerar problemas ainda maiores que a sua continuação, mormente no campo econômico e social, afetando de forma mais gravosa a mesma população que se quer defender. Por essa razão, a proteção ambiental há de gizar-se dentro dos parâmetros de racionalidade, buscando a harmonização da exploração de recursos naturais com a manutenção do meio ambiente.

"(...)

"A atividade de queima de palha de cana-de-açúcar, com procedimento preparatório destinado à colheita manual da cana, não é ilegal. Para ressarcimento de eventuais danos ao meio ambiente é necessário que se estabeleça uma relação de causalidade entre a injuridicidade da ação e o mal causado, e que o dano seja certo, determinado, especial e anormal. Inexistindo prova cabal de que tais requisitos restaram confirmados, a ação deve ser julgada improcedente.

"(...)

Tal solução não se apresenta razoável, pois gera confronto desnecessário entre Estado e coletividade, por força de uma reprovável confusão conceitual. Ademais, a proteção da empresa e do empreendedor não pode ser colocada dentro de parâmetros que afetem a legitimidade da atividade desenvolvida.

4. Conclusões

De todo exposto, temos que a jurisprudência vem confirmar as conclusões tiradas no fim da análise geral doutrinária, com desfavor ao atraso jurisprudencial no trato de questões que importem numa inovação, modificação de ânimo ou alteração de fonte, depois de sedimentado um entendimento e adotada uma linha, ainda que não sistematizada.

Em todo o visto, resguardando os julgados isolados já mencionados, não há nenhum aceno no sentido de se limitar a propriedade (direito real) do suposto ofensor pelo viés do direito de vizinhança, mas apenas e tão-somente uma regulação do uso (um dos poderes ou direitos do proprietário, dentre vários outros), sem afetar-lhe o pleno exercício e gozo. Não há fundamento para desapropriação com base no direito de vizinhança. Tudo se resolve em perdas e danos, através de ação de preceito cominatório ou indenizatório, esta por ressarcimento de dano já sofrido, aquela, para prevenir seu advento. A propriedade do ofensor, como direito constitucional que é, também vai defendida pelo ordenamento jurídico, e o seu mau uso não lhe afeta a essência, como dito, restringindo tais limitações em raros casos, como das boates, ficando a solução adstrita à seara da responsabilidade civil. A diferenciação no trato do suposto ofensor, quando este envolve atividade empreendedora que interfere na macroeconomia de uma região, é levada em consideração, mas sua sistematização e classificação não estão assentadas ou livres de críticas ou reparos.

Por outro lado, a relação da ação judicial advinda de uma ação civil pública, com participação da CETESB, inclusive, não vem a excluir o direito individual de vizinho proveniente do Código Civil. Mas à vista da jurisprudência atual, situa-se com bem menos força e capacidade de prejudicar os interesses industriais, tidos como públicos, por tocar a macroeconomia.

Alguns entendem que o procedimento deva ser sumário,[46] aplicando-se o art. 275, inc. II, alínea *c*, do Código de Processo Civil. Mas a complexidade dos direitos envolvidos não comporta sumariedade do rito (§ 4º do art. 277, do Código de Processo Civil), como demonstraram os demais precedentes citados.

Por outro lado, não caberia ao próprio poder judiciário, por intermédio de uma outra ação judicial comum baseada no direito de vizinhança, rever as bases de um acordo transitado em julgado em uma ação civil pública, mesmo que o suposto vizinho não tenha sido parte nela. Isto porque o seu interesse metaindividual fez-se representar obrigatoriamente (art. 129, III, da Constituição Federal de 1988), por entidade legitimada para tanto.[47] O único

• "É inafastável observar que, em matéria de ecologia e meio ambiente, quando ao Juiz se apresentarem situações conflituosas, não lhe restará outra alternativa senão avaliar os interesses públicos primários e secundários, e com relação àqueles optar pelo que melhor atinja a finalidade pública. Optando por uma das soluções ensejadas, deverá adotá-la, porque seu compromisso principal é com a sua consciência e com os interesses sociais e econômicos postos à sua análise.

"Frente a tais considerações, em que pesem os humanitários e respeitáveis argumentos expostos no r. voto vencido, a manutenção do não menos respeitável entendimento majoritário, proclamando a improcedência total da ação, prejudicando o recurso do autor, é o que se impõe, adotados ainda os seus claros e abalizados fundamentos, na esteira, aliás, da farta jurisprudência desta e. Corte, por suas diversas Câmaras, elencadas pelos embargados às fls. 777/1.034."

46. *RT* 696/193, TAPR, 1993.

47. A propósito disto, a Constituição federal é expressa ao colocar como função institucional ex-

meio de rever seria por intermédio de uma ação rescisória, desde que superadas as questões de uma eventual possibilidade de legitimação ativa para a postulação do particular contra a atuação do Ministério Público. Mesmo assim, tal ação rescisória ainda não teria poderes jurisprudenciais suficientes para alterar direitos reais adquiridos.

O que se pretende dar destaque é: (i) o risco da perda de legitimidade da atividade empresarial acusada de poluidora por decisões mal lançadas; (ii) que a falta de sistematização anterior não pode ser herdada pela nova ordem imposta pela Constituição Federal de 1988. Isto é, as dissonâncias apontadas não podem expressar ou acomodar a quebra de sistemática detectada, em que o prejuízo da noção do coletivo e do privado favorecem a ação de um direito estatizante, baseado na ultrapassada tese dos direitos públicos subjetivos.

clusiva do Ministério Público, "a proteção do patrimônio público e social, do *meio ambiente* e de outros interesses difusos e coletivos" (grifei), o que não implicaria afirmar que tais funções passam para o pálio de uma compreensão estatal dos direitos e interesses metaindividuais.

Temas em Debate

QUESTÕES JURÍDICAS RELACIONADAS À INTERNET

Walter Douglas Stuber
Manoel Ignácio Torres Monteiro
e Lionel Pimentel Nobre

I – Introdução: 1. Como podemos conceituar a Internet? II – Breve histórico. III – Aspectos jurídicos: 1. O comércio e a prestação de serviços via Internet: 1.1 A segurança nas transações "on-line"; 1.2 Novas formas de pagamento. "E-cash". "E-card"; 1.3 Os bancos na era da Internet; 1.4 A captação de recursos no exterior; 2. A tributação e a Internet: 2.1 A tributação pelo imposto de renda sobre o lucro de bens e serviços vendidos pela Internet; 2.2 A tributação dos serviços prestados pelos provedores de acesso no Brasil; 3. A publicidade e a divulgação de informações na Internet: 3.1 A publicidade; 3.2 A divulgação de informações; 4. A proteção ao direito intelectual: 4.1 O direito autoral; 4.2 Conflito entre nomes comerciais e marcas; 4.3 A proteção de métodos de negócio.

I – Introdução

Antes de analisar as implicações que o desenvolvimento e a utilização da *Internet* acarretaram no ambiente jurídico é preciso tecer algumas considerações preliminares sobre o funcionamento e traçar um breve histórico da *Internet.*

1. Como podemos conceituar a Internet?

A *Internet* consiste na interligação de milhares de redes de computadores do mundo inteiro, através da utilização dos mesmos padrões de transmissão de dados. Esses padrões são chamados de *protocolos*. As diversas redes passam a funcionar como se fossem uma só, graças a essa uniformização na transmissão das informações, possibilitando o envio de dados e até mesmo de sons e imagens a todas as partes do mundo, com uma considerável eficiência e rapidez.

Faz-se a interligação física das redes através das linhas dos sistemas telefônicos, que podem ser de cabos de cobre, fibras óticas, transmissão via satélite, ou via rádio, o que interfere na qualidade do funcionamento da rede. O usuário conecta-se à *Internet* utilizando um *modem*, aparelho que converte os sinais sonoros transmitidos pelo telefone em sinais passíveis de reconhecimento pelo computador. Essa conexão pode ser feita diretamente através do sistema telefônico, ou indiretamente, por meio de outro computador com mais recursos (*servidor*), sendo este outro computador conectado diretamente à *Internet*. Os chamados *provedores de acesso* são estes servidores que viabilizam o acesso à *Internet* aos usuários e a outros provedores de serviços e informações. Os provedores utilizam a estrutura do serviço de telecomunicações existente para viabilizar o acesso, o armazenamento, a movimentação e a recuperação de informações, conectando o usuário à rede.

O computador do usuário, quando é feita uma ligação direta à *Internet*, passa a operar como um servidor da rede, possuindo seu próprio endereço em um protocolo da *Internet*, o chamado IP (*Internet Protocol*). A conexão indireta confere ao usuário um subendereço em um dos provedores.

Um código numérico determina o endereço de cada computador conectado à *Internet*. Para uma maior facilidade de memorização esse código numérico é convertido em palavras que são chamadas *nome de domínio* (*domain name*). O protocolo DNS (*Domain Name System*), um dos vários disponíveis na *Internet*, traduz os endereços IP (numéricos) para seus correspondentes em palavras. Os nomes de domínio são determinados de acordo com um sistema de níveis múltiplos. Os *Top Level Domains* (TLDs) são o primeiro grupo de caracteres após o último ponto do nome de domínio propriamente dito (algo como *www.yourcompany.TLD*).[1]

O nome de domínio é concedido em função da ordem de prioridade da formulação do pedido perante a organização competente para o registro dos nomes de domínio de um país ou região. Para que seja eficaz o funcionamento da rede, e a localização exata dos seus inúmeros usuários, os nomes de domínio devem ser únicos. No Brasil a Fundação de Amparo à Pesquisa do Estado de São Paulo (FAPESP) é o órgão encarregado de realizar o registro dos nomes de domínio.[2]

1. Como exemplos de TLDs podemos citar "com" (significa que o usuário dedica-se a atividades comerciais), "gov" (significa que o usuário é um departamento do Estado), "org" (indica tratar-se o usuário de um organismo não-governamental, ou outro similar). Outros TLDs indicam o país de origem do usuário: "br" significa Brasil, "ca" significa Canadá, "fr" significa França, e assim por diante.

2. A delegação de competência à FAPESP para o registro de nomes de domínio no Brasil deu-se por meio da Resolução 2, de 15.4.1998, do Comitê Gestor Internet do Brasil. O Comitê Gestor Internet do Brasil também determinou as condições de registro de nomes de domínio. De acordo com a sua Resolução 1, Anexo I, de 15.4.1998, cada instituição poderá registrar até 10 nomes de domínio. Além disso, ainda determina requisitos como o número de tipos e nomes não-registráveis. No Anexo II dessa Resolução são determinados os Domínios de Primeiro Nível (DPNs) sob o domínio ".br". Vale, aqui, a transcrição exata desta classificação:

"§ 1º. Constituem Domínios de Primeiro Nível (DPNs) sob o domínio '.br':

"I — Grupo Pessoa Jurídica:

"a) '.br', destinado às instituições de ensino superior e às de pesquisa, que se inscrevem diretamente sob este domínio; este DPN 'implícito' é equivalente ao '.deu' norte-americano. Exige-se a apresentação do comprovante de inscrição no Cadastro Geral de Contribuintes do Ministério da Fazenda (CGC/MF) e a comprovação da atividade específica;

"b) '.com', destinado a instituições comerciais. Exige-se o CGC;

"c) '.org', destinado a organizações não-governamentais e sem fins lucrativos. Exige-se documentação que comprove a natureza da instituição e o CGC. Em casos especiais, a exigência do CGC para esse DPN poderá ser dispensada;

"d) '.g12', destinado a instituições educacionais de primeiro e segundo graus. Exige-se o CGC;

"e) '.net', destinado exclusivamente a provedores de meios físicos de comunicação, habilitados legalmente à prestação de serviços públicos de telecomunicações. Exige-se a comprovação desta atividade por documento específico e o CGC;

"f) '.mil', destinado aos órgãos militares;

"g) '.gov', destinado ao Governo brasileiro, isto é, aos três Poderes da República (Executivo, Legislativo e Judiciário), ao Ministério Público Federal, aos Estados e ao Distrito Federal. Excetuados os órgãos da esfera federal, os demais deverão ser alojados sob a sigla do Estado correspondente (exemplo: 'al.gov.br', 'am.gov.br' etc.). Exige-se o CGC. Poderá haver dispensa do CGC, se justificada;

"h) '.art', destinado a instituições dedicadas às artes, artesanato e afins. Exige-se o CGC. Poderá haver dispensa do CGC, se justificada;

"i) '.esp', destinado a entidades relacionadas a esportes em geral. Exige-se o CGC. Poderá haver dispensa do CGC, se justificada;

Além de possuir um *modem*, ter uma linha telefônica e estar conectado a um servidor da rede, para utilizar a *Internet* o usuário deve dispor de *softwares* específicos, em especial os conhecidos por *browsers*. Dentre outros serviços, os *browsers* fazem as transferências das informações da rede, selecionadas do computador de origem (que as "lançou" na rede), para o computador do usuário. O *browser* permite ao usuário escolher e utilizar as funções oferecidas pela *Internet*, como, por exemplo, permitir à tela do computador fluir pelas páginas da *worldwide Web* (*WWW*), a chamada *área multimídia da Internet*. Através do *browser* o usuário conecta-se ao servidor. O servidor armazena, transmite ou retransmite as informações contidas na rede e selecionadas pelo *browser*.

O *browser* faz a seleção e o pedido da informação desejada pelo usuário, especificando o protocolo que será utilizado. Incluído no pedido está o método, que é o comando do cliente ao servidor, geralmente no sistema operacional UNIX (exemplo: GET; que significa buscar o documento). Tal comando é apresentado ao usuário sob a forma de *links*, ou seja, basta clicar o *mouse* sobre a palavra ou figura escolhida para trazer o documento para a tela de seu computador. Esse documento pode ser armazenado no computador do usuário de acordo com o tipo de informação que ele contém (por exemplo, se é um documento multimídia, assim será gravado na memória do computador do usuário).

Em decorrência da grande expansão do uso da *Internet*, as grandes empresas de *hardware* e *software* têm desenvolvido projetos que visam facilitar ainda mais a integração dos aplicativos com os recursos da rede.

Vários recursos e meios de utilização são oferecidos pela *Internet* aos seus usuários. Esses recursos vão desde o correio eletrônico (*e-mail*) até o acesso a banco de dados e informações disponíveis na WWW. As comunicações eletrônicas podem ser efetuadas de forma interpessoal, nas quais a emissão e recepção da comunicação são efetuadas diretamente por pessoas, como o *e-mail*, por exemplo, de forma interativa, como no caso do acesso às páginas da WWW, e de forma intersistêmica. Nesta última forma de acesso, a comunicação ocorre sem a intervenção humana, pois tanto numa como em outra ponta da emissão e recepção das informações existem sistemas aplicativos previamente programados, como é o caso do *eletronic data interchange*. As operações que são realizadas com maior freqüência na rede são as interpessoais e as interativas. Para a comunicação interpessoal é necessário que o remetente conheça previamente o endereço eletrônico do destinatário, ou faça buscas em espécies de "listagens" de endereços da *Internet* para realizar a comunicação. Para a utilização do correio eletrônico ou *e-mail*, por exemplo, utiliza-se o endereço da pessoa ou entidade a quem se quer acessar.

"j) '.ind', destinado a instituições voltadas à atividade industrial. Exige-se o CGC;

"l) '.inf', destinado aos fornecedores de informação. Exige-se o CGC;

"m) '.psi', destinado a provedores de serviços Internet em geral. Exige-se o CGC;

"n) '.rec', destinado a instituições voltadas às atividades de recreação e jogos, em geral. Exige-se o CGC;

"o) '.tmp', destinado a eventos temporários, de curta duração, como feiras, seminários etc. Há dispensa do CGC para esta categoria;

"p) '.etc', destinado a instituições que não se enquadrem nas categorias anteriores. Exige-se o CGC.

"II — Grupo Profissionais Liberais, para o qual exige-se a comprovação de inscrição no Cadastro de Pessoas Físicas do Ministério da Fazenda (CPF/MF):

"a) '.adv', destinado a advogados;

"b) '.arq', destinado a arquitetos;

"c) '.eng', destinado a engenheiros;

"d) '.eti', destinado a especialistas em tecnologia de informação;

"e) '.jor', destinado a jornalistas;

"f) '.lel', destinado a leiloeiros;

"g) '.med', destinado a médicos;

"h) '.odo', destinado a odontólogos;

"i) '.psc', destinado a psicólogos;

"j) '.vet', destinado a veterinários.

"III — Grupo Pessoas Físicas, cujo registro será efetuado sob o DPN '.nom', exigindo-se para tanto a comprovação de inscrição no Cadastro de Pessoas Físicas do Ministério da Fazenda (CPF/MF) do titular ou do seu responsável."

As informações estão à disposição do usuário na rede, através de documentos formatados chamados hipertextos, que contêm palavras, ícones ou gráficos destacados do restante do documento. Os *links* são as palavras, figuras ou ícones destacados, ou seja, as ligações com as informações disponíveis na rede, que, uma vez selecionados pelo usuário (basta clicar o *mouse* sobre a palavra ou ícone desejado), estabelecerão contato com o computador que lançou na rede o hipertexto, transmitindo-o ao computador do usuário, dispondo-o em seu *browser* na mesma forma de documento formatado contendo *links*. É possível acessar novas fontes de informações utilizando-se os "novos" *links* contidos no documento adquirido.

II – Breve histórico

A *Internet* teve sua origem num sistema de interligação de redes de computadores nos Estados Unidos, para fins de proteção militar. A inexistência de um centro único de emissão e recepção de dados, além de garantir o acesso ágil às informações, permitia que as informações continuassem a ser transmitidas, de maneira independente, através das áreas intactas da rede, mesmo em caso de guerra e destruição de parte do sistema. Numa fase posterior, o mesmo modelo de sistema de interligação de redes locais passou a ser utilizado também entre as universidades e os laboratórios de pesquisas. Dessa forma, desenvolveu-se um projeto concebido para disponibilizar informações, possibilitando aos cientistas, às universidades e aos laboratórios de pesquisa o intercâmbio de materiais e resultados de estudos, acompanhados de seus respectivos gráficos, ilustrações e até mesmo sons, vídeo e outros recursos. A interligação física e a uniformização do sistema de transmissão de dados entre as redes (através dos chamados protocolos, códigos que permitem a leitura universal de documentos) permitiam que se colocasse à disposição do usuário conectado à rede uma grande quantidade de informações. Foi dado, então, o primeiro passo para o surgimento da *Internet*.

Apesar de existir uma ampla gama de informações disponíveis na rede, o usuário encontrava dificuldades para acessá-las, pois não dispunha de um sistema que permitisse a seleção, dentre os documentos que versavam sobre o assunto objeto da pesquisa, daquele determinado documento que continha a informação específica que lhe interessava.

No Conselho Europeu de Pesquisas Nucleares, conhecido pela abreviação CERN e atualmente denominado *European Laboratory for Particle Physics* — um dos mais importantes centros de pesquisa da área —, desenvolveu-se a idéia de um sistema que permitiria a exploração, o acesso e a localização de todas as informações lançadas na rede.

Em um dos encontros do CERN, realizado em março de 1989, Tim Berners-Lee, do Laboratório Europeu de Física de Gênova, propôs o desenvolvimento do sistema de hipertextos para interligar todas as informações disponíveis nas redes de computadores de todo o mundo. Os hipertextos são documentos que possibilitam o acesso e a transferência de outros documentos, textos e informações disponíveis, de um para outro computador conectado à rede, ao se clicar o *mouse* nos *links* destacados no hipertexto.

Além do próprio mecanismo de hipertexto (as chamadas *interfaces*), o sistema de hipertextos idealizado por Tim Berners-Lee deveria apresentar a capacidade de "ler" e transmitir várias tecnologias e tipos de documentos, possibilitando a qualquer, pessoa que utilizasse qualquer tipo de computador, o acesso fácil aos vários tipos de documentos disponíveis na rede.

O desenvolvimento do projeto de Tim Berners-Lee levou ao surgimento do sistema de acesso e uso das informações da *Internet* por meio dos hipertextos, conhecido como WWW, que representou uma evolução na utilização da rede semelhante à evolução do *Windows*, da *Microsoft*, que se utilizou dos microcomputadores para conquistar o mercado. A *Apple* introduziu a utilização de ícones para realizar os comandos dos microcomputadores, assim como o sistema de hipertextos introduziu a utilização dos *links* para realizar os comandos mais complexos, como o de busca e transferência das informações da rede, universalizando, assim, o acesso à *Internet*. A evolução deste sistema, que teve início no CERN e posterior desenvolvimento através da parceria com a *Macintosh*, é feita hoje por uma *joint venture* entre a CERN e o *Massachusetts Institute of Technology* (MIT), denominada *W3 Organization*. Desde 1993 a WWW está se firmando como o coração da rede de informação da *Internet*, pois é o mecanismo que permite a localização de qualquer assunto na rede, mesmo que o usuário não conheça o endereço que quer acessar.

III – Aspectos jurídicos

Em toda história da humanidade o surgimento de novas tecnologias sempre representou um desafio à organização e evolução das sociedades. As mudanças que ocorrem nos hábitos e atividades sociais implicam necessariamente alterações das regras jurídicas existentes em cada país.

Encontra-se, em cada época, um fator determinante do maior ou menor desenvolvimento de cada nação. Até o século XVIII a exploração do comércio de mercadorias primárias, tais como os produtos agrícolas, especiarias, tecidos etc., representava o ponto central da economia dos países mais desenvolvidos. O fator determinante do desenvolvimento de um país no século XVIII passou a ser o grau de industrialização de sua produção, surgindo a partir da chamada *revolução industrial* a progressiva divisão internacional do trabalho, a polarização Norte-Sul, com a industrialização dos países do Norte, e a crescente busca por mercados consumidores. Podemos apontar atualmente uma nova onda de desenvolvimento, a da tecnologia, que novamente está alterando o cenário político-econômico mundial. Mais do que nunca, na história da humanidade, o domínio e a disponibilidade de informações representam a principal fonte de poder.

A utilização e o desenvolvimento de novas tecnologias estão presentes em quase todas as relações sociais. Desde a mais prosaica atividade de um indivíduo, como a consulta a um saldo bancário, até a mais complexa manobra militar, provavelmente estará sendo acompanhada ou realizada através de um computador. A expansão e a popularização do uso de computadores, observadas na última década, são um dos sinais mais evidentes da influência da tecnologia em nossa vida quotidiana.

Com o crescente uso da *Internet* como ferramenta para a comunicação e troca de informações, incluindo-se aí sua utilização como uma nova rota de comercialização de bens e serviços, muitos aspectos dos ordenamentos jurídicos dos países que se utilizam desta tecnologia devem ser cuidadosamente analisados. Dentre os vários aspectos importantes merecem especial atenção o tratamento tributário dos serviços oferecidos, a responsabilidade, o julgamento e a punição de crimes ocorridos via rede (como a difamação, por exemplo), a proteção de marcas, patentes e direitos autorais, a publicidade e a realização de comércio via *Internet*, inclusive transmissão e desenvolvimento de novas tecnologias.

O exame desses temas deve ser feito considerando-se as características peculiares que a *Internet* trouxe ao cenário das relações humanas, e que foram, conseqüentemente, introduzidas no mundo do Direito. Além da incrível agilidade que a *Internet* proporciona à realização das relações humanas, ainda não é possível precisar em qual território ou nação ocorrem tais relações, pelo fato de serem feitas através da rede. A territorialidade sempre foi um dos elementos essenciais para a aplicação do Direito, sendo um dos princípios da soberania dos Estados contemporâneos o reconhecimento do poder de aplicação do direito nacional de um Estado dentro de seu próprio território.

Uma das mais marcantes e, por vezes, preocupantes características da *Internet* é a descentralização, pois não existe um órgão central que a administre. Não existe um órgão que controle o conteúdo das informações que circulam pela rede. A informação lançada na rede pode percorrer diversos caminhos, passar por vários servidores, e, com isto, percorrer vários países, até chegar ao destinatário final.

Surgem novas questões nas diversas áreas do Direito em conseqüência desta descentralização e da possibilidade de, através da rede, ser enviada desde uma simples carta até a proposta e autorização de fechamento de uma importante negociação comercial ou política.

Como exemplo dessas mudanças podemos mencionar a crescente dispensabilidade dos documentos "físicos", ou seja, da utilização do papel na realização de contratos, propostas e mesmo divulgação de obras, através de correios eletrônicos, das páginas da WWW ou de outros recursos oferecidos pela rede. Desta simples inovação surgem questões tais como a efetividade da proteção aos direitos autorais ao conteúdo digital das informações transmitidas via *Internet*, a questão da segurança na realização de contratos e a transmissão de informações confidenciais, ou mesmo a realização de provas num eventual processo. Como provar que os arquivos da memória de um computador particular foram destruídos por uma pessoa que teve acesso a eles através da rede? Mesmo sendo possível identificar o responsável pelo delito, como puni-lo se for residente em outro país?

O desenvolvimento da *Internet* traz profundos desafios às estruturas sociais, políticas, econômicas e jurídicas.

Logo, o Direito deve solucionar estas e tantas outras questões vindas do desenvolvimento tecnológico, e, portanto, do desenvolvimento da *Internet*. Estas soluções devem ser capazes de satisfazer justas pretensões, punir fraudes e regulamentar acordos internacionais. Há a necessidade de uma releitura, e em muitos casos será preciso adaptar o Direito a esta nova realidade.

A solução para essas novas questões, independentemente de serem de ordem civil, comercial, penal ou tributária, é dificultada pelo princípio da territorialidade do Direito, segundo o qual é reconhecida a cada Estado a soberania para regular as relações da sociedade e entre as pessoas que vivem em seu território. A escolha da lei aplicável a uma relação que tem origem ou produz seus efeitos no âmbito internacional já suscita inúmeras questões. Regra geral, recorre-se à norma de sobredireito do país onde ocorreu o fato, ou onde este produziu seus efeitos, para dirimir a dúvida sobre a lei aplicável e determinar qual seria o foro competente para julgar os problemas dele decorrentes. A questão complica-se no caso das relações ocorridas via *Internet*, pois não é possível determinar em que território aconteceram, e, conseqüentemente, qual seria a norma de sobredireito aplicável às questões aí surgidas.

Todas as inovações decorrentes do surgimento da utilização da *Internet* nos impelem a abordar algumas das suas principais implicações jurídicas.

1. O comércio e a prestação de serviços via Internet

1.1 A segurança nas transações *on-line*

Existe uma grande expectativa no que diz respeito ao desenvolvimento do comércio realizado via *Internet*. A grande maioria dos usuários da rede possui um alto padrão de vida, com considerável grau de cultura e uma elevada média de rendimento anual. O público-alvo do comércio via *Internet* constitui um mercado promissor.

Apesar de ter havido crescimento considerável na oferta de produtos e serviços pela rede, além da adoção das transações *on-line* por um número cada vez maior de bancos, ainda é muito grande a desconfiança relativa à seriedade das empresas que oferecem bens e serviços, à segurança relativa aos mecanismos de pagamento (geralmente através de cartão de crédito), rapidez de entrega e garantias relativas ao produto.

Estas dificuldades somente serão minimizadas ou superadas com a aplicação e divulgação de novas tecnologias que proporcionem maior segurança quanto ao sigilo das operações e à segurança do pagamento pelo bem ou serviço adquiridos.

A criptografia é uma das maneiras de proteção ao conteúdo das informações que são transmitidas via *Internet*. A criptografia consiste na transformação de uma mensagem em uma forma ininteligível, em que a mensagem transmitida via rede somente será lida pelo destinatário se o destinatário possuir a "chave" capaz de recompor a estrutura inicial da mensagem. A codificação pode ser feita mediante a utilização de um só código, aplicado tanto para criptografar quanto para descriptografar o texto transmitido. Essa forma não oferece muita segurança, nem possibilita que se tenha certeza sobre quem é o destinatário e quem é o receptor da mensagem. Se a chave é de conhecimento tanto do remetente quanto do destinatário o sigilo fica comprometido.

A forma mais segura é a utilização de duas chaves distintas. A primeira chave, de conhecimento exclusivo do remetente, é utilizada para a transmissão de mensagens, e a segunda chave, de conhecimento exclusivo do destinatário, é utilizada para a decodificação desta mensagem. A característica mais importante deste sistema é que uma chave não pode ser deduzida de sua correspondente. Há, portanto, uma grande dificuldade em se quebrar o sigilo destes códigos. Além disso, estas chaves, ou códigos, são desenvolvidos por cientistas mediante a aplicação de princípios matemáticos, o que certamente dificulta ou quase impossibilita a descoberta e "quebra" do segredo por pessoas não-especializadas.

Além de garantir o sigilo das transações ocorridas em rede, o sistema de utilização de chaves "públicas" e "privadas" possibilita a identificação do remetente e do receptor, uma vez que é atribuída ao remetente uma chave privada, de conhecimento exclusivo deste, enquanto o destinatário deverá saber a chave pública, correspondente à chave privada do remetente, que é a única capaz de decodificar a mensagem por ele enviada. A utilização da chave privada funciona, assim, quase que como uma assinatura eletrônica.

A criptografia também é utilizada para codificar o número de cartões de crédito, para realizar pagamentos via *Internet*, bem como para proteger operações com alto potencial de risco quando realizadas via *Internet*.

O desenvolvimento de *softwares* capazes de criar e aplicar sistemas de codificação semelhantes ao aqui descrito é de fundamental importância para o futuro do comércio realizado na *Internet*. Apesar da grande expectativa que o acesso a tamanho público consumidor cria, consumidores estão receosos em realizar este tipo de negociação.[3]

Já encontramos no mercado empresas especializadas em oferecer o acesso a esta tecnologia de segurança no que se refere ao pagamento de transações ocorridas *on-line*. Mediante o cadastramento do número do seu cartão de crédito, a empresa cria uma espécie de carteira de crédito para o cliente, colocando-o em contato com os comerciantes e empresas que oferecem produtos e serviços na *Internet*. Os valores correspondentes à compra de mercadoria serão debitados na conta do cliente (na verdade, de seu cartão de crédito), mediante a auto-

3. Algumas empresas, como *Mastercard*, *Visa* e *American Express*, estão desenvolvendo programas-piloto para uniformizar a linguagem e sistemas utilizados para a criptografia de números de cartão de crédito e de *e-cash*, tanto para a realização de pagamento com segurança quanto para a manutenção do sigilo necessário em operações de alto risco, que poderão ser realizadas via rede.

rização do próprio cliente. A segurança é garantida, pois o número do cartão de crédito não circula pela rede.

Este sistema, que é uma das formas de *e-cash*, possibilita a realização de pequenos pagamentos em qualquer parte do mundo e em qualquer moeda de pagamento. A empresa fornecedora de tecnologia de segurança funciona como um intermediário entre os internautas e os comerciantes, viabilizando os meios de pagamento.

A utilização da criptografia tem sido reconhecida como ferramenta indispensável para a proteção da propriedade intelectual, da integridade e confiabilidade de informações financeiras, da integridade da segurança individual e pública, além da segurança nas operações do comércio eletrônico. A criptografia garante a confidencialidade, a autenticidade e a integridade das mensagens transmitidas via rede, e a tendência mundial é buscar o desenvolvimento da criptografia e de novas tecnologias para viabilizar o crescimento dos negócios realizados via *Internet*.

O destino do comércio via *Internet* ainda é uma incógnita. As diferentes opiniões passam da crença de que haverá uma explosão nos usos comerciais da rede, com a diminuição drástica das vendas "tradicionais" e o aumento do contato direto entre o consumidor e o fabricante, para a afirmação dos mais céticos de que a *Internet* nada mais é do que um meio de comunicação, alternativo ao telefone ou à presença física das partes, para realizar encomendas.

Para aqueles que apostam no maior nível de desenvolvimento do comércio na rede as vendas via *Internet* trariam inúmeros benefícios, como o fácil acesso a produtos e consumidores situados nas áreas mais remotas do globo, a redução dos preços, devido ao acirramento da concorrência e da facilidade de pesquisa de preços pelo cliente, dentre outras vantagens. Entendemos que a realidade aponta para um crescimento neste tipo de comércio principalmente na área de venda de *softwares*, informativos, livros e música, dentre outros produtos, que são mercadorias que podem efetivamente ser transmitidas ao computador do cliente via rede.

O simples fato de existir uma alternativa para a compra de produtos de qualquer espécie que possibilite que o consumidor, quer por motivo de dificuldade de acesso a esses produtos, quer por uma questão de urgência, satisfaça suas necessidades sem sair de casa ou do escritório, ou possibilite a realização da compra em qualquer parte do mundo onde o cliente estiver, e a imediata entrega do produto ou serviço pela própria rede, constitui uma enorme inovação, uma nova porta de acesso ao mercado para comerciantes e consumidores.

1.2 Novas formas de pagamento. *E-cash. E-card*

Estão surgindo novas alternativas para efetuar o pagamento das transações ocorridas em rede com segurança e sigilo, em face do grande interesse em desenvolver o mercado potencial oferecido pela *Internet*. Uma das novas e polêmicas alternativas desenvolvidas, que também utiliza as técnicas de criptografia, é o dinheiro eletrônico, também conhecido como *e-cash*. "Polêmica" porque o desenvolvimento deste novo sistema de pagamento vem desafiar as estruturas que permitem a normatização e regulamentação das transações financeiras pelos órgãos de controle dos governos nacionais.

O *e-cash* abrange vários mecanismos de pagamento, que não as formas "físicas" tradicionais, desenvolvidos para proporcionar sigilo e segurança e, ao mesmo tempo, rapidez nas transações ocorridas em rede. São utilizados para esse fim, nas transações, serviços de informação e manejamento de dados, juntamente com os serviços de segurança (criptografia). A criptografia protege o teor das negociações e verifica a integridade da informação recebida, evitando, desta forma, a interceptação por terceiros.

Ao contrário das formas tradicionais de transferência de fundos, no *e-cash* o valor monetário é diretamente transferido pelo computador do próprio usuário a qualquer instituição financeira, ou diretamente para o computador do credor da transação. O resultado é um sistema confidencial e extraterritorial, que foge a qualquer regulação estatal, de transferência de valores.

O *e-cash* pode ser classificado em duas categorias: o *e-cash* que utiliza os serviços bancários tradicionais para realizar as transferências de fundos e o *e-cash* que dispensa qualquer regulação ou intervenção das instituições financeiras tradicionais, pois os recursos (valores) ficam armazenados nos computadores dos próprios usuários.

Na primeira categoria, apesar de existir sigilo nas transações, há a possibilidade de se fazer uma espécie de "rastreamento" das informações criptografadas, o que permite às instituições e ao governo um certo controle das transferências de valores. Esse é o modelo que tem sido mais utilizado pela maioria dos bancos e das empresas de cartão de crédito.

A segunda categoria implica a utilização do dinheiro digital, ou seja, os recursos financeiros ficam armazenados no computador do usuário em forma de dados digitais. Um exemplo deste tipo de *e-cash* é um sistema aplicado na Holanda mediante o qual o usuário utiliza moeda corrente holandesa para comprar "dinheiro digital" de um banco, que fica armazenado no computador do usuário. O usuário pode pagar por suas negociações com este dinheiro digital, mediante o envio de seqüências numéricas, representativas do *e-cash*, ao computador do credor da negociação. Este, por sua vez, pode transmitir as seqüências numéricas ao seu banco, que efetua o depósito em sua conta bancária.

Não é possível rastrear a seqüência numérica representativa do dinheiro eletrônico. A criptografia impede que os bancos envolvidos na operação detectem os autores das transferências de valores de uma conta para outra. O banco apenas poderá verificar se a seqüência numérica é válida ou não, o que proporciona o mais absoluto sigilo nas transações.[4]

Este tipo de movimentação financeira traz como conseqüência mais séria a impossibilidade de controle das remessas de dinheiro, tanto dentro dos países como internacionalmente, pelos organismos de controle tradicionais. Até o momento, os governos nacionais e as demais entidades responsáveis pela regulamentação financeira ainda não intervieram no processo de criação desses sistemas. Mas, sem dúvida, será motivo de grande preocupação para os órgãos reguladores tradicionais quando a utilização desses novos sistemas passar a permitir, com facilidade nunca vista anteriormente, a remessa e o ingresso de recursos entre os países. Com certeza, haverá tentativas de regulamentação dessa matéria tão logo a utilização dos sistemas de *e-cash* passe a representar movimentação expressiva de recursos, com maior aceitação do mercado.

Outro mecanismo de pagamento criado por um grande banco brasileiro é o denominado *e-card*, o qual funciona como um cartão de crédito apenas para compras na rede. O usuário recebe um número de cartão de crédito e data de validade, como nos cartões de crédito normais, que são usados para realizar o pagamento por bens e serviços. A principal característica do *e-card* é

4. É claro que este tipo de serviço ainda se encontra em fase de teste e desenvolvimento, e provavelmente levará mais tempo para ter aceitação no mercado. O interesse no desenvolvimento de novas formas de pagamento eletrônico tem unido empresas anteriormente competidoras entre si em alianças para o aperfeiçoamento desses recursos e aquisição de uma posição predominante no mercado. Um exemplo disso foi a união da *Visa*, *Mastercard*, *GTE*, *IBM*, *Microsoft* e outras entidades para desenvolver o Sistema de Segurança nas Transações Eletrônicas (*Secure Eletronic Transaction* — SET), que também envolve a utilização de chaves públicas e privadas de criptografia e procura uniformizar os métodos de sua aplicação, favorecendo, dessa forma, a rapidez e a liquidez do dinheiro eletrônico.

que cada solicitação de débito recebida pelo cartão é monitorada e informada no mesmo dia ao titular do cartão através de um *e-mail* previamente cadastrado.

Outro diferencial do *e-card* é permitir a definição de um perfil de compras do titular (limitando o valor de cada compra), o que funciona como um mecanismo adicional de proteção. Os pagamentos pelo usuário do *e-card* são realizados como os pagamentos de cartão de crédito. Embora seja um mecanismo de pagamento menos sofisticado do que o *e-cash*, o *e-card* procura oferecer maior segurança nas transações realizadas na rede com cartões de crédito.

1.3 Os bancos na era da *Internet*

Além do *e-cash* e do *e-card*, os pagamentos eletrônicos realizados via *Internet* compreendem os serviços de *home-banking* oferecidos pelos bancos a seus clientes. Os clientes podem utilizar-se da *Internet* para realizar operações bancárias tradicionais, tais como consultas de saldos e extratos, transferências de valores e aplicações. Alguns bancos utilizam os recursos da *Internet* para facilitar a abertura de contas e cadernetas de poupança. Esta é uma tendência mundial, acompanhada de perto pelos bancos brasileiros. Aproveitar a estrutura oferecida pela *Internet* para a prestação de serviços nessa área é uma solução barata, rápida e que, com certeza, causa uma ótima impressão junto ao público.

1.4 A captação de recursos no exterior

A evolução da prestação de serviços via *Internet* permite que empresas de pequeno e médio portes possam captar recursos no exterior com maior facilidade. A redução do risco, somada à queda dos juros internacionais e os elevados preços das ações em Bolsas internacionais criaram um ambiente favorável para que as empresas brasileiras em geral representem uma boa alternativa de investimento para os investidores estrangeiros, pois suas ações ainda estão baratas e têm condições de alta valorização.

2. *A tributação e a Internet*

Outro dos grandes impactos causados pelo uso da *Internet* como meio de concretização de negócios comerciais é a questão da incidência de tributos sobre estas relações.

Os conceitos fundamentais do direito tributário, como a territorialidade, a competência, o estabelecimento comercial, dentre outros, podem adquirir contornos muito diferentes quando os negócios são realizados *on-line*. Em razão de a *Internet* desconhecer as fronteiras físicas, jurídicas ou legais, a instituição de tributos e a determinação de quem é competente para cobrá-los pelos Estados muitas vezes se tornam impossíveis.

Em termos gerais, o “mundo virtual” jamais poderá substituir o “mundo real”. Ou seja, independentemente da compra de um bem ser feita ou não via *Internet*, sempre existirá um determinado bem ou serviço que foi de fato adquirido.

Assim, quando um brasileiro residente no Brasil faz uma reserva em um hotel na Inglaterra mediante o acesso ao *site* do hotel na *Internet* os impostos incidentes nesta transação são os que normalmente incidiriam caso a reserva tivesse sido realizada por telefone, carta ou *fax*. O hotel pagará o equivalente ao imposto sobre a renda e imposto de prestação de serviços ao governo inglês, enquanto o hóspede pagará a contribuição sobre movimentação financeira, correspondente à operação de retirada de dinheiro de sua conta bancária, ao governo Brasileiro.

Por isso, ao analisarmos a tributação de uma operação realizada pela *Internet* devemos decompor a operação em termos dos seus fatos e atos. Isso é bem fácil quando a *Internet* é utilizada como mera ferramenta de comunicação entre o comprador e o vendedor.

Entretanto, as dificuldades surgem quando, pela natureza da negociação, da compra ou do serviço, a sua efetiva caracterização para fins tributários torna-se imprecisa. Isso acontece quando estamos diante de uma nova tecnologia, como, por exemplo, o livro eletrônico (*e-book*), que fisicamente inexiste quando comparado a um livro normal, mas pela sua natureza é baixado (efetuado *download*) e impresso no local do computador receptor do arquivo contendo o *e-book*.

O mesmo acontece atualmente com trilhas sonoras, que não precisam mais ser adquiridas em meio físico (*compact disk* — CD), mas também são baixadas em um computador.

Logo, as técnicas de negociação e os recursos oferecidos pela *Internet* desenvolvem-se rapidamente. A utilização do *e-cash* como meio de pagamento no comércio *online* trará, com certeza, muitas dificuldades em se estabelecer o governo competente para instituir e cobrar impostos referentes à negociação (imposto de renda, sobre a prestação de serviços, sobre movimentação financeira, inclusive sobre a remessa de fundos ao exterior, dentre outros), além de ser, até o momento, muito difícil rastrear os participantes da operação e o local onde a mesma foi efetuada.

Como exemplo dessas inovações podemos mencionar a possibilidade de o comprador adquirir um novo programa de *software* diretamente na *Internet*, simplesmente realizando um *download*, ou seja, gravando em seu computador o material que está circulando na rede. Até mesmo o pagamento pode ser realizado via *Internet*, utilizando-se o dinheiro eletrônico ou *e-cash*. Nesses casos a instituição de impostos, tanto diretos quanto indiretos, é muito complicada, principalmente se for considerada a necessidade de evitar que os mesmos fatos geradores sejam tributados por dois ou mais países. As soluções para estes casos estão longe de ser alcançadas, e as discussões a respeito ainda são, na maioria das vezes, meras especulações.

2.1 A tributação pelo imposto de renda sobre o lucro de bens e serviços vendidos pela *Internet*

É principalmente na área do imposto de renda que encontramos problemas no estabelecimento do Estado tributante. É mais fácil determinar na compra e venda tradicional quem seria o Estado tributante, na medida em que o exportador do produto, bem ou serviço seria normalmente tributado no Estado remetente e responsável pelo faturamento do preço daquele produto, bem ou serviço.

Fica claro, especialmente pela leitura dos Acordos para Evitar a Dupla Tributação, baseados no modelo da Organização de Cooperação e Desenvolvimento Econômico (OCDE), que uma receita estrangeira é tributada em determinado Estado apenas na medida em que o estrangeiro tenha ou não (i) ali um estabelecimento permanente ou (ii) realize ali negócios.

A simples exportação de um CD de música, por exemplo, do Brasil para a Itália, nos termos do Tratado para Evitar a Dupla Tributação entre o Brasil e a Itália (Decreto 85.985, de 6.5.1981), jamais sujeitará o exportador brasileiro à tributação pelo imposto de renda italiano.

Entretanto, se essas mesmas músicas do CD forem enviadas por *e-mail* ou baixadas pelo consumidor italiano em Milão, será que o exportador brasileiro, nesse caso, não poderia, em tese, ter caracterizado ali um estabelecimento permanente para fins fiscais italianos? Em outras palavras, o lucro dessa operação obtido pelo exportador brasileiro seria tributado na Itália!

Recentemente a OCDE criou um grupo (*Technical Advisory Group* — TAG) para estudar esse tema, que emitiu um relatório em março de 2000, tentando enfocar as questões mais importantes. Apesar do enorme esforço do TAG, a questão acima apontada ficou sem resposta, pois existem mais dúvidas que certezas neste momento.

Para fins fiscais brasileiros, até pela simples falta de legislação aplicável à compra de bens no exterior por brasileiros, mesmo que "bens virtuais", não caracterizaria um estabelecimento permanente. Logo, por enquanto, o "exportador virtual" não estará sujeito à tributação pelo imposto de renda brasileiro, a não ser que aqui fosse realizado o negócio em termos dos arts. 397 e 398 do Decreto 3.000, de 1999 (realização de negócios no Brasil por meio de um agente ou representante).

2.2 A tributação dos serviços prestados pelos provedores de acesso no Brasil

Um problema mais concreto é a discussão acerca da tributação das atividades das empresas chamadas *provedoras de acesso*.

No Brasil também se discute muito a tributação dos serviços prestados pelos chamados *provedores de acesso* à rede. Faz-se necessário, portanto, procedermos à análise da natureza desses serviços, para somente então podermos definir quais os tributos incidentes sobre tal atividade. Com efeito, os provedores de acesso oferecem efetivamente acesso à *Internet* através de linha telefônica ou de outro meio adequado para a comunicação entre duas pessoas.

De fato, os provedores de acesso não realizam o transporte de sinais de telecomunicações, mas tão-somente utilizam o sistema já existente de transporte de sinais. Ao estabelecer a conexão do usuário com a *Internet*, seja via Embratel ou por qualquer outro meio localizado no país ou no exterior, os provedores de acesso utilizam-se da rede pública de telecomunicações. No caso da linha telefônica cabe lembrar que o serviço de telefonia já é tributado pelo imposto sobre operações relativas à circulação de mercadorias e sobre serviços de transporte interestadual e intermunicipal e de comunicação (ICMS).

Nos termos da Lei 9.295, de 19.7.1996, art. 10, a atividade dos provedores de acesso é caracterizada pelo acréscimo de recursos e um serviço de telecomunicações que lhes dá suporte, criando novas utilidades relacionadas ao acesso, armazenamento, movimentação e recuperação de informações, não caracterizando exploração de serviço de telecomunicações. Neste contexto, a atividade dos provedores da *Internet* deveria ser considerada como serviço de valor adicionado, e não como serviço de comunicação, ficando, portanto, fora do campo de incidência do ICMS.

Em outros termos, as atividades dos provedores de acesso dependem intimamente do sistema de transporte de sinais já existente e explorado pelas empresas participantes do sistema de telefonia pública. Nesse sentido, os serviços por eles prestados de conexão dos usuários à *Internet* somente representariam um acréscimo de recursos ao serviço de telecomunicações preexistente, não constituindo, sob essa ótica, um serviço de comunicação, apto a ensejar a incidência do ICMS.[5]

Outra questão que se apresenta é a de se considerar ou não os serviços de acesso do usuário à *Internet* como sujeitos à incidência do imposto sobre serviços de qualquer natureza (ISS), de competência dos Municípios. O pressuposto legal da incidência do ISS é a prestação, por empresa ou profissional autônomo, de serviço definido em lei complementar não compreendido na competência tributária dos Estados (art. 156, II, da CF).

5. É importante ressaltar que este não é o entendimento manifestado pelos Fiscos estaduais. A Secretaria da Fazenda do Estado do Paraná, através da Consulta 168, de 1996, entendeu que os serviços prestados pelos provedores de acesso constituem serviços de comunicação, e, portanto, sujeitos à incidência do ICMS. Nesse sentido, a seguinte afirmação constou da referida consulta: "No caso sob análise, a comunicação é realizada por meio de ligação direta do interessado à rede Internet. Para tanto, necessita de toda a estrutura da Rede Pública de Telecomunicações no provimento dos Serviços de Conexão à Internet, e além dos serviços especializados dos intermediários que promovem o elo de ligação, entre informações disponibilizadas e os usuários. Este canal de ligação produz informação, no conceito de serviço, suporte fático da tributação".

Entretanto, a Lei Complementar 57, de 15.12.1987, ao definir os serviços sujeitos ao ISS, não inclui item específico a respeito da atividade exercida pelos provedores de acesso à *Internet*. Tendo em vista que a aludida lista de serviços é taxativa e considerando, ainda, que o serviço prestado pelos provedores de acesso não se encontra expressamente previsto nessa lista de serviços, conclui-se que não há incidência do ISS sobre o serviço de acesso do usuário à *Internet*.

Essa não-incidência do ISS somente perdurará enquanto essa modalidade de serviço não for incluída na lista de serviços constante da Lei Complementar 57, de 1987, o que poderá acontecer oportunamente, em razão da relevância que o negócio vem adquirindo.

Não existe uma posição pacífica a respeito deste assunto, devido ao grau de complexidade da matéria e ao interesse do Fisco em regular e instituir tributos sobre estas relações, que têm crescido bastante nos últimos tempos.

3. *A publicidade e a divulgação de informações na Internet*

3.1 A publicidade

A área de publicidade é muito bem regulada em vários países, apesar da descentralização característica da *Internet*, pois o tratamento jurídico dispensado às questões decorrentes da publicidade via *Internet* é mais ou menos uniforme. A realização da publicidade em nível mundial, mediante a utilização dos meios "tradicionais", possibilitou a harmonização dos ordenamentos jurídicos nacionais através dos diversos tratados internacionais sobre este assunto.

Esta regulação não se refere ao controle do que é transmitido via *Internet*, mas sim à solução de controvérsias decorrentes da exibição de matérias consideradas ofensivas, abusivas ou contra o decoro público, como é o caso da divulgação de pornografia pelas páginas da WWW.

Ainda não existe um órgão responsável pela "filtragem" do material veiculado na *Internet*, sendo esta autonomia de comunicação, divulgação de materiais e troca de informação entre as pessoas uma das característica mais marcantes da rede.

A maior dificuldade enfrentada para a solução de conflitos surgidos da divulgação de materiais na rede, tais como a difamação, a publicidade enganosa, dentre outros, é, mais uma vez, a determinação do foro competente para dirimir as questões, uma vez que a rede tem alcance internacional e o material considerado ofensivo pode ter sido inserido na rede em um país muito distante do país do ofendido.

Um eventual problema a ser enfrentado é o caso de divulgação de textos, imagens ou produtos considerados "normais" ou toleráveis nos países ocidentais, tais como propagandas de fumo e bebida, ou mesmo programas de "sexo virtual", mas que são considerados crimes (graves) em outras nações, principalmente nos países onde não há separação entre Estado e religião.

É aconselhável, portanto, que os publicitários verifiquem se seus materiais estão de acordo não só com as leis do seu país de origem, mas também com a legislação dos países que serão seus principais alvos comerciais. Uma outra forma de evitar responsabilidade pela divulgação de produtos considerados "proibidos" em certos países, ou mesmo em países que estejam no alcance comercial do divulgador, é mencionar expressamente quais são os países-alvos de tais propagandas, ou seja, onde os produtos e serviços oferecidos estarão disponíveis. Por exemplo: "Esta oferta está disponível somente para residentes dos países integrantes do Mercosul".[6]

6. Um exemplo de como as leis internas de um país podem ser aplicadas para resolver questões derivadas de publicidade enganosa é o caso ocorrido em 1995 quando uma companhia de aviação, *Virgin Atlantic Airways*, foi processada nos Estados Unidos por ter anunciado nas páginas da WWW uma oferta de viagem transatlântica aos passageiros que fi-

3.2 A divulgação de informações

Alguns países estudaram a possibilidade de regular o teor dos materiais veiculados pela rede. Tais tentativas, no entanto, não obtiveram sucesso, uma vez que se considerou essencial a preservação da autonomia e liberdade dos indivíduos que utilizam a rede, ao veicular materiais de seu interesse.[7]

Também se discute a criação de leis de incentivo para que os *sites* da *Internet* possuam classificação. Os *softwares* de filtragem dependem de uma classificação do material, semelhante àquelas utilizadas nos sistemas de seleção de filmes e de programas da televisão, que também constituem uma inovação no que se refere à passagem da censura das mãos dos órgãos oficiais para as mãos dos pais e responsáveis pela educação das crianças.

Há ainda o debate a respeito da responsabilidade dos servidores de informações no que se refere ao conteúdo das mensagens e informações que circulam pela rede. Já houve casos em que os servidores da rede foram responsabilizados pelo material por eles veiculado. A maioria dos litígios referentes a material ofensivo veiculado pela *Internet* tem como alvo os serviços de acesso à rede, que são mais facilmente localizados pelo ofendido do que o próprio ofensor.

Normalmente o Judiciário considera os provedores de acesso e os provedores de informação como não sendo responsáveis pelo material que veiculam, pois não é possível haver uma estrutura de fiscalização pelos provedores do referido material, para detectar a existência de temas impróprios ou ofensivos ao público.

De um modo geral, as tentativas de regulamentação e restrição do uso da *Internet* não têm sido recebidas com bons olhos pela comunidade em geral.[8]

zessem reserva com 21 dias de antecedência na viagem Newark-Londres. A oferta era válida apenas para os meses de baixa temporada, mas, por não estar tal fato expresso na mensagem veiculada na WWW, os passageiros que procuraram obter o desconto processaram a companhia. Apesar de ter sido condenada a pagar uma multa, o ato da empresa não foi considerado pelas autoridades americanas como ato doloso, com intenção de realizar propaganda enganosa. A conclusão é que todas as informações e propagandas veiculadas pela WWW devem ser constantemente revistas e atualizadas pelos ofertantes de produtos e serviços.

7. Foi o que ocorreu nos Estados Unidos quando a Suprema Corte Americana derrubou a lei que tornava crime exibir material considerado impróprio para crianças (de natureza sexual ou outro tipo de assunto direcionado para adultos) via *Internet*, a Lei de Decência das Comunicações de 1996. Os juízes da Suprema Corte Americana consideraram que a liberdade de expressão dos usuários da rede deveria prevalecer sobre a proteção das crianças, no que se refere ao acesso a produtos impróprios para elas. Apesar de que em relação à telecomunicação convencional (rádio, revistas e televisão) existe este tipo de censura, a Suprema Corte considerou, com razão, que no caso da *Internet* a comunicação é feita de forma autônoma, o usuário é quem lança e busca este ou aquele tipo de informação na rede, não podendo tais relações ser objeto de censura, assim como não o são os livros, conversas telefônicas e afins, que possuem a mais estrita proteção constitucional. Além disso, a *Internet* é um veículo de alcance mundial, não podendo ser censurada pelas leis de um só país. Aliás, esta censura poderia não ser eficaz fora dos Estados Unidos. Neste caso, a liberdade de expressão, prevista na Primeira Emenda da Constituição Americana, prevaleceu sobre a restrição do acesso por crianças a material considerado impróprio. Com a derrubada desta lei, os Estados Unidos estão estudando soluções, baseadas na tecnologia, para afastar certos aspectos da *Internet* considerados "desagradáveis", como, por exemplo, este problema da proteção infantil. Para isto, têm sido desenvolvidos *softwares* que permitem a seleção do material disponível na rede, permitindo às crianças o acesso a *sites* interessantes, ao mesmo tempo que os *softwares* bloqueariam os *sites* impróprios. Dessa forma estariam protegidos tanto as crianças quanto o direito de expressão dos adultos.

8. Os projetos de limitação à livre utilização da *Internet* não cessam de surgir. Tomando uma vez mais um exemplo ocorrido nos Estados Unidos, uma lei do Estado da Geórgia visa a proibir a prática do uso de pseudônimos nas relações *on-line*. Esta lei foi aprovada como uma medida antifraude, mas seus efeitos negativos poderiam ser maiores do que as vantagens que sua aplicação traria, pois restringiria mais uma vez a liberdade de comunicação de milhares de usuários da rede que utilizam pseudônimos em suas conversas *on-line*. O governo da Geórgia, no entanto, aceitou não aplicar esta lei enquanto não for solucionada a questão de sua constitucionalidade.

O problema das tentativas de regulamentação da *Internet* é que esta nova tecnologia apresenta certos aspectos que são, até o momento, incompatíveis com o potencial regulamentador existente. Um dos motivos é a internacionalidade da *Internet*. Outro problema, relacionado diretamente à censura, é a distinção, que a maioria das legislações dos países faz, entre comunicação privada e particular. Em uma conversa particular podem ser feitas afirmações que jamais poderiam ser veiculadas pelos meios de comunicação tradicionais, como o rádio e a televisão. Como a *Internet* apresenta características de comunicação particular (pois só acessa a mensagem quem quer, e às vezes esta mensagem é direcionada a uma pessoa ou público em especial) e de comunicação pública (pois as informações estão à disposição de quem quer que acesse a rede), o mais aconselhável seria utilizar a legislação existente para a solução de eventuais conflitos, e evitar a regulamentação da utilização da rede até que suas características e potencialidades tenham sido melhor definidas.

4. A proteção ao direito intelectual

A utilização da *Internet*, como forma de divulgação e transmissão de informações, apresenta uma série de problemas relacionados aos direitos de propriedade intelectual. Devido à já mencionada facilidade de acesso e cópia do material que circula na rede, há o perigo de que as informações sejam utilizadas desrespeitando os direitos de seu criador ou titular. O acesso aos dados lançados na rede não outorga ao usuário o direito de dispor deles como melhor lhe parecer, assim como a compra de um livro não dá direito a quem o comprou de copiá-lo, revendê-lo ou utilizar de forma não-autorizada o seu conteúdo, sem que sejam pagos os direitos autorais. O fato de uma obra ou informação transmitida através da *Internet* estar sob a forma digital não retira dela a característica de criação humana, passível de proteção jurídica, garantindo ao criador ou autor desta obra o direito exclusivo de reprodução, divulgação e utilização de seus trabalhos e o direito à remuneração por sua utilização.

4.1 O direito autoral

Os direitos autorais recebem tratamento mais ou menos homogêneo em todo o mundo, devido à adesão de vários países aos tratados internacionais sobre a proteção de direitos intelectuais — dentre eles, os mais importantes, a Convenção para a Proteção de Obras Literárias e Artísticas de 1886, conhecida como a Convenção de Berna, e a Convenção Universal sobre Direitos do Autor, de 1952, conhecida como Convenção de Genebra. O trabalho de harmonização legislativa iniciado por essas duas Convenções recebeu importante impulso com a criação da Organização Mundial da Propriedade Intelectual, em 1967, e com a aprovação do TRIPS (*Trade Related Aspects of Intellectual Property*) na Rodada Final do Uruguai, em 1994, que resultou na criação da Organização Mundial do Comércio (OMC).

A proteção aos direitos autorais visa incentivar o esforço criador dos autores, por reconhecer um direito exclusivo sobre suas criações artísticas. Para o direito brasileiro são passíveis de proteção as criações do espírito expressas por qualquer meio ou fixadas em qualquer suporte tangível ou intangível. O direito de autor manifesta-se assim que um trabalho é colocado num meio de comunicação acessível — no caso, as páginas da WWW ou qualquer outro meio de utilização da *Internet*.

O principal impacto da *Internet* no direito de autor está na divulgação ou reprodução não autorizada da obra[9] através da rede. Devido à própria natureza do meio pelo qual as obras são disponibilizadas na *Internet* (isto é, independentemente de se

9. Nos termos do art. 29 da Lei 9.610, de 19.2.1998, tanto a reprodução quanto a divulgação da obra dependem de autorização do autor.

tratar de música, texto ou imagem, as obras transitam pela rede como arquivos magnéticos), sua reprodução e distribuição são facilitadas ao extremo.

A proteção do direito de autor complica-se quando duas ou mais jurisdições estão envolvidas na solução de um conflito, dificuldade, esta, agravada caso a relação que ensejou o conflito ocorra via *Internet*. O fato de não ser possível determinar em qual território ocorreu a ofensa ao direito gera controvérsias e dúvidas sobre quais seriam a lei e a jurisdição competentes para apreciar determinado conflito.

Apesar do longo trabalho de harmonização das legislações aplicáveis ao direito autoral, as legislações dos países ainda não são uniformes, sendo que a caracterização da violação dos direitos de autor e suas conseqüências no Brasil pode ser distinta da de outros países. Uma outra dificuldade encontrada neste ramo do direito é o fato de que muitos direitos nacionais não prevêem o direito à proteção do material digital transportado através da rede.[10]

O titular de direitos autorais ou o autor de uma obra deve tomar muito cuidado ao lançá-la na rede, para evitar a ocorrência destes problemas. Materiais com alto valor comercial não devem ser veiculados de forma que propicie sua utilização e reprodução indevidas (pirataria). Utilizar-se da tecnologia existente para dificultar a cópia ou o acesso ao material colocado na rede é muitas vezes mais barato e eficaz do que apelar para as leis de proteção aos direitos autorais. Já são utilizados métodos de resguardar eletronicamente o conteúdo das informações transmitidas via *Internet*, tais como a elaboração de códigos de acesso às informações, as chamadas "chaves" eletrônicas, sem as quais o receptor não pode ler ou reproduzir os dados transmitidos, dentre outros artifícios para dificultar a atividade dos pirateadores.

Uma outra medida de proteção constitui em inserir no material disponível na rede mensagens evidenciando a necessidade do pagamento de direitos autorais no caso de uso e reprodução das informações. Tais avisos aparecem na tela do usuário antes que este tenha acesso ao material, informando-o a quem serão devidos os direitos autorais e quais as condições de uso permitidas ou proibidas. O usuário, então, ao dar o comando que lhe possibilita ler o material relevante, estaria aceitando as condições estabelecidas. Mas devemos reconhecer que tal medida constitui uma espécie de "acordo de cavalheiros".

As medidas "preventivas" são necessárias, pois as leis internas de proteção aos direitos autorais devem ser utilizadas como uma segunda barreira contra reproduções ou utilizações não-autorizadas.

A preocupação de provedores de acesso e portais relativa à credibilidade da rede tem sido, na prática, o principal mecanismo de defesa contra violações de direitos autorais. Tendo em vista o fato de que os portais e provedores de acesso não fiscalizam o conteúdo do tráfego pela rede, qualquer alerta sobre atividades de *sites* que possam caracterizar violação a direitos autorais é, geralmente, seguido de providências para retirada da rede do possível ofensor. A rápida atitude de provedores de acesso e portais também é motivada por interesses próprios, pois a sua inatividade frente a uma comunicação de violação pode torná-los solidariamente responsáveis com o violador.

Um provedor de informações ou uma editora também devem tomar alguns cuidados para não infringir os direitos autorais dos criadores do material que é colocado na rede. O provedor muitas vezes não realiza a compra, propriamente dita, dos direitos autorais, devido à agilidade de acesso e transmissão dos dados, mas obtém uma

10. No Reino Unido, assim como no Brasil, não se exige o registro da obra para a concessão da proteção aos direitos autorais, basta que ela seja fruto de uma criação original do autor. Já nos Estados Unidos, o registro é condição para que o criador possa defender seus direitos em juízo.

licença de uso do material junto aos seus titulares. Mesmo com a facilidade que este processo de obtenção da licença representa, ainda existe o risco de que alguns países não a reconheçam como instrumento hábil a outorgar o direito de uso e divulgação do material ao seu titular.[11]

A recente disputa judicial envolvendo arquivos de músicas sob o formato MP3[12] demonstra a importância e preocupação dos titulares de direitos autorais com relação ao comércio que se desenvolve na *Internet*. Por outro lado, se considerarmos a capacidade de divulgação e os baixos custos envolvidos, a *Internet* demonstra ser a mais eficiente ferramenta já inventada para os autores usufruírem de suas obras. O sucesso obtido com a distribuição de um livro do autor Stephen King pela *Internet* é prova mais do que suficiente de que a rede é uma importante ferramenta em prol dos autores.

4.2 Conflito entre nomes comerciais e marcas

Um dos assuntos mais discutidos no que se refere à *Internet* é o conflito entre marcas e nome de domínio.

O problema surgiu pela adoção de nomes de domínio por particulares ou outras empresas que não as verdadeiras titulares das marcas. O nome de domínio deve ser único, para o bom funcionamento da rede. Para evitar a ocorrência de nomes de domínio idênticos, as organizações encarregadas de fazer o registro do endereço do usuário da *Internet* estabeleceram uma ordem de preferência para a aquisição do nome, de acordo com a data do pedido de concessão do nome de domínio. No entanto, tais organizações não efetuam uma análise entre os nomes de domínio cujo registro é solicitado e as marcas previamente registradas ou protegidas de qualquer outra maneira pela legislação nacional. Muitas empresas, titulares de marcas famosas, frustraram-se ao tentar registrá-las também como seu nome de domínio, de forma a mantê-las associadas aos seus produtos e serviços, pois o direito à exclusividade de tal nome já havia sido concedido a usuários que solicitaram o registro anteriormente.[13]

No Brasil, mesmo ainda sem regras avançadas no que se refere às condições para a concessão do nome de domínio, no caso de um eventual conflito envolvendo o

11. Em países com alto grau de aplicação da proteção aos direitos pessoais, como em alguns Estados americanos, poderá haver problemas devido à simples veiculação de um material multimídia ou obra literária. Nesses Estados é concedido a cada indivíduo o direito de impedir qualquer forma de exploração comercial de sua imagem. Sendo assim, um material multimídia com imagens, sons ou mesmo nomes que apresentem qualquer semelhança com a fisionomia, voz ou nome de uma pessoa corre o risco de sofrer impugnação judicial, no que se refere à sua divulgação, caso não se obtenha uma licença dessa pessoa para "explorar sua imagem". Mesmo que a ocorrência de litigância judicial não seja tão expressiva na prática, a própria existência de direitos desta natureza evidencia os riscos legais aos quais um provedor de informações ou um produtor de material multimídia está exposto ao veicular materiais via *Internet*.

12. A Associação Americana da Indústria Fonográfica (RIAA, em inglês) move processo contra a *Napster*, baseada em San Mato, Califórnia, empresa que desenvolveu um *software* que permite a localização e facilita a cópia de arquivos de música em formato MP3, em tempo real. A RIAA baseia sua ação na alegação de que o programa desenvolvido pela *Napster* viola direitos autorais em larga escala.

13. Foi o que aconteceu com a empresa *McDonald's*, que, sendo legítima titular desta marca, não pôde inicialmente registrá-la como seu endereço na *Internet*, pois tal já havia sido feito por Joshua Quittner. Quittner obteve o registro de seu endereço eletrônico como "mcdonalds.com", e recebia correios eletrônicos no endereço "ronald@mcdonalds.com". A empresa *McDonald's* entrou com uma ação judicial para obter o direito de uso de sua marca também como endereço na *Internet*, ação, esta, que não foi julgada devido ao fato de que Quittner aceitou abrir mão de seu nome de domínio em troca da doação, por parte da *McDonald's*, de U$ 3,500.00 (três mil e quinhentos dólares norte-americanos) a uma escola. Mas nem sempre recobrar o direito de uso de sua própria marca é tão pouco demorado, e pode vir a ser ainda mais caro caso seja intencional a apropriação da marca conhecida pelo usuário, para fins de extorquir altas somas de sua legítima titular (é o chamado "caber posseiro").

direito de uso de marcas a legislação específica sobre este assunto tem sido aplicada para dirimir o litígio. O uso não-autorizado de um nome, de acordo com o tipo de atividade exercida pela empresa ou usuário que dele se "apoderou", configura uso indevido de marca ou mesmo concorrência desleal.[14] Várias decisões judiciais têm sido obtidas no Brasil confirmando que os titulares de marcas registradas junto ao INPI também têm direito ao nome de domínio correspondente.

Em 1995 foi criado pelo Ministério das Comunicações e Ministério da Ciência e Tecnologia o Comitê Gestor da Internet no Brasil ("Comitê Gestor"), encarregado da coordenação do registro de nomes de domínio no Brasil. O Comitê Gestor, por sua vez, delegou os poderes de coordenação de registro dos domínios à FAPESP.

Anteriormente qualquer pessoa ou empresa poderia requisitar o registro de qualquer nome, desde que este não houvesse sido registrado por outrem anteriormente. O pedido deveria ser encaminhado à FAPESP, que concedia o registro ao primeiro requerente.

O Comitê Gestor, seguindo a orientação internacional a respeito deste assunto, adotou novas regras para a concessão do registro do nome pela FAPESP. Com as novas regras, os registros no país (com terminação "br") somente são concedidos a empresas localizadas no país. Cada empresa pode registrar até 10 nomes de domínio, devendo apresentar justificativa por escrito à FAPESP caso queira registrar mais de 10 domínios. À FAPESP compete fiscalizar a utilização pelas empresas dos nomes registrados, ou seja, a pessoa ou empresa titular de dois ou mais registros deverá montar na *Internet* o número de páginas a eles correspondentes.

A necessidade da criação de páginas na *Internet* para cada domínio registrado, estabelecida pelas novas regras do Comitê Gestor, aproximou o registro de domínio ao registro de marcas, pois o uso efetivo, em ambos os casos, é requisito essencial para o reconhecimento e preservação dos direitos do titular do registro no Brasil.

Essas normas procuraram atenuar os problemas de confusão de nomes de domínio e de marcas, e também dificultar o registro leviano de nomes de domínio, exigindo que o usuário crie uma página na *Internet* correspondente a cada nome registrado. No entanto, a melhor orientação sobre o assunto parece ser o registro, o mais cedo possível, da marca ou produto como nome de domínio, não só em seu próprio país como, também, nos países-alvos de sua atividade empresarial.

Esta questão é de extrema complexidade, pois normalmente o registro de marcas de comércio é válido apenas no território onde foi requerido, assim como a exclusividade do nome de domínio em um país não confere ao usuário a mesma prerrogativa em outro. Uma mesma marca poderá ser utilizada como nome de domínio por duas ou mais companhias em países diferentes.

Os conflitos entre marcas e nomes de domínio continuam a ter grande repercussão internacional. Esses conflitos têm sido parcialmente resolvidos através de arbitragem no Centro de Mediação e Arbitragem da OMPI, cujas decisões são respeitadas pelos Comitês Gestores dos países envolvidos.[15]

Além da arbitragem, a OMPI está procurando estabelecer diretrizes para lidar com os conflitos entre marcas e nomes de domínio. Essas diretrizes serão encaminhadas para a nova organização mundial que

14. Para evitar que tal tipo de problema ocorra, nos Estados Unidos o Comitê da *Internet* encarregado de fornecer os nomes de domínio aos usuários tem adotado um procedimento que envolve a declaração, por parte do interessado em adquirir seu endereço na *Internet*, de que tem o direito de utilizar o nome escolhido sem que isso implique ofensa aos direitos de propriedade intelectual de outra pessoa.

15. Até a Casa Branca tem participado em disputas envolvendo o seu nome de domínio.

está sendo formada, sob os auspícios do governo norte-americano, para supervisionar o sistema de nomes de domínio da *Internet.*

4.3 A proteção de métodos de negócio

Outro aspecto muito interessante a respeito da proteção de direitos na rede é a proteção dos chamados *métodos de negócios* desenvolvidos por empresas que atuam na *Internet* e que muitas vezes constituem o seu verdadeiro diferencial junto aos concorrentes.[16] Esses métodos de negócios têm sido objeto de inúmeros pedidos de patentes nos Estados Unidos, sendo que já há disputas judiciais envolvendo a validade ou não de referidas patentes.

No Brasil, assim como em outros países, métodos de negócios não são patenteáveis. Portanto, ainda que a patente venha a ser reconhecida como válida nos Estados Unidos, não o será no Brasil e em outros países.

São Paulo, 15 de setembro de 2000[17]

16. Entre esses métodos de negócio podemos citar o *one click* desenvolvido pela *Amazon* e o chamado *leilão reverso*, desenvolvido pela empresa de leilões *eBay*.

17. Para a elaboração do presente artigo foram utilizadas as informações coletadas em trabalho anteriormente publicado na *RT* 749/60-81, março de 1998, intitulado "A *Internet* sob a ótica jurídica", de autoria de Walter Douglas Stuber e Ana Cristina de Paiva Franco.

Jurisprudência Comentada

FALÊNCIA — DESCONSIDERAÇÃO DA PERSONALIDADE JURÍDICA

Comentários de

HAROLDO MALHEIROS DUCLERC VERÇOSA

ao acórdão do agravo de instrumento 155.854-4/8, do TJSP

AI 155.854-4/8-SP — 7ª Câmara de Direito Privado do TJSP

Agtes.: M. C. L. S/C Ltda. e outra

Agda.: B. I. C. S/A

Rel. Des. Salles de Toledo

j. 29.11.2000

v.u.

Falência. Desconsideração da personalidade jurídica. Acolhimento do pedido feito pelo síndico e determinação de arrecadação dos bens imóveis objeto de dação em pagamento e posterior hipoteca em garantia de dívidas da falida. Confusão patrimonial entre a sociedade controlada e seu controlador. Possibilidade de se desconsiderar a personalidade jurídica na medida em que o patrimônio da falida acabou por confundir-se com o da sociedade que se constituiu, cujo capital foi formado por bens pertencentes à primeira empresa, hipotecados a uma terceira, esta administrada por uma pessoa ligada ao controlador da devedora.

Falência. Desconsideração da personalidade jurídica. Declaração incidental. Possibilidade. Desnecessidade de prévia decisão judicial em processo de conhecimento. Hipótese de ineficácia relativa, e não de invalidação dos negócios jurídicos, que permite a arrecadação dos bens como se ainda pertencessem à falida. O ajuizamento da ação revocatória, previsto na lei falimentar, não é exigência absoluta nos casos de ineficácia relativa dos atos praticados pelo devedor. Entendimento doutrinário e jurisprudencial. Liminar cassada. Recurso improvido.

ACÓRDÃO

Vistos, relatados e discutidos estes autos de agravo de instrumento 155.854-4/8, da Comarca de São Paulo, em que são agravantes M. C. L. S/C Ltda. e outra, sendo agravada massa falida de B. I. C. S/A:

Acordam, em 7ª Câmara de Direito Privado do Tribunal de Justiça do Estado de São Paulo, por votação unânime, negaram provimento ao recurso, cassada a liminar, de conformidade com o relatório e voto do Relator, que ficam fazendo parte do acórdão.

Participaram do julgamento os Desembargadores Leite Cintra (Presidente) e Sousa Lima.

São Paulo, 29 de novembro de 2000.

Salles de Toledo, Relator.

1. Na falência de B. I. C. S/A, foi requerida pelo síndico a desconsideração da personalidade jurídica de M. C. L. S/C Ltda. e H. I. C. H. B. B. Ltda. e a arrecadação dos bens desviados dentro do termo legal da quebra, "a fim de que se evitem novas transferências e gravames, face ao uso abusivo das sociedades". O MM. Juiz, considerando as razões expostas pelo síndico, acolheu o pedido e determinou a arrecadação de todos os bens, livres das hipotecas (f. 33/37).

Dessa decisão foi oferecido agravo de instrumento (f. 2/17), com pedido de efeito suspensivo. Alegam as Agravantes inexistência de fundamento legal para a desconsideração da personalidade jurídica, por se tratar de matéria de alta indagação, que exige o respectivo processo legal. Acrescentam que a revogação dos atos praticados antes da falência, estejam eles tipificados no art. 52 ou no art. 53 da lei falimentar, ensejam ação revocatória, por iniciativa do síndico ou de qualquer credor. Aduzem que, na falência, só podem ser arrecadados bens do falido, nunca aqueles pertencentes a terceiros.

Foi concedido o efeito suspensivo (f. 81).

Contraminuta à f. 96/112.

Parecer da d. Procuradoria de Justiça à f. 170/191, pelo improvimento do agravo, reiterado às f. 202 e 212/222.

A agravante manifestou-se às f. 193/199 e 204/209.

2. Próximo ao termo legal da falência da B. I. C. S/A, a empresa transferiu, por meio de dações em pagamento, bens imóveis de sua propriedade, de alto valor, para as filhas, P. e M., de seu controlador, R. M. Eram elas acionistas da companhia, tendo vendido à própria empresa suas participações acionárias. Esses bens foram conferidos à M. C .L. S/C Ltda., para formação de seu capital social. A seguir, as duas irmãs, que nunca participaram da gestão das referidas sociedades, hipotecaram esses imóveis à H. I. C. H. B. B. Ltda., empresa gerida por pessoa ligada a R. M., em garantia de uma dívida da hoje falida B. Estes os fatos, comprovados por depoimentos pessoais, em especial os de f. 116/117 e 120/124, prestados no Juízo da falência, e corroborados pelos documentos de f. 128/150.

Esses fatos foram levados pelo d. síndico ao conhecimento do d. Juízo da falência, como pretensão cautelar incidente, com o pedido de desconsideração das personalidades jurídicas da M. e da H., e conseqüente arrecadação dos bens indicados (cf. f. 24/31). O MM. Juiz *a quo* deferiu o pleito (f. 36/37). Indaga-se neste recurso, precipuamente, se isto poderia ser feito nos autos da falência, ou se demandaria um específico processo de conhecimento.

A situação aqui retratada mostra-se nítida, permitindo uma resposta imediata, a partir de seu imediato equacionamento jurídico. Percebe-se desde logo, na hipótese, a concorrência de fusão de patrimônios, gerada pela seqüência de negócios envolvendo bens originariamente pertencentes à hoje falida. Tais negócios, cabe enfatizar, se deram às vésperas da quebra, quase sempre no período correspondente ao termo legal da falência.

Fábio Konder Comparato, dissertando a respeito, apóia-se em lição de Tullio Ascarelli, o qual, após afastar a possibilidade, como regra, da responsabilização do acionista controlador pelas dívidas sociais, admite que: "provada a efetiva confusão patrimonial entre a sociedade e o seu controlador, os tribunais poderiam, excepcionalmente, fazer incidir sobre os bens deste a responsabilidade pelas dívidas sociais" (*O Poder de Controle na Sociedade Anônima*, n. 135, p. 342, 3ª ed., Rio, Forense, 1983).

Essa noção objetiva, que atinje no âmago a idéia, essencial para o conceito de pessoa jurídica, de separação de patrimônios, possibilita desconsiderar a personalidade jurídica nos casos em que ela deixa de cumprir uma de suas funções primordiais, qual seja a de traçar os limites patrimoniais que distingam aquela pessoa de outras. Com isso, torna-se prescindível o exame de aspectos ligados aos sujeitos das operações, como o da natureza fraudulenta ou não dos atos praticados. É claro, entretanto, que, nos casos concretos, os indícios ou provas de fraudes em muito contribuirão para o reconhecimento das hipótese em que a personalidade jurídica deva ser desconsiderada.

Voltando à doutrina de Fábio Konder Comparato: "A confusão patrimonial entre controlador e sociedade controlada é, portanto, o critério fundamental para a desconsideração da personalidade jurídica *externa corporis*. E compreende-se, facilmente, que assim seja, pois, em matéria empresarial, a pessoa jurídica nada mais é do que uma técnica de separação patrimonial. Se o controlador, que é o maior interessado na manutenção desse princípio, descumpre-o na prática, não se vê bem porque os juízes haveriam de respeitá-lo, transformando-o, destarte, numa regra puramente unilateral" (ob. cit., n. 136, pp. 343-344).

Verificada a possibilidade de se desconsiderar a pessoa jurídica, quando houver confusão patrimonial, segue-se que isto pode acontecer, por uma questão lógica, sob dois prismas, conforme a finalidade perseguida. Com efeito, ou se deixa de lado a personalidade jurídica para se atingir o patrimônio individual de seu controlador, ou, pelo contrário, em virtude de um ato deste, ou inspirado por ele, atinge-se o patrimônio daquela. Também aqui aplica-se a mesma concepção doutrinária, uma vez que, a respeitar-se a personalidade jurídica da sociedade, o patrimônio desta responderia exclusivamente pelas obrigações sociais.

Cumpre invocar, nesse ponto, mais uma vez, a acurada lição de Fábio Konder Comparato: "Aliás, essa desconsideração da personalidade jurídica não atua apenas no sentido da responsabilidade do controlador por dívidas da sociedade controlada, mas também em sentido inverso, ou seja, no da responsabilidade desta última por atos do seu controlador. A jurisprudência americana, por exemplo, já firmou o princípio de que os contratos celebrados pelo sócio único, ou pelo acionista largamente majoritário, em benefício da companhia, mesmo quando não foi a sociedade formalmente parte no negócio, obrigaram o patrimônio social, uma vez demonstrada a confusão patrimonial *de facto*" (ob. cit., n. 137, p. 346).

Este é bem o caso dos autos, na medida em que o patrimônio da falida acabou por confundir-se com o patrimônio da sociedade que se construiu, cujo capital foi formado exclusivamente pela conferência de bens antes pertencentes à primeira empresa, e que, por dívidas desta, foram hipotecadas a uma terceira, por sinal administrada por pessoa ligada ao controlador da devedora. Diante disso, pela evidente confusão patrimonial, impõe-se desconsiderar a personalidade jurídica das sociedades envolvidas.

Resta saber se essa desconsideração poderia ter sido proclamada incidentemente, como foi, ou se estaria na dependência de prolação de sentença julgando procedente ação ainda a ser proposta. Note-se que ficou claro existirem elementos hábeis a servir de base a uma decisão que, dando por configurados os requisitos para tanto, desconsiderasse incidentemente a personalidade jurídica das sociedades envolvidas e determinasse a arrecadação de seus bens. Mesmo assim, teria sido preciso, mais do que a cognição restrita ocorrida, um amplo processo de conhecimento?

Cabe assinalar, neste passo, que a desconsideração da personalidade jurídica das Agravantes não implica na invalidade, absoluta ou relativa, dos atos praticados. A análise não se situa no plano da validade, e sim no da eficácia desses negócios jurídicos. Quer isso dizer que esses negócios permanecem válidos, não foram declarados nulos nem anulados. Apenas não surtem efeitos em relação à massa falida. Por isso é que, sem se levar em conta a personalidade jurídica da atual titular do domínio, podem esses bens ser arrecadados, como se ainda pertencessem à hoje falida.

Ora, na medida em que a hipótese qualifica-se como de ineficácia relativa, e não de invalidação, não se pode deixar de convir que se assemelha, sob esse prisma, aos casos de fraude de execução. Quanto a esses, há norma expressa autorizando a execução direta, sem necessidade de prévia declaração judicial. "Ficam sujeitos à execução", dispõe de modo a não deixar dúvidas o art. 592, inciso V, do Código de Processo Civil, "os bens (...) alienados ou gravados com ônus real em fraude de execução". A jurisprudência (como evidencia o pronunciamento ministerial de f. 212/222, forte na lição de Yussef Said Cahali) é toda no sentido de que: "Reconhecida a fraude de execução, a ineficácia da alienação de bens pode ser declarada incidentalmente no processo de execução, independente de ação específica" (*RJTJESP* 139/75 e *RT* 697/82, *apud* Theotonio Negrão e José Roberto Ferreira Gouvêa, *Código de Processo Civil e legislação processual em vigor*, n. 3a ao art. 593, p. 623, 30ª ed., São Paulo, Saraiva, 1999).

Está, pois, jurisprudencialmente definido que pode o juiz, incidentalmente, no processo de execução, proclamar a ineficácia da alienação de bens. Três observações impõem-se a respeito. A primeira é a de que a ineficácia, referentemente da anulidade, não depende de processo de conhecimento para ser reconhecida em juízo. A segunda é a de que essa decisão, podendo ser tomada na execução singular, nada impede que o seja igualmente na execução coletiva (até com mais razão, ante o interesse público existente na falência). E a terceira é a de que a declaração de ineficácia, podendo ser expressa por meio de decisão (e não de sentença), não pode, sob pena de incoerência, restringir-se aos casos de fraude de execução, devendo por isso aplicar-se também nas hipóteses em que o negócio seja ineficaz por outro motivo (como acontece na desconsideração da personalidade jurídica).

O processo falimentar, sabem os que nele estão acostumados a intervir, é normalmente pontilhado de questões que devem ser desde logo dirimidas, a fim de que as finalidades objetivadas sejam atingidas. Fosse o juiz, a cada passo, encaminhar as partes às vias ordinárias, o processo, normalmente lento, não chegaria nunca a seu final. E isto com prejuízo evidente à coletividade de credores e aos superiores interesses da Justiça.

Ante a evidência de fatores como os acima apontados, vem a jurisprudência se inclinando no sentido de dispensar, nos processos falimentares, o prévio ajuizamento de ação, nos casos em que a observação da realidade impuser a desconsideração da personalidade jurídica. Há, como se viu, sólidos fundamentos jurídicos para tanto.

Diversos precedentes podem ser invocados, a começar (tendo em vista a importância do exemplo) pelo "caso C.", em que a personalidade jurídica de empresas do grupo foi desconsiderada (cf. os v. acórdãos deste E. Tribunal prolatados nos AI 190.330-2; 190.367-1; 190.386-1; 227.528-1, Rel. Des. Munhoz Soares, cf. f. 156/168 e 182/183).

Podem ainda ser citados, entre outros, os julgamentos, todos deste E. Tribunal, referidos pelo DD. Procurador de Justiça oficiante (ap. cív. 215.927-1, j. 18.10.94, Rel. Des. Flávio Pinheiro; AI 271.753-1, j. 22.2.96, 5ª C. Dir. Priv., Rel. Des. Jorge Tannus, v.u.; AI 89.524-4, 4ª C. Dir. Priv., Rel. Des. Fonseca Tavares, j. 25.2.99, v.u.; AI 109.094-4, 6ª C. Dir. Priv., Rel. Des. Mohamed Amaro, j. 30.9.99, v.u.; cf. f. 181, 183, 188 e 219, respectivamente). Para exemplificar, transcreve-se, a seguir, a ementa do último v. acórdão mencionado:

> Falência. Fraude contra credores pessoa jurídica cujos bens se confundem com os da empresa falida. Desvio de função, com inequívoco intuito de causar danos aos credores. Desconsideração de personalidade jurídica. Extensão dos efeitos da quebra ao seu patrimônio. Decisão mantida. Recurso não provido (cf. f. 219).

Também nesta Colenda Câmara vem prevalecendo o entendimento acima enunciado. Assim, por exemplo, o v. acórdão proferido na ap. cív. 157.656-4/9 (j. 27.9.2000, Rel. Des. Sousa Lima, v.u.), cuja ementa é a seguinte:

> Falência. Efeitos. Extensão. Acerto. Hipótese de desconsideração da personalidade jurídica. Fraudes e irregularidades com intenção de prejudicar credores. Ocorrência. Sócio que, apesar de se desfazer de seu patrimônio, continuou controlando suas empresas. Aplicação das sanções previstas nos arts. 52 e 53 da Lei de Falências. Cabimento. Princípios moralizadores da doutrina da desconsideração da personalidade jurídica, que não mais se coadunam com o procedimento previsto no art. 6º da Lei de Falências. Recursos não providos.

O E. Superior Tribunal de Justiça, embora sem ter ainda firmado posição sobre o tema, já decidiu segundo a tese aqui adotada. O parecer ministerial traz, à f. 185/188, excertos desse relevante precedente. Assim:

> Desconsideração da pessoa jurídica. Pressupostos. Embargo de devedor.
>
> É possível desconsiderar a pessoa jurídica usada para fraudar credores (RE 86.502-SP, 4ª T., Rel. Min. Ruy Rosado de Aguiar, j. 21.5.96, v.u., *DJU* 26.8.96, *RSTJ* 90/280, cf. f. 185/186).

O v. acórdão acolheu v. aresto da C. 9ª C. Civ. deste E. Tribunal de Justiça, da qual se transcreve o trecho seguinte:

> De outra parte e para finalizar cumpre anotar que não procede a tentativa de condicionar a aplicação dos princípios da doutrina em questão à prévia decisão judicial em processo de conhecimento. Como o sistema jurídico, em regra, só reclama pronunciamento judicial prévio nos casos de atos anuláveis (por exemplo, na fraude contra credores, art. 106 do Código Civil) e o dispensa quando se trata de atos ineficazes (por exemplo, na fraude à execução, art. 592, n. V, do Código de Processo Civil), com ele não se harmonizaria o reclamado processo de conhecimento para aplicação da teoria da desconsideração, que sabidamente apenas opera no campo da ineficácia. Aliás, condicionar a aplicação da teoria da desconsideração da pessoa jurídica a prévio pronunciamento judicial importa torná-la inteiramente inoperante pelo retardamento de medidas cuja eficiência e utilidade depende de sua rápida efetivação (cf. f. 186/187).

Para concluir: não se diga que, prevendo a Lei de Falências, para os casos de ineficácia relativa de atos praticados pelo devedor antes da falência, tanto os enumerados no art. 52 quanto os previstos no art. 53, específico procedimento, de rito ordinário, a ação revocatória (art. 56), deveria esta ser necessariamente ajuizada. Não se cuida de exigência absoluta, tanto assim que a própria Lei estabelece, no art. 57, a possibilidade de se opor a ineficácia do ato "como defesa em ação ou execução". E a doutrina vai mais longe, lembrando Trajano de Miranda Valverde que: "a revogação do ato também pode ser pleiteada, como acentua Carvalho de Mendonça, no processo de verificação de crédito, eis que a ilegitimidade da pretensão do credor que se quer habilitar na falência se alicerça em ato ineficaz em relação à massa falida" (*Comentários à Lei de Falências*, v. I, com. aos arts. 55-58, n. 433, p. 413, 4ª ed., Rio, Forense, 1999).

3. Ante o exposto, nego provimento ao recurso, cassada a liminar.

Salles de Toledo, Relator.

Comentários de

Haroldo Malheiros Duclerc Verçosa

Introdução

Em decisão importante, o Egrégio Tribunal de Justiça do Estado de São Paulo, por decisão unânime dos membros de sua 7ª Câmara de Direito Privado, trouxe valiosa contribuição para a importante questão da desconsideração da personalidade jurídica de sociedade ligada a empresa falida, diante da ocorrência de confusão patrimonial entre uma e outra. Merece uma ligeira análise o acórdão em questão — porque suas razões falam por si mesmas —, nos seus fundamentos, que teve como Relator o ilustre Desembargador e Professor de Direito Comercial Paulo Fernando Campos Salles de Toledo.

1. Os fatos

Declarada a falência da sociedade B. I. C. S/A, verificou o síndico que, proximamente ao termo legal, a empresa havia transferido bens imóveis de sua propriedade de altíssimo valor para as filhas do controlador. O mecanismo utilizado foi a dação em pagamento. Note-se, ainda, que essas pessoas eram acionistas da companhia cuja falência veio a ser declarada, tendo vendido a esta suas participações acionárias. Por sua vez, os bens recebidos por elas em pagamento foram utilizados para subscrição do capital da M. C. L. S/C Ltda. Logo em seguida, as referidas irmãs hipotecaram os imóveis de que se trata à H. I. C. H. B. B. Ltda., empresa ligada ao controlador da falida, em garantia de uma dívida. Note-se que houve, além de tudo, quebra do contrato social da M. C. L. S/C Ltda., uma vez que as duas irmãs jamais participaram da gestão daquelas sociedades, não lhes sendo possível, portanto, praticar atos de gestão em seu nome.

2. Os pontos relevantes, discutidos no acórdão

2.1 Pedido de desconsideração como pretensão cautelar incidente

A primeira das questões colocadas estava em saber-se se o juiz poderia ter efetuado a desconsideração da personalidade jurídica nos próprios autos da falência, ou se esse objetivo dependeria de um processo de conhecimento específico.

A 7ª Câmara de Direito Privado do TJSP, apoiada em preciosos ensinamentos de Tullio Ascarelli e de Fábio Comparato, entendeu perfeitamente possível o pleito do síndico, diante da prova da confusão de patrimônios, verificada nos últimos dias antecedentes à quebra, dentro do termo legal da falência.

Veja-se que, diante de confusão patrimonial como a reportada na decisão em estudo, ficou claramente demonstrado haverem sido quebrados os limites patrimoniais identificadores de pessoas distintas, cada qual dotada de uma esfera própria de responsabilidade. Nessas situações, não se torna necessário verificar as causas determinantes da confusão patrimonial, ou seja, se fosse o caso, fazer-se o exame do elemento subjetivo quanto às pessoas dos agentes. Fatos objetivos demonstraram a existência de confusão patrimonial: duas sociedades que deveriam ter patrimônios próprios, os tiveram misturados indevidamente. Daí o resultado da desconsideração da personalidade jurídica que, aliás, foi provocada inicialmente e de fato pelos próprios sócios das duas sociedades envolvidas, os quais ignoraram ou derrubaram os limites existentes por lei.

Fábio Comparato, em trecho reproduzido na decisão, lembra de forma muito apropriada ser a personalidade jurídica uma *técnica de separação patrimonial* a qual, descumprida em sua função pelo próprio controlador de uma sociedade, leva a entender que pode muito bem fazê-lo também o juiz quando se depara com tal prática.

Dessa forma, entende-se muito claramente não ser a personalidade jurídica um tabu intocável, mesmo porque ela tem uma finalidade jurídica própria a ser respeitada na sua conformidade. A sociedade goza de personalidade jurídica enquanto esse instituto for utilizado segundo a sua finalidade legal, especialmente a obediência ao objetivo social, a ser realizado pelos administradores.

A aplicação incidental da desconsideração da personalidade jurídica foi estabelecida pelo acórdão no plano da eficácia e não no da validade dos atos, à semelhada dos preceitos da legislação falimentar.

Os negócios realizados pelas filhas do controlador, dando como resultado a confusão patrimonial entre as sociedades, não foram declarados nulos, nem anulados. Eles simplesmente foram declarados relativamente ineficazes em relação à massa falida.

A decisão aproximou essa situação à da fraude na execução, em relação à qual a jurisprudência tem uma posição bem sedimentada, como foi ali lembrado, em favor da declaração incidental da ineficácia do ato no processo de execução.

Um dos objetivos da desconsideração da personalidade jurídica está, justamente, em sua presteza quanto ao objetivo dos interesses das pessoas prejudicadas pela confusão de patrimônios. Esperar uma decisão em processo de conhecimento enquanto corre a falência corresponderia a não se conceder a tutela necessária.

2.2 As linhas de direção da desconsideração da personalidade jurídica

Trata-se de uma estrada de mão dupla, como bem lembra Fábio Comparato, a cujo ensinamento mais uma vez recorreu o acórdão. Tanto pode atuar no sentido da responsabilidade pessoal do controlador por dívidas da sociedade controlada, como na responsabilidade da sociedade por dívidas do controlador.

O requisito necessário para a estabelecimento da desconsideração resume-se na confusão de patrimônios. Em tais casos, busca-se a ineficácia dos atos praticados para garantir o direito de que tenha sido prejudicado. Pode-se, até, falar em uma sucessão de atos de desconsideração em cascata, diante de eventual sofisticação de me canismos usados para criar esquemas aparentes de separação patrimonial quando, na verdade, não passam as pessoas jurídicas intermediárias, de meros anteparos, atrás dos quais encontra-se alguém que utiliza dos diversos patrimônios nominais de forma unificada em uma gestão unitária.

3. Outras considerações

A decisão em tela enriquece o direito pelo clareamento do instituto, merecendo ser elogiada.

Uma breve observação, apenas, deve ser feita quanto à extensão dos efeitos da medida. Considerando que o instituto não pertence ao direito falimentar — não estando, portanto, sujeito aos seus princípios —, não é necessário fazer-se a ligação da desconsideração da personalidade jurídica com o termo legal da falência. Qualquer que seja o período de tempo transcorrido entre um determinado ato e sua descoberta como consistente em confusão patrimonial, geradora de prejuízos para terceiros em proveito do agente, pode-se fazer a utilização do instituto, respeitado tão-somente o prazo prescricional.

Em tais casos, prevalece o fato praticado por alguém que, utilizando-se de uma estrutura formal delineadora de pessoas distintas, vem a desvirtuá-la em alguma ocasião, fazendo do seu bolso o caixa da sociedade e vice-versa.

Observe-se, ainda, finalmente, que a confusão patrimonial pode ser um incidente temporal específico na vida da sociedade, especialmente quando o agente pretende uma finalidade determinada como, por exemplo, afastar o credor de um bem que garantiria o seu crédito. Neste caso, levanta-se o véu da personalidade jurídica, para buscar-se aquele bem desviado e proporcionar a devida satisfação ao credor.

Em outras situações, a confusão patrimonial é permanente e faz parte da própria finalidade de uma determinada sociedade ou grupo de sociedades, constituídas para deixar o credor o mais distante dos bens que poderia garantir o seu crédito. Nesses casos, a desconsideração parece confundir-se com o remédio da anulabilidade, originada da fraude praticada pelo devedor, nos termos do art. 147, II do Código Civil. Seria anulável o ato como um todo, ou seja, a partir da própria constituição da sociedade, tendo ficado provado a falta de razão de sua existência autônoma, inexistente objeto social por ela realizado mediante a atuação dos administradores. Trata-se de uma confusão patrimonial consentânea com o próprio nascimento da sociedade ou de sociedades pertencentes a um grupo e, portanto, não deve prevalecer a sua personalidade jurídica.

APARÊNCIA DO DIREITO — DIRETOR DE SOCIEDADE QUE COSTUMEIRAMENTE EXCEDE SEUS PODERES SEM QUALQUER OPOSIÇÃO DO CONSELHO DE ADMINISTRAÇÃO — RESPONSABILIDADE DA SOCIEDADE

Comentários de
DILSON ANTONIO DA COSTA LOBO
ao acórdão da ação rescisória 512-DF, do STJ

Ação rescisória 512–DF (96/0036725-6)
Rel.: Min. Waldemar Zveiter
Rev.: Min. Barros Monteiro
Autor: All Latex Indústria de Artigos Esportivos Ltda.
Advs.: José Carlos Tinoco Soares e outros
Réu: Asics Corporation
Advs.: Newton Silveira e outros
DJ 19.2.2001

Ementa: Ação rescisória. Violação a literal disposição de lei. Inocorrência. Ação visando a abstenção de uso de marca comercial com pedido de revisão da Súmula 142/STJ, acolhido por maioria para revogá-la.

I — Rescisória improcedente, por inocorrência do pressuposto autorizador do art. 485, V, do CPC.

II — Acolhido o pedido de revisão da Súmula 142/STJ, que resta revogada por decisão majoritária.

III — Perda do depósito em favor do réu. Custas e honorários de 10% sobre o valor da causa.

ACÓRDÃO

Vistos, relatados e discutidos estes autos, acordam os senhores Ministros da 2ª Seção do Superior Tribunal de Justiça, na conformidade dos votos e das notas taquigráficas a seguir, por unanimidade, julgar improcedente a ação, e, por maioria, cancelar a Súmula 142 desta Corte.

O depósito reverter-se-á ao réu. Custas em 10% (dez por cento) do valor da causa, bem como, os honorários ao patrono do réu, ambos pelo autor.

Votaram com o Relator os Srs. Ministros Barros Monteiro, César Asfor Rocha, Ruy Rosado de Aguiar, Ari Pargendler, Carlos Alberto Menezes Direito, Nílson Naves e Eduardo Ribeiro.

Ressalvado ponto de vista do Sr. Ministro César Asfor Rocha que entendia inadmissível a ação.

Restou vencido quanto ao cancelamento da Súmula 142, bem como, na reversão do depósito ao réu, o Sr. Ministro Relator.

Ausente, justificadamente, o Sr. Ministro Sálvio de Figueiredo Teixeira.

Sustentou oralmente o Dr. José Carlos Tinoco Soares, pelo autor.

Brasília, 12 de março de 1999 (data do julgamento).

Ministro Ruy Rosado de Aguiar, Presidente. Ministro Waldemar Zveiter, Relator.

RELATÓRIO

O Exmo. Min. Waldemar Zveiter: All Latex Indústria de Artigos Esportivos Ltda. ajuíza a presente ação rescisória, com fulcro no *artigo 485*, V, do CPC, objetivando a desconstituição do decidido no REsp 23.732-8, Relator Sr. Ministro Ruy Rosado de Aguiar, cujo acórdão guarda a seguinte ementa (fls.68):

> Marca. Prescrição.
>
> Ação para reparação dos danos causados pelo uso indevido de marca prescreve em cinco anos (art. 178, § 10, IX, C. Civil); a ação fundada na obrigação de não fazer, visando a cessação do uso da marca de propriedade da autora, prescreve em vinte anos (art. 177 do C. Civil).
>
> Apelo conhecido e provido para reconhecer e prescrição qüinqüenal.

Alega violação a literal disposição de lei, ao ter o acórdão rescindendo aplicado ao caso o disposto no art. 177, do Código Civil, em lugar do que dispõe o art. 178, § 10, IX, do mesmo diploma legal, sustentando serem qüinqüenais os prazos, tanto para propor ação de indenização pelo uso indevido de marca, quanto para requerer a abstenção de seu uso, ou seja, para pleitear uma obrigação de não fazer.

Além de propor revisão da Súmula 142, desta Corte, a autora discorre sobre o direito de propriedade, distinção entre direitos reais e pessoais e a prescrição sobre eles incidente e colaciona julgados do STF e deste STJ em abono a sua tese.

Contestação às fls. 190/197; réplica às fls. 199/205; razões finais às fls. 240/241 e 243/250 e parecer da douta Subprocuradoria-Geral da República às fls. 252/260, pela improcedência da Rescisória.

É o relatório.

VOTO

A matéria em destaque consiste em saber qual prazo prescricional para exigir a abstenção do uso de nome ou marca comercial, tendo o acórdão rescindendo adotado a vintenária, enquanto a Autora pugna pela aplicação do prazo qüinqüenal.

Rejeito o pedido de revisão da Súmula 142/STJ no âmbito desta ação rescisória, que desacolho por não ver presente o pressuposto do art. 485, V do *CPC*, em que se arrimou.

Neste mesmo sentido está o parecer da douta Subprocuradoria-Geral da República que adoto como razões de decidir, *verbis* (fls. 256/260):

> O direito de propriedade, é certo, corresponde a um direito real, na esteira do elenco encartado no art. 674, do Código Civil.
>
> O direito à marca industrial ou comercial é um direito de propriedade, como se depreende no inc. XXIX, do art. 5º, da Constituição Federal.
>
> O direito de propriedade, como óbvio, recai sobre a *res* e não sobre uma outra pessoa, como ocorre os direitos obrigacionais. Nestes, ainda que a relação jurídica tenha por *objeto* uma *coisa*, como, *verbi gratia*, na compra e venda (cf. Serpa Lopes, *Curso de Direito Civil*, Livraria Freitas Bastos S/A, 1960, 3ª ed., v. III, n. 177, p. 256), não há a ocorrência de um *ius in re*, senão, apenas, uma obrigação a vincular as partes contratantes.
>
> Da mesma forma, ainda que a obrigação derive do direito de propriedade, como a do direito que possui o seu proprietário — credor — de que determinada pessoa — devedor — abstenha-se da utilização do bem, essa relação jurídica é sempre pessoal. É o escólio de Pontes de Miranda (*Tratado de Direito Privado*, Parte Especial, t. XXII, Borsói, Rio de Janeiro, 3ª ed., 1971, p. 15): "*A relação jurídica a que correspondem os direitos reais recai sobre a coisa*, a *res*, razão por que pode ser entre o titular do direito e todos: *não tem de incidir em ato positivo ou negativo de determinada pessoa, o que a personalizaria.* O poder, o senhorio exclusivo, sobre a coisa está ligado a isso. Na relação jurídica do direito pessoal há objeto que está no patrimônio do devedor e é devido, ou é devido como ato do devedor; na relação jurídica do direito real, o

objeto já está no patrimônio do sujeito ativo, de jeito que os sujeitos passivos só devem a abstenção, o atendimento, o respeito. No patrimônio desses objetos não está, está no patrimônio do sujeito ativo. Ao passo que, tratando-se de direitos de obrigação, está no patrimônio do credor a pretensão a que o objeto venha a ele. O objeto pode ainda não existir, ter de ser feito pelo devedor (contrato de obra ou de serviço, contrato de trabalho, encomenda de livro, ou de obra de arte)" (grifos não originais).

Assim, consistindo a pretensão de abstenção do uso de marca em uma *obrigação de não fazer*, não se pode falar em direito real, pois obrigação implica, com a exceção das obrigações *propter rem*, direito pessoal, *prestação*.

Orlando Gomes (*Obrigações*, Forense, Rio de Janeiro, 1984, 7ª ed., pp. 11-12) pontifica: "A *obrigação* pertence à categoria das relações jurídicas de natureza *pessoal*. (...) Elemento decisivo do conceito é a *prestação*. Para constituir uma *relação obrigacional*, uma das *partes* tem de se comprometer a *dare*, *facere* ou *praestare*, como esclareceu o jurisconsulto Paulo, isto é a transferir a propriedade de um bem ou outro direito real, a praticar ou abster-se de qualquer ato ou a entregar alguma coisa sem constituir direito real" (grifos originais).

De todo o exposto, é de se concluir que, posto decorrente do direito de propriedade de marca industrial, a faculdade do proprietário quanto a exigir de outrem a abstenção de seu uso se insere no campo dos direitos obrigacionais e não no dos direitos reais.

Daí, o primeiro dos fundamentos de improcedência da presente ação rescisória. Com efeito, quer a autora que, ante a só circunstância de o direito sobre a marca constituir-se em direito real, também as obrigações daí derivadas, inclusive as de abstenção ao seu uso indevido, sejam também reais, o que é de todo em todo inadmissível.

Da mesma forma, não prospera, também, a tese levantada na presente ação de desconstituição, quanto a serem unos os prazos para ação de abstenção ao uso indevido de marca industrial e para a ação de indenização decorrente de tal ilicitude.

No pertinente ao tema do lapso prescricional, esse nobre Superior Tribunal de Justiça, por reiteradas vezes, tem-se manifestado em sentido idêntico ao da decisão rescindenda, conforme se depreende das seguintes ementas:

> Nome comercial. Ação de preceito cominatório e ação para ressarcimento dos prejuízos causados pelo uso indevido. Prescrição.
>
> A ação cominatória objetivando fazer cessar o uso comercial prescreve em vinte anos, não incidindo o art. 178, § 10, inc. IX, do Código Civil, invocável tão-só na demanda para ressarcimento dos danos causados pelo uso indevido.
>
> Recurso conhecido em parte, mas improvido (REsp 2.476-RJ, Rel. Min. Antônio Torreão Braz, *DJ* 12.6.93, p. 17.626).
>
> Marca. Uso indevido. Ação de abstenção de uso. Prescrição.
>
> A ação para impedir o uso indevido de marca prescreve em 20 anos (art. 177, do CC); a reparação de danos daí derivados é que tem prescrição qüinqüenal (art. 178, § 10, inc. IX, do CC).
>
> Recurso conhecido e provido (REsp 30.727-SP, Rel. Min. Ruy Rosado de Aguiar, *DJ* 13.3.95, p. 5.299).

Inocorrendo, portanto o pressuposto autorizador do art. 485, V, do CPC, rejeito o pedido de revisão da Súmula 142 e julgo improcedente a presente Rescisória.

É o meu voto.

VOTO

O Sr. Min. Barros Monteiro: A autora pretende desconstituir o v. acórdão proferido no REsp 23.732-8/SP, que porta a seguinte ementa:

> Marca. Prescrição.
>
> A ação para reparação dos danos causados pelo uso indevido de marca prescreve em cinco anos (art. 178, § 10, IX, C. Civil); a ação fundada na obrigação de não

fazer, visando a cessação do uso da marca de propriedade da autora, prescreve em vinte anos (art. 177 do C. Civil).

Apelo conhecido e provido para reconhecer a prescrição qüinqüenal (fls. 68).

A par de propor, preliminarmente, a revisão da Súmula 142 desta Corte, a demandante sustenta que, tanto para a hipótese de pleito alusivo à reparação de danos como para o caso de ação fundada em obrigação de não fazer, visando à cessão de uso de determinada marca, o lapso prescricional é o de cinco anos.

Tocante à pretendida revisão do verbete sumular 142-STJ, penso ser esta a oportunidade para fazê-lo, pois realmente o referido enunciado não corresponde aos julgados que lhe deram origem. Tratando-se de ação proposta para exigir a abstenção do uso de marca comercial, o prazo de prescrição, a rigor, não é o vintenário, como consta da súmula em foco, mas sim, nos termos do disposto no art. 177 do Código Civil, o de dez anos entre presentes e quinze entre ausentes, visto que, na forma do que assentou a C. 2ª Seção, o prazo prescricional será aí o das ações reais (REsp 19.355-0-MG, voto proferido pelo Sr. Ministro Eduardo Ribeiro, in *RSTJ* 80/287).

Quando do julgamento do REsp 43.480-7-SP, de que fui Relator, em que se pretendia também a abstenção do uso de marca comercial, considerei que o lapso prescricional pertinente é o das ações reais e, sendo a controvérsia instaurada entre presentes, o prazo é de dez anos. Eis por que, naquele precedente da 4ª Turma lançara uma reserva ao que enuncia a indigitada Súmula 142.

Proponho, destarte, que, na conformidade com o que reza o art. 125, § 1º, do RI desta Casa, se proceda à revisão da referida súmula, independentemente, porém, do sobrestamento do presente feito.

Quanto ao mérito, penso desassistir razão à autora em sua pretensão.

Cuidando-se de ação que objetive a cessação do uso de marca comercial, o prazo da prescrição é diverso em relação à demanda que vise a obter a reparação de danos.

Tal distinção foi feita pelo Sr. Ministro Eduardo Ribeiro de início quando do julgamento do REsp 10.564-0-SP, posteriormente reafirmada pela 2ª Seção ao apreciar o REsp 19.355-0-MG, acima mencionado. Do voto de S. Exa. colhe-se o seguinte:

> Está a questão em saber se aplicável à hipótese o prazo prescricional de que cogita o art. 178, § 10, IX do Código Civil, fixando-o em cinco anos, quando se trate de ofensa ou dano causado ao direito de propriedade.
>
> Longamente se debateu sobre a natureza do direito do titular da marca, discutindo-se quanto a ser possível classificá-la como de propriedade.
>
> Tenho para mim que como tal haverá de ser considerado, não subsistindo, em relação ao tema, as dúvidas que existem quando se trata de nome comercial. Abstenho-me, entretanto, de sobre a matéria deter-me mais longamente, uma vez que, por outra razão, entendo não incidir a norma no caso ora em apreciação.
>
> No julgamento do REsp 3.185, de que fui Relator, e que o recorrente fez juntar aos autos, decidiu esta Turma que o citado dispositivo poderia aplicar-se quando se cogitasse de ação de reparação do dano. Não, se objetivasse impedir continuasse a violação do direito. Transcrevo trecho do voto que então proferi:
>
> > A aplicabilidade do item IX à espécie em exame sujeita-se a controvérsia. De todo desnecessário, entretanto, dela cogitar neste julgamento. Refere-se o dispositivo à pretensão relativa a dano na propriedade, já verificado. Assim, a demanda que pleiteie indenização sujeita-se à prescrição qüinqüenal, tendo como termo inicial a data em que se verificou o dano. Ora, no caso em julgamento foi negado pedido de reparação, fundado em perdas e danos. Cingiu-se a condenação a que se abstivesse a ré de futuras violações ao direito da autora. Relativamente a isso não incide a norma invocada.

Não é outra a autorizada opinião de Carpenter, a afirmar que a prescrição de que ali se cogita é da ação civil, "cujo fim é a indenização do prejuízo causado a quem sofreu dano na sua propriedade" (*Da Prescrição*, 3ª ed., Editorial Nacional de Direito, p. 716).

Reputo indispensável a distinção, pena de chegar-se a conclusões inaceitáveis. Tome-se o exemplo da ofensa à propriedade de um imóvel, que importasse esbulho. Se o prazo prescricional é de cinco anos, significará isso que, decorrido o qüinqüênio, não mais poderá o proprietário reaver a posse? O absurdo da resposta afirmativa foi salientado por Câmara Leal, conforme transcrito em acórdão à fls. 253. Impossível concluir não pudesse o proprietário reivindicar o bem. Isso envolveria a perda de um dos principais atributos da propriedade, embora mais dilargado o prazo prescricional quando se trate de ação real.

Útil, se me afigura, discernir, no caso, como usualmente se admite em teoria geral, entre direitos absolutos e relativos. Nos primeiros, oponíveis a todos, incluem-se os reais. Os relativos vinculam determinadas pessoas. Podem nascer, entre outras causas, da violação de um direito absoluto. Assim o proprietário tem direito de exigir, de todos, o respeito à sua propriedade. A prescrição rege-se pelas normas pertinentes aos direitos reais. Violando, entretanto, aquele direito, surge um outro, de pedir reparação do dano. Este, de natureza pessoal, tem prazo de prescrição distinto.

Decorrido o prazo de cinco anos, prescreve o direito do proprietário da marca de pleitear reparação dos danos que, do desrespeito a ele, lhe tenha advindo. Dela, entretanto, não deixou de ser titular. Nem perdeu a propriedade seus atributos. Poderá demandar sejam impedidas outras ofensas ou que cesse a existente. O prazo prescrional será o das ações reais, como assinalado pelo Desembargador Oliveira Leite, do Egrégio Tribunal de Justiça de Minas, em acórdão cuja cópia se encontra nos autos (in *RSTJ* 80/286-287).

Conclui-se, destarte, que no caso em exame, se o prazo da prescrição não é vintenário, também não é o de cinco anos, mas de dez anos, consoante deflui do estatuído no art. 177, segunda parte, do Código Civil Brasileiro.

Por tais motivos, não vislumbrando ofensa aos arts. 177 e 178, § 10, inc. IX, do CC, julgo improcedente a ação, carreando à autora as despesas processuais e os honorários advocatícios arbitrados em 10% sobre o valor atualizado da causa. Se unânime a decisão, perderá ela o depósito feito em favor da ré.

É como voto.

VOTO

O Exmo. Sr. Min. César Asfor Rocha: Sr. Presidente, *data venia*, discordo parcialmente do Ministro Waldemar Zveiter, para julgar parcialmente inadmissível a rescisória. É que a ação foi proposta no art. 485, V, do Código de Processo Civil, e, no caso, não posso admitir que o julgamento tomado com base num verbete sumular do Superior Tribunal de Justiça tenha violado literalmente dispositivo de lei.

O Exmo. Sr. Min. Waldemar Zveiter (aparte): Vossa Excelência me permite um aparte, sem querer interromper o raciocínio de Vossa Excelência. Veja ao ponto que estamos chegando. A parte ingressa com ação rescisória, com base no erro da súmula; Vossa Excelência está votando agora e dizendo: realmente, o que a parte quer é dizer que a súmula está errada, o acórdão foi editado com base na súmula; não rescindo o acórdão e reformo a súmula. Então, vamos rescindir o acórdão.

O Exmo. Sr. Min. César Asfor Rocha: Não, estou primeiro votando pela inadmissibilidade da ação rescisória.

O Exmo. Sr. Min. Waldemar Zveiter: Só estou me louvando naquilo que Vossa Excelência disse: o pedido dele é esse, a súmula está errada, a decisão foi errada porque foi tomada com base na súmula. Então devemos admiti-la, *data venia*.

O Exmo. Sr. Min. César Asfor Rocha: Tenho para mim que não. Prosseguindo no voto, com relação ao pedido de revisão de súmula, tenho, também, por incabível que a parte possa fazê-lo, sobretudo no seio de uma ação rescisória. Mas, considerando o disposto no § 1º do art. 125 de nosso Regimento Interno, se o eminente Ministro-Relator, ou, então se o eminente Ministro-Revisor não quiserem propor a revisão da jurisprudência compendiada na súmula, eu o faço agora.

O Exmo. Sr. Min. Carlos Alberto Menezes Direito (aparte): Mas, o Ministro Barros Monteiro já propôs.

O Exmo. Sr. Min. César Asfor Rocha: Então, dou por inadmissível a ação rescisória, tenho por incabível o pedido de revisão de súmula, sede de ação rescisória, formulado pela autora, mas acolho a proposição do Senhor Ministro Barros Monteiro de fazer a revisão da súmula.

O Exmo. Sr. Min. Ruy Rosado de Aguiar (aparte): E no mérito da revisão que ele entrou?

O Exmo. Sr. Min. César Asfor Rocha: Estamos decidindo, primeiro, se vamos ou não fazer a revisão; depois, vamos ao mérito.

O Exmo. Sr. Min. Ruy Rosado de Aguiar: V. Exa. considera incabível a revisão e está propondo que seja feita de ofício.

O Exmo. Sr. Min. César Asfor Rocha: Dou por inadmissível a ação rescisória, tenho por incabível o pedido de revisão de súmula formulado em sede de ação rescisória, mas acolho a proposição do Senhor Ministro Barros Monteiro de fazer a revisão da súmula, tudo com base no art. 125, § 1º, do Regimento Interno desta Corte.

O Exmo. Sr. Min. Waldemar Zveiter: Parece-me que essa não foi a proposta do eminente Ministro-Revisor. S. Exa. não está propondo depois do julgamento; quanto a isso não sou contra. Não sei se não estou compreendendo bem ou não estou me fazendo compreender, porque, se o propósito da parte é suscitar um erro de julgamento do acórdão rescindendo que valeu-se da súmula, julgo a ação improcedente, mas digo que a súmula está errada. Penso que se for assim devemos acolher parcialmente o pedido para rever a súmula.

O Exmo. Sr. Min. César Asfor Rocha:

O Exmo. Sr. Min. Waldemar Zveiter: Por isso julgaria parcialmente procedente.

O Exmo. Sr. Min. César Asfor Rocha: Penso que, aqui, o autor apresentou, numa mesma petição, duas pretensões: uma, rescindir o julgado; outra, pedindo a revisão da súmula.

O Exmo. Sr. Min. Carlos Alberto Menezes Direito: Quem sabe peço vista *per salto* para podermos examinar com cautela.

O Exmo. Sr. Min. Waldemar Zveiter: Não precisa pedir, pois não tenho nada a opor. Fico com meu voto. Isso faz parte do Colegiado. O eminente Ministro César Asfor Rocha fez essa proposta. Penso que a sessão deve julgar. Se decidir assim, fico vencido.

O Exmo. Sr. Min. Ruy Rosado de Aguiar: Vou fazer a seguinte ponderação a V. Exa., Ministro-Relator. Um dos fundamentos do autor da ação é de que o prazo para propor a ação principal é de cinco anos e, nessa fundamentação, bate de frente com a súmula onde diz que o prazo é de vinte anos. O Tribunal tem que examinar essa questão e chegar à conclusão de que o prazo não é de vinte anos; com isso tem que afastar a súmula e, para isso, terá que revisá-la. Dizendo que não são vinte anos chega depois à conclusão de que também não são os cinco anos que a parte pretende. Então, revisa a súmula, porque teve que passar por essa fase de argumentação, e julga improcedente o pedido, porque o prazo de cinco anos, que é o que quer, não é correto.

VOTO

O Exmo. Sr. Min. Carlos Alberto Menezes Direito: Senhor Presidente, tenho a sensação de que são duas as questões.

A primeira é a questão relativa à procedência ou à inadmissibilidade da ação. Sobre essa questão, não tenho dúvida alguma. A jurisprudência não só do Superior Tribunal de Justiça, como também a do Supremo Tribunal Federal e a doutrina indicam que, nesses casos precisos, o que se deve fazer é julgar improcedente a ação. Por quê? Por que o que a parte pede é que seja julgada procedente a rescisória, uma vez presente violação literal do dispositivo de lei, no caso o art. 178, § 10, inciso IX. Se, examinando a ação verifica-se que não há essa violação, a meu juízo, com todo o respeito a quem possa entender em sentido contrário, aplica-se o dispositivo de improcedência e não de inadmissibilidade.

Com relação à segunda questão, que é de revisão de súmula, tenho a sensação muito nítida de que a intervenção do eminente Presidente da Seção é benfazeja. Há uma ação rescisória proposta com o objetivo de apontar uma violação do art. 178, § 10, inciso IX, que impõe o prazo prescricional de cinco anos.

O Ministro-Relator, examinando a matéria, tal qual o Ministro-Revisor, entende que esse artigo não se aplica, porque se aplica o prazo prescricional de dez anos. E por quê? Porque o exame da jurisprudência do Tribunal indica que esse prazo contido da Súmula 142 não reflete coerentemente os julgados, mantido o prazo de cinco anos para reparação de danos e o de dez anos, o prazo do art. 177. Ora, se esse fato é verdadeiro. A meu juízo, não é necessário que no julgamento se possa fazer a revisão da súmula. Mas, também, nada impede que se o faça, à medida que a conclusão do voto é no sentido de que o prazo de cinco anos não se aplica, mas que o prazo aplicável seria de dez anos, ou seja, na verdade, quando o Tribunal assim decide, não está decidindo a rescisória exclusivamente porque o prazo de vinte anos está equivocado: ele está decidindo a rescisória porque o prazo do art. 178, § 10, IX não se aplica, ou seja, não há violação porque o prazo de cinco anos não se aplica. Todavia, ao se examinar a aplicação desse prazo de cinco anos chega-se à conclusão de que não se aplicaria o prazo de vinte anos, mas, sim, o prazo de dez anos, com o que não se está violando, com a decisão, a súmula porque não se aplica o prazo de cinco anos, mas se entende que também não teria de aplicar-se o prazo de vinte anos, impondo-se também, na oportunidade, a revisão da súmula.

Com essas razões, Senhor Presidente, acompanho, na conclusão, o voto do eminente Ministro Waldemar Zveiter no sentido de ser julgada improcedente a ação, mas entendo também extremamente oportuna a ocasião para que façamos a revisão da Súmula 142.

VOTO

O Exmo. Sr. Min. Nílson Naves: Sr. Presidente, duas questões: uma delas diz respeito ao cabimento da rescisória, tratando-se de ação fundada no inciso V ("violar literal disposição de lei"). A meu ver, não é ilícito se abram duas oportunidades aos litigantes, por ocasião do especial e quando da rescisória. Por isso é que entendo inadmissível a ação. Contudo, aqui sou vencido. A outra questão refere-se ao prazo de prescrição. De fato, conforme lembranças da tribuna, entendia eu que o prazo era o do art. 178, § 10, IX, em qualquer caso. Também fiquei vencido. Em assim sendo, quanto à ação, voto pela sua improcedência, e, relativamente à Súmula 142, voto pela sua revisão, ou pelo seu cancelamento.

VOTO

O Exmo. Sr. Min. Eduardo Ribeiro: Sr. Presidente, a meu ver, então, pode-se dizer que o acórdão decidiu com base em uma súmula errada e, por isso, devemos revê-la. Mas, não obstante, a conclusão do julgado deve ser mantida por outras razões, julgando-se improcedente o pedido de rescisão.

Vou pedir vênia ao eminente Ministro-Relator para acompanhá-lo, numa parte, e ao eminente Ministro-Revisor, que também votou pela improcedência, na outra parte.

VOTO

O Exmo. Sr. Min. Eduardo Ribeiro: De há muito se tem observado o equívoco do enunciado da súmula em exame. Dele consta prazo de prescrição que corresponde aos direitos pessoais quando, em verdade, se trata de direito real. É antigo o propósito de revê-lo, mas a oportunidade regimental ainda não se havia apresentado. Não tenho dúvida de que devemos fazê-lo neste julgamento.

Há, entretanto, uma particularidade. É que, não obstante errada a súmula, a conclusão do julgado é de manter-se por outras razões, o que conduz à improcedência do pedido de rescisão.

Voto, pois, porque se revela a súmula, ainda que julgando improcedente a rescisória.

Resta saber se simplesmente cancelamos o enunciado ou lhe damos outra redação. Parece-me mais correto apenas cancelar.

ESCLARECIMENTOS

O Exmo. Sr. Min. Ruy Rosado de Aguiar (Presidente): Tenho, então com o resultado da votação, que, por maioria, julgou-se improcedente a ação, a qual o Sr. Ministro César Asfor Rocha julgou inadmissível.

Com relação à revisão da Súmula 142, ponho em votação a seguinte questão: ou é revisão para definir outros quantitativos, ou simplesmente cancelar.

O Exmo. Sr. Min. Ari Pargendler: Sr. Presidente, parece-me que, em tese, esses precedentes autorizariam a súmula na sua redação antiga; precisamos agora de um novo precedente para justificar uma nova súmula.

O Exmo. Sr. Min. Ruy Rosado de Aguiar: Então, parece-me mais prudente que a Súmula 142 seja simplesmente cancelada.

O Exmo. Sr. Min. Eduardo Ribeiro: Ou então, se quiserem, adia-se essa parte. Faço uma pesquisa para ver quais são os precedentes e edita-se uma nova súmula.

O Exmo. Sr. Min. Ari Pargendler: Decide-se pela revisão, mas a aprovação do enunciado se fará numa próxima sessão.

Pela revisão, já fica decidido que ela está sem efeito, faltando apenas o enunciado.

O Exmo. Sr. Min. Nílson Naves: A questão é se cancela ou se faz de logo a revisão da súmula.

O Exmo. Sr. Min. Ruy Rosado de Aguiar: Os precedentes antigos autorizavam, presume-se, a súmula.

É uma solução intermediária, e não se revisa a súmula.

RELATÓRIO E VOTO-VENCIDO (EM PARTE)

O Exmo. Sr. Min. Waldemar Zveiter (Relator): Rejeito o pedido da revisão da súmula e julgo improcedente esta ação rescisória, aguardando a conclusão do julgamento para saber o que fazer com o depósito.

VOTO-VENCIDO

O Exmo. Sr. Min. Waldemar Zveiter (Relator): Sr. Presidente, entendo que o autor foi vitorioso em parte e, por isso, não ocorre a perda do depósito.

ESCLARECIMENTOS

O Exmo. Sr. Min. Waldemar Zveiter (Relator): V. Exa. está fixando honorários de 10% corrigidos sobre o valor da causa?

O Sr. Ministro Barros Monteiro: Valor da causa atualizado. Se V. Exa. tiver outro critério, eu aceito.

O Exmo. Sr. Min. Waldemar Zveiter: Fiquei aguardando. Penso que a parte tem que ser condenada em parte mínima de honorários.

O Exmo. Sr. Min. Barros Monteiro: O mínimo é de 10% sobre o valor da causa.

O Exmo. Sr. Min. Ari Pargendler: A parte sucumbiu e deve pagar os honorários. Penso que 10% está razoável.

O Exmo. Sr. Min. Waldemar Zveiter: Ele não sucumbiu, tanto que, pelo que sustentou, saiu vitorioso. Ele até desistiu da ação.

Comentários de

Dilson Antonio da Costa Lobo

1. O julgado é de grande interesse e repercussão por tratar de espinhoso tema como o prazo prescricional aplicável às ações de reparação de dano e aquelas de abstenção de uso, relativamente à violação de direito de marca registrada ou de nome comercial. Nessa matéria, vários entendimentos já foram debatidos à exaustão, e, o tema, que parecia solucionado pela Súmula 142/STJ, causa ainda divergências em inúmeros casos concretos — máxime após a revogação dessa súmula pela decisão que é ora examinada.

Após a publicação da ementa do decisório — e antes que estivesse disponível o teor da decisão e respectivas notas taquigráficas — uma corrente de entendimento chegou a sustentar que, revogada a súmula, o prazo prescricional para a ação de abstenção não seria de vinte anos, mas sim o mesmo prazo de cinco anos aplicáveis à ação por ofensa ou dano ao direito de propriedade (Código Civil, art. 178, § 10, IX).

Não é isso, contudo, que decorre da análise do julgado e dos votos proferidos pelos Eminentes Ministros do Superior Tribunal de Justiça.

2. O exame que levou à revogação da súmula teve lugar, naquele julgamento, por proposta do E. Ministro Revisor Barros Monteiro, que, em seu voto, afinal vencedor, afirmou que "(...) Tratando-se de ação proposta para exigir a abstenção do uso da marca comercial, o prazo da prescrição, a rigor, não é o vintenário, como consta da Súmula em foco, mas sim, nos termos do disposto no art. 177 do Código Civil, o de dez anos entre presentes e quinze entre ausentes, visto que, na forma que assentou a C. 2ª Seção, o prazo prescricional será aí o das ações reais". Mais adiante, fundamentando a decisão relativa à improcedência da açãorescisória, o E. Ministro Revisor encerra a questão: "Conclui-se, destarte, que no caso em exame, se o prazo da prescrição não é vintenário, também não o é de cinco anos, mas de dez, consoante deflui do estatuído no art. 177, segunda parte, do Código Civil Brasileiro".

O voto do E. Ministro Revisor foi acompanhado pelos demais, tendo sido decidido por unanimidade pela improcedência da ação rescisória, e por maioria o cancelamento da Súmula 142, vencido, nesse particular, o E. Ministro Relator Waldemar Zveiter, que desaconselhou o pedido da parte por não ver presente o pressuposto do art. 485, V do CPC, em que se arrimou.

3. Pois bem: cancelada a Súmula 142, resta indiscutível o entendimento do STJ, segundo o qual o prazo prescricional para a ação de abstenção *não é o de vinte anos*, por não se tratar de ação pessoal, mas sim de ação real. Isso não autoriza, contudo, a interpretação de que o prazo seria o de cinco anos previsto no art. 178, § 10, IX, do Código Civil.

É bem o contrário: entendendo que a ação de abstenção de uso de marca registrada ou nome comercial é *ação real*, o STJ deixa claro seu entendimento de aplicabilidade do art. 177, segunda parte, do Código Civil, que prevê, para as ações reais, o prazo prescricional de dez anos entre presentes e quinze anos entre ausentes.

4. Para escapar qualquer dúvida que pudesse remanescer, basta atentar-se para o fato de que a *improcedência da ação rescisória* — cuja votação foi unânime — se deu precisamente porque o prazo prescricional da ação de abstenção é de dez anos e não de cinco anos como afirmado pela autora. Nesse sentido o trecho do voto do E. Ministro Revisor Barros Monteiro, supratranscrito, que foi bem sintetizado na intervenção do E. Ministro Ruy Rosado de Aguiar: "Um dos fundamentos do autor da ação é de que o prazo para propor a ação principal é de cinco anos e, nessa fundamentação, bate de frente com a súmula onde se diz que o prazo é de vinte anos. O Tribunal tem que examinar essa questão e chegará à conclusão de que o prazo não é de vinte anos, com isso tem que afastar a súmula e, para isso, terá que revisá-la. Dizendo que não são vinte anos, chega depois à conclusão de que também não são os cinco anos que a parte pretende. Então, revisa a súmula, porque teve que passar por essa fase de argumentação, e julga improcedente o pedido, porque o prazo de cinco anos, que é o que quer, não é correto".

5. Do exame cuidadoso do julgado pode-se, então, concluir que: (a) o prazo prescricional para a ação de abstenção de uso de marca registrada ou nome comercial *não é de vinte anos*, em face da revogação da Súmula 142/STJ; (b) esse prazo prescricional *não é, tampouco, de cinco anos*, por não se tratar de ação por ofensa ou dano causado ao direito de propriedade, inaplicável, portanto, o art. 178, § 10, IX, do Código Civil; (c) a ação de abstenção em exame é ação real, aplicável, portanto, o art. 177, segunda parte, do Código Civil, que estabelece para ela o prazo prescricional de dez anos entre presentes e quinze anos entre ausentes; (d) esse novo entendimento será expresso em nova súmula a ser enunciada com base em novo precedente.

Enquanto nova súmula não sobrevier, deve-se ter como entendimento do STJ, *data maxima venia*, que o prazo prescricional para ação de abstenção de uso de marca registrada ou nome comercial é aquele das ações reais, de dez anos entre presentes e quinze anos entre ausentes.

Jurisprudência Comentada

AGRAVO EM AGRAVO DE INSTRUMENTO CONTRA A INADMISSÃO DE RECURSO ESPECIAL

Comentários de
PAULO GUILHERME DE MENDONÇA LOPES
ao acórdão do agravo regimental no agravo de instrumento 296.529-SP, do STJ

Agravo regimental no agravo de instrumento 296.529-SP (2000/0027216-7) — 4ª T. do STJ

Rel.: O Exmo. Sr. Ministro César Asfor Rocha

Agrte.: Empresa Brasileira de Compressores S/A — Embraco

Advs.: Antônio Carlos Gonçalves e outros

Agrdo.: Banco Safra S/A

Advs.: Rubens Ferraz de Oliveira Lima e outros

j. 29.6.2000

Ementa: Agravo em agravo de instrumento contra a inadmissão de recurso especial.

Subsistentes os fundamentos do decisório agravado, nega-se provimento ao agravo.

ACÓRDÃO

Vistos, relatados e discutidos estes autos, acordam os Srs. Ministros da 4ª Turma do Superior Tribunal de Justiça, na conformidade dos votos e das notas taquigráficas a seguir, por unanimidade, negar provimento ao agravo regimental. Votaram com o Relator os Srs. Ministros Aldir Passarinho Júnior, Sálvio de Figueiredo Teixeira e Barros Monteiro. Ausente, justificadamente, o Sr. Ministro Ruy Rosado de Aguiar.

Brasília, 29 de julho de 2000 (data do julgamento).

Ministro César Asfor Rocha, Presidente e Relator.

RELATÓRIO

O Exmo. Sr. Min. César Asfor Rocha: Agrava-se de decisão por mim proferida em agravo de instrumento, vazada nos seguintes termos:

> Empresa Brasileira de Compressores S/A ajuizou ação declaratória de inexigibilidade de obrigação contra o Banco Safra S/A, tendo como objeto contrato de abertura de crédito e nota promissória, que teriam sido irregularmente assinados por seus representantes e cujos valores não teriam se revertido em seu benefício.
>
> A r. sentença julgou improcedente o pedido, considerado a autora responsável pelo pagamento do empréstimo.
>
> Em juízo apelatório, o egrégio Primeiro Tribunal de Alçada Civil do Estado de São Paulo, por maioria de votos, manteve a decisão de primeiro grau, ao entendimento de que o contrato firmado pelos representantes legais da empresa seria válido e que as restrições aos poderes de gerência não seriam oponíveis pela sociedade a terceiro de boa-fé.

A autora opôs embargos infringentes para prevalência do voto vencido, que concluiu que os gerentes do banco deveriam ter ciência dos termos dos estatutos da empresa, ostensivamente descumpridos, e que, por se tratar de ato extraordinário, vultuoso, deveriam ter agido com mais cautela.

Os embargos, contudo, foram rejeitados, constando do voto condutor do acórdão a seguinte motivação:

(...) o fato de o Diretor Rodolfho Bertola ser antigo na sociedade, agindo com plenos poderes, inclusive para contrair empréstimos de valor superior ao limite do estatuto, sem qualquer consulta ou oposição do Conselho Administrativo, por longos anos, conforme apurou a perícia, é por demais relevante e permite a aplicação da teoria da aparência.

Aliás, a *omissão* do indigitado Conselho de Administração foi salientada, inclusive, no bem elaborado voto vencido do eminente Juiz Roberto Caldeira Barioni.

Neste ponto, mister colacionar trecho do parecer apresentado pelo Professor Luiz Gastão Paes de Barros Leães, citado na impugnação, segundo o qual essa omissão do Conselho de Administração caracteriza, "(...) no mínimo, a sua negligência na fiscalização dos atos praticados pelos administradores da Embraco, ou ainda, o que é mais evidente, a sua aquiescência à prática reiterada e consuetudinária da administração em levantar empréstimos acima do cogitado limite, sem a aprovação formal do Conselho de Administração. Tal conduta afasta também qualquer alegação no sentido de ter ocorrido falta de boa-fé por parte do Banco Safra. É elementar, ademais, que má-fé não se presume, devendo ser devidamente comprovada, obrigação da qual, nem de longe a Embraco se desincumbiu (art. 333, I do Código de Processo Civil)" (fls. 2.544).

E ainda, a respeito do poder exercido pelo Diretor Superintendente, Rodolfho Bertola, deixou assentado que "essa aparência de um poder sem freios passa a ter eficácia jurídica em relação a terceiros, quando não é contestada, durante anos, pela própria sociedade representada. Pois para que o poder aparente do representante exista, e vincule a sociedade representada aos atos que pratica em nome dela, deve o terceiro contratante ser induzido pela sociedade a acreditar nesse poder ostensivo, à força de reiteradas demonstrações de força. A conduta da Embraco não questionando, durante anos, o poder aparente do seu Diretor-Superintendente, inibe se possa agora opor os limites estatutários aos terceiros no que concerne à eficácia dos atos em exame. Acrescente-se ainda que tal circunstância é também suficiente para demonstrar a boa-fé das instituições financeiras, inclusive do Banco Safra, que foram induzidas a essa interpretação, errônea ou não" (fls. 2.545).

E conclui: "Assim, dadas as especialíssimas circunstâncias apontadas, não há nenhuma evidência de que ao Banco Safra, tenha faltado zelo e profissionalismo na verificação dos poderes dos diretores da Embraco, ao pactuar a abertura de crédito. Esse profissionalismo no entanto, dadas as condições em que foi exercido, não priva do direito de receber, no caso, a proteção oferecida aos legítimos interesses de terceiro de boa-fé pelo recurso às teorias organicistas e da aparência, pelas razões apontadas" (fls. 2.545).

Todos esses elementos, sem dúvida, abonam tese defendida pela douta maioria, pois, a hipótese vertente considerados os pontos relevantes ao seu deslinde, consagra a aplicação da teoria organicista, não só como decorrente de regra predominante aplicável às sociedades em geral, como também porque a *aparência* de plenos poderes dos administradores, por longos anos, *permitiu a ilação do banco credor*, que pode ser considerado como terceiro de boa-fé, desde que a má-fé não se presume e deixou de ser comprovada nos autos, sobre a regularidade de mais uma operação, desde que muitas precedentes aconteceram, *da empresa*.

Lembre-se, ainda, como argumento, que nas pequenas empresas, conforme salientado, os atos do administrador comprometem a sociedade, ao passo que em se tratando de Poder Público, também há a responsabilidade irrestrita deste último, nada obstante o abuso dos administradores, perante terceiros de boa-fé que com ele (Poder Público) contratam.

Mister observar, sem dúvida, o princípio que alude à segurança das relações jurídicas.

Assim, na hipótese vertente, embora a norma estatutária seja relevante, como já frisado, deve ceder à teoria organicista, com aplicação, também da teoria da aparência quanto à liberdade que tinham os administradores, por longos anos, dirigindo e contratando sem qualquer limitação conhecida por parte do omisso Conselho de Administração da sociedade.

Se assim não se entender, a interpretação de poderes expressos nos estatutos sociais poderá levar a muitas discussões jurídicas, causando, sem dúvida insegurança no mundo empresarial, ora com a responsabilização da empresa por atos de dirigentes, ora isentando-a, o que não é razoável.

A casuística, pois, deve prevalecer, com a análise do caso concreto, que, neste processo, não favorece, *data maxima venia*, a embargante, embora relevantes os argumentos apresentados e de grande profundidade jurídica as alegações.

Tomar empréstimos em dinheiro é ato compatível com a administração de qualquer sociedade de grande porte, ao passo que concedê-los é a atividade principal do banco, motivo pelo qual o abuso do diretor, quanto ao limite estabelecido nos estatutos, diante dos precedentes negócios, sempre sem autorização, afastaram a má-fé, prevalecendo a aparência da perfeição do mútuo.

O negócio realizado, como anteriormente frisado, foi extraordinário, mas, no entanto, a reiteração de vários, sob o guante dos indigitados administradores, mesmo em valores superiores ao estatuto, criou, sem dúvida, a aparência de regularidade para a operação questionada, fazendo, certamente, o banco presumir que eventual *excesso* quanto aos limites do contrato social, também estava incluído nas sucessivas, embora tácitas, autorizações.

Não há que se permitir, pois, sobre o conhecimento ou não dos estatutos da sociedade, mas sim a respeito da boa-fé do banco quanto à autorização que entendia presumida.

Afigura-se de pouca lógica que a sociedade embargante, após diversas operações realizadas sem expressa autorização do Conselho de Administração (fls. 2.515, item 56), regularmente cumpridas, venha a se insurgir apenas quanto a uma delas, justamente de maior valor, como se pudessem ser adotados dois pesos e duas medidas.

Inviável, também tentar separar, os atos dos administradores, de outros praticados, também por eles, mas considerados válidos e regulares perante a Embraco.

Há que se ter em mente que sempre houve a atuação da pessoa jurídica, por seus representantes, embora, em alguns casos, possa ter ocorrido excesso em relação à expectativa dos acionistas, Conselho de Administração ou controladores do capital.

Inexistiu descaracterização da personalidade jurídica para possibilitar a separação entre a sociedade e seus administradores.

Por outro lado, *o costume*, com prática reiterada no caso vertente, deve valer, mesmo em face da norma estatutária, porque representa *a aparência* de regularidade, interpretação que vem sendo, sem dúvida, admitida de forma tranqüila pela nossa mais autorizada jurisprudência. *Assim, não se trata de confrontar regra consuetudinária com outra estatutária, com destaque de prevalência hierárquica à última, mas sim de considerar o costume como elemento formador de convicção e componente para a admissão, ao caso concreto, da teoria da aparência* (fls. 456/460).

Rejeitados também os embargos declaratórios, interpôs a empresa recurso especial, com fundamento na alíneas *a* e *c* do permissivo constitucional, por alegada ofensa aos arts. 2º e 4º da Lei de Introdução ao Código Civil, 131 e 535, I e II, do Código de Processo Civil e 154, § 2º, *b* e 158, II, da Lei 6.404/76 e dissídio pretoriano.

O apelo foi admitido na origem, advindo o agravo em exame ao qual nego acolhida.

A afirmada afronta aos arts. 131 e 535, I e II, da legislação processual civil não merece prosperar, eis que todas as questões relevantes para a apreciação e julgamento do recurso foram analisadas pelo aresto hostilizado, não havendo omissão, contradição ou obscuridade a ser sanada.

Os dispositivos da Lei 6.404/76, por seu turno, não relevam comando capaz de desconstituir os fundamentos do acórdão recorrido, pois tratam dos deveres e responsabilidades do administrador das sociedades anônimas perante elas, mas não afastam a responsabilidade da empresa pelos atos praticados por seus representantes legais perante terceiro de boa-fé, ainda que se possa ter como incontroverso o desvio de poder.

De outra parte, a inversão do julgado hostilizado, conclui-se pela má-fé da instituição bancária ou pela inaplicabilidade da teoria da aparência na hipótese, demandaria necessariamente o reexame do conjunto probatório, como visto, exaustiva e soberanamente analisados pelos juízos ordinários. Sendo assim, inafastável a incidência da Súmula 7 desta Corte, bem anotada pelo juízo primeiro negativo da admissibilidade.

No que tange aos arts. 2º e 4º da LICC, não subsistem as ofensas alegadas, pois não se teve como prevalente o costume em detrimento das regras estatutárias, como afirma o recorrente, apenas se considerou o costume para a aplicação da teoria da aparência, o que não tem reprimenda nas referidas normas.

Pela alínea *c*, segue obstado o trânsito do recurso pela não demonstração analítica do dissídio na forma preconizada nos arts. 541, parágrafo único, do Código de Processo Civil e 255, § 2º, do Regimento Interno deste Pretório.

Posto isso, nego provimento ao agravo.

A agravante busca o processamento do recurso especial, reiterando as ofensas nele veiculadas e o dissídio pretoriano.

Argumenta que o Tribunal *a quo* não teria apreciado a "robusta prova" produzida nos autos, que demonstraria a má-fé do Banco agravado, tendo, ademais, declarado a sua boa-fé, sem qualquer justificativa ou fundamentação.

Insiste, outrossim, na exclusão da responsabilidade da sociedade perante terceiros, quando os sócios em desvio de poder, e na impossibilidade do costume prevalecer em face da norma estatutária.

Por fim, alega que o dissídio teria sido demonstrado de acordo com os ditames legais pertinentes.

Recebidos no dia 16 de junho do corrente ano de 2000.

É o relatório.

VOTO

O Exmo. Sr. Min. César Asfor Rocha (Relator): A irresignação especial volta-se contra acórdão que, nos autos de ação de declaratória de inexigibilidade de obrigação proposta pela Empresa Brasileira de Compressores S/A contra o Banco Safra S/A, tendo como objeto contrato de abertura de crédito e nota promissória, que teriam sido irregularmente assinados por seus representantes e cujos valores não teriam se revertido em seu benefício, negou acolhida aos embargos infringentes, sob a seguinte motivação:

> (...) o fato de o Diretor Rodolfho Bertola ser antigo na sociedade, agindo com plenos poderes, inclusive para contrair empréstimos de valor superior ao limite do estatuto, sem qualquer consulta ou oposição do Conselho Administrativo, por longos anos, conforme apurou a perícia, é por demais relevante e permite a aplicação da teoria da aparência.
>
> Aliás, a *omissão* do indigitado Conselho de Administração foi salientada, inclusive, no bem elaborado voto vencido do emitente Juiz Roberto Caldeira Barioni.

Nesse ponto, mister colacionar trecho do parecer apresentado pelo Professor Luiz Gastão Paes de Barros Leães, citado na impugnação, segundo o qual essa omissão do Conselho de Administração caracteriza, "(...) no mínimo, a sua negligência na fiscalização dos atos praticados pelos administradores da Embraco, ou ainda, o que é mais evidente, a sua aquiescência à prática reiterada e consuetudinária da administração em levantar empréstimos acima do cogitado limite, sem a aprovação formal do Conselho de Administração. Tal conduta afasta também qualquer alegação no sentido de ter ocorrido falta de boa-fé por parte do Banco safra. É elementar, ademais, que má-fé não presume, devendo ser devidamente comprovada, obrigação da qual, nem de longe a Embraco se desincumbiu (art. 333, I do Código de Processo Civil)" (fls. 2.544).

E ainda, a respeito do poder exercido pelo Diretor-Superintendente, Rodolfho Bertola, deixou assentado que "essa aparência de um poder sem freios passa a ter eficácia jurídica em relação a terceiros, quando não é contestada, durante anos, pela própria sociedade representada. Pois para que o poder aparente do representante exista, e vincule a sociedade representada aos atos que pratica em nome dela, deve o terceiro contratante ser induzido pela sociedade a acreditar nesse poder ostensivo, à força de reiteradas demonstrações de força. A conduta da Embraco não questionando, durante anos, o poder aparente do seu Diretor-Superintendente, inibe se possa agora opor os limites estatutários aos terceiros no que concerne à eficácia dos atos em exame. Acrescente-se ainda que tal circunstância é também suficiente para demonstrar a boa-fé das instituições financeiras, inclusive do Banco Safra, que foram induzidas a essa interpretação, errônea ou não" (fls. 2.545).

E conclui: "Assim, dadas as especialíssimas circunstâncias apontadas, não há nenhuma evidência de que ao Banco Safra, tenha faltado zelo e profissionalismo na verificação dos poderes dos diretores da Embraco, ao pactuar a abertura de crédito. Esse profissionalismo no entanto, dadas as condições em que foi exercido, não o priva do direito de receber, no caso, a proteção oferecida aos legítimos interesses de terceiro de boa-fé pelo recurso às teorias organicistas e da aparência, pelas razões apontadas" (fls. 2.545).

Todos esses elementos, sem dúvida, abonam tese defendida pela douta maioria, pois, a hipótese vertente considerados os pontos relevantes ao seu deslinde, consagra a aplicação da teoria organicista, não só como decorrente de regra predominante aplicável às sociedades em geral, como também porque a *aparência* de plenos poderes dos administradores, por longos anos, *permitiu a ilação do banco credor*, que pode ser considerado como terceiro de boa-fé, desde que a má-fé não se presume e deixou de ser comprovada nos autos, sobre a *regularidade de mais uma operação*, desde que muitas precedentes aconteceram, *da empresa*.

Lembre-se, ainda como argumento, que nas pequenas empresas, conforme salientado, os atos do administrador comprometem a sociedade, ao passo que em se tratando de Poder Público, também há a responsabilidade irrestrita deste último, nada obstante o abuso dos administradores, perante terceiros de boa-fé que com ele (Poder Público) contratam.

Mister observar, sem dúvida, o princípio que alude à segurança das relações jurídicas.

Assim, na hipótese vertente, embora a norma estatutária seja relevante, como já frisado, deve ceder à teoria organicista, com aplicação, também, da teoria da aparência quanto à liberdade que tinham os administradores, por longos anos, dirigindo e contratando sem qualquer limitação conhecida por parte do omisso Conselho de Administração da sociedade.

Se assim não se entender, a interpretação de poderes expressos nos estatutos sociais poderá levar a muitas discussões jurídicas, causando, sem dúvida insegurança no mundo empresarial, ora com a responsabilização da empresa por atos de dirigentes, ora isentando-a, o que não é razoável.

A casuística, pois, deve prevalecer, com a análise do caso concreto, que, neste processo, não favorece, *data maxima venia*, a embargante, embora relevantes os argumentos apresentados e de grande profundidade jurídica as alegações.

Tomar empréstimos em dinheiro é ato compatível com a administração de qualquer sociedade de grande porte, ao passo que concedê-los é a atividade principal do banco, motivo pelo qual o abuso do diretor, quanto ao limite estabelecido nos estatutos, diante dos precedentes negócios, sempre sem autorização, afastaram a má-fé, prevalecendo a aparência da perfeição do mútuo.

O negócio realizado, como anteriormente frisado, foi extraordinário, mas, no entanto, a reiteração de vários, sob o guante dos indigitados administradores, mesmo em valores superiores ao estatuto, criou, sem dúvida, a aparência de regularidade para a operação questionada, fazendo, certamente, o banco presumir que eventual *excesso* quanto aos limites do contrato social, também estava incluído nas sucessivas, embora tácitas, autorizações.

Não há que se perquirir, pois, sobre o conhecimento ou não dos estatutos da sociedade, mas sim a respeito da boa-fé do banco à autorização que entendia presumida.

Afigura-se de pouca lógica que a sociedade embargante, após diversas operações realizadas sem a expressa autorização do Conselho de Administração (fls. 2.515, item 56), regularmente cumpridas, venha a se insurgir apenas quanto a uma delas, justamente de maior valor, como se pudessem ser adotados dois pesos e duas medidas.

Inviável, também, tentar separar, os atos dos administradores, de outros praticados, também por eles, mas considerados válidos e regulares perante a Embraco.

Há que se ter em mente que sempre houve a atuação da pessoa jurídica, por seus representantes, embora, em alguns casos, possa ter ocorrido excesso em relação à expectativa dos acionistas, Conselho de Administração ou controladores do capital.

Inexistiu descaracterização da personalidade jurídica para possibilitar a separação entre a sociedade e seus administradores.

Por outro lado, *o costume*, com prática reiterada no caso vertente, deve valer, mesmo em face da norma estatutária, porque representa *a aparência* de regularidade, interpretação que vem sendo, sem dúvida, admitida de forma tranqüila pela nossa mais autorizada jurisprudência.

Assim, não se trata de confrontar regra consuetudinária com outra estatutária, com destaque de prevalência hierárquica à última, mas sim de considerar o costume como elemento formador de convicção e componente para a admissão, ao caso concreto, da teoria da aparência (fls. 456/460).

Neguei acolhida ao agravo de instrumento no qual se buscava o processamento do apelo nobre, por entender que o acórdão hostilizado não teria reprimenda nas normas apontadas como violadas.

As judiciosas razões lançadas no presente agravo regimental não trazem qualquer novo argumento que justifique a inversão do decisório agravado, razão pela qual persisto no entendimento nele externado.

No que tange aos arts. 131 e 535 do CPC, a agravante insiste que o Tribunal *a quo* não teria apreciado a "robusta prova" produzido nos autos, que demonstraria a má-fé do Banco agravado.

Não subsiste, na hipótese, qualquer maltrato às referidas regras processuais. As questões postas foram fundamentadamente dirimidas pela aresto objurgado, não havendo omissão, contradição ou obscuridade a ser sanada, revestindo-se os embargos declaratórios, na verdade, de caráter manifestamente infringente.

Observe-se que o acórdão recorrido considerou que a má-fé não foi comprovada pela autora, ora agravante, o que, por certo, não se traduz em omissão no exame das provas, mas na ineficácia destas para comprovação do alegado.

Quanto aos arts. 154 e 158 da Lei 6.404/76, cinge-se a pretensão à exclusão da responsabilidade da empresa pelos atos praticados por seus administradores em descumprimento do seu estatuto.

Preleciona-se Rubens Requião, com muita propriedade, em sua obra *Curso de Direito Comercial*, 2º v., 21ª ed., que, "se o administrador, ao gerir os negócios sociais, violar a lei ou as normas estabelecidas pelo estatuto, torna-se responsável. Comum é o caso de administrador, sobretudo diretor-gerente, que ultrapassa os poderes de gestão, cujos limites o estatuto lhe traça. Este ato de indisciplina o torna responsável, *embora vinculando também a sociedade*" (grifei).

Com efeito, não se pode excluir a responsabilidade da empresa perante terceiro de boa-fé, quanto a ato praticado sob aparente legalidade, como ocorreu na hipótese.

A teoria da aparência foi aplicada pelos juízos ordinários, a meu ver de forma correta, em resguardo à boa-fé e à segurança das relações jurídicas.

Verifica-se que o Tribunal *a quo*, embora reconhecendo que o negócio efetuado era excepcional e que haveria limitação do estatuto da empresa, concluiu que as peculiaridades do caso concreto — omissão do Conselho de Administração por longo tempo, prática reiterada da administração em tomar empréstimos acima do limite formal e sem a aprovação do órgão controlador, o ilimitado poder exercido pelo diretor por muitos anos — seriam autorizadoras da aplicação das teorias da aparência e organicista, em resguardo à boa-fé.

Registro que "(...) na aparência apresenta-se como verdadeiro um fenômeno que não é real. O contratante ou o obrigado assente no inadimplemento de um dever em relação à outra parte porque as circunstâncias causaram a convicção de ser ela a real titular de um direito" ("Teoria da aparência", Arnaldo Rizzardo, in *AJURIS* 24, março de 1982).

Aduz, ainda, o magistrado na mesma obra: "(...) a necessidade de ordem social de se conferir segurança às operações jurídicas, amparando-se, ao mesmo tempo, os interesses legítimos dos que corretamente procedem, impõe prevaleça a aparência do direito. A complexidade cada vez maior das relações jurídicas e das formas de vida dificulta o caminho para se chegar ao fundo das coisas e dos problemas, condicionando-os a acreditar na feição externa da realidade com a qual nos defrontamos. A rapidez a e segurança do comércio, a quantidade de negócios comuns que se impõem diariamente, os compromissos que se avolumam constantemente, o condicionamento da vida a uma dependência de relações contratuais inevitável, entre outros fatores, formam as causas que levam o homem a não dar tanta importância ao conteúdo dos atos que realiza, precedendo-o ao aspecto exterior dos eventos que se apresentaram" ("Teoria da aparência", Arnaldo Rizzardo, in *AJURIS* 24, março de 1982).

Em hipótese semelhante à dos autos, a egrégia 1ª Turma do Supremo Tribunal Federal, no julgamento do RE 77.814-SP, não conheceu do recurso, considerando correta a aplicação da teoria da aparência. Confira-se o seguinte excerto extraído do voto do Relator, o eminente Ministro Luiz Gallotti:

> Mais do que os dispositivos legais citados entretanto aplica-se com muita adequação à espécie a "teoria da aparência", que segundo ressaltou a sentença favorece os autores.
>
> Em estudo magnífico intitulado *Aparência do Direito*, o insigne Orlando Gomes fez percuciente análise do tema em sua obra *Transformações Gerais do Direito das Obrigações*, principiando por observar a tendência significativa do Direito moderno no reconhecimento da eficácia de situações aparentes, teoria que o nosso Direito aceitou, "sem entretanto condensá-la numa disposição geral", acrescenta (p. 97).
>
> Depois de estudar aspectos da doutrina em face do Direito Civil, aduziu o autor citado que "é, porém, no terreno do Direito Comercial que a teoria da aparência encontra aplicações mais interessantes, em razão, segundo Calais-Auloy, da multiplicidade de exteriorizações, tanto materiais como legais, e da dispensa de investigação por força da rapidez dos negócios" (p. 98).
>
> E assim é que o erudito civilista faz considerações sobre os reflexos da teoria em exame no mandato mercantil e na vida das sociedades, isto para obter os aspectos que mais intimamente se relacionam com a

espécie, para asseverar que no mandato é mais fácil "tomar-se como real o que é aparente", sendo necessário proteger-se "o terceiro de boa-fé que acreditou no comportamento do representante aparente" (ob. cit., p. 99).

À esta altura cabe notar, aliás, que o mandato outorgado com amplos poderes ao referido Joaquim Pinto Júnior autorizava aqueles que negociaram as aplicações de suas economias a acreditarem que já não se cuidava da "representante aparente", mas real, pois os poderes foram outorgados efetivamente, verificando-se, então, que a falta de poderes subseqüente teria resultado da revogação do mandato, que existiu, portanto, e valeu.

Em conclusão se tem, mais uma vez trazendo à colação os ensinamentos transcritos, que "reunidos esses elementos constitutivos da aparência, o ato praticado pelo falso mandatário (na espécie mandatário real) repercute no patrimônio da pessoa em cujo nome agiu. Pode o terceiro compeli-lo a cumprir a obrigação contraída em seu nome.

"Basta acrescentar, que a boa-fé dos autores, que a atividade profissional do 'representante' da ré tornava evidente, mercê igualmente da aquiescência que ela deu ao seu ex-presidente, sem a qual seria difícil ocorrer o que sucedeu. A realidade está comprovada, mais ainda que somente aparência houvesse, no caso, segundo assinala outra vez o autor referido, 'deve a aparência suplantar a realidade', visto como configura situação capaz de enganar a terceiros" (p. 102).

Ressalto, ademais, que não se pode ter o ato perpetrado — empréstimo — como não condizente com o objeto da empresa, a suscitar um dever maior de precaução do contratante. Ao contrário, ao que depreende dos termos do acórdão a tomada de capital era atividade habitual da empresa.

Por outro lado, a cláusula limitativa dos poderes do gerente não pode ser oposta em relação a terceiro de boa-fé embora parte da doutrina oscile em sentido contrário, seguindo o direito italiano.

Rubens Requião, no primeiro volume da obra citada, acompanhando os Professores Soares de Faria e Eunápio Borges, filia-se à corrente que nega a validade a tal cláusula em relação a terceiro de boa-fé, por contrariar a essência do direito comercial, que repele o formalismo excessivo em proveito da celeridade e segurança das operações mercantis em relação ao público.

O princípio da proteção à boa-fé de terceiros e a necessidade de se imprimir cada vez mais segurança às relações jurídicas justificam plenamente a aplicação da teoria da aparência na hipótese em exame, mostrando-se justo o acórdão objurgado.

Sendo assim, partindo-se da premissa fática, soberanamente firmada pelo acórdão recorrido, de que a má-fé não restou comprovada na hipótese, não há como se excluir a responsabilidade da empresa que poderá, em ação própria, buscar ressarcimento por eventual prejuízo.

No que se refere aos arts. 2º e 4º da Lei de Introdução ao Código Civil, a recorrente persiste na assertiva de que houve "a consideração do costume como fonte do direito capaz de revogar tacitamente os dispositivos da Lei 6.404/76".

Reitero, no ponto, que o acórdão não teve como prevalente o costume em detrimento das regras estatutárias, apenas considerou o costume para aplicação da teoria da aparência, o que não importa em maltrato às referidas normas.

Confira-se o seguinte excerto dele extraído:

> (...) o costume, com prática reiterada no caso vertente, deve valer, mesmo em face da norma estatutária, porque representa a aparência de regularidade, interpretação que vem sendo, sem dúvida admitida de forma tranqüila pela nossa mais autorizada jurisprudência.
>
> Assim, não se trata de confrontar regra consuetudinária com outra estatutária, com destaque de prevalência hierárquica à última, mas sim de considerar o costume como elemento formador de convicção e

componente para a admissão, ao caso concreto, da teoria da aparência (fls. 456/460).

Frise-se que não se eximiu o administrador da sua responsabilidade perante a empresa, houve apenas o reconhecimento da responsabilidade desta em resguardo da boa-fé, em ato jurídico celebrado sob aparente legalidade.

Relativamente à alínea *c*, reitero que não houve a demonstração analítica do dissídio de acordo com os regramentos legais pertinentes, registrando, ademais, a ausência de semelhança fática e normativa entre os acórdãos paradigmas e o aresto hostilizado. Diante do exposto, nego provimento ao agravo.

Comentários de

Paulo Guilherme de Mendonça Lopes

1. Da matéria objeto deste estudo

Consoante se extrai do v. acórdão, trata-se de questão que envolve a aplicação da denominada teoria da aparência.[1] Na hipótese, houve a realização de negócio extraordinário pela companhia, sem a necessária prévia autorização de seu Conselho de Administração, como rezavam seus estatutos sociais, os quais o Superior Tribunal de Justiça, confirmando o v. acórdão do Tribunal *a quo*, considerou válido.

Entendeu-se, com arrimo nos ensinamentos de Rubens Requião, que os negócios, mesmo extraordinários, efetivados pelos administradores da companhia, a esta obrigavam, ainda que realizados em desacordo com as normas estatutárias, em respeito aos terceiros de boa-fé e à segurança das relações jurídicas.

Não obstante os brilhantes termos do v. acórdão, deles ousamos divergir pelas razões que seguem.

2. Da crítica

2.1 Da representação orgânica

As sociedades anônimas, como as pessoas jurídicas em geral, são presentadas por seus órgãos (art. 17 do Código Civil e § 1º do art. 138 da Lei 6.404/76). Não se trata, aqui, de representação, mas de presentação, já que o órgão exprime a vontade da própria pessoa jurídica[2] e não de terceiros, como ocorre no representação voluntária ou legal. Nas expressivas palavras de Pontes de Miranda,[3] "órgão é órgão, não é representante voluntário nem legal: a personalidade do membro do órgão não se leva em conta, o que não ocorreria se de representação se trata-se; o órgão atua e recebe, como o braço, a mão, a boca ou os ouvidos humanos; o ato e a receptividade são da pessoa jurídica (F. Regelsberger, *Pandekten*, I, 323), porque resulta da sua organização constitucional, do seu ato constitutivo ou dos estatutos".

Os administradores das companhias são obrigados a respeitar os limites que o estatuto social impõe à sua ação,[4] sendo que somente os estatutos sociais é que dizem quais são os poderes, as funções, e quem as provê, dos administradores.[5]

2.2 Da ineficácia dos atos praticados com excesso de poderes

Na questão sob análise, tem-se que os estatutos sociais disciplinavam os negócios

1. António Manuel da Rocha e Menezes Cordeiro (*Da Boa Fé no Direito Civil*, § 49, 116, I, p. 1.234), rejeita a locução "aparência", preferindo usar em seu lugar a locução "confiança" para designar a teoria em questão. Neste pequeno estudo, usar-se-á, indistintamente, as locuções aparência e confiança.

2. Karl Larenz, *Derecho Civil (Parte General)*, § 10, 2, p. 198.

3. *Tratado de Direito Privado*, t. I, § 75,3, p. 286 e t. L, § 5.331, 1, p. 384.

4. Modesto Carvalhosa e Nilton Latorraca, *Comentários à Lei de Sociedades Anônimas*, v. 3, p. 152.

5. Pontes de Miranda, ob. cit., § 75, 5, p. 290. Na omissão dos estatutos prevalece, para os atos de administração regular, o disposto no art. 144 da Lei 6.404/76.

sociais, tais como aquele retratado no v. acórdão (mútuo acima de determinado valor), os quais necessitavam de prévia autorização do Conselho de Administração da companhia, e tal prévia autorização não existiu.

De regra, tem-se que, nesta hipótese, o contrato firmado não obriga a empresa. Pontes de Miranda, com a maestria que lhe é peculiar, de forma clara leciona que "Se a pessoa ou pessoas que compõem o órgão atuam fora dos limites da competência, o ato não é ato de órgão; portanto não é ato da pessoa jurídica",[6] "(...) a pessoa jurídica não é responsável pelo ato do órgão que não obedeceu a forma que o ato constitutivo ou os estatutos exigiram".[7] Se não houve sanção do ato praticado em desacordo com os estatutos sociais, pelos órgãos competentes, o ato não é da companhia.[8] Assim, patente a ineficácia[9] deles frente a ela.

Frise-se que as regras definidoras da competência dos administradores das sociedades anônimas, constantes dos estatutos sociais devidamente registrados no registro de comércio, são oponíveis a terceiros que contratem com sociedade. O inciso II, do art. 120, da Lei 6.015/73, exige que do ato constitutivo levado a registro conste, necessariamente, "o modo por que se administra e representa a sociedade, ativa e passivamente, judicial e extrajudicialmente". Em decorrência do registro dos atos constitutivos da mutuária, ter-se-ia a oponibilidade dele aos terceiros que com ela contratassem. Este é o efeito do registro frente aos terceiros, ou seja, a sua oponibilidade[10] e este é o efeito previsto no inciso I, do art. 1º, da Lei 8.934/94.

Modesto Carvalhosa e Nilton Latorraca,[11] após observarem que seria um "absurdo não emprestar eficácia ao princípio da publicidade do estatuto e dos atos de eleição dos diretores perante terceiros (art. 146)", posto que visam exatamente salvaguardar os interesses destes, fazem a distinção entre atos ordinários e extraordinários de gestão, observando que, quanto aos primeiros, deveria prevalecer a teoria da aparência e quanto aos últimos não. A publicidade registral visa tornarem patentes e notórios os atos e negócios jurídicos,[12] a fim de que deles não se possa alegar, validamente, ignorância.

2.3 Da não aplicação da Teoria da Aparência

Acerca da prevalência do princípio da publicidade sobre o da aparência, nos atos societários, Modesto Carvalhosa e Nilton Latorraca[13] lecionam, com muita precisão, que "prevalece o princípio da publicidade em todos os atos de administração extraordinária, quando se pressupõe que o terceiro contratante usará de todas as cautelas para verificar a representatividade dos diretores. Também não será a companhia responsável pelos atos praticados por diretores seus sem representação, quando os terceiros contratantes devessem ter conhecimento em razão da profissionalidade de seus atos ou de sua organização. Assim, mesmo que se trate de atos de gestão ordinária, sendo a outra parte um profissional ou uma empresa dedicados à prática dos referidos negócios, não podem estes argüir boa-fé para impor a eficácia do ato à companhia. Será, *v.g.*, o caso da instituição financeira que desconta duplicata ou quaisquer títulos de crédito de emissão da companhia; ou que distribui, no mercado de capitais, os valores mobiliários de sua emissão; ou que mantenha com a companhia relações negociais contínuas e relevantes".

A prevalência do princípio da publicidade, por óbvio, avulta nos atos de admi-

6. Ob. e loc. cits.

7. Ob. cit., § 75, 5, p. 291.

8. Pontes de Miranda, ob. e loc. cits.

9. Antônio Junqueira de Azevedo, *Negócio Jurídico — Existência, Validade e Eficácia*, pp. 56-59.

10. Assim: Alberto Trabucchi, *Istituzioni di Diritto Civile*, Padova, Cedam, p. 111.

11. Ob. cit., pp. 152-153.

12. J. Ladaria Caldentey, *Legitimación y Apariencia Jurídica*, p. 125.

13. Ob. cit., p. 153.

nistração extraordinária, dentre os quais se incluem aqueles que somente podem se realizar mediante prévia autorização do Conselho de Administração,[14] não podendo o terceiro que contratar com a companhia, em desrespeito aos atos registrados, alegar sua boa-fé para querer vinculá-la, em razão dos atos praticados com excesso de poderes por seus administradores.[15] Orlando Gomes — forte na doutrina de Lyon Caen e Renault, Thaler e Escarra — assevera, com muita propriedade, que a limitação de poderes é oponível a terceiros que dela deveriam ter conhecimento, em razão "da profissionalidade de seus atos".[16] Tem-se, como princípio básico, que o registro, e a conseqüente publicidade dos atos societários, efetivado em conformidade com a lei, impede a criação de qualquer "aparência" em desconformidade a eles.[17]

Vale a pena lembrar as lições de Fábio Maria de Mattia[18] de que:

"Terceiros agem de boa-fé, quando ao contratar podem crer, fundamentadamente que o representante atua dentro dos limites de seus poderes, que está investido do direito de representar.

"*Terceiros atuam com má-fé, se conhecem ou deviam ter ciência da verdadeira extensão dos poderes do representante* e, por conseguinte, sabiam que este excede seus poderes ao contratar.

"Na primeira eventualidade, o representado estaria obrigado em relação a terceiros, como se tivesse estado legitimamente representado, ressalvado o direito de demandar o representante, para obter a indenização pelos prejuízos que lhe foram causados com a execução do contrato.

"Na segunda situação, *terceiros careceriam do direito de litigar contra o representado*, a não ser que este tenha ratificado a atuação do representante, sem prejuízo do direito de acionar por reparação."

Haroldo Malheiros Duclerc Verçosa, em profícuo parecer,[19] observa que as instituições financeiras, por estarem autorizadas a funcionar em razão de autorização do Banco Central do Brasil, e por gerirem recursos de terceiros, estão obrigadas "a um comportamento operacional e ético de nível mais elevado ainda que o observado pelas empresas comuns" devendo atendimento às normas de boa técnica bancária o que, *in casu*, avulta na exclusão da boa-fé da instituição financeira, já que era seu ônus verificar a adequada presentação da mutuária.

Ademais, para que seja possível a aplicação da teoria da aparência, é necessário que a parte beneficiada haja podido confiar na aparência, *observando as diligências próprias do tráfico.*[20] Ora, não se mostra factível que uma instituição financeira dê o mesmo tratamento para os contratos de massa (*consumo*) e para os contratos de elevado valor. A boa técnica bancária, exigível da instituição financeira, e, portanto, a boa-fé que dela se extrai, exigem que, nestes negócios, se apure a existência de poderes de presentação. Haveria, aqui, a violação, por parte da instituição financeira, dos seus deveres de "cuidado e de indagação",[21] próprios de um atuar com boa-fé subjetiva e ético, o que afastaria a incidência da teoria da aparência.

Não se deve esquecer que "a existência da ordem jurídica, com a onticidade que lhe advém da repetição de suas manifestações, conduz à rigidez mínima que concita a previsibilidade. Nesse sentido, o Direito surge como factor de confiança, propiciando a redução das complexidades, base de

14. Aut. ult. cit., ob. cit., p. 154.
15. Aut. ult. cit., ob. cit., p. 155
16. "Aparência do Direito", in *Transformações Gerais do Direito das Obrigações*, p. 105.
17. Karsten Schmidt, *Derecho Comercial*, § 14, I, 1, p. 409.
18. *Aparência de Representação*, tese, p. 61.
19. "Companhia de capital aberto — Não caracterização da responsabilidade da sociedade quando da prática de atos *ultra vires*, com quebra direta do estatuto social", *RDM* 109/236, p. 245.
20. Karl Larenz, ob. cit., § 33, p. 823.
21. António Manuel da Rocha e Menezes Cordeiro, ob. cit., § 49, 117, III, p. 1.248.

qualquer decisão".[22] Parafraseando Menezes Cordeiro, poder-se-ia dizer que o direito, como fator de confiança, propicia a redução das "perplexidades". Não se deve esquecer que a tutela da confiança do beneficiário atua sempre contra a confiança do sujeito que deve suportar a decisão, o qual confiava na regulamentação legal que lhe garantia, a qual, face ao sistema, possui legitimidade máxima,[23] surgindo, daí, a "perplexidade". Assim, somente nas hipóteses que defluem do nosso sistema jurídico, consignada nas lições já destacadas, é que se poderia aplicar a teoria da aparência, nenhuma delas enquadráveis no v. acórdão em comento.

3. Conclusão

Como sobejamente se demonstrou, a instituição financeira não agiu com as cautelas normais exigidas pela boa técnica bancária, não se tratando, na hipótese, de contratação de massa (consumo), mas sim de operação de elevado valor, o que não justificaria o agir displicente dela, razão porque haveria de se afastar a sua boa-fé e, por conseguinte, a aplicação da teoria da aparência. O defeito de representação da mutuária se mostra inafastável, maculando a eficácia do ato. Em razão do exposto, haveria de se concluir pela ineficácia do ato frente a companhia.[24]

Bibliografia

CALDENTEY, J. Ladaria. *Legitimación y Apariencia Jurídica*, Barcelona, Bosch, 1952.

CARVALHOSA, Modesto e LATORRACA, Nilton. *Comentários à Lei de Sociedades Anônimas*, v. 3, São Paulo, Saraiva, 1997.

GOMES, Orlando. "Aparência do Direito", in *Transformações Gerais do Direito das Obrigações*, São Paulo, Ed. RT, 1967.

JUNQUEIRA DE AZEVEDO, Antônio. *Negócio Jurídico — Existência, Validade e Eficácia*, 3ª ed., São Paulo, Saraiva, 2000.

LARENZ, Karl. *Derecho Civil (Parte General)*, trad. esp., Madrid, Edersa, 1978.

MATTIA, Fábio Maria de. *Aparência de Representação*, tese, São Paulo, 1984.

MIRANDA, Pontes de. *Tratado de Direito Privado*, t. I, Rio de Janeiro, Borsói, 1954.

———. *Tratado de Direito Privado*, t. L, 2ª ed., Rio de Janeiro, Borsói, 1965.

ROCHA E MENEZES CORDEIRO, António Manuel da. *Da Boa Fé no Direito Civil*, Coimbra, Almedina, 1997, reimpressão.

SCHMIDT, Karsten. *Derecho Comercial*, trad. esp., Buenos Aires, Editorial Astrea, 1997.

TRABUCCHI, Alberto. *Istituzioni di Diritto Civile*, 37ª ed., Padova, Cedam, 1997.

VERÇOSA, Haroldo Malheiros Duclerc. "Companhia de capital aberto — Não caracterização da responsabilidade da sociedade quando da prática de atos *ultra vires*, com quebra direta do estatuto social", Parecer, *RDM* 109/236.

22. Aut. ult. cit., ob. cit., § 49, 117, I, p. 1.243.

23. Aut. ult. cit., ob. cit., § 49, 117, II, p. 1.247.

24. Adotamos, *in casu*, a doutrina exposta por Antônio Junqueira de Azevedo (v. nota 9). A jurisprudência fala em nulidade. Assim: *RT* 781/179 (STJ), 719/186; TARS-4ª CC, ap. civ. 195128434, Rel. Juiz Márcio Oliveira Pugguna, j. 9.11.95; TARS-4ª CC, ap. civ. 197185366, Rel. Juiz Ulderico Ceccato, j. 11.12.97; *Bol. AASP* 2092/177-ementário.

Espaço Discente

LIMITES DE EFETIVIDADE DO DIREITO SOCIETÁRIO NA REPRESSÃO AO USO DISFUNCIONAL DO PODER DE CONTROLE NAS SOCIEDADES ANÔNIMAS

RICARDO FERREIRA DE MACEDO

1. Introdução. Dissociação entre propriedade e poder de controle empresarial e suas conseqüências no plano econômico-comportamental: o problema das refrações decisórias intra e extrasocietárias. 2. Refrações decisórias no plano intrasocietário e sua gradação nas diversas formas de configuração do poder de controle empresarial: 2.1 Poder de controle e sua alocação na estrutura interna das sociedades anônimas; 2.2 Tipologia do poder de controle e identificação dos centros de poder decisório nas sociedades anônimas; 2.3 Gradação da potencialidade de refrações decisórias intrasocietárias em cada uma das hipóteses de configuração do poder de controle; 2.4 O problema das refrações decisórias intrasocietárias no perfil das sociedades anônimas abertas brasileiras. Análise crítica dos mecanismos da vigente lei acionária para sua correção; 2.5 Modelos alternativos de correção de refrações decisórias intrasocietárias. 3. Refrações decisórias no plano extrasocietário. O princípio da função social da propriedade e sua aplicabilidade no plano empresarial: 3.1 Algumas considerações preliminares; 3.2 O conteúdo do princípio e o problema de sua indeterminação; 3.3 Mecanismos indutivos à observância do princípio da função social da propriedade. 4. Conclusões. Da necessidade de construção de um direito empresarial público.

1. Introdução. Dissociação entre propriedade e poder de controle empresarial e suas conseqüências no plano econômico-comportamental: o problema das refrações decisórias intra e extrasocietárias

Os estudos fenomenológicos sobre o comportamento dos agentes econômicos, desde os mais elementares, como a lei da oferta e da demanda, até os mais sofisticados, como a teoria dos jogos, ao esboçarem modelos de compreensão da lógica que rege a atividade econômica, prescindem, no mais das vezes, da análise de dados fundamentais, principalmente de ordem psicológica, ínsitos a qualquer fenômeno humano, o que conduz a uma imprecisão analítica que, ademais, é típica de qualquer ciência social.[1]

1 Esta imprecisão natural dos modelos lógicos de comportamento econômico, no que tange exatamente à sua eficiência em explicar tal comportamento, foi apontada pelo próprio Pareto, ao aduzir que "os homens seguem seu sentimento e seu interesse, mas agrada-lhes imaginar que seguem a razão; também procuram, e encontram sempre, uma

A adoção do princípio hedonista como dado psicológico fundamental nos modelos econômicos, que partem invariavelmente da convicção de que o agente econômico, jogando racionalmente, visa sempre a uma maximização de resultados, acaba por estabelecer como que um denominador comum comportamental que concede ao economista vênia para prescindir da análise de quaisquer outros elementos psicológicos ou, mais amplamente, subjetivos, determinantes do comportamento dos agentes de mercado.

Inobstante a clara impossibilidade científica de predição ou sistematização de todos os dados aptos a influenciar o comportamento econômico, certas percepções não podem ser olvidadas na análise de tal comportamento.

Uma dessas percepções, talvez a mais óbvia de todas, diz respeito às profundas alterações na estrutura da propriedade dos bens de produção ensejada pela vulgarização do modelo das sociedades anônimas na economia moderna.

Com efeito, enquanto a unidade econômica típica do século XIX tinha seu capital constituído pela riqueza de um ou de poucos indivíduos, concentrando-se nas mãos desses a propriedade do capital, o controle sobre ele e, como contrapartida, o risco inerente à atividade econômica a que se propunham; as unidades econômicas típicas do capitalismo atual agregam a riqueza de dezenas ou centenas de milhares de indivíduos, que detêm, cada qual, a propriedade de frações do capital destas unidades e, portanto, frações do risco da atividade por elas exercida, enquanto o controle é detido por um indivíduo ou grupo determinado, alheio ou relativamente alheio ao risco empresarial.

A dissociação entre a propriedade e o controle sobre o capital, apontada pioneiramente por Marx, e a conseqüente dissociação entre controle e risco, fenômenos devidos, ao menos do ponto de vista de sua operacionalização, à tecnologia jurídica consubstanciada no modelo das sociedades por ações, ensejou profundas modificações na lógica da tomada de decisões pelos agentes empresariais.

Tal percepção chega a ser intuitiva. Enquanto na empresa individual e em sociedades com poucos sócios, a esfera decisória permanece no âmbito da vontade dos proprietários do capital (sobre os quais incide diretamente o risco da atividade econômica); na estrutura produtiva organizada sob a forma de S/A, a esfera decisória[2] sai do âmbito da vontade dos proprietários e passa ao âmbito da vontade dos controladores, que podem deter parcela ínfima do capital da sociedade (e, portanto, do risco empresarial), e administradores da empresa (estes últimos, em regra, alheios a esse risco).

As notas psicológicas e os critérios que orientam a avaliação de risco são, evidentemente, diversos num caso e noutro. A análise de riscos tende a ser naturalmente mais rígida nas unidades econômicas em que há coincidência entre propriedade e controle, enquanto que nas unidades em que não há tal coincidência a análise de riscos pelos controladores e administradores tende a ser menos responsável.

Mas a potencial distorção no mecanismo decisório-empresarial ensejada pela aludida dissociação entre propriedade e con-

teoria que, *a posteriori*, dá certa cor lógica a suas ações" (Vilfredo Pareto, *Manual de Economia Política*, v. I, p. 74).

2. O que genérica e atecnicamente denominamos "esfera decisória" engloba, indistintamente, a competência da assembléia geral da sociedade (onde se manifesta o poder decisório do controlador) e dos órgãos de administração da mesma, que tendem a representar uma espécie de prolongamento operacional da atuação do controlador, salvo nos casos, adiante analisados, de controle gerencial. Não se ignora, aqui, a diferença entre as esferas deliberativa e administrativa, nem tampouco a possibilidade de conflito entre ambas. Todavia, o foco da análise ora desenvolvida centra-se na potencialidade de conflitos entre detentores do poder decisório, amplamente considerado (i.e., no âmbito administrativo e deliberativo), e os proprietários alheios a esse poder.

trole não se resume a problemas de rigor na análise de riscos, mas estende-se aos próprios objetivos visados em cada decisão.

Enquanto nas unidades em que há coincidência entre propriedade e controle é razoavelmente sustentável (e os modelos econômico-comportamentais garantem, em certa medida, essa razoabilidade) que a tomada de decisões visa à maximização de resultados no emprego do capital, nas unidades em que não há essa coincidência, os fins visados pelos detentores do controle podem não se pautar na maximização de resultados, já que tais resultados, sejam positivos ou negativos, têm mais impacto na esfera de interesses dos proprietários do que na esfera de interesses dos controladores, que detêm o poder decisório.

Isto não significa, evidentemente, que o controlador deixará de agir hedonisticamente; ao contrário, ele continuará tendendo a agir visando à maximização de seus interesses. O que o fenômeno da dissociação entre propriedade e poder provoca é um potencial afastamento entre os interesses do controlador e os dos proprietários do capital, afastamento que cria uma situação de potencial distorção ou refração decisória na condução da atividade das unidades econômicas em que se verifica a aludida dissociação. As decisões que, normalmente, visariam a maximização dos resultados no emprego do capital refratam-se, tendendo a se direcionar ao atendimento dos interesses do controlador.

Esta situação de potencial distorção decisória na atividade empresarial moderna — embora não tenha despertado, até aqui, suficiente interesse entre os juristas, que se limitam a abordá-la a partir de uma prévia polarização valorativa "controlador *versus* minoritários", sem atentar para o substrato econômico deste potencial conflito —, foi, já há algum tempo, bem apreendida pelos estudiosos da ciência econômica.

Nada obstante a existência de trabalhos tecnicamente mais sofisticados, principalmente no curso das últimas duas décadas, nas quais os problemas de *agency* parecem ter adquirido relevância na pauta dos economistas, merecem destaque, por sua extrema acessibilidade,[3] as considerações de Galbraith acerca do tema, divulgadas na segunda metade da década de 60.

Aduz o referido economista que "os membros da tecnoestrutura não recebem os lucros que eles maximizam. (...) Por conseguinte, se se tem de manter o empenho tradicional de maximização de lucros, os membros devem estar dispostos a fazer para outros, especificamente para os acionistas, o que lhes é proibido fazer para si. (...) A vontade de auferir lucros é, à semelhança do ato sexual, um instinto básico. Mas ao mesmo tempo (...) esse impulso não opera na primeira pessoa e sim na terceira. Destaca-se o 'eu' e manifesta-se em favor de pessoas desconhecidas, anônimas e destituídas de poder, as quais não têm a mais leve noção de que seus lucros possam estar na realidade sendo maximizados. Levando mais longe a analogia, tem-se que imaginar que um homem heterossexual forte, cheio de vida e seguro de si se abstém das mulheres bonitas e disponíveis que o cercam de perto, a fim de maximizar as oportunidades de outros homens, de cuja existência sabe apenas por ouvir dizer. Tais são os fundamentos da doutrina da maximização quando existe plena separação entre o poder e a recompensa".[4]

Assim, dada a aludida potencial divergência de interesses entre detentores do poder e detentores da propriedade, os dados psicológicos determinantes do processo decisório, analiticamente indiferentes no

3. A coexistência de acessibilidade e precisão técnica é o aspecto fascinante da obra de Galbraith e da própria postura deste autor em face do papel do cientista econômico. É célebre sua anotação de que "a Economia não pode ser avaliada apenas pela elegância teórica de suas regras, o refinamento de sua fórmulas, o intrincado de sua matemática ou geometria, mas muito mais para a solução de problemas importantes". A crítica é de ser absorvida pelos juristas.

4. John Kenneth Galbraith, *O Novo Estado Industrial*, p. 97.

âmbito das empresas individuais e das pequenas sociedades, tornam-se analítica e juridicamente relevantes no que tange as sociedades em que ocorre dissociação entre a propriedade e o controle.

Na mera potencialidade de conflito de interesses acima aludida é que reside o objeto das normas tendentes a balizar a conduta dos controladores e dos administradores das sociedades anônimas.

Tais normas, geralmente descritas sob as rubricas algo contaminadas ideologicamente (repressão ao abuso do poder de controle, proteção ao acionista minoritário etc.), visam simplesmente a correção da potencial e natural *refração decisória* ocasionada pela dissociação entre propriedade e controle, refração que, potencialmente, tende a desviar o foco das decisões em uma empresa, afastando-o dos interesses de seus proprietários e aproximando-o dos interesses de seus efetivos controladores e/ou administradores.

Depurado o óbvio, isto é, identificado o problema em sua essência, qual seja, a potencial distorção decisória nas unidades econômicas em que propriedade e controle encontram-se dissociados, intui-se, imediatamente, as primeiras deficiências em sua vigente normatização, deficiências dentre as quais se destaca a indiferença do legislador à gradação do fenômeno da refração decisória.

Como apontaram Berle e Means, clássicos monografistas da matéria aqui investigada, a separação entre propriedade do capital e controle sobre o mesmo pode ocorrer em vários níveis, acentuando-se na razão direta do aumento da dispersão acionária da empresa.[5]

Nesta gradação do fenômeno da dissociação entre propriedade e controle (e a decorrente gradação do fenômeno da potencial refração decisória) reside o substrato dos estudos que desenvolveram a chamada tipologia do poder de controle das sociedades anônimas. Tais estudos, relativamente sedimentados na doutrina e ainda indiferentes ao legislador, mostram que o fenômeno do poder de controle, longe de ser um fenômeno homogêneo, apresenta formas diversas de configuração.

Embora a olhos menos atentos à fenomenologia societária a forma majoritária possa parecer o único meio de configuração do poder de controle empresarial, a realidade da economia interna das sociedades anônimas aponta para outras formas de constituição da situação de controle, sendo, ademais, inegável que a potencialidade de conflito de interesse entre os ocupantes da esfera decisória da sociedade e os acionistas não controladores da mesma desenvolve-se de forma peculiar em cada uma destas formas.

Dessa constatação decorre, naturalmente, a necessidade da adoção de mecanismos próprios e individualizados de correção das distorções decisórias em cada uma das formas de configuração da situação de controle, necessidade, até hoje, ignorada pelo legislador e, em certa medida, por grande parte dos autores que se detiveram no estudo da proteção aos acionistas minoritários.

As distorções decisórias acima apontadas dizem respeito apenas a refrações internas ao prisma do capital (aqui denominadas refrações decisórias intrasocietárias), isto é, ao afastamento dos fins visados nas decisões empresariais dos interesses dos proprietários do capital alheios ao controle.

Em um sistema econômico estritamente liberal, esta seria a única distorção a ser juridicamente sanada. Todavia, supondo que a Constituição Federal ainda esteja vigente, inobstante o ambiente político desta última década apontar em sentido contrário, a atuação dos agentes econômicos empresariais não deve ser direcionada apenas em função dos interesses do capital, mas, também, e, aliás, primordialmente, em fun-

5. Cf. Adolf Berle e Gardiner C. Means, *A Moderna Sociedade Anônima e a Propriedade Privada*, p. 35.

ção do interesse da coletividade. É o que impõe o art. 170, III da Carta Constitucional e, no plano ordinário, os arts. 116, parágrafo único e 154 da Lei das Sociedades por Ações.

Assim, ao direito cabe não só a correção das refrações decisórias internas ao prisma dos interesses do capital, mas, também, a correção das refrações decisórias externas a este prisma, isto é, a correção do afastamento entre os fins visados nas decisões empresarias e os interesses da coletividade, que devem ser observados por força do princípio da função social da propriedade.

As normas tendentes a balizar a conduta de controladores e administradores das sociedades anônimas devem ser efetivas nos dois planos, intrasocietário e extrasocietário, acima apontados.

Não se deve ignorar, ademais, a possibilidade de conflito entre esses dois planos de direcionamento das decisões empresariais. A resolução de tal conflito dependerá de uma ponderação, caso a caso, ponderação esta que, todavia, não poderá partir de uma pré-concepção que sobreponha aprioristicamente o plano extrasocietário ao intrasocietário.[6]

Não há, como poderia parecer, uma correspondência entre a contraposição extrasocietário/intrasocietário e a clássica contraposição interesse público/interesse privado. Ao contrário, o plano de interesses intrasocietário adquire modernamente conotação de interesse público, na medida em que as macroempresas captam recursos junto à poupança popular, via mercado de capitais. Assim, quando se fala no plano de interesse intrasocietário, fala-se na preservação de interesses do público investidor em geral e de investidores institucionais, que adquiriram um papel de extrema relevância na economia moderna.

A malha normativa tendente a balizar a conduta dos controladores e administradores deve se ater, portanto, ao direcionamento das decisões empresarias em função dos dois planos de interesse apontados. O afastamento das decisões empresariais destes planos de interesse constitui reprimível uso disfuncional do poder de controle, claramente classificado em nosso ordenamento como um poder-dever (ou um direito-função, na terminologia adotada por Comparato[7]), que, como tal, deve ser exercido não em função do interesse de seu titular, mas em função dos interesses aos quais o ordenamento jurídico vincula esse poder.

A efetividade das normas direcionadas à conduta dos administradores e controladores no sentido de sua vinculação a ambos os planos de interesse retroapontados será objeto do presente estudo.

2. *Refrações decisórias no plano intrasocietário e sua gradação nas diversas formas de configuração do poder de controle empresarial*

2.1 *Poder de controle e sua alocação na estrutura interna das sociedades anônimas*

Em sua essência, depurada na clássica obra Ferri, o poder de controle sobre uma

6. Tal afirmação não requer a vênia para discordar das clássicas posições de Rathenau e Merrick Dodd, divulgadas, respectivamente, na Alemanha, no período entre-guerras, e nos Estados Unidos, em plena crise de 1929, posições que admitiam a aqui afastada contraposição entre os interesses intrasocietários e o interesse público. A diferença contextual entre a posição aqui sustentada e as mencionadas posições justifica, por si só, sua diferença textual, não porque se negue, hoje, a supremacia do interesse público, mas porque o interesse do público investidor (nitidamente, interesse intrasocietário) integra, no atual contexto de necessidade de moralização do mercado de capitais e da aplicação de recursos captados junto à poupança popular, o âmbito do interesse público.

7. Com habitual precisão, afirma o citado autor: "(...) a todo poder correspondem deveres e responsabilidades próprias, exatamente porque se trata de um *direito-função*, atribuído ao titular para a consecução de finalidades precisas. Assim também no que diz respeito ao poder de controle, na estrutura da sociedade anônima" (cf. Fábio Konder Comparato, *O Poder de Controle na Sociedade Anônima*, p. 294).

sociedade consubstancia-se em uma situação fática em razão da qual um sujeito é capaz de marcar com sua própria vontade a atividade econômica desta sociedade.[8]

Seria, portanto, a situação de controle uma situação de predomínio da vontade de uma pessoa ou grupo determinado sobre a esfera decisória da sociedade.

Entretanto, como já aludido, a esfera decisória de uma sociedade anônima divide-se, por força da própria lei, em, pelo menos, dois níveis distintos: o da assembléia geral, à qual é atribuída a competência para "decidir todos os negócios relativos ao objeto da companhia e tomar as resoluções que julgar convenientes à sua defesa e desenvolvimento" e, dentre outras atribuições, "eleger ou destituir, a qualquer tempo, os administradores e fiscais da companhia" (arts. 121 e 122 da Lei das S/A); e o da diretoria, a quem compete as decisões negociais diárias atinentes à consecução do objeto da companhia e à execução das metas e deliberações estabelecidas pela assembléia geral.

A esses dois órgãos soma-se (necessariamente, no caso das companhias abertas, companhias de capital autorizado e sociedades de economia mista e, eventualmente, no caso das companhias fechadas de capital não autorizado) um terceiro, o conselho de administração, órgão que, recentemente, é alvo da constante atenção dos autores que vêm se detendo em estudos de *corporate governance.* A esse órgão compete, segundo o art. 142 da Lei das S/A, dentre outras atribuições, a fixação da orientação geral dos negócios da companhia, a eleição e destituição de diretores e a fiscalização da atuação dos mesmos, atribuições, portanto, que inexistindo o conselho de administração, caberão à assembléia geral.

Vê-se, pois, que as decisões acerca da atividade econômica de uma sociedade anônima podem manifestar-se em três níveis distintos, conforme a natureza da decisão. A rigor, portanto, o controle sobre uma sociedade requer o controle sobre os três níveis de sua esfera decisória.

Tal unidade de controle é fática e juridicamente viável, em razão do disposto no art. 122, II da lei acionária, dispositivo que atribui aos cargos de administração da sociedade anônima (em seus dois níveis: diretoria e conselho de administração) conotação semelhante à dos cargos em comissão, instituto de direito administrativo.

Com efeito, a possibilidade de demissão *ad nutum* dos administradores da sociedade reduz tais órgãos a cargos de confiança a serem preenchidos pela assembléia geral. E, na medida em que, em virtude do princípio majoritário, o controlador, licitamente, impõe sua vontade à assembléia geral, os ocupantes dos cargos de administração acabam, pela própria lógica da lei, por reduzirem-se a extensões operacionais da vontade do controlador.

Por isso, o controle sobre a assembléia geral significa, ainda que indiretamente, o controle sobre toda a esfera decisória da sociedade, assertiva, aliás, bem sintetizada por Ascarelli, que definiu o poder de controle como "a possibilidade de uma ou mais pessoas imporem a sua decisão à assembléia da sociedade".[9]

Inobstante a obviedade da conclusão aduzida no parágrafo anterior, o desenvolvimento analítico que a ensejou traz uma consideração de extrema importância, usualmente ignorada ou relegada a segundo plano: a predominância da vontade do controlador sobre os órgãos de administração não tem a mesma natureza que sua pre-

8. *Apud* Comparato, cit., p. 93. No mesmo sentido, a tese sustentada por Pasteris: "possiamo quindi parlare, in senso generale, di controllo, ogni qualvolta um soggeto, in virtù di uma particolare situazione di predominio, comunque essa derivi, sia in grado di influenzare stabilmente la volontà di um altro soggeto e di indirizzarla nel senso voluto" (Carlo Pasteris, *Il Controllo nelle Società Collegate e le Partecipazioni Reciproche*, p. 29).

9. Tullio Ascarelli, *Problemas das Sociedades Anônimas e Direito Comparado*, p. 113.

dominância sobre a assembléia geral. Enquanto esta última se dá de forma direta, como decorrência imediata do princípio majoritário, aquela se dá de forma reflexa, como decorrência, psicológica, do receio dos administradores em não seguirem a orientação imprimida pelo controlador, vez que este poderá afastá-los a qualquer tempo.

Dessa observação decorre que a subordinação (fática) dos administradores ao controlador é uma situação sujeita a gradações, conforme a forma de configuração do controle da sociedade, consoante será melhor analisado no item subseqüente.

Disto decorrerá, também, a conclusão de que a emanação do poder decisório, em sentido amplo, em uma sociedade anônima, pode partir não de um centro único de poder, mas de centros fragmentados, na medida em que os órgãos de administração nem sempre serão subordinados ou completamente subordinados ao controlador acionário, podendo, inclusive, coexistir com o mesmo ou até sobreporem-se a ele enquanto centros de poder decisório na sociedade. Tais fatos devem ser identificados como pressupostos de uma eficiente normatização que vise a corrigir as distorções decisórias no âmbito empresarial.

2.2 Tipologia do poder de controle e identificação dos centros de poder decisório nas sociedades anônimas

Como já explicitado, a variabilidade das formas de configuração do poder de controle depende, em princípio, do grau de dispersão acionária da sociedade. Diz-se "em princípio" porque a situação de controle pode decorrer de mecanismo jurídico diverso do mecanismo acionário, nos casos do chamado "controle externo", hipótese tão importante quanto mal estudada pela doutrina.

Assim, uma tipologia das situações de controle empresarial deve partir, necessariamente, de uma divisão inicial entre controle derivado do mecanismo acionário e controle derivado de mecanismos não acionários, conforme procederemos a seguir.

2.2.1 Controle derivado do mecanismo acionário. Controle majoritário estável e controle majoritário eventual

O controle derivado do mecanismo acionário pode configurar-se, segundo aponta a doutrina, de forma majoritária ou minoritária, conforme seja fundado, respectivamente, na propriedade de número superior ou inferior à metade das ações votantes de uma companhia.

A primeira crítica que se impõe a esta clássica divisão diz respeito à denominação que atribui às mencionadas formas de configuração da situação de controle.

Com efeito, parece uma contradição em termos falar-se em controle minoritário em um sistema jurídico-societário em que vigora o princípio majoritário como critério básico de deliberação assemblear.

A hipótese comumente denominada controle minoritário diz respeito à situação em que se observa dispersão acionária tal que nenhum acionista ou grupo organizado de acionistas detenha, individualmente, mais da metade das ações votantes da companhia, possibilitando, deste modo, que a maioria forme-se de maneira eventual nas assembléias gerais. Nesses casos, imporá sua vontade à assembléia o acionista ou grupo de acionistas que, dentre os presentes, possuir o maior número de ações votantes.

É bem verdade que, na generalidade dos casos em que ocorre tal dispersão acionária, um acionista ou grupo de acionistas que detenha participação considerável no capital votante da empresa e que tenha interesse na gestão da mesma comparecerá a todas as assembléias e exercerá o controle como se majoritário fosse.

De qualquer forma, não é descartável nem cerebrina a possibilidade de rompimento da hegemonia do acionista em situação de controle minoritário em virtude de oposição feita por outro acionista que consiga amealhar número superior de ações votantes. Neste sentido, é lícito dizer que o controle, nestas hipóteses, será sempre eventual.

Vê-se, portanto, que (i) o controle acionário dependerá sempre da maioria efetiva em assembléia e (ii) esta maioria pode ou não ser eventual, conforme a hegemonia do controlador funde-se em número inferior ou superior à metade do capital votante.

Assim, considerando que o princípio majoritário é o substrato de ambas as formas de controle via mecanismo acionário, seria mais adstrita à realidade a classificação destas formas em controle majoritário estável e controle majoritário eventual, em substituição às clássicas denominações controle majoritário e controle minoritário.

Longe de ser bizantina ou meramente terminológica, a ora suscitada discussão acerca da estabilidade do controle acionário enseja o desenvolvimento de um raciocínio complementar, imprescindível a uma precisa análise que vise a localização dos centros de poder decisório na estrutura de uma sociedade anônima.

Com efeito, Comparato, ao investigar a situação classicamente denominada *controle majoritário*, identifica a existência de hipóteses em que tal controle sofre restrições, atinentes à existência, na sociedade, de uma minoria qualificada que detenha parcela de capital suficiente a exercer determinadas prerrogativas legais, como, *v.g.*, as previstas nos arts. 126, § 3º, 105, 161, § 2º da Lei das S/A. Refere-se o mencionado autor, nestas hipóteses, a um controle majoritário simples em oposição ao controle majoritário absoluto, que se configuraria apenas na hipótese de inexistência das citadas minorias qualificadas.[10]

Ademais, separa o referido mestre, ainda analisando a hipótese de controle majoritário, as situações em que o controle é exercido por um único acionista das situações em que é exercido "por dois ou mais acionistas, ou grupo de acionistas" que "componham a maioria, associando interesses, temporária ou permanentemente convergentes", podendo se falar, em tais hipóteses, "de um controle conjunto ou por associação".[11]

Tais observações, plenamente aplicáveis, também, à hipótese de controle minoritário ou controle majoritário eventual, importam o reconhecimento de situações de instabilidade do poder de controle, seja pela existência de uma minoria qualificada apta a exercer certas prerrogativas em detrimento da vontade do controlador, seja pela existência de uma natural instabilidade decorrente da potencialidade de conflito de interesse no âmbito do grupo detentor do controle, na hipótese de controle conjunto.

Assim, tanto o poder de controle minoritário (ou majoritário eventual), que já é caracterizado por uma situação de instabilidade ou eventualidade intrínseca, como o poder de controle majoritário (ou majoritário estável), desavisadamente visto pela doutrina como um controle absoluto, sujeitam-se às situações de instabilidade acima descritas.

Tais situações de instabilidade, à exceção daquela decorrente da existência de minorias qualificadas, que constituem simples situações de balizamento da conduta do controlador, podem conduzir a um deslocamento, caso a caso, do centro decisório da sociedade e, portanto, do foco de destinação das normas tendentes à correção de desvirtuamentos do poder decisório.[12]

A identificação do controle acionário, portanto, seja ele estável ou eventual, está

10. Cf. ob. cit., p. 46.

11. Ibidem.

12. Basta, neste ponto, lembrar que a própria norma que define a figura do acionista controlador elenca, como requisito de caracterização da situação de controle, a estabilidade de tal situação ao exigir que a maioria de votos na assembléia geral seja detida "de modo permanente" pelo controlador para sua caracterização como tal (art. 116, *a*).

longe de ser suficientemente atingida pelo simplismo numérico que, em geral, orienta a interpretação do art. 116 da Lei das S/A. Tal identificação pressupõe uma análise efetiva dos focos de emanação do poder decisório no âmbito da sociedade.

2.2.2 Controle gerencial. Ainda o critério da dispersão acionária[13]

A acentuação da dispersão da base acionária de uma sociedade anônima, como apontado no item anterior, constitui relevante fator de instabilidade do controle exercido através do mecanismo acionário.

Em casos de extrema dispersão acionária (segundo Berle e Means, nas hipóteses em que a dispersão é tal que nenhum acionista detenha individualmente mais que 1% do capital social[14]), a apontada instabilidade atinge um nível tal que praticamente inviabiliza, no plano fático, a configuração de situação de controle pela via acionária.

Esta relativa inviabilidade fática foi descrita com bastante simplicidade pelos citados autores, segundo os quais, em situação de pulverização acionária, "nenhum acionista está em condições, apenas através de sua propriedade, de fazer pressões importantes sobre a administração ou de usar sua propriedade como um núcleo considerável para a acumulação dos votos necessários ao controle".[15]

Note-se que o trecho transcrito refere-se, precisamente, aos dois pontos (ou aos dois níveis), retroapontados (item 2.1, *supra*), em que se centra a manifestação do controle, quais sejam, a pressão sobre os administradores (ou subordinação fática dos mesmos) e a possibilidade (esta, jurídica) de determinação das decisões da assembléia geral, prerrogativas cujo exercício é inviável a qualquer acionista na hipótese de acentuada dispersão acionária.

A aduzida inviabilidade de efetivo exercício do controle pelo *shareholder* conduz ao deslocamento do centro decisório, que passará a ser ocupado pelos administradores da sociedade. Daí falar-se em *management control.*

Tecnicamente, esta forma de controle operacionaliza-se através do mecanismo conhecido como *proxy gathering machine*, por meio do qual os administradores, muitas vezes através da contratação de serviços especializados, buscam captar, em larga escala, procurações da maioria dos acionistas, de modo a que possam exercer, em nome destes, o direito de voto em assembléia geral, em salas praticamente vazias, visando tão-somente sua reeleição e a formalização dos fins estratégicos que eles mesmos, administradores, traçam para a companhia.

A instabilidade desta forma de controle é, tanto ou mais que no controle minoritário, evidente.

São particularmente conhecidas pelos estudiosos de direito societário as célebres *proxy fights*, que eventualmente se travam no âmbito de grandes companhias abertas, notadamente entre as norte americanas, organizadas em torno de um controle gerencial.

O mais conhecido destes eventos deu-se em 1929, em uma acirrada disputa de procurações entre a diretoria da Standard Oil of Indiana e um de seus acionistas, o magnata Rockfeller, que, após despender cerca de oitocentos mil dólares em sua campanha, ascendeu ao controle daquela companhia.

Instável ou não, esta é a forma de controle a que tendem as companhias com grau elevado de pulverização acionária.

13. A dispersão acionária, embora seja a hipótese mais comumente apontada como causa de configuração da situação de *management control*, não é sua única causa possível. Ascarelli aponta, em seus *Studi in Tema di Società*, a possibilidade de configuração desta situação de controle em virtude de participações recíprocas de capital entre duas sociedades. Todavia, dada a proibição a tais participações em nosso direito, salvo a restrita hipótese do § 1º do art. 244 da Lei das S/A, prescindiremos da análise da citada hipótese.

14. Cf. cit., p. 94.

15. Cf. cit., p. 94.

Esta forma de configuração do poder de controle empresarial foi apontada por Berle e Means, em sua histórica pesquisa, como sendo a forma de controle mais recorrente entre as duzentas maiores empresas norte-americanas no início da década de 30. Demonstra a referida pesquisa que cerca de 44% dessas empresas, dada sua acentuada dispersão acionária, organizavam-se em torno do controle gerencial.[16] Dados mais recentes demonstram que esta porcentagem acentuou-se consideravelmente.[17]

A realidade do controle gerencial foi também apreendida por Galbraith, em seu já citado *O Novo Estado Industrial*, obra que, como poucas, tratou com suficiente precisão técnica da questão da identificação dos centros de poder na economia contemporânea. Aduz o mencionado autor que, "nas últimas décadas, houve constante acumulação de provas sobre o deslocamento do poder dos proprietários para os administradores dentro da grande empresa moderna. O poder dos acionistas (...) parece cada vez mais tênue. Pequena proporção das ações é representada por ocasião das assembléias de acionistas, cerimônias em que a banalidade é variada, principalmente pela irrelevância".[18]

"Contudo", prossegue o citado economista, "tem havido grande relutância em admitir um significativo e duradouro deslocamento de poder dos donos do capital. Alguns observadores procuram manter o *mito do poder do acionista*".[19]

Entre nós, porém, a realidade do controle gerencial, como será melhor demonstrado no item posterior, está longe de ser um fato recorrente, dada à incipiência de nosso mercado de capitais, chegando-se mesmo a afirmar que "ninguém ainda assinalou, no Brasil, a existência de companhias controladas, exclusivamente, pelos seus próprios administradores, como órgão autoperpetuante".[20]

Todavia, tal afirmação não afasta a necessidade de estudo e normatização do fenômeno do controle gerencial, que, bem entendido, constitui apenas uma evolução (não necessariamente no sentido positivo do termo) das formas de controle acionário ocasionada pela acentuação da dispersão acionária. Num e noutro caso, o problema, em sua essência, é o mesmo: a dissociação entre propriedade e controle (e a potencial distorção decisória disto decorrente), que, entretanto, apresentar-se-á em graus diferentes em cada um das aludidas formas de configuração do controle.

Precipitada, portanto, a posição firmada por Eizirik, em artigo intitulado "O mito do *controle gerencial* — Alguns dados empíricos",[21] título que talvez faça alusão à citada expressão de Galbraith ("mito do poder do acionista"[22]).

No citado artigo, após observar, à luz de dados estatísticos, que "não existe, no Brasil, nenhum caso de empresa que possa ser classificada como controlada pela direção", sustenta Eizirik que "não cabe, portanto, entre nós, cogitar-se da efetiva ocorrência de uma separação entre propriedade e controle na companhia aberta".[23]

Tal afirmação, a nosso ver, só pode ser tida como verdadeira caso se refira a uma situação de separação total entre propriedade e controle. Esta, de fato, só ocorre na hipótese de controle gerencial (e na hipótese de controle externo, adiante analisada).

16. O quadro apresentado por Berle e Means aponta que 44% das duzentas empresas investigadas apresentam situação de controle gerencial; 21% de controle decorrente de mecanismo legal (v. nota 26, *infra*); 23% de controle minoritário; 5% de controle majoritário; 6% de controle quase totalitário (hipótese que, à guisa das observações do Prof. Comparato, entendemos inserida na hipótese de controle majoritário); estando o 1% restante em mãos de curadores.

17. Cf. Comparato, cit., p. 52.

18. Cit., p. 49.

19. Ibidem.

20. Cf. Comparato, cit., p. 56.

21. Nelson Eizirik, "O mito do *controle gerencial* — Alguns dados empíricos", in *RDM* 66/103 e ss., abr.-jun. 1987.

22. Ob. cit., p. 50.

23. Ob. cit., p. 106.

Todavia, deve restar claro que a situação de controle gerencial é apenas o ponto extremo da dissociação propriedade/controle, que, inobstante, ocorrerá, também, embora em níveis menos acentuados, nas hipóteses de controle acionário, seja ele majoritário ou minoritário.[24]

Tomar-se por verdadeira a afirmação de Eizirik, sem atentar-se para a observação aduzida no parágrafo anterior, seria admitir que inexiste a possibilidade de refração decisória intrasocietária fora das hipóteses de controle gerencial, o que, não fosse uma tese inadmissível, certamente simplificaria em muito a tarefa do legislador no sentido de balizar a conduta do controlador da sociedade anônima.

Curioso, também, que o mencionado autor relacione, em uma aparente relação de causa e efeito, o fenômeno do controle gerencial à idéia de "democratização" do capital.

Em primeiro lugar, a tese da "democratização" do capital através do modelo das sociedades anônimas, embora simpática em sua eloqüência, "em momento algum correspondeu à realidade",[25] como bem lembra Cunha Pereira.

Ademais, se é aceitável qualquer analogia entre modelos de controle de unidades econômicas e estruturas políticas de governo, a única aproximação razoavelmente sustentável seria a comparação da situação de controle gerencial com o modelo de governo tecnocrático, mas nunca com o democrático.

O mérito da dispersão acionária está na viabilização de uma alternativa adicional de captação de recursos pelas empresas, e não em uma supostamente visada "democratização" do capital, tese, há muito, superada. Uma coisa, a rigor, não guarda relação com a outra. Ao contrário, admite-se que a pulverização acionária não conduz a uma democracia, mas a uma tecnocracia empresarial, potencialmente danosa aos próprios acionistas se não for adequadamente normatizada.

E não há nesta afirmação nada de novo. Concentração ou pulverização acionária nada têm a ver com democratização do capital. Haverá, em qualquer caso, centros de poder, sejam eles gerenciais ou acionários, inacessíveis à massa dos acionistas e, portanto, objeto de necessária normatização.

Inobstante a relativa impropriedade de suas conclusões, o trabalho de Eizirik é valioso ao apresentar dados estatísticos que demonstram o perfil acionário das companhias abertas brasileiras, dados que apontam para uma tendência à concentração acionária e, portanto, à configuração de controle majoritário. Embora óbvia tal constatação, não é de todo irrelevante o domínio estatístico do óbvio.

É de se ressaltar, de mais a mais, que os mencionados dados dizem respeito à concentração de ações votantes. Veremos, mais adiante, que a consagração, em nosso ordenamento, do instituto das ações preferenciais sem direito a voto[26] cria uma situação de controle bastante peculiar, na qual se somam dispersão de ações preferenciais (e, portanto, alto grau de separação entre propriedade e controle, o que significa elevação da potencialidade de refração decisória intrasocietária) e controle majoritário estável.

Note-se, portanto, que, embora, de fato, o controle gerencial não seja, por ora, uma realidade recorrente em nosso país,

24. Cf. Berle e Means, ob. cit., p. 35.

25. Guilherme Döring Cunha Pereira, *Alienação do Poder de Controle Acionário*, p. 4.

26. O mecanismo da emissão de ações sem direito a voto é apontado por Berle e Means (ob. cit., p. 89) como hipótese de configuração do "controle por meio de mecanismo legal". Não entendemos que essa ou as demais hipóteses descritas pelos citados autores na mencionada rubrica constituam hipóteses diversas das situações de controle até aqui analisadas, mas tão-somente artifícios que facilitam a configuração das mesmas. Assim, valendo-nos dessa ressalva, à qual acrescemos as observações de Comparato (ob. cit., p. 47), prescindiremos da análise das hipóteses de configuração de controle *through a legal device* apresentadas por Berle e Means.

algumas companhias abertas brasileiras apresentam, sim, elevado grau de dissociação propriedade/controle, em perspectiva, aliás, bem mais preocupante se comparada, por exemplo, à situação norte-americana. Lá, a acentuação desta dissociação ocorre com a contrapartida do aumento da instabilidade do poder (o que implica na necessidade natural de maior cuidado por parte do controlador no exercício de suas prerrogativas decisórias). Aqui, a dissociação propriedade/controle não implica necessariamente a impossibilidade de manutenção do controle majoritário estável, uma vez ser este assegurável pela propriedade de pouco mais de 1/6 do capital total, dada a possibilidade de emissão de ações sem direito a voto até o limite de 2/3 do capital total.

Pouco importa, portanto, que inexista, no Brasil, dispersão acionária tal a viabilizar a ocorrência do fenômeno do controle gerencial. Importa que existem, sim, situações de acentuada dissociação entre propriedade e controle que apresentam potenciais de refração decisória semelhantes à hipótese de controle gerencial, requerendo, portanto, mecanismos normativo-corretivos tão ou mais rígidos quanto os aconselháveis àquelas hipóteses.

2.2.3 Controle externo

Além das já aduzidas formas de configuração do poder de controle (que, na verdade, reduzem-se, em sua essência, a duas, i.e., controle derivado do mecanismo acionário, que pode ser estável ou eventual, e controle gerencial), a realidade aponta para uma terceira forma, típica de mercados em que a cultura de financiamento a investimentos produtivos baseia-se na captação via sistema financeiro, em detrimento da captação via emissão de ações. Trata-se da hipótese conhecida como controle externo.

Tal hipótese, ainda pouco estudada entre nós,[27] caracteriza-se quando, conforme aponta Cunha Pereira, "a última palavra na orientação da empresa não procede de um acionista nem dos administradores da sociedade",[28] mas de centro decisório estranho à estrutura da empresa, que pode ser representado, *v.g.*, por grandes credores da mesma, fornecedores em situação de oligopólio ou monopólio, franqueadores, compradores em situação de oligopsônio ou monopsônio,[29] dentre tantas outras hipóteses.[30]

A primeira questão que se coloca na análise do controle externo concerne à sua natureza, havendo quem sustente que esta seja diversa da natureza das demais situações de configuração do poder de controle.

A dúvida suscitada parece decorrer da expressão utilizada pela legislação de alguns países europeus[31] para designar as situações de controle externo, na acepção acima descrita. Referem-se tais legislações à existência, nestes casos, de uma "influência domi-

27. Merecem destaque os trabalhos de Orcesi da Costa ("Controle externo nas companhias", in *RDM* 44/70 e ss.) e de Comparato ("Grupo societário fundado em controle contratual e abuso do poder do controlador", in *Direito Empresarial — Estudos e Pareceres*, pp. 270 e ss.).

28. Ob. cit., p. 14.

29. Hipótese comum, por exemplo, no mercado de autopeças.

30. Hipótese interessante e claramente demonstrativa de situação de controle externo bastante comum em nosso país é aquela decorrente do contrato de "afiliação" entre estações de televisão, contrato que, inobstante seu aparente sinalagma, enseja clara situação de subordinação empresarial. A hipótese é analisada por Comparato no citado parecer "Grupo societário fundado em controle contratual e abuso do poder do controlador".

31. A questão do controle externo ganhou, no direito europeu continental, relevância consideravelmente maior do que no direito anglo-saxão, evidentemente porque a cultura de financiamento empresarial européia (como ocorre, outrossim, no Japão e mesmo no Brasil) é baseada na captação via mercado financeiro, fato que enseja o constante endividamento das empresas para com os bancos, que, neste passo, encontram-se aptos a exercer pressão sobre a condução das atividades destas empresas. Nos EUA, por outro lado, a cultura de financiamento baseia-se na captação via mercado de capitais, razão pela qual, como apontam os dados estatísticos trazidos por Berle e Means, as empresas norte-americanas tendem mais à situação de controle gerencial.

nante"[32] de uma sociedade sobre outra, conceito que, conforme ensina a ciência política moderna, é qualitativamente diverso da noção de "poder", uma vez que esta seria, diferentemente daquela, caracterizada pela existência de sanção imponível à entidade dominada pela entidade dominante.[33]

Não entendemos cabível a transposição de tal diferenciação à questão ora analisada. Com efeito, sem embargo das preferências terminológicas do legislador europeu, não é sustentável que a relação entre sociedade controlada e controlador externo não seja uma relação de poder/dominação, uma vez que há, na estrutura dessa relação, um aparelhamento de sanções, de cunho econômico, imponíveis à empresa subordinada na hipótese de desatendimento das decisões tomadas pelo controlador externo.

Tal constatação é intuitiva. No caso de o controle externo ser exercido por um grande credor da empresa controlada, a esta cabe a escolha entre sujeitar sua esfera decisória à vontade daquele credor ou, por exemplo, submeter-se a um processo de falência intentado pelo mesmo, o que pode significar o fim de sua atividade. Da mesma forma, no contrato de franquia, à franqueada cabe a escolha entre sujeitar-se à vontade diretiva da franqueadora ou ver rompido seu contrato de *franchising* e conformar-se com uma eventual reparação por perdas e danos.

Esta situação foi bem descrita por Pasteris, que, analisando a situação de *controllo mediante influenza dominante*, aduz que "la soggezione all'altrui controllo deriva da un giudizio di convenienza economica fra il ribellarsi alla influenza, e risentirne conseguentemente um pregiudizio economico, o il sottostare all'influenza stessa".[34]

O fato de a sujeição ao controle externo derivar de um "juízo de conveniência econômica" por parte da empresa subordinada em nenhum momento afasta a natureza da relação de subordinação, vez que a opção que lhe cabe, no mais das vezes, resume-se a submeter sua direção à vontade do controlador ou fechar as portas.

Há, portanto, relação de poder no fenômeno do controle externo, tanto quanto há nas demais situações de controle e, tanto quanto nessas situações, o controle externo constitui fenômeno sujeito a gradações, ou nos termos utilizados nos itens anteriores, sujeito a hipóteses de instabilidade[35] e mesmo de deslocamentos de centro decisório.[36]

Outro fundamento da insistência da doutrina na diferenciação das naturezas do controle interno (acionário e gerencial) e do controle externo reside em um excessivo apego à tese de Champaud no sentido de que "contrôler une société c'est détenir le contrôle des biens sociaux (droit d'en disposer comme un propriétaire), de telle sorte que l'on soit maître de l'activité économique de l'entreprise sociale".[37]

A idéia, divulgada pela prestigioso autor, de que o controle sobre uma sociedade decorre do poder de disposição sobre seus bens deve ser bem compreendida, fato para o qual já havia atentado o próprio Pasteris: "Ocorre subito precisare, per chiarire fin dalle origini possibile equivoco, che il rapporto di controllo si pone solo e sempre fra due soggetti; il fatto che si possa comunemente parlare di dominio su

32. O conceito de "influência dominante" encontra-se inserido nas legislações acionárias alemã (1965) e sueca (1944) e no Código Civil italiano (1942).

33. Cf. Comparato, *O Poder*, cit., p. 69.

34. Ob. cit., p. 31.

35. A instabilidade do controle externo poderia surgir, por exemplo, a partir de uma renegociação da dívida da controlada para com a controladora, que por ventura reduza o poder desta sobre aquela.

36. O deslocamento do centro de exercício de controle externo poderia advir, *v.g.*, da obtenção de um financiamento junto a terceiro para pagamento da dívida da controlada para com a controladora, situação em que o centro de controle provavelmente deslocar-se-ia, passando a ser exercido pelo novo financiador da dívida.

37. Claude Champaud, *Le Pouvoir de Concentration de la Société par Actions*, p. 161.

azienda altrui non deve quindi portare a confondere il controllo com um diritto sull'azienda stessa; il rapporto non si pone infatti mai fra soggetto controllante e beni del controllato, ma sempre ed unicamente fra i due soggetti interessati".[38]

O poder de disposição sobre os bens da sociedade controlada é mera conseqüência do poder de direção sobre a atividade da mesma e é este poder (e não aquele) que caracteriza a relação de controle.[39]

De mais a mais, o poder de disposição sobre os bens de companhia controlada, mesmo que admitido como elemento essencial para a configuração da relação de controle, nunca, nem sequer na relação de controle majoritário, é exercido com conteúdo dominial.

Com efeito, o controlador acionário não é proprietário dos bens da controlada; seu poder de disposição sobre tais bens decorre do poder de imposição de sua vontade à assembléia geral e aos órgão de direção da sociedade, vale dizer, de seu poder de decidir acerca da atividade exercida pela sociedade.

O mesmo ocorre no caso do controle externo. O controlador não terá, nesta hipótese, poder direto de dispor sobre os bens sociais, mas terá condições de impor sua vontade quanto à destinação de tais bens na medida em que tenha poder para determinar as diretrizes da atividade da sociedade.

O poder de disposição é não-dominial em um caso, como em outro, não se prestando, portanto, a tese de Champaud a justificar inexistentes diferenças de natureza entre o poder de controle interno e o poder de controle externo. Não subsistem motivos, teóricos ou práticos, para tal diferenciação nem para os anacronismos doutrinários dela decorrentes, como as noções de "quase-controle" ou "quase-integração" advogadas por Paillusseau[40] e, entre nós, por Requião.[41]

O reconhecimento da situação de controle externo como típica relação de controle empresarial, ainda estranho ao nosso direito positivo[42] e ainda reticente em nossa jurisprudência, constitui uma necessidade premente em nosso ordenamento, no âmbito do qual a tutela aos abusos desta modalidade de controle ainda reside na mera possibilidade de reparação por perdas e danos sob a regência da lei civil.

A insuficiência desta tutela chega a ser óbvia. A existência de um foco de controle externo à sociedade controlada é a situação, ao menos no plano teórico-analítico, de maior potencialização do problema da refração decisória acima apontado (uma vez que, na hipótese, encontram-se plenamente dissociados os elementos propriedade e controle). A questão exige, pois, tutela no

38. Ob. cit., p. 29.

39. Cf., neste sentido, Cunha Pereira, ob. cit., p. 11.

40. Cf. Jean Paillusseau, *La Societé Anonyme — Technique d'Organisation de l'Entreprise*, p. 116.

41. *Apud* Comparato, *O Poder*, cit., p. 76.

42. Faça-se, neste ponto, necessária referência à recente Resolução 101/99 da Agência Nacional de Telecomunicações (ANATEL), que aprovou o "Regulamento de Apuração de Controle e Transferência de Controle em Empresas Prestadoras de Serviço de Telecomunicações". O mencionado regulamento, em seu art. 1º, II, define o conceito de controle como "poder de dirigir, de forma direta ou indireta, interna ou *externa*, de fato ou de direito, individualmente ou por acordo, as atividades sociais ou o funcionamento da empresa". Não fosse, portanto, a escancarada extrapolação aos limites do poder regulamentar por parte da citada agência, poder-se-ia finalmente reconhecer como superada a lacuna que até hoje existe em nosso ordenamento em relação ao conceito de controle externo. Não bastasse, aliás, o desrespeito ao limite do poder regulamentar, a mencionada resolução peca por atecnias grosseiras, quando, por exemplo, aduz que "uma pessoa terá poder de controle quando verificada uma das seguintes situações: (...) tiver direito de veto estatutário em qualquer matéria ou deliberação" (art. 1º, § 1º, II). Ora, o direito de veto é um instrumento típico de proteção da minoria em uma sociedade. Igualá-lo a uma prerrogativa de controle é uma contradição em termos, para dizer o mínimo. Não sem motivos, portanto, sofreu a mencionada resolução duras críticas por parte de juristas como Bulhões, Caio Tácito e Lamy Filho por ocasião de sua submissão à consulta pública.

plano de outros ramos do direito e não apenas no âmbito da responsabilidade civil, como será melhor explicitado no item 2.3.3, *infra*.

2.3 Gradação da potencialidade de refrações decisórias intrasocietárias em cada uma das hipóteses de configuração do poder de controle

As apontadas formas de configuração do poder de controle empresarial, que se resume, pelo exposto, ao poder de imposição da vontade de alguém sobre as esferas decisórias de uma sociedade, determinando, assim, os rumos de sua atividade, apresentam (i) diferentes graus de dissociação entre propriedade e poder sobre o capital e, portanto, (ii) diferentes graus de potencialidade de refração decisória intrasocietária, no sentido acima aludido.

A relação direta entre grau de dissociação propriedade/poder e grau de potencialidade de distorções decisórias, como já dito, decorre do fato de que o controlador, quanto mais alheio for à propriedade do capital, mais indiferente será aos resultados decorrentes do emprego deste capital. Trata-se da dissociação entre poder e recompensa aludida por Galbraith,[43] que tende a distanciar as esferas de interesse do controlador e dos proprietários do capital.

Dentre as hipóteses de controle analisadas, *grosso modo* e admitindo por alguns instantes que o comportamento humano possa ser "econometrizado", seria lícito concluir que a potencialidade de refração decisória é menor na hipótese de controle acionário estável, acentuando-se gradativamente na situação de controle acionário eventual, maximizando-se, finalmente, nas hipóteses de controle gerencial e controle externo, nas quais seria, teoricamente, total a dissociação entre propriedade e controle.

Todavia, nem no plano analítico esta escala pode ser tomada como uma verdade absoluta, uma vez que a refração decisória será diversa, não só em seu grau, mas em sua própria natureza, nas diferentes hipóteses apresentadas, como se verá a seguir.

43. Cf. item 1, *supra*.

2.3.1 Refrações decisórias na hipótese de controle derivado do mecanismo acionário

Com efeito, nas hipóteses de poder de controle acionário, ao menos na normalidade dos casos, as decisões do controlador, que detém parcela considerável do capital da sociedade, dificilmente tenderão a uma direção que não vise à maximização de resultados no emprego do capital, já que tais resultados beneficiarão diretamente a esfera patrimonial do controlador, não só em termos de distribuição de dividendos, mas, principalmente, em termos de maximização do valor de mercado do bloco das ações de controle (sendo economicamente demonstrado que uma empresa que destrói o valor econômico de seu capital destrói inevitavelmente seu valor de mercado). Daí porque a refração decisória tende a ser mínima nas hipóteses de controle acionário, tanto no plano da conduta do controlador, como na dos órgãos de administração, que, como visto, nesta modalidade de controle, tendem a ser extensões operacionais da vontade do controlador, salvo nas hipóteses de conflito entre ambos ou de corrupção interna, estranhas ao objeto deste trabalho.

O plano de conflito entre controladores e não controladores (notadamente, preferencialistas) tende a restringir-se, então, a questões ligadas à distribuição de dividendos e ao valor da ações em caso de direito de recesso.

Na modalidade de controle acionário, os conflitos mais recorrentes parecem encontrar solução adequada nas medidas usualmente apontadas sob a já entediante rubrica da "proteção ao acionista minoritário".

Algumas hipóteses, excepcionais e patológicas, em que a conduta do controlador acionário tende a se distanciar dos interesses da companhia, hipóteses de refração decisória, encontram-se elencadas no art. 117 da Lei das S/A, *v.g.*, "favorecer outra sociedade (...) em prejuízo (...) do acervo da companhia"; "promover a liquidação de companhia próspera" etc.

O mencionado dispositivo prevê a responsabilização do controlador por danos decorrentes das hipóteses que elenca, cominação que, a nosso ver, não elide a aplicação do dispositivo do art. 115, § 4º do mesmo diploma legal, que prevê a anulabilidade de decisões tomadas em conflito de interesses e a obrigatoriedade de transferência à sociedade dos benefícios auferidos pelo acionista com a decisão tomada nessas condições.

Anulabilidade da deliberação e responsabilização por perdas e danos parecem ser soluções teoricamente adequadas à conduta do controlador acionário que tenda a distanciar os fins visados nas decisões empresariais dos interesses da companhia. Todavia, no item 2.4, procuraremos identificar os motivos pelos quais tais remédios têm se mostrado inefetivos.

2.3.1.1 A questão do controle majoritário somado à dispersão de ações preferenciais — Conforme aduzido no item 2.2.2, *supra*, a adoção, em nosso direito, do instituto das ações preferenciais sem direito a voto, cuja emissão é facultada até o excessivo limite de 2/3 do capital total, cria uma situação de controle bastante peculiar, na qual se somam dispersão de ações preferenciais (e, portanto, alto grau de separação entre propriedade e controle) e controle majoritário estável detido com a propriedade de pouco mais de 1/6 do capital total.

Nesta peculiar hipótese de controle majoritário estável, agrava-se tanto a potencialidade de refração decisória quanto os conflitos relativos à distribuição de dividendos.

Por ser menor o bloco de controle nestes casos, as vantagens do *self-dealing* passam a ser ponderáveis do ponto de vista do controlador e, por ser maior a dispersão acionária, as dores do parto de uma deliberação de distribuição de dividendos também se acentuam.

Aos remédios apontados no item anterior, somam-se, na hipótese ora analisada, remédios legais de tutela específica do interesse dos preferencialistas, como aquele introduzido pela recente mudança no art. 17 da Lei das S/A, que passou a prever a obrigatoriedade de atribuição às ações preferenciais de dividendos, no mínimo, dez por cento maiores que os atribuídos às ordinárias, salvo nos casos de previsão de dividendos fixos ou mínimos para as preferenciais.

Esta mudança legislativa representa pouco mais que um estímulo à não distribuição de dividendos, estímulo que só é contido pela previsão do voto transitório atribuído às ações preferenciais na hipótese do art. 111, § 1º.

De qualquer sorte, a possibilidade de distorções decisórias gerada pela estrutura de capital tal qual facultada pela Lei das S/A, que viabiliza a manutenção do controle acionário estável mesmo em casos de grande dispersão acionária, não é passível de correção pela simples atribuição de privilégios às ações preferenciais, cominações legais facilmente contornáveis pelos controladores.

A necessidade que se impõe é a de alteração desta estrutura, reduzindo-se o limite de emissão de ações preferenciais sem direito a voto, porque se o estímulo a distorções decisórias decorrentes da dissociação entre propriedade e controle é naturalmente contrabalançado pela instabilidade do controle que a acentuação desta dissociação provoca, assegurar-se, legislativamente, a acentuação desta dissociação com a concomitante manutenção do poder de controle acionário estável significa aumentar, em muito, o estímulo às mencionadas distorções.

2.3.2 Refrações decisórias na hipótese de controle gerencial. Os problemas de *agency*

A situação de controle gerencial, por constituir, ao lado da situação de controle externo, hipótese de completa dissociação entre propriedade e controle, apresenta-se como das mais delicadas no que tange à problemática ora investigada.

O controlador acionário, conforme aduzido, no curso de seu exercício empresarial, ao deparar-se com situação de potencial conflito entre seus interesses pessoais e os interesses da empresa, tem sua conduta naturalmente (embora não suficientemente) balizada pela ponderação entre o benefício pessoal imediato (que seria atendido pela conduta não correspondente aos interesses da empresa) e um benefício pessoal mediato representado pelo futuro acréscimo de valor de mercado do bloco de controle (interesse que seria atendido pela conduta correspondente aos interesses da empresa, no sentido de maximização de seus resultados). As refrações decisórias são, nesta hipótese, naturalmente (reitere-se, porém não suficientemente), desestimuladas.

Já no caso do controlador gerencial, este natural desestímulo não existe, visto que este controlador é alheio à propriedade do capital e, conseqüentemente, às recompensas decorrentes de sua valorização.

Não se trata aqui apenas de situações de patente conflito de interesses entre administrador e companhia tal qual descritas no art. 156 da Lei das S/A, em que, por exemplo, o administrador é parte em um negócio a ser firmado com a própria companhia.

Trata-se aqui do próprio estímulo do administrador na busca da maximização de resultados para a companhia, ou, em termos mais atuais, na busca de criação de valor para o acionista.

O problema ora descrito, conhecido, inclusive entre os juristas, pela precisa denominação que lhe atribuiu a ciência das finanças, *agency problem*, em sua essência, diz respeito à constatação de que o administrador (*agent*) de uma sociedade não foge ao princípio hedonista de maximização do atendimento a seus próprios interesses, que podem ser conflitantes ou não totalmente compatíveis com os interesses dos acionistas (*principals*).

Enquanto aos acionistas interessa o acréscimo de valor às suas ações, ao administrador pode interessar, *v.g.*, estreitar seus contatos ou impressionar determinado *headhunter*,[44] favorecer aos interesses de determinada companhia com a qual possa vir a estabelecer futuro vínculo[45] etc.

Tal constatação não possui conotação descritiva ou prescritiva, isto é, não se sus-

44. Retrato bastante ilustrativo dos efeitos psicológicos da atuação dos *headhunters* ou *executive recruiters* sobre os *officers* de grandes companhias, especificamente na área financeira, é descrito no relato autobiográfico de Frank Partnoy, Prof. da University of San Diego e ex-operador de derivativos do Morgan Stanley (F.I.A.S.C.O. — *Blood in the Water on Wall Street*, New York, W. W. Norton & Company, 1997).

45. A expectativa de um cargo mais vantajoso em outra empresa tende a conduzir um executivo a condutas destoantes dos interesses da sociedade que administra. Este é um problema clássico de *agency* e a menção a ele não é aleatória, mas visa exatamente a induzir a extensão do raciocínio ora desenvolvido, mesmo que em breve digressão, ao âmbito do setor público, especialmente no que tange à atuação de altos funcionários das chamadas agências governamentais. Com efeito, se, por um lado, a regulação de mercados através de agências tem o mérito da especialização da normatização de setores cuja dinâmica e peculiaridades técnicas encontravam-se fora do alcance do legislador ordinário tradicional, por outro, a aproximação entre reguladores e regulados, operada pela instalação das mencionadas agências, pode ensejar a criação de verdadeiros mercados de ex-funcionários destas agências, que após deixarem seus cargos, passariam a ser acirradamente disputados pelas empresas do setor regulado. É o que já ocorre, ordinariamente, com ex-funcionários do Banco Central. Não que no mero fato da contratação de ex-funcionários de agências reguladoras resida uma patologia em si. O problema estaria, sim, nas negociações preliminares a essa contratação, que, geralmente, tendem a se travar antes de o funcionário deixar a agência, o que pode ensejar a tomada de decisões que visem a favorecer sua futura empregadora. O problema de *agency* aqui apontado diz respeito a um potencial conflito de interesses entre o funcionário da agência reguladora e o interesse público a que esta deveria atender. Tal problema tem sido abordado, no âmbito do direito administrativo, pela chamada escola da *public choice*, que vem se dedicando à investigação das imperfeições das decisões econômicas tomadas pelo setor público.

tenta que a generalidade dos administradores ajam ou devam agir invariavelmente em interesse próprio. A constatação é aproximativa, ou seja, exprime uma tendência de conduta, que deve ser levada em consideração na regulação, tanto normativa quanto contratual, das relações de *agency*.[46]

Os problemas de *agency*, como se pode perceber, não são exclusividade das sociedades sujeitas a controle gerencial.[47] Entretanto, especificamente nessa situação de controle, a questão desperta maior preocupação, uma vez que, como visto, os próprios administradores adquirem o *status* de controladores, autoperpetuando-se na gestão e na definição de políticas estratégicas da sociedade, em virtude de sua intensa dispersão acionária que impossibilita o exercício efetivo do controle por qualquer dos *shareholders*.

Tendo em vista que as normas legais de balizamento da conduta dos administradores atingem apenas situações em que o conflito de interesses acarrete ou possa acarretar prejuízo à sociedade e tendo em vista que a problemática do *agency* diz respeito não apenas a tais situações, mas, também, a situações em que o *manager* simplesmente não atua visando à maximização de resultados para a sociedade (o que não significa necessariamente prejuízo, mas tão-somente redução de *performance*), recentes estudos, dentre os quais merece destaque o desenvolvido pelo American Law Institute,[48] vem apontando alternativas em termos de revisão da estrutura interna das sociedades anônimas, para a equacionalização do referido problema.

Tais estudos, desenvolvidos principalmente nos Estados Unidos, colocam em evidência a importância do *board of directors* (órgão correspondente ao conselho de administração, em nossa legislação societária) em sua função de monitoramento da atuação dos *officers* (diretoria) no atendimento aos interesses da sociedade e dos acionistas.

Com efeito, sustenta-se que ao *board*, caracterizado como "the link between the people who provide capital (the shareholders) and people who use that capital to create value (the managers)", cabe a tarefa de monitorar a administração da sociedade "on behalf of the shareholders".[49]

A referida tarefa de monitoramento desdobrar-se-ia, *grosso modo*, segundo os citados estudos, nas seguintes funções, atribuídas ao conselho de administração: (i) eleger, avaliar e, quando apropriado, substituir os diretores da companhia, bem como deliberar sobre sua remuneração; (ii) acompanhar a condução dos negócios da companhia, com vistas a avaliá-la sob os prismas do ganho do acionista, da observância

46. Tal constatação é observada, com precisão, pela Profa. Rachel Sztajn ao apontar que, "(...) sob o aspecto econômico, a busca do próprio interesse nas condutas humanas é admissível. Não se quer com isso dizer que o egoísmo absoluto seja desejável nem que deva ser premiado, mas sim que o interesse individual deve ser reconhecido e admitido, pois as pessoas reagem conforme os incentivos que lhes sejam oferecidos" (cf. Rachel Sztajn, "Notas de análise econômica: contratos e responsabilidade civil", in *RDM* 111/9). Da mesma forma, Cooter aduz que "the rational actor in economics treats law as an obstacle or an instrument, not a value (...). Wrongdoing often yields an immediate benefit and risks future punishment. In balancing these considerations, a rational person must discount punishment for futurity and uncertainty" (cf. Robert D. Cooter, *Models of morality in law and economics: self-control and self-improvement for the "bad man" of Holmes*, in John M. Olin Working Papers, p. 3).

47. Aliás, os problemas de *agency* também não se resumem ao âmbito da administração das sociedades anônimas, mas estendem-se a toda relação jurídica em que exista, na precisa definição de Clark, "a person who acts on behalf of another, his principal, within the scope of his authority to so act and, even when granted discretion in carrying out his agency, is subject to the principal's control" (cf. Robert Charles Clark, *Corporate Law*, p. 114).

48. O mencionado estudo é citado por diversos autores que se dedicaram ao tema da *corporate governance*, dentre eles, Kose John (in *Corporate Governance — A Packet of Readings*, p. 183). Entre nós, estudos semelhantes, embora ainda algo incipientes, vêm sendo realizados pelo Instituto Brasileiro de Governança Corporativa, que, recentemente, editou o "Código das Melhores Práticas de Governança Corporativa".

49. John, cit., p. 178.

da lei e de considerações éticas; (iii) rever periodicamente e aprovar os planos estratégicos de atuação da companhia.[50]

E, visando ao bom desempenho destas funções, recomenda-se, em primeiro lugar, a adoção de mecanismos internos que possibilitem um adequado fluxo de informações da diretoria ao *board*. A questão esbarra, evidentemente, no desinteresse e despreparo dos conselheiros e, de outro lado, na omissão dos *officers* em prestar informações.[51] Trata-se, contudo, de problema de política interna das sociedades, comportando, portanto, soluções neste mesmo nível, soluções, que, de qualquer sorte, tendem a ser estimuladas pela consagração de normas legais rígidas sobre a responsabilidade dos membros do *board* acerca dos negócios sociais. Tais normas tendem a estimular a busca por informações.

Além de uma adequada estrutura interna de fluxo de informações, outra questão recorrente, em termos de desempenho do conselho de administração em sua tarefa de monitoramento, refere-se à conveniência de membros da diretoria integrarem o conselho, situação facultada por nossa lei acionária (art. 143, § 1º) e bastante observada na prática (aliás, não só entre nós; em trabalho a respeito, Kose John, Prof. da NY University, aponta que, em 76% das grandes companhias norte-americanas, os cargos de CEO e *chairman* são ocupados pela mesma pessoa).[52]

A ocupação de uma cadeira no conselho de administração por diretor da companhia pode até chegar a ser benéfica, no sentido de propiciar uma maior aproximação entre esses órgãos. No entanto, na medida em que esse diretor ocupe a posição de presidente do conselho (*chairman*) certamente comprometerá o desempenho da função de monitoramento, o que se deduz a partir do elementar princípio de que ninguém pode monitorar a si mesmo. Tal situação cria um sério problema de *agency* dentro do próprio *board*.

Outras questões são usualmente apontadas como requisitos de independência e garantia de *performance* de monitoramento por parte dos conselhos de administração. Todavia, não se pretende aqui um estudo exaustivo destas condições, mas apenas enfatizar a importância que vem sendo dada ao *board* no monitoramento da diretoria nos casos de pulverização acionária, vale dizer, nos casos em que nenhum dos *shareholders*, individualmente, terá interesse suficiente em monitorar tal atuação.

Entretanto, embora as aludidas medidas tendam a colaborar para a configuração de uma estrutura de monitoramento decisório teoricamente eficiente, minimizando potenciais distorções decisórias no âmbito da diretoria, restará, ainda, a questão de vinculação dos interesses dos próprios membros do *board* aos interesses dos acionistas, na medida em que estes, pelas idênticas razões que os levam a se omitir na fiscalização dos *officers*, provavelmente omitir-se-ão também na fiscalização dos conselheiros de administração.

As soluções usualmente apontadas para a questão (que, reitere-se, não é solucionável apenas no âmbito das normas legais de responsabilidade dos administradores, normas que tendem a atingir tão-somente situações de patente conflito de interesses ou improbidade na administração) são de ordem estrutural e contratual e consubstanciam-se na vinculação da remuneração, tanto dos *officers* quanto dos conselheiros, ao desempenho da sociedade no sentido de

50. Idem, p. 183.

51. Um dos casos mais caricaturais de omissão do *board of directors* em grandes fracassos negociais ocorreu nos Estados Unidos. O fato envolveu a RJR Nabisco, cujo CEO, Tylee Wilson, despendeu cerca de US$ 68 milhões em um projeto de pesquisa de um novo produto sem comunicar seus objetivos ao *board*, que, por seu turno, também não se preocupou em inquirir tais objetivos. Após o fracasso da pesquisa, a única reação do *board*, além de demitir o CEO após o enorme prejuízo, resumiu-se na célebre frase de uma das conselheiras, Juanita Kreps: "why didn't you tell us about?". O caso é narrado no livro *Barbarians at the Gate — The Fall of RJR Nabisco*, de Bryan Burrough e John Helyar (New York, Harper Perenial, 1991).

52. John, cit., p. 189.

maximização dos resultados de sua atividade. Assim, a sistemática de atribuição de *bônus* ou opções de compra de ações a administradores serviria para fazer coincidir sua esfera de interesses com a esfera de interesses dos acionistas.

Em resumo conclusivo, a prevenção a refrações decisórias no âmbito da administração das sociedades anônimas, questão que, como já dito, adquire enorme relevância na hipótese de controle gerencial, embora não ocorra apenas nesta situação, dependerá da adoção conjunta de medidas que (i) minimizem a dissociação de interesses entre *managers* e acionistas[53] (*v.g.*, a utilização de opções como mecanismo remuneratório) e (ii) estruturem mecanismos de fluxo de informação e monitoramento interno minimamente adequados.

2.3.3 Refrações decisórias na situação de controle externo

O problema das refrações decisórias na hipótese de controle externo é questão de difícil solução, uma vez que o controlador externo visará sempre a maximização de seus resultados em sua relação com a sociedade controlada. Os interesses, de um lado, do controlador e, de outro, da sociedade controlada, tendem a ser, na hipótese, diametralmente conflitantes, notadamente nos casos em que o controle decorre de endividamento.

É forçoso admitir, *ab initio*, que não seria razoável exigir-se de um controlador externo que atue visando ao atendimento dos interesses dos acionistas da sociedade controlada. Assim, as regras de balizamento de sua conduta hão de ser, naturalmente, diversas das regras de balizamento da conduta do controlador interno, seja ele acionário ou gerencial.

Todavia, o poder que a situação de controle externo confere ao controlador no sentido de pressionar a administração da sociedade e seu acionista majoritário na condução da empresa controlada não pode, como já dito, ser tutelado apenas no âmbito da responsabilidade civil por perdas e danos, embora a própria lei acionária alemã, talvez a mais avançada no tratamento da matéria, ao normatizar a hipótese de "aproveitamento de influência sobre a sociedade", preveja apenas a possibilidade de ressarcimento pelo controlador externo de danos causados à sociedade controlada.

Uma tutela efetiva da matéria requereria uma série de medidas legais que atenuassem, em cada hipótese de controle externo, tendo em vista, inclusive, as peculiaridades de cada uma delas, a possibilidade de ocorrência de tais situações. A solução mais adequada estaria, portanto, a nosso juízo, em sede preventiva e não reparatória.

Tais medidas deveriam abranger uma reforma nos institutos da falência e da concordata, na linha dos modernos estudos sobre o instituto da "recuperação econômica da empresa", que possibilite a revisão da arcaica visão de que tais procedimentos centram-se na necessidade de satisfação dos credores da empresa em dificuldade (principalmente, dos maiores credores). Uma revisão de tais institutos com vistas a privilegiar o princípio da continuidade da empresa certamente atenuaria em grande parte o poder de pressão que enseja situações de controle externo.

Outras medidas necessárias residiriam em uma melhor regulamentação de certos contratos que, por sua estrutura econômica, viabilizam a ocorrência de subordinação empresarial, *v.g.*, os contratos de representação com cláusula de exclusividade, os contratos ditos "de bandeira", os contratos de *franchising*, dentre outros.

53. Em sede das discussões acerca da necessidade de alinhamento entre as esferas de interesse do *board of directors* com a esfera de interesse dos acionistas, chega-se a sustentar a necessidade de adoção de regra no sentido de que os *directors* tenham de ser, obrigatoriamente, acionistas, regra, como se sabe, adotada entre nós (art. 146 da Lei das S/A). Todavia, a questão é de todo irrelevante, uma vez que o requisito é facilmente contornável pela atribuição de uma única ação à pessoa que se deseja no conselho de administração.

Foge aos objetivos deste trabalho a análise dos mecanismos de prevenção à ocorrência de subordinação empresarial. O que se busca demonstrar é tão-somente a necessidade de tal prevenção, uma vez que, configurada a subordinação, não há mecanismos efetivos para a correção das refrações decisórias dela decorrentes.

Para a solução do problema da refração decisória em situações de controle externo, em conclusão, o direito societário terá de se servir de outros ramos do direito, em especial, do direito falimentar e do direito contratual.

2.4 O problema das refrações decisórias intrasocietárias no perfil das sociedades anônimas abertas brasileiras. Análise crítica dos mecanismos da vigente lei acionária para sua correção

Analisadas (i) a tipologia das formas de configuração do controle empresarial (item 2.2, *supra*) e (ii) a intensidade e natureza das refrações decisórias intrasocietárias em cada uma delas (item 2.3, *supra*), procuraremos, neste item, transpor tais considerações a uma análise do perfil acionário das companhias abertas brasileiras, de modo a constatar a adequação dos mecanismos previstos na vigente lei acionária na correção de tais refrações decisórias, da maneira e na intensidade que se apresentam em nossas companhias.

A partir de um levantamento realizado na segunda metade da década de 80 pela Superintendência de Projetos e Estudos Econômicos da Comissão de Valores Mobiliários, referente à estrutura acionária de 456 companhias abertas brasileiras, conclui-se que, na média destas companhias, o controle se configura mediante a propriedade de 69,8% das ações votantes. Em 18,64% das companhias, o controle é exercido mediante a propriedade de 90% a 100% das ações votantes, enquanto, em apenas 15,13% das companhias, o controle efetiva-se mediante a propriedade de menos de 50% do capital votante. Em nenhuma companhia o controle chega a ser exercido com menos de 10% das ações com direito a voto.[54]

Assim, *grosso modo*, analisando os dados de concentração acionária nas companhias abertas brasileiras, seria lícito concluir que cerca de 15% das mesmas apresentam situação de controle minoritário (ou, mais propriamente, controle majoritário eventual), enquanto os 85% restantes apresentam situação de controle majoritário estável, não havendo casos de controle gerencial.

Embora o mencionado levantamento date de mais de dez anos atrás, dificilmente uma pesquisa feita na data de hoje conduziria a resultados diversos. Como se disse, demonstrar estatisticamente dados referentes à concentração acionária das empresas brasileiras implica apenas apresentar um bom domínio do óbvio.

Com efeito, a cultura empresarial em nosso país, crítica talvez extensível à cultura empresarial latina de modo geral, ainda é centralizada na figura do "dono" da empresa, que, inobstante as vantagens, em termos de desenvolvimento econômico, apresentadas pela captação de recursos via pulverização acionária, dificilmente se vê disposto a abrir mão das ações que lhe asseguram, de modo estável, o poder de controle sobre *sua* empresa.

O perfil da sociedade anônima brasileira encontra-se, portanto, distante de um perfil institucional, por força do qual a empresa seria subtraída a qualquer vínculo dominial com os detentores do capital, aproximando-se, "até a confusão, de uma espécie de fundação-lucrativa", na eloqüente expressão de Comparato.[55]

Motivos culturais levam o empresário a procurar o financiamento bancário em detrimento do financiamento acionário, preferindo sujeitar-se à possibilidade de ter de

54. Cf. Eizirik, cit., p. 105.
55. Cf. *O Poder*, cit., p. 54.

submeter-se a um controle externo de seus credores do que a uma desestabilização imediata de seu controle acionário via pulverização.

As decorrências desta observação, no enfoque do presente estudo, foram antecipadas no item 2.3.1, *supra*.

Naquele item, verificou-se que, na hipótese em que o poder de controle é mantido com parcela substancial do capital, as decisões do controlador dificilmente tenderão a uma direção que não vise à maximização de resultados no emprego deste capital, já que tais resultados beneficiarão diretamente sua esfera patrimonial, não só em termos de distribuição de dividendos, mas, principalmente, em termos de maximização do valor de mercado do bloco das ações de controle. Disto decorre que a refração decisória tende a ser mínima nas hipóteses de controle acionário, tanto no plano da conduta do controlador, como na dos órgãos de administração, que, como visto, nesta modalidade de controle, tendem a ser extensões operacionais da vontade do controlador,[56] salvo nas hipóteses de conflito entre ambos ou de corrupção interna, estranhas ao objeto deste trabalho.

Assim, no perfil das empresas brasileiras, as refrações decisórias intrasocietárias tendem a centralizar-se não em questões de performance da atividade (já que a qualidade na *performance*, em tese, interessa tanto aos minoritários quanto ao controlador, na medida em que este detenha parcela substancial do capital), mas em questões referentes a distribuição de resultados, questões que encontram particular agravante em virtude da consagração, em nosso sistema societário, do instituto das ações preferenciais sem direito a voto.

De qualquer sorte, a vigente lei acionária prevê mecanismos de correção de refrações decisórias tanto no plano das questões de *performance* (maximização de resultados no emprego do capital), quanto no plano das questões de distribuição de resultados.

No primeiro plano apontado, i.e., no que diz respeito à garantia de adstrição da conduta do controlador acionário e de seus braços operacionais, os administradores, à maximização de resultados no emprego do capital da empresa e, portanto, à repressão a situações de conflito de interesses, a lei confere aos acionistas alheios ao controle diversos mecanismos de que estes podem se valer, destacando-se os previstos nos arts. 109, III; 111, §§ 1º e 2º; 115, *caput* e §§ 3º e 4º; 116, parágrafo único; 117, § 1º, *a*, *b*, *d*, *f*, *g*, *h*; 153; 154; 155 e 156.

No segundo plano, i.e., no que diz respeito a questões de distribuição de resultados, a lei prevê, igualmente, diversos mecanismos como aqueles inseridos nos arts. 17; 18; 111, § 1º; 198; 202; 203 e 205.

Os mecanismos legais conferidos aos acionistas não controladores no que tange à reparação de danos à sociedade decorrentes da conduta do controlador e dos administradores, ajam eles ou não com conflito de interesses, bem como à questão da distribuição de dividendos, parecem ser suficientemente amplos para abranger praticamente todas as condutas repreensíveis em termos de exercício do poder de controle.

O problema da efetividade de tais normas reside, portanto, não propriamente em seu conteúdo, mas na forma prevista para a operacionalização dos remédios nela previstos.

Independentemente das críticas naturalmente veiculáveis à limitação à legitimidade para a propositura da ação de responsabilidade *uti singule* (art. 159, § 4º) e ao cinismo legislativo da ação *uti universe* (art. 159, *caput*), cuja propositura depende de deliberação assemblear (vale dizer, da von-

56. Referimo-nos aos dois níveis de administração da companhia, já que, mesmo com a adoção do voto múltiplo (art. 141), ao controlador sempre será assegurada a eleição da maioria dos membros do conselho de administração, que, por seu turno, conseqüentemente, elegerão, para a diretoria, pessoas indicadas pelo acionista controlador.

tade do controlador em demandar contra os administradores que ele mesmo indicou), críticas às quais nos furtaremos por sua obviedade, há de ser tecida uma crítica ampla à própria lógica do sistema de correção a refrações decisórias previsto na Lei das Sociedades por Ações.

Com efeito, a essência do problema da efetividade das normas ora analisadas, a nosso ver, encontra-se no simples fato de que lei prevê apenas remédios judiciais para sua operacionalização.

Além do evidente despreparo do Judiciário no que diz respeito a questões societárias, a centralização do sistema de correção de refrações decisórias em remédios judiciais, dado o princípio da inércia da jurisdição, pressupõe que o acionista não controlador, que, em geral, apresenta perfil de investidor, desinteressado, portanto, dos negócios sociais, arque com o ônus e com os custos de provocar o Judiciário para corrigir eventual situação de distorção decisória.

Tal pressuposição, em termos econômicos, não se apresenta razoável. A questão é bastante simples. Um acionista minoritário que supostamente tomasse a iniciativa de litigar contra o controlador ou administrador de uma sociedade, com vistas a buscar ressarcimento de lesão provocada ao patrimônio social pela conduta destes, criaria claramente um situação de *free ride* em relação aos demais minoritários, i.e., uma situação de concentração de custos e desgaste na pessoa do minoritário que vai a juízo e uma dispersão de eventuais benefícios deste litígio entre todos os acionistas.

Esta situação econômica de concentração de custos e dispersão de benefícios (classicamente, uma situação de *externalidade*) é suficiente para inibir a aplicação judicial das normas tendentes a balizar a conduta do acionista controlador e dos administradores da sociedade. Vê-se, portanto, que a efetividade de tais normas resta comprometida pela questão de seus custos de aplicação, questão que não se resume à vultosidade destes custos, mas ao apontado problema, mais sério, de sua alocação.

A aduzida observação se impõe não só no que tange à atuação dos minoritários em juízo, mas, também, à sua atuação na própria atividade de monitoramento da conduta do controlador e da administração. A situação é apontada por Black: "Each shareholder owns a small fraction of a company's stock, and thus receives only a fraction of the benefits of monitoring, but must bear the full cost of its own monitoring efforts".[57]

Tal crítica, de ordem sistêmica, impõe a necessidade de revisão do próprio modelo de *enforcement* adotado pela lei societária brasileira, principalmente se se pretende, no Brasil, um desenvolvimento em termos de mercado de capitais, uma vez que, quanto maior for a pulverização acionária, mais dispersos serão os benefícios da atuação de um minoritário em juízo e, portanto, maior será o desestímulo a essa atuação.

2.5 Modelos alternativos de correção de refrações decisórias intrasocietárias

2.5.1 Modelo de centralização da tutela dos interesses dos acionistas não controladores em agência reguladora

A situação aduzida no item anterior, que aponta para o natural desestímulo econômico à atuação dos minoritários em juízo no sentido de buscar a vinculação da orientação empresarial imprimida pelo controlador aos interesses de maximização de resultados na atividade da sociedade, é ínsita a qualquer hipótese fática em que o interesse em jogo seja um interesse de titularidade dispersa.

Como se disse, a dispersão da titularidade de um interesse implica na dispersão dos benefícios (*free ride*) de eventual atua-

57. Bernard Black, "Institutional investors and corporate governance: the case for institutional voice", in *Studies in International Corporate Finance and Governance Systems*, p. 160.

ção que vise à preservação do mesmo, atuação que, por isso, tende a não se concretizar se houver concentração de custos.

Essa situação (econômica) não é estranha ao direito nem diz respeito exclusivamente à problemática das companhias abertas.

Com efeito, a ciência jurídica identificou, modernamente, a existência dos denominados interesses difusos, nos quais a situação de dispersão de titularidade atinge seu grau máximo, a ponto de admitir-se que tais direitos sejam de titularidade indeterminada.[58]

A tutela em juízo de direitos com tal característica depende da sistemática da substituição processual, conferindo-se legitimidade ativa, por exemplo, a organizações civis representativas de tais interesses, a órgãos ligados à Administração Pública ou ao próprio Ministério Público. Esta, a sistemática adotada, entre nós, *v.g.*, para a tutela dos interesses dos consumidores e dos interesses ligados ao meio ambiente.

Ao mecanismo da substituição processual soma-se, na proteção dos aludidos interesses de titularidade dispersa, a instituição de órgãos administrativos com competência regulamentar e sancionatória que atuarão no sentido de sua preservação. São exemplos de tais órgãos o Conselho Administrativo de Defesa Econômica, no caso do direito concorrencial, os PROCONs, no caso do direito do consumidor etc.

Estas duas linhas de solução (substituição processual e criação de órgãos administrativos regulamentares e sancionatórios) tendem a criar centros de gravidade para interesses que de outra forma permaneceriam dispersos.

Esta linha de considerações poderia conduzir à conclusão de que os interesses dos acionistas não controladores de companhias abertas, que apresentam um grau de dispersão de titularidade limitado, porém suficiente para criar a situação de desestímulo acima aduzida, deveriam ser objeto de tutela semelhante por parte da Comissão de Valores Mobiliários.

Em um primeiro momento, poderia parecer que o legislador chegou a atentar para isso. O inc. V do art. 8º da lei que institui a CVM (Lei 6.385/76) confere a essa autarquia competência para "fiscalizar e inspecionar as companhias abertas, dada prioridade às que não apresentem lucro em balanço ou às que deixem de pagar o dividendo mínimo obrigatório". A segunda parte do dispositivo parece evidenciar a atribuição da CVM no sentido de tutelar os interesses dos acionistas alheios ao controle.

Contudo, as atribuições da entidade restringem-se, basicamente, à fiscalização da qualidade das informações prestadas pela companhia ao mercado e da regularidade dos processos de emissão de títulos, não sendo-lhe dado, por exemplo, impor sanções ao controlador ou à administração da companhia, mesmo em hipóteses de clara refração decisória, i.e., de claro afastamento entre a orientação empresarial por eles imprimida e os fins a que tal orientação deveria visar, nos planos intra e extrasocietário.

Pelo perfil de suas atribuições, a atuação da CVM no âmbito das companhias abertas tende a ser meramente episódica, visando tão-somente a criar condições para que os acionistas minoritários obtenham informações precisas a respeito da companhia em que investiram seu dinheiro e dos resultados obtidos por ela, não havendo, portanto, pretensão de substitutividade na tutela dos interesses desses acionistas, como ocorre no âmbito dos interesses difusos.

Resta saber se tal substitutividade seria desejável como forma de superação das inoperalidades do modelo de *enforcement* adotado pela lei acionária.

A questão, desnecessário dizer, é bastante intrincada.

Embora possa parecer atraente a alternativa de se atribuir à CVM ou a qualquer outra agência reguladora especializa-

58. Cf. art. 81 da Lei 8.078/90.

da competência para, por exemplo, propor em juízo, em substituição processual aos minoritários de uma companhia, ação de responsabilidade em face do controlador ou administrador da mesma, ou mesmo para instaurar, *ex officio*, inquérito e processo administrativo para imposição de sanções nessa esfera, a adoção de tal modelo requereria um enorme amadurecimento institucional, que esbarraria, em primeiro lugar, na insistência, inclusive doutrinária, em atribuir-se aos conflitos intrasocietários caráter privado.

Mas mesmo que se admita o caráter público dos interesses intrasocietários nas companhias abertas, sujeitar a tutela de tais interesses a uma agência reguladora significa conviver diariamente com os riscos decorrentes do *estímulo burocrático* que parece permear a cultura dessas agências, estímulo que tende a gerar uma situação de excesso de regulação.

A situação de *over-regulation*, por sua vez, tende, como aponta Teubner,[59] a criar uma situação de indiferença recíproca entre o sistema regulado e o sistema regulador, na medida em que este impõe àquele uma lógica que não lhe é própria. Esta potencial indiferença se agrava sobremaneira quando se trata da regulação da conduta de agentes (controladores e administradores) cuja atuação sempre esteve alheia a interferências, em função da proteção que lhe confere a chamada *business judgment rule*.[60]

De qualquer sorte, a alternativa, em seus aspectos positivos e negativos, é merecedora de alguma atenção, principalmente porque uma agência reguladora com âmbito de competência mais abrangente, no sentido acima descrito, poderia constituir um centro de gravidade em torno do qual se agregariam não só os interesses dispersos de acionistas não controladores, mas também interesses extrasocietários (interesses da coletividade na qual se insere a empresa), os quais, como se verá, apresentam grande dificuldades de *enforcement*, mesmo no plano meramente analítico.

2.5.2 O modelo da *institutional voice*

2.5.2.1 Descrição do modelo — Partindo da mesma premissa aqui adotada, de que a passividade dos acionistas não controladores decorre, ao menos sob o ponto de vista econômico, de uma situação de concentração de custos de monitoramento (ou atuação judicial) em um único acionista ou grupo de acionistas e dispersão dos benefícios daí decorrentes entre todos os acionistas (ou até mesmo, entre todos os *stakeholders* da empresa), Bernard Black, Prof. da Columbia Law School, propôs, em recente trabalho,[61] um modelo de *governance*, que denominou *institutional voice*, com vistas exatamente a superar a descrita situação de passividade decorrente da dispersão acionária.

O citado modelo baseia-se em uma pressuposição de que os chamados investidores institucionais, desde que adequadamente incentivados[62] a deter participações

59. Gunter Teubner, "Juridificação — Noção, características, limites, solução", in *Revista Direito e Economia* 14/17.

60. Cf., a respeito da questão da *business judgment rule*, Clark, cit., p. 123.

61. Cf. ob. cit.

62. Aponta o autor, como fator de inibição à adoção do modelo, o desestímulo causado pela legislação norte-americana, crítica, em certa medida, extensível ao caso brasileiro, à conservação, por parte de investidores institucionais, de participações consideráveis nas companhias abertas. Sumariando tais "barreiras legais", aduz o autor: "Banks, insurers and mutual funds face legal limits on their ability to hold large percentage stakes: banks and insurers are limited in their ability to own equity at all; banks are kept small by interstate banking restrictions; pension funds are encouraged by law to take diversification to ridiculous extremes. Active 5% shareholders must file a disclosure form under section 13(d) of the Securities Exchange Act. A 10% shareholder is subject to shortswing profit forfeiture under Exchange Act section 16(b). An influential shareholder may be considered a control person with severe consequences under security, bankruptcy and other laws" (cit., p. 163). Dentre as críticas apresentadas, há de

consideráveis nas companhias em que se propõem a investir, estariam aptos a "superar os incentivos à passividade",[63] tornando-se acionistas influentes que exerceriam relevante papel de monitoramento da administração dessas companhias.

Para exercer o papel acima descrito, sustenta o mencionado autor que os investidores institucionais deveriam deter parcelas próximas a 5% do capital da companhia, sem que tal participação supere em muito a casa dos 10%.

O modelo proposto ocuparia, portanto, uma posição intermediária entre a situação de completa pulverização, em um extremo, e a situação de *institutional control* (controle exercido pelo próprio investidor institucional), em outro, de modo que "a half-dozen institutions can collectively influence major corporate actions (...), but any one institution can't do much on its own".[64]

Trata-se de um modelo, portanto, de divisão de poder tanto entre controladores e investidores institucionais, como entre investidores institucionais entre si.

2.5.2.2 Adequação ao caso brasileiro — A adequação do modelo acima descrito ao caso brasileiro passa pela análise de duas questões.

A primeira refere-se a um questionamento elementar: o perfil acionário das companhias abertas brasileiras, por sua nítida tendência à concentração, permite que acionistas minoritários, individualmente, detenham participações próximas à apontada por Black como ideal para a caracterização daquilo que denomina *influential shareholders*. Por que, então, acionistas minoritários nestas condições não estariam aptos a exercer tal papel no lugar dos investidores institucionais? O que justificaria a necessidade de atuação deste tipo de investidores?

A resposta é, da mesma forma, elementar.

Um investidor individual, seja ele pessoa natural ou jurídica, que detenha participação de 5% no capital de uma companhia aberta (e que, portanto, dificilmente, deterá participação semelhante em mais companhias) continuará tendo de arcar com a concentração de custos de monitoramento desta companhia, enquanto os benefícios desta prática dispersar-se-ão entre todos os demais *stakeholders*.

Um investidor institucional, por sua vez, tem condições de deter participações consideráveis em diversas companhias, o que lhe confere condições de criar verdadeira economia de escala na atividade de monitoramento, na medida em que a estrutura de fiscalização e análise de resultados necessária a este monitoramento será utilizada para exercê-lo em diversas companhias ao mesmo tempo. Ainda, portanto, que permaneça a dispersão de benefícios do monitoramento, os custos do mesmo, ainda que concentrados, renderão melhores resultados, quantitativa e qualitativamente.

A segunda questão diria respeito a um já apontado aspecto da cultura empresarial brasileira: Por que razão o controlador de uma companhia aberta, que, normalmente,

ser assimilada por nosso legislador aquela atinente ao estímulo (entre nós, obrigatoriedade) de excessiva diversificação em determinados fundos. No Brasil, a questão apresenta-se de forma mais preocupante, uma vez que as normas concernentes à diversificação do portfólio dos fundos em nada parecem se basear em critérios atuariais (os únicos que justificariam exigências de tal ordem), mas em conveniência política de direcionar os recursos destes fundos à aquisição de certos títulos, em especial títulos da dívida pública. É verdade que a diversificação de portfólio (leia-se: diluição de risco de perda de capital) é requisito de segurança aos investimentos de fundos. Todavia, é injustificável a exigência de uma "hiperdiversificação", uma vez que, segundo aponta o mencionado autor, "about 95% of the risk redution benefits of diversification are captured if an investor owns 20 stoks; about 99% of the benefits are captured if the investor owns 100 stoks. The institutions don't need to hyperdiversify — to hold a thousand or more 'names' in their portfolios — as many do today" (Black, cit., p. 160).

63. Diz o mencionado Prof.: "According to the new 'political' theory, institutional investors could overcome the incentives for passivity (...). They could become influential shareholders and monitor corporate managers" (Black, cit., p. 160).

64. Idem, p. 162.

não dá voz aos acionistas minoritários, detenham eles 5%, 10% ou 20% do capital da empresa, sujeitar-se-ia à ingerência de um investidor institucional?

A resposta parece, mais uma vez, óbvia. A companhia aberta possui grande parte dos títulos representativos de seu capital dispersa no mercado de valores mobiliários (mesmo que a dispersão se limite às ações não votantes). Se um investidor institucional adquire parte razoável do capital disperso de determinada companhia, passará a ser, automaticamente, uma referência ao mercado em relação àquela companhia. Caso se descontente, então, com a orientação imprimida pela administração e retire seus investimentos daquela companhia, o investidor em questão dará um sinal qualitativo negativo ao mercado em relação a ela, provocando provavelmente uma situação de saídas simultâneas, acarretando, destarte, excesso de oferta das ações da referida sociedade e conseqüente queda no valor de mercado destas ações, perda de valor que se estenderia, inclusive, às ações que compõem o bloco de controle. Por esta razão, i.e., pelo fato de mudanças de posição dos investidores institucionais constituírem sinais qualitativos ao mercado, o controlador da companhia, para resguardo de seus próprios interesses, dará voz a esse investidor na condução da empresa.

Além das duas questões suscitadas, uma terceira poderia ser levantada: que segurança teriam os demais investidores da empresa de que o investidor institucional, no exercício de seu papel de *influential shareholder*, atuaria no sentido de manter a orientação dada à empresa no rumo na maximização dos resultados no emprego do capital?

A resposta seria, em princípio, simples: A garantia estaria no fato de que os interesses representados pelos investidores institucionais são, usualmente, *long term interests*,[65] tendendo, portanto, tais investidores a não buscarem resultados positivos decorrentes de oscilações do valor de mercado de suas participações, mas resultados de efetivo acréscimo de valor a estas participações.

Todavia, o simplismo desta resposta ignora que há potenciais problemas de *agency* também no âmbito interno da administração dos próprios fundos dos investidores institucionais. Tal problema é, em certa medida, solucionável com a vinculação da remuneração dos administradores de fundo aos ganhos de capital de seu portfólio.

O modelo parece, pois, de todo adequado ao caso brasileiro, ainda que tenha sido forjado com vista a padrões de dispersão acionária diversos do padrão vigente em nossa estrutura empresarial.

Entretanto, a incipiência de nosso mercado de capitais ainda é um fator de inibição à atuação, tal qual descrita acima, de grandes investidores institucionais em nosso país, cujas características ainda exercem mais atratividade sobre capitais internacionais voláteis do que sobre investimentos a longo prazo.

Assim, a instituição de um modelo de adequada gestão empresarial no Brasil, vale dizer, um modelo com menor índice de refrações decisórias, passa, necessariamente, por medidas de política econômica que visem ao desenvolvimento de nosso mercado de capitais.

65. Grandes investidores institucionais, ao elaborarem seus *codes of best pratices* para as companhias que buscam seus investimentos, elencam a *long-term strategic vision* como requisito essencial à administração da companhia para que o investimento se efetive. O conhecido CalPERS (*California Public Employees' Retirement System*), maior fundo de pensão do mundo, que gera ativos no valor de mais de US$ 100 bilhões sugere, em seus *global principles for corporate governance*: "Corporate directors and management should have a long-term strategic vision which at its core emphasizes sustained shareholder value. Although different shareholders utilize different investment strategies and tactics, with differing investment horizons, investors should encourage corporate management to resist short-term behavior by supporting management at critical junctures and rewarding companies that successfully produce long-term superior returns".

Os modelos teóricos que analisam o desenvolvimento de mercado de capitais ainda constituem matéria bastante controvertida entre os economistas. Desde a superação do modelo traçado por Modigliani e Miller, em 1958, que propunham uma simplista relação direta entre o grau de desenvolvimento do mercado de capitais e o PIB do país que abrigava tal mercado (relação que ignorava, entre outras coisas, a bifurcação no retorno da renda ao processo produtivo, que se dá tanto via mercado de capitais, como via mercado financeiro, conceito elementar da teoria do fluxo circular de renda), os economistas apontam as mais diversas variáveis como determinantes do desenvolvimento de um mercado de capitais.

Merece menção o recentíssimo trabalho de Burki e Perry,[66] que identificaram, através de estudos estatísticos abrangendo diversos países em diversos graus de desenvolvimento, como variáveis determinantes do desenvolvimento dos mercados de capitais nos países analisados, fatores como eficiência dos mecanismos jurídicos vigentes à proteção de direitos de credores, eficiência do poder judiciário, nível de corrupção, padrões contábeis vigentes, eficiência da estrutura legal de proteção aos acionistas minoritários, entre outros.

Note-se, portanto, que, segundo o modelo de Burki e Perry, a existência de mecanismos efetivos de tutela dos interesses de acionistas minoritários é pressuposto do desenvolvimento do mercado de capitais, enquanto que, segundo a transposição do modelo de Black ao caso brasileiro, o desenvolvimento do mercado de capitais é condição essencial para a atuação dos investidores institucionais no sentido da implementação do modelo da *institutional voice*, que parece ser o mais adequado à tutela dos interesses dos acionistas não controladores.

66. Shahid Javed Burki e Guillermo E. Perry, *Beyond the Washington Consensus — Institutions Matter*, 1999.

A relação, pois, entre desenvolvimento do mercado de capitais e o desenvolvimento do mecanismo de tutela dos acionistas minoritários é uma relação de *causa e efeito recíproca* e, como tal, deverá ser encarada pelo legislador e pelos responsáveis pelo planejamento de nossa política econômica.

Analisadas as questões referentes às distorções decisório-empresariais no plano intrasocietário (nas diversas formas de configuração da situação de controle, com especial ênfase à situação típica do perfil acionário brasileiro, qual seja, a situação de controle majoritário estável com concomitante dispersão de ações preferenciais), passamos ao estudo das possíveis distorções no plano extrasocietário, vale dizer, das refrações decisórias que tendem a afastar a orientação da atividade da empresa dos interesses da coletividade na qual se insere.

3. Refrações decisórias no plano extrasocietário. O princípio da função social da propriedade e sua aplicabilidade no plano empresarial

3.1 Algumas considerações preliminares

Como se disse acima, a conduta decisória do controlador de uma empresa, qualquer que seja a forma de configuração da situação de controle, deve orientar-se não apenas no sentido de sua adstrição aos interesses dos proprietários do capital alheios ao controle (plano intrasocietário), mas, também e primordialmente, aos interesses da coletividade na qual se insere a empresa (plano extrasocietário), por força da consagração, tanto no plano constitucional como no plano ordinário, do princípio da função social da propriedade.[67]

67. Não se admite aqui que todos os interesses extrasocietários que gravitam em torno de uma companhia remetam ou devam remeter ao princípio da função social da propriedade. Entretanto, em virtude da indeterminação do aludido princípio, parece-nos lícito, ainda que algo atecnicamente, abarcar todos os interesses a que nos referimos sob sua rubrica.

O aludido princípio, e aqui requeremos vênia para apontar algumas necessárias obviedades, é encarado com elegante indiferença por parte dos juristas, porque, afinal, o legislador não se preocupou em conferir contornos de maior precisão ao princípio, e, por parte dos empresários, em virtude do caráter dominial que orienta, até hoje, a cultura empresarial latina, no âmbito da qual prevalece a insistência na admissão da intangibilidade da relação de pertinência controlador/empresa.

Entretanto, não nos é lícito ignorar um princípio constitucional vigente, que, ademais, é fruto da evolução histórica do instituto da propriedade privada dos bens de produção, que, em seu aspecto funcional,[68] deixou de justificar-se simplesmente "como modo de proteger o indivíduo e sua família contra as necessidades materiais, ou seja, como forma de prover à sua subsistência",[69] passando a justificar-se, na acepção pós-liberal, como instrumento de consecução do desenvolvimento econômico e social.

Ignorar o princípio é, desta forma, comprometer a própria evolução representada pela superação do modelo liberal de Estado.

3.2 O conteúdo do princípio e o problema de sua indeterminação

O problema da aludida indeterminação do princípio da função social da propriedade apresenta-se desde o delineamento de seus contornos teóricos mais elementares.

Em primeiro lugar, como lembra Comparato, "quando se fala em função social da propriedade não se indicam as restrições ao uso e gozo dos bens próprios".[70] Tais restrições, concernentes aos limites negativos do direito de propriedade, decorrem do secular princípio *neminem laedere* e em nada dizem respeito à revisão do conceito de propriedade operada pela consagração de sua função social.

Assim, é inadmissível, a não ser no plano retórico, a justificação de medidas restritivas pelo princípio da função social da propriedade, como ocorreu por ocasião da adoção, na cidade de São Paulo, do rodízio de automóveis.

O princípio ora analisado não vem, com efeito, somar-se ou sobrepor-se às limitações naturais ao instituto da propriedade privada, mas, sim, operar verdadeira reformulação desse instituto, afastando-o de sua concepção de direito subjetivo e atribuindo-lhe uma conotação de poder-dever,[71] i.e., situação jurídica ativa cujo exercício deve atender a interesses que não são (ou não são exclusivamente) os de seu titular, mas, sim, a interesses aos quais, previamente, o legislador vincula o exercício desse poder.[72]

Destarte, o feixe de prerrogativas atribuídas ao titular da propriedade,[73] assim

68. O desenvolvimento da chamada análise funcional do direito, extraordinária contribuição de Karl Renner à ciência jurídica, através de sua clássica monografia *Die soziale Funktion der Rechsinstitute*, chamou a atenção dos juristas, já no início deste século, para a óbvia constatação de que a análise dos institutos jurídicos não pode prescindir da apreensão de sua finalidade (função) no plano sócio-econômico, vale dizer, do fundo teleológico em que se baseia a sua existência. Prescindir de tal abordagem significa, no limite, condenar direito e realidade a uma inadmissível situação de impermeabilidade, que constitui o primeiro passo para a ineficiência das normas jurídicas que visam a regular esta realidade.

69. Fábio Konder Comparato, "Função social da propriedade dos bens de produção", in *Direito Empresarial — Estudos e Pareceres*, p. 30.

70. Idem, p. 32.

71. Ibidem.

72. Assim ocorre, por exemplo, com pátrio poder, com o poder do curador sobre o curatelado etc.

73. Não se trata aqui de qualquer espécie de propriedade, mas tão-somente da propriedade dos bens de produção, uma vez que os bens de consumo não se vocacionam à função social, na medida em que sua utilização e as decisões acerca desta utilização têm reflexos apenas na esfera de interesses de seu titular e não na esfera de interesses da coletividade. Apenas os bens de produção, cuja propriedade confere a seu titular o poder de influenciar na determinação do fluxo qualitativo e quantitativo de bens e serviços a serem oferecidos à sociedade, gozam de relevância sócio-econômica apta a justificar a socialização de sua função.

como o feixe de prerrogativas atribuídas ao titular do pátrio poder, por exemplo, não pode, licitamente, ser utilizado no interesse exclusivo de seu titular, mas deve atender, primordialmente, aos interesses aos quais o ordenamento jurídico vincula o exercício destas prerrogativas. No caso da propriedade privada, a adoção do princípio da função social vincula o exercício de suas prerrogativas aos interesses da coletividade.

A noção de poder-dever é, portanto, essencialmente positiva. Não basta ao titular do pátrio poder agir no sentido de não lesar as pessoas sujeitas ao seu poder, devendo, sim, agir, ao exercer suas prerrogativas, no interesse destas pessoas. Da mesma forma, não basta ao titular do direito de propriedade agir de forma a não lesar os interesses da coletividade, devendo, sim, agir em atendimento aos interesses desta coletividade.

No plano da propriedade produtiva organizada sob forma de sociedade anônima, os deveres atribuídos ao proprietário transferem-se (se não em virtude da própria natureza das coisas, ao menos em virtude do disposto no art. 116, parágrafo único da Lei das S/A) ao controlador da empresa e a seus braços operacionais, os administradores (art. 154).

Estes, os contornos teóricos do princípio da função social da propriedade, cuja identificação, contudo, não resolve o problema de seu alcance, vale dizer, do conteúdo dos deveres (positivos) dele decorrentes.

A indeterminação do conteúdo destes deveres não é privilégio do ordenamento brasileiro. A própria Constituição de Weimar, pioneira na positivação do estudado princípio, consagrou-o de forma genérica, sem precisar seu alcance, fórmula mantida, ademais, pela Constituição alemã de 1949.[74]

Embora o direito brasileiro, e esse mérito deve ser reconhecido, tenha fugido a essa indeterminação no que tange à propriedade imobiliária, vez que, em dois dispositivos de nossa Constituição,[75] a função social desta propriedade é encarada a partir de uma perspectiva ativa e determinada, impondo-se uma adequada utilização destes bens em proveito dos interesses da coletividade e cominando-se sanções ao descumprimento do preceito, sanções estas cuja aplicação, como bem observa Comparato, constitui "autêntico dever imposto ao Estado, sob pena de inconstitucionalidade por omissão administrativa",[76] o princípio, no plano empresarial é, entre nós, adotado de forma vaga e indefinida.

Tal indeterminação, antes de constituir um demérito técnico do legislador, constitui um demérito político.

A vinculação das decisões empresariais aos interesses da coletividade pressupõe, evidentemente, a exata definição normativa desses interesses, tarefa imposta ao Estado pelo art. 174 da Constituição.[77]

Entretanto, em uma patente situação de inconstitucionalidade por omissão, as leis que deveriam abrigar o planejamento econômico, i.e., as diretrizes que deveriam orientar a atividade econômica no sentido do desenvolvimento nacional, reduziramse, entre nós, a "um programa de boas in-

74. Diz o texto alemão: "Eigentum verpflichtet. Sein Gebrauch soll augleich dem Wohle der Allgemeinheit dienen".

75. Os arts. 182 e 186, fixam, respectivamente, os requisitos necessários ao cumprimento da função social da propriedade imobiliária urbana e rural, cominando sanções para o descumprimento destes requisitos, a saber, o parcelamento ou edificação compulsórios, a imposição de imposto territorial progressivo no tempo e desapropriação com pagamento mediante títulos da dívida pública (no caso da propriedade urbana) e a desapropriação para fins de reforma agrária (no caso da propriedade rural).

76. Fábio Konder Comparato, "Estado, empresa e função social", in *RT* 732/43, out. 1996.

77. Reza o mencionado dispositivo: "Art. 174. Como agente normativo e regulador da atividade econômica, o Estado exercerá, na forma da lei, as funções de fiscalização, incentivo e planejamento, sendo este determinante para o setor público e indicativo para o setor privado".

tenções para fins de autopropaganda governamental".[78]

Persistindo a omissão na tarefa que incumbe ao Estado no sentido de planificar a atividade econômica, não há, tecnicamente, deveres jurídicos positivos imponíveis ao controlador empresarial no sentido de adstrição de suas decisões ao interesse da coletividade. Há, apenas, os deveres negativos, que, como se disse, são meras decorrências do princípio *neminem laedere*, cuja inobservância é coibida pelo simples recurso ao art. 159 da lei civil.

E, se é incontornável a conclusão de que não há deveres positivos imponíveis ao controlador empresarial por força do princípio da função social da propriedade, não há de se falar, ao menos enquanto persistir a omissão política no que tange ao planejamento econômico, da criação de mecanismos de correção de refrações decisórias extrasocietárias, uma vez que sequer há referências para a identificação destas refrações.

3.3 Mecanismos indutivos à observância do princípio da função social da propriedade

Inobstante a impossibilidade de identificação normativa daquilo que seja o interesse da coletividade no que tange ao direcionamento das decisões empresariais (impossibilidade que, como visto, inviabiliza a definição do conteúdo de deveres jurídicos positivos imponíveis aos controladores empresariais por força do princípio da função social da propriedade), existem noções difusas do que seja tal interesse.

Evidentemente, a observância disso que a sensibilidade comum identifica como interesse da coletividade não pode ser exigida por mecanismos coercitivos, por tudo quanto observado no item anterior e por necessária reverência ao princípio da legalidade.

Entretanto, existem mecanismos indutivos, normativos e extranormativos, que vêm se prestando a suprir a omissão do legislador no que tange à precisão do princípio da função social da propriedade, mecanismos que vêm se prestando a estimular os empresários a adotar condutas que, se não atendem por completo às exigências do interesse coletivo, ao menos prestam-se a reduzir a distância entre este interesse e os interesses ligados meramente à maximização dos resultados no emprego do capital.

No plano normativo, identifica-se mecanismos como o dos incentivos fiscais a investimentos em regiões menos desenvolvidas ou com maior índice de desemprego, a financiamentos de atividades culturais e desportivas e a outras condutas tidas, genericamente, como de interesse da coletividade.

Tais mecanismos apresentam uma lógica indutiva bastante simples e eficiente, uma vez que tendem a fazer coincidir os interesses hedonistas do capital (redução da carga tributária que onera a atividade) com os interesses da coletividade (patrocínio a atividades artísticas, por exemplo).

No plano extranormativo, identifica-se mecanismos mercadológicos de sanção a empresas que não atendam a determinados padrões de conduta. Veja-se, por exemplo, a recente situação de boicote do mercado consumidor norte-americano a uma grande empresa de calçados que utilizava, na fabricação de seus produtos, mão-de-obra infantil em determinado país da Ásia. A preferência dos consumidores a produtos de empresas que utilizam embalagens recicláveis ou que ostentem um selo comprobatório de ajuda a determinada fundação ou um selo que indique a observância de padrões internacionais de qualidade também são exemplos dos aduzidos mecanismos indutivos extranormativos.

A apontada eficiência sancionatória dos consumidores pressupõe, todavia, a existência de mercados concorrenciais, cuja preservação é, também, tarefa que incumbe ao Estado.

78. Comparato, *Função Social*, cit., p. 36.

Assim, seja por um eficiente manejo da extrafiscalidade de alguns tributos, seja pela preservação de estruturas concorrenciais no mercado, o Estado pode criar condições indutivas, embora não coercitivas, eficientes para a observância à função social da empresa, o que, todavia, não o exime de sua obrigação constitucional de planejamento da atividade econômica.

4. Conclusões. Da necessidade de construção de um direito empresarial público

A análise da questão do balizamento do poder de controle empresarial na sociedade anônima, tanto no que diz respeito à sua adstrição aos interesses dos acionistas não controladores (plano intrasocietário), como no que diz respeito à sua vinculação aos interesses da coletividade (plano extrasocietário), deve superar sua tradicional tangencialidade.

Os interesses em jogo no âmbito de uma companhia, nos dois planos retro apontados, não podem ser equacionados a partir da ingenuidade analítica que os reduza à tradicional polarização minoritários *versus* controlador ou a partir de uma postura conformada acerca da indeterminação do princípio da função social da propriedade e dos interesses que abriga.

A malha normativa incidente sobre a atividade empresarial não deve visar à maximização de interesses isolados, sob pena de condenar sua própria efetividade a um movimento pendular, que ora enfatizará a proteção de um grupo de interesses, ora a de outro.

A lógica de composição destes interesses, tanto intra como extrasocietários, não deve nem pode partir de uma prévia polarização ou contraposição dos mesmos. Ao contrário, tanto quanto possível, os interesses devem ser internalizados aos centros de poder das companhias (o que se pode obter através da adoção de institutos como o da co-gestão laboral, apenas para citar o exemplo do interesse dos trabalhadores da companhia) e devem compor a lógica decisória destes centros. Tal internalização conferiria à lei societária papel subsidiário, tendente apenas à manutenção da normalidade desta lógica decisória e à tutela dos interesses naturalmente não internalizáveis e dos interesses cuja internalização comprometeria a higidez decisória da sociedade (*v.g.*, o interesse dos credores, que, por sua própria vetorização, implicaria em inevitável situação de refração decisória).

Ao Estado caberia, ademais, o primordial papel de manutenção de estruturas concorrenciais nos mercados de bens e serviços e de implementação de políticas econômicas visando ao desenvolvimento do mercado de capitais, de modo a viabilizar a atuação, no âmbito dos mesmos, dos chamados investidores institucionais, agentes, como se disse, aptos a exercer papel fundamental na preservação de uma orientação desejável à atividade empresarial. A implementação de políticas públicas que atribuam maior *eficiência punitiva* ao mercado consumidor e ao mercado de capitais induziria, com efeito, os controladores das companhias a adotarem condutas com menor índice de refração, tanto no plano intrasocietário, como no plano extrasocietário.[79]

O que importa, por fim, ressaltar é que o direito empresarial, em sua tradicional concepção privatista, atingiu o limite de sua efetividade. A ampliação desta fronteira dependerá, pois, de um movimento de crescente publicização[80] deste ramo do direito, através do aumento de sua permeabilidade a outros setores da ciência jurídica, notadamente o direito econômico. Planejamento econômico, implementação de políticas públicas, preservação de estruturas concor-

79. Não se sustenta aqui nenhuma versão atualizada da tese da auto-suficiência regulatória do mercado. O que se sustenta é uma visão de atuação conjunta que vise a soma da eficiência indutiva das leis que naturalmente regem a lógica econômica do mercado com a eficiência coercitiva das normas jurídicas.

80. Cf., a esse respeito, Calixto Salomão Filho, "Direito empresarial público", in *RDM* 112/10 e ss., out.-dez. 1998.

renciais e balizamento do poder de controle empresarial são, hoje, fatores ligados por indissociável relação de interdependência lógico-econômica, devendo ser encarados, pelo legislador e pelo jurista, precisamente a partir dessa relação.

Bibliografia

ASCARELLI, Tullio. *Problemas das Sociedades Anônimas e Direito Comparado*, São Paulo, Saraiva, 1969.

BERLE, Adolf e MEANS, Gardiner C. *A Moderna Sociedade Anônima e a Propriedade Privada*, trad. Dinah de Abreu Azevedo, São Paulo, Abril Cultural, 1984.

BLACK, Bernard. "Institutional investors and corporate governance: the case for institutional voice", in *Studies in International Corporate Finance and Governance Systems*, New York, Oxford University Press, 1997.

BURKI, Shahid Javed e PERRY, Guillermo E. *Beyond the Washington Consensus — Institutions Matter*, Washington, World Bank Latin American and Caribean Studies, 1999.

CHAMPAUD, Claude. *Le Pouvoir de Concentration de la Société par Actions*, Paris, Sirey, 1962.

CLARK, Robert Charles. *Corporate Law*, Boston, Little, Brown and Company.

COMPARATO, Fábio Konder. *O Poder de Controle na Sociedade Anônima*, Rio de Janeiro, Forense, 1983.

————. "Função social da propriedade dos bens de produção", in *Direito Empresarial — Estudos e Pareceres*, São Paulo, Saraiva, 1995, pp. 27 e ss.

————. "Grupo societário fundado em controle contratual e abuso do poder do controlador", in *Direito Empresarial — Estudos e Pareceres*, São Paulo, Saraiva, 1995, pp. 270 e ss.

————. "Estado, empresa e função social", in *RT* 732/43, out. 1996.

COOTER, Robert D. *Models of morality in law and economics: self-control and self-improvement for the "bad man" of Holmes*, in John M. Olin Working Papers, UC Berkeley Program in Law, Economics & Instituitions, Califórnia, 1998.

CUNHA PEREIRA, Guilherme Döring. *Alienação do Poder de Controle Acionário*, São Paulo, Saraiva, 1995.

EIZIRIK, Nelson. "O mito do *controle gerencial* — Alguns dados empíricos", in *RDM* 66/103 e ss., abr.-jun. 1987.

GALBRAITH, John Kenneth. *O Novo Estado Industrial*, trad. Leônidas Gontijo de Carvalho, São Paulo, Nova Cultural, 1985.

KOSE JOHN. *Corporate Governance — A Packet of Readings*, Instituto Brasileiro de Mercado de Capitais, Seminar on Corpotare Governance, 1997.

ORCESI DA COSTA, Carlos Celso. "Controle externo nas companhias", in *RDM* 44/70 e ss., out.-dez. 1981.

PAILLUSSEAU, Jean. *La Societé Anonyme — Technique d'Organisation de l'Entreprise*, Paris, Sirey, 1967.

PARETO, Vilfredo. *Manual de Economia Política*, v. I, trad. João Guilherme Vargas Netto, São Paulo, Abril Cultural, 1984.

PASTERIS, Carlo. *Il Controllo nelle Società Collegate e le Partecipazioni Reciproche*, Milano, Giuffrè, 1957.

SALOMÃO FILHO, Calixto. "Direito empresarial público", in *RDM* 112/10 e ss., out.-dez. 1998.

SZTAJN, Rachel. "Notas de análise econômica: contratos e responsabilidade civil", in *RDM* 111/9 e ss., jul.-set. 1998.

TEUBNER, Gunter. "Juridificação — Noção, características, limites, solução", trad. José Engracia Antunes, *Revista Direito e Economia* 14, Coimbra, 1988.

Espaço Discente

LIQUIDAÇÃO ORDINÁRIA DE INSTITUIÇÃO FINANCEIRA — LEGALIDADE E RESPONSABILIDADE DECORRENTE DE FRAUDE

ALEXANDRE YOSHIO HAYASHI

I — Colocação do tema. II — Premissas necessárias: 1. A forma societária das instituições financeiras e o seu regime legal; 2. As formas de liquidação das sociedades anônimas: a) Liquidação pelos órgãos da sociedade anônima; b) Liquidação judicial; c) Liquidação por decisão de autoridade administrativa competente. III — A ilegalidade da liquidação de instituição financeira pela via ordinária. IV — A responsabilidade dos administradores, membros do Conselho Fiscal e acionistas-controladores. V — Das medidas judiciais previstas para a proteção dos credores. VI — Da responsabilidade civil: fraude contra credores. VII — Da responsabilidade penal: crime contra o Sistema Financeiro Nacional. VIII — Conclusão.

I — Colocação do tema

O presente artigo[1] oferece, de forma muito singela, uma despretensiosa discussão sobre (i) a legalidade da liquidação ordinária de instituição financeira (fundada no comprometimento de sua situação econômico-financeira e na incapacidade de satisfazer seus credores), em face da Lei 6.024, de 13.3.1974, que dispõe sobre a intervenção e a liquidação extrajudicial do Banco Central do Brasil no Sistema Financeiro Nacional; e (ii) a responsabilidade dos administradores, membros do Conselho Fiscal e acionistas-controladores que, aproveitando-se da disponibilidade de seus bens, podem proceder à diminuição da garantia dos credores.

II — Premissas necessárias

1. A forma societária das instituições financeiras e o seu regime legal

Por exigência legal, os bancos, necessariamente, como instituições financeiras, devem adotar, na sua constituição, a forma de sociedade anônima, *ex vi* do art. 25 da Lei 4.595/64,[2] regendo suas atividades, por

1. Adaptação de opinião legal instigada pelo Ilmo. Sr. Dr. Miguel C. A. Jambor, sócio da firma Lima Gonçalves, Jambor, Rotenberg & Silveira Bueno — Advogados, face um caso concreto. Ao Dr. Miguel C. A. Jambor, na oportunidade, o autor apresenta suas mesuras pelo incentivo e incremento no estágio profissional. A publicação do estudo não seria possível sem a sugestão da Profa. Dra. Vera Helena de Mello Franco e a generosidade do Prof. Dr. Haroldo Malheiros Duclerc Verçosa. A ambos, o autor estende as homenagens. Por último, o autor oferece o reconhecimento de sua amizade ao Sr. Fernando Lino dos Reis, que divide os bancos acadêmicos do Largo de São Francisco, pela revisão final do artigo.

2. Aqui enfrentamos uma questão de processo legislativo, haja visto que a Lei 5.710/71, que dava redação ao art. 25 da Lei 4.595/64, foi expressamente revogada pelo art. 324 da Lei 7.565/86, sem qualquer manifestação quanto ao texto *supra* aludido. A

conseqüência, à Lei 6.404/76 (conhecida como *Lei das Sociedades Anônimas*).

Especificamente ao tema do nosso estudo, existe permissão para as sociedades anônimas dissolverem-se[3] por deliberação própria.

Assim, a Lei 6.404/76 autoriza a dissolução da companhia (i) de pleno direito (de causa interna e facultativa), entre as espécies, por deliberação da Assembléia Geral (art. 206, inc. I, alínea *c*, c/c o art. 208), (ii) por decisão judicial (art. 206, inc. II, c/c o art. 209) e (iii) por decisão de autoridade administrativa competente, nos casos e na forma previstos em lei especial (art. 206, inc. III).

Antes de precipitarmos em cogitar se entre tais modalidades de liquidação prevalece, no caso de bancos, a última, não é sem sentido examinarmos, *en passant*, as condições determinadas pela Lei 6.404/76 para se proceder a cada uma delas.

2. *As formas de liquidação das sociedades anônimas*

a) Liquidação pelos órgãos da sociedade anônima

A atribuição da Assembléia Geral, subsidiária ao silêncio do estatuto social, para deliberar sobre a dissolução da companhia, é disposta nos arts. 136, inc. VII, e 206, inc. I, alínea *c* da Lei 6.404/76. Neste caso, a dissolução é de pleno direito, sucedendo que a liquidação, dita *ordinária*,[4] deverá obedecer às regras do art. 208 e §§ da Lei das Sociedades Anônimas.

Para a validade do que for deliberado na Assembléia Geral (que, por força da matéria, ocorre em sessão extraordinária), exige-se *quorum* qualificado, isto é, a aprovação de acionistas que representem metade, no mínimo, das ações com direito de voto (art. 136, inc. X).[5] Além, evidente, do respectivo registro do ato na Junta Comercial.

b) Liquidação judicial

Esta se dá quando (i) anulada a constituição da sociedade, em ação proposta por qualquer acionista (art. 206, inc. II, alínea *a*); (ii) quando provado que a companhia não pode preencher o seu fim, em ação proposta por acionistas que representem 5% ou mais do capital social (art. 206, inc. II, alínea *b*); (iii) em casos de falência, na forma da respectiva lei (art. 206, inc. II, alínea *c*); (iv) a pedido de qualquer acionista, se os administradores ou a maioria de acionistas deixarem de promover a liquidação, ou a ela se opuserem, nos casos de liquidação de pleno direito — término do prazo de duração, nos casos previstos nos estatutos, por deliberação da Assembléia Geral, pela existência de um único acionista — (art. 209, inc. I); e (v) a requerimento do Ministério Público, à vista de autoridade competente, se a companhia, nos 30 dias subseqüentes à dissolução, não iniciar a liquidação ou, se após iniciá-la, interromper por mais de 15 dias na extinção da autorização para funcionar.

despeito disso, sem embargos, considerando os artigos subseqüentes da Lei 4.595/64, vislumbramos a preservação da obrigatoriedade da constituição dos bancos na forma de sociedades anônimas.

3. Por oportuno, não é demais distinguir, ainda que superficialmente, (i) a *dissolução*, (ii) a *liquidação* e (iii) a *extinção* de uma companhia: (i) a *dissolução* constitui o ato declaratório que tem como efeito a cessação das atividades voltadas ao objeto social, que são substituídas por aqueles procedimentos tendentes à (ii) *liquidação*, que consiste no processo durante o qual o ativo da companhia é transformado em dinheiro para distribuição entre os sócios, depois de pagas todas as dívidas e encargos da sociedade, terminando na (iii) *extinção*, que constitui o ato declaratório de confirmação do ato de dissolução e de aprovação final dos procedimentos de liquidação, cujo efeito é o desaparecimento da pessoa jurídica, com o registro na Junta Comercial.

4. Cf. Roberto Papini, *Sociedades Anônimas e Mercado de Valores Mobiliários*, pp. 323 e 324.

5. Salvo disposição do estatuto social da companhia que, expressamente, aumente o *quorum* exigido para a deliberação.

c) Liquidação por decisão de autoridade administrativa competente

No caso em deslinde, a disciplina se dá com a Lei 6.024, de 13.3.1974, que dispõe sobre a intervenção e a liquidação extrajudicial de instituições financeiras, cujos dispositivos foram recepcionados pelo inc. III do art. 206 da Lei 6.404/76.

O Banco Central é competente para decretar a liquidação extrajudicial de instituição financeira (art. 1º da Lei 6.024/74), podendo proceder *ex officio* ou provocado.

Na primeira hipótese, o art. 15 da Lei 6.024/74 autoriza a decretação da liquidação extrajudicial pela iniciativa do Banco Central quando (i) em razão de ocorrências que comprometam a situação econômica ou financeira da instituição, especialmente quando deixar de satisfazer, com pontualidade, seus compromissos, ou quando se caracterizar qualquer dos motivos que autorizem a declaração de falência; (ii) quando a administração violar gravemente as normas legais e estatutárias que disciplinam a atividade da instituição, bem como as determinações do Conselho Monetário Nacional ou do Banco Central do Brasil, no uso de suas atribuições legais; (iii) quando a instituição sofrer prejuízo que sujeite a risco anormal seus credores quirografários; e (iv) quando, cassada a autorização para funcionar, a instituição não iniciar, nos 90 dias seguintes, sua liquidação ordinária, ou quando, iniciada esta, verificar o Banco Central do Brasil que a morosidade de sua administração pode acarretar prejuízos para os seus credores.

Provocado, a requerimento dos administradores da instituição, ou por proposta do interventor, o Banco Central está autorizado pelo inc. II do art. 15 da Lei 6.024/74 para decretar a liquidação extrajudicial da instituição financeira.

III — A ilegalidade da liquidação de instituição financeira pela via ordinária

Face à legislação societária, vislumbra-se, pois, duas possíveis interpretações acerca das modalidades disponibilizadas para a liquidação de sociedades anônimas:

Seduz aos administradores, membros do Conselho Fiscal e acionistas concluir que as modalidades de liquidação elencadas na Lei 6.404/76 são alternativas a todas as companhias com a forma de sociedade anônima — inclusive instituições financeiras —, porquanto, excluindo a modalidade administrativa extrajudicial, afasta-se o efeito da indisponibilidade de seus bens (art. 36 da Lei 6.024/74).

Por conseguinte, considerando os permissivos do art. 206, inc. I, alínea *c* e art. 208, c/c o art. 136, inc. VII da Lei das Sociedades Anônimas (Lei 6.404/76), não se pode alegar, nessa linha de raciocínio, qualquer ilegalidade na adoção da via ordinária para promover a liquidação mediante aprovação da Assembléia Geral Extraordinária, desde que satisfeito o *quorum* exigido no estatuto social ou na lei (inc. X do art. 136 da Lei 6.404/76) e registrado o ato na Junta Comercial.

Por outro lado, pode-se impugnar tal interpretação conjugando-se o enunciado *lex especialis derrogat generali*, apegando-nos, ademais, à parte final do inc. III do art. 206 da Lei 6.404/76: "[Dissolve-se a companhia] por decisão de autoridade administrativa competente, nos casos e na forma previstos *em lei especial*".

Com efeito, a Lei 6.024/74 constitui diploma especial na disciplina de um dos subgêneros de sociedades anônimas regidas muito genericamente pelas disposições da Lei 6.404/76, a saber, instituições financeiras, na espécie, banco privado.

Luiz Alfredo Paulin, em estudo específico ao tema,[6] corrobora essa tese, vislumbrando um necessário "regime especial" para os casos de insolvência de estabelecimentos bancários.

6. "Conceito de intervenção e liquidação extrajudicial — Pressupostos para sua decretação", in *Intervenção e Liquidação Extrajudicial no Sistema Financeiro Nacional — 25 Anos da Lei 6.024/74*, org. Jairo Saddi, pp. 121 a 149.

O fundamento para o "regime especial", vale dizer, extrajudicial, seria o interesse público, "especialmente das políticas creditícias, monetárias e financeiras do Estado, *vis a vis* o interesse de eventuais credores ou de controladores da instituição financeira sujeita ao procedimento".[7]

O Prof. Haroldo Malheiros Duclerc Verçosa reforça essa tese, ao afirmar que do universo dos comerciantes o legislador retirou alguns deles da sujeição exclusiva à legislação falimentar (Decreto-lei 7.661/45), afastando-a, num primeiro momento, para dar lugar a institutos substitutivos (*verbi gratia*, a intervenção e a liquidação extrajudicial) ou impedindo definitivamente o recurso à concordata. Nesse campo encontramos as instituições financeiras em geral e outras sociedades a estas ligadas, assim consideradas para tal efeito, as empresas sujeitas a autorização do Banco Central.[8]

Perquirindo justificativas aparentemente metajurídicas,[9] o Prof. Verçosa infere nas atividades das instituições financeiras tal relevância na ordem econômica interna que o legislador moderno não pode deixar seu exercício ao livre sabor dos agentes, sob pena de acentuado perigo de grave dano para o mercado como um todo e para os credores em particular.[10]

E considerando o princípio geral de direito da *indisponibilidade do interesse público*, sem receio de equívoco,[11] podemos concluir, salvo melhor juízo, que a liquidação de instituições financeiras insolventes deve ser necessariamente pela via extrajudicial, administrada pelo Banco Central do Brasil.[12]

Na esteira das lições de Paulo Coelho de Souza, o Prof. Haroldo Malheiros Duclerc Verçosa continua no corroborar dessa tese, relacionando a liquidação administrativa ao fenômeno intervencionista, fundado na característica das atividades das instituições financeiras para além dos interesses privados, relacionando-se com o interesse coletivo ou público, cuja tutela só o Estado pode exercer com eficácia. Nesse sentido a liquidação extrajudicial constitui uma das formas de tal tutela.[13]

Posto isto, *é ilegal a liquidação do banco insolvente pela via ordinária*, em razão (i) da especialidade da lei que dispõe sobre a intervenção e a liquidação extrajudicial de instituições financeiras (recepcio-

7. Luiz Alfredo Paulin, ob. cit., p. 126.

8. Cf. *Responsabilidade Civil Especial — Nas Instituições Financeiras e nos Consórcios em Liquidação Extrajudicial*, pp. 18 e 19.

9. Em verdade, devemos reconhecer que o próprio Texto Constitucional consagrou a orientação do interesse público no sistema financeiro nacional, como se pode verificar na redação do *caput* do art. 192: "O sistema financeiro nacional, estruturado de forma a promover o desenvolvimento equilibrado do País e a servir aos *interesses da coletividade*, será regulado em lei complementar (...)" (destacamos).

10. Ob. cit., p. 19.

11. Sentimo-nos suficientemente seguros, tendo em vista a afirmação de que "a doutrina é unânime em reconhecer que a razão deste regime diferenciado é a existência do interesse público. Rubens Requião, por exemplo, assevera: 'Assim, devido a esse controle que o Estado se reserva a manter sobre certas empresas, *em virtude do interesse coletivo que decorre de seu objeto*, constituiriam os juristas dois institutos para servirem-lhes de instrumento, em caso de insolvência dessas empresas. Surgiram, por isso o instituto da intervenção e o da liquidação extrajudicial, paralelamente ao instituto da falência' (itálicos não constam do original). Também advogando o interesse público como motivador da existência de um regime diferenciado, encontram-se Mauro Rodrigues Penteado e Darcy Bersone" (Luiz Alfredo Paulin, ob. cit., p. 126).

12. Cf. a atribuição privativa que a Lei 4.595/64 outorga ao Banco Central do Brasil para fazer cumprir as disposições que lhe são imputadas pela legislação em vigor (art. 9º), exercer a fiscalização das instituições financeiras e aplicar as penalidades previstas (art. 10, inc. IX). *In casu*, considerando a relevância dos fatos, não quer nos parecer que os atos que aperfeiçoaram a dissolução da companhia excluam-se da apreciação do Banco Central, se o mesmo tem a prerrogativa de conceder prévia autorização às instituições financeiras que, singelamente, alteram seus estatutos (alínea *f* do inc. X do art. 10). Ademais, comparando-se a importância da dissolução, não escapam da preliminar consideração do Banco Central as transformações, fusões e incorporações das instituições financeiras.

13. Cf. ob. cit., p. 20.

nada pelo art. 206, inc. III, *in fine* da Lei 6.404/76), além da consideração da (ii) indisponibilidade do interesse público (afirmada na atribuição do Banco Central na fiscalização das instituições financeiras — Lei 4.595/64, arts. 9º e 10), para concluir que *a única via permitida para a liquidação de instituição financeira com comprometida situação econômico-financeira é pela modalidade administrativa-extrajudicial*, cuja legislação de regência é a Lei 6.024/74 (art. 15 e incs.), de maneira a excluir as outras modalidades de liquidação arroladas na Lei das Sociedades Anônimas (Lei 6.404/76, art. 206 e incs.).

IV — A responsabilidade dos administradores, membros do Conselho Fiscal e acionistas-controladores

A despeito dessas conjecturas, o fato é que as pessoas que exercem o controle e/ou gerência da instituição financeira, antecipando-se à intervenção e à liquidação extrajudicial do Banco Central do Brasil, podem instalar a Assembléia Geral Extraordinária para aprovar a liquidação ordinária da companhia.

Modesto Carvalhosa, ao comentar a liquidação da sociedade anônima pela via judicial, na hipótese de dissolução fundada em vício na constituição da companhia, infere que o Juiz, diante da gravidade do vício (fraude, coação), poderá decretar a responsabilidade ilimitada e solidária dos administradores e controladores.[14]

Quer nos parecer, por conseguinte, que, no caso concreto, comprovada a malícia dos administradores, membros do Conselho Fiscal e dos acionistas na aprovação da liquidação ordinária, com o intuito de escapar dos efeitos da indisponibilidade de seus bens, que decorreria do regular processo extrajudicial de liquidação de instituição financeira (art. 36 da Lei 6.024/74), o Poder Judiciário deverá impor os efeitos da liquidação administrativa ora estudada, concomitante à responsabilidade solidária e ilimitada dos agentes que procuraram diminuir a garantia dos credores.

A previsão da responsabilidade dos administradores e membros do Conselho Fiscal está disposta nos arts. 39 e 40 da Lei 6.024/74, que, por constituírem o núcleo dessa parte do estudo, justificam a transcrição, *in verbis*:

"Art. 39. Os administradores e membros do Conselho Fiscal de instituições financeiras responderão, a qualquer tempo, salvo prescrição extintiva, pelos atos que tiverem praticado ou omissões em que houverem incorrido.

"Art. 40. Os administradores de instituições financeiras respondem solidariamente pelas obrigações por elas assumidas durante sua gestão, até que se cumpram.

"Parágrafo único. A responsabilidade solidária se circunscreverá ao montante dos prejuízos causados."

O exame dos textos *supra* pelos estudiosos do Direito Bancário tem sido pacífico quanto à solidariedade da responsabilidade, que resulta da lei;[15] todavia, encontra-se celeumas acerca da pertinência da investigação da culpabilidade dos agentes pelo ato ilícito, que cumpre, em apertada síntese, relatar:

Autorizada doutrina tem de um lado o entendimento do Prof. Arnoldo Wald, para quem, tratando-se do tema da responsabilidade pessoal dos administradores, existem duas situações diversas nas prescrições acima transcritas: (i) na primeira, referida à vida normal da empresa, o administrador somente responde no caso de culpa provada; (ii) em se tratando de liquidação, trabalhar-se-ia com a presunção relativa de cul-

14. Cf. *Comentários à Lei de Sociedades Anônimas*, v. 4, t. I, p. 56.

15. Conforme o princípio geral de direito que não reconhece a presunção da solidariedade — art. 896 do Código Civil. A solidariedade é também estendida aos controladores, nos termos do art. 1º da Lei 9.447, de 14.3.1997.

pa, afastando-se a responsabilidade caso o interessado pudesse fazer prova de ausência de elemento subjetivo. Não se pode, nessa linha de raciocínio, admitir uma responsabilidade fundada na culpa ou no dolo a teor do art. 39 e, causando uma antinomia, vincular ao art. 40 uma responsabilidade objetiva. Ambos os artigos imputam responsabilidade decorrente de atos ou omissões do administrador, ainda que o art. 40 não contenha menção expressa quanto à apreciação da culpabilidade do agente.[16]

O Prof. Verçosa acompanha Arnoldo Wald quanto à exegese do art. 39 da Lei 6.024/74, que tem o mesmo sentido dos arts. 158[17] e 165[18] da Lei das Sociedades Anônimas, responsabilizando administradores e membros do Conselho Fiscal com base na culpa a ser necessariamente provada em ação própria.

Diversamente do que entende Arnoldo Wald, todavia, o art. 40 da Lei 6.024/74, encerraria a chamada *responsabilidade especial* dos administradores de instituições financeiras, exclusivamente estes, de cunho objetivo:[19] ou seja, sem necessidade de perquirição da culpa, alcançando-os de forma solidária pela singela presença de dano.

Assim, conclui o Prof. Haroldo Malheiros Duclerc Verçosa:[20] "No curso de um dos regimes de insolvência, nos quais aplica-se a responsabilidade sob exame, no caso de se averiguar prejuízo, os arts. 39 e 40 poderão funcionar, pois, paralelamente, imputando-se, de um lado, a responsabilidade solidária dos administradores quanto às obrigações assumidas pela instituição, independentemente de culpa ou dolo (art. 39); e de outro lado, a responsabilidade dos administradores, conselheiros fiscais e terceiros por ação nefasta aos interesses da sociedade, ou por omissão no cumprimento de seus deveres (art. 40 c/c art.36)".[21]

Exposta a divergência dos doutos, e considerando a inteligência das respeitáveis teses, salvo melhor juízo, inclinamo-nos à interpretação sistemática do Prof. Arnoldo Wald, em razão de que, no caso concreto, não nos parece ser aplicável, além das cátedras, a tese da responsabilidade objetiva dos administradores, membros do Conselho Fiscal e terceiros que agiram de má-fé.

Para fundamento de uma condenação dos agentes pela fraude, ainda nos apegando ao objeto da presente investigação, pensamos que o magistrado não prescindirá da

16. *Apud* Haroldo Malheiros Duclerc Verçosa, ob. cit., p. 56. Cf. o texto original do Prof. Arnoldo Wald, "A culpa e o risco como fundamentos da responsabilidade do diretor do banco", in *Revista de Direito Mercantil* (doravante denominada simplesmente *RDM*) 24/29-43.

17. "Art. 158. O administrador não é pessoalmente responsável pelas obrigações que contrair em nome da sociedade e em virtude de ato regular de gestão; responde, porém, civilmente, pelos prejuízos que causar quando proceder: I — dentro de suas atribuições ou poderes, com culpa ou dolo; II — com violação da lei ou do estatuto" (obs.: seguem-se parágrafos, que para os fins do presente ponto do estudo são dispensáveis a reprodução).

18. "Art. 165. Os membros do Conselho Fiscal têm os mesmos deveres dos administradores de que tratam os arts. 153 a 156 e respondem pelos danos resultantes de omissão no cumprimento de seus deveres e de atos praticados com culpa ou dolo, ou com violação da lei ou do estatuto" (obs.: idem).

19. Cf. artigo do Prof. Newton De Lucca ("A responsabilidade civil dos administradores das instituições financeiras", in *RDM* 67/32-38), no qual polemiza a tese da responsabilidade objetiva, francamente defendida em meditação publicada pelo Prof. Paulo Fernando Campos Salles de Toledo ("Liquidação extrajudicial de instituições financeiras: alguns aspectos polêmicos", in *RDM* 60/24-38). Cf. também o artigo de Nelson Cândido Mota ("Da responsabilidade patrimonial dos administradores de instituições financeiras. A indisponibilidade de bens", in *RDM* 27/35-53).

20. Ob. cit., p. 57. Cf. o mesmo entendimento de Francisco José de Siqueira ("Da responsabilidade dos administradores de instituições financeiras", in *RDM* 68/31-49).

21. Salvo engano, quer nos parecer que houve um equívoco na indicação dos dispositivos aplicáveis, porquanto a assertiva da responsabilidade solidária dos administradores, independentemente de culpa ou dolo parece referir-se ao art. 40; por outro lado, a responsabilidade dos administradores, membros do Conselho Fiscal e terceiros por omissões ou atos que tiverem praticado, apreciada sob índices de culpabilidade, parece referir-se ao art. 39 da Lei 6.024/74.

apresentação, pelos credores, de provas da culpabilidade do ato antijurídico (*verbi gratia*, demonstração de malícia nas transferências das matrículas de imóveis).

Antes de examinarmos quais as espécies de responsabilidade aplicáveis ao caso em análise, não deixa de ser oportuno, ainda que não peremptoriamente, orientarmonos acerca dos aspectos processuais para pleitearmos a anulação dos atos que concorreram para a fraude na liquidação da instituição financeira.

V — Das medidas judiciais previstas para a proteção dos credores

A primeira ação judicial refere-se à *medida cautelar de arresto* dos bens das pessoas responsabilizadas na gerência da companhia, cuja requisição foi outorgada ao Ministério Público (art. 45 da Lei 6.024/74), a fim de afirmar os efeitos da indisponibilidade do art. 36 da Lei 6.024/74.

Oportuno destacar que o efeito da indisponibilidade dos bens (e conseqüente seqüestro) poderá alcançar as pessoas que nos últimos doze meses os tenham adquirido, a qualquer título, de administradores, sócios-gerentes, membros do Conselho Fiscal e todos que tiverem concorrido para a decretação da quebra, desde que haja seguros elementos de convicção de tratar-se de transferência simulada em fraude à lei (§§ 1º e 2º do art. 36 da Lei 6.024/74).[22]

Por conseguinte, deve ser proposta, trinta dias após a realização do arresto, a *ação com procedimento ordinário de responsabilidade* [doravante denominada simplesmente *ação ordinária de responsabilidade*], cuja titularidade foi também outorgada ao Ministério Público (parágrafo único do art. 46 da Lei 6.024/74).

Verticalizando a análise da atribuição do Ministério Público [doravante MP] para ambas medidas judiciais, no caso da medida cautelar, após vista do inquérito produzido pelo Banco Central, o MP tem o prazo de oito dias para requerer o arresto dos bens dos ex-administradores, sob pena de responsabilidade (o singelo exame do texto do art. 45 não prevê a substituição da iniciativa do MP por qualquer interessado).

O Prof. Haroldo Malheiros Duclerc Verçosa, no seu entendimento, pensa ser cabível a analogia existente na própria legislação especial quanto à ação principal de responsabilidade (art. 46, parágrafo único da Lei 6.024/74), reconhecendo ser direito de qualquer credor requerer a realização do arresto na falta da iniciativa do MP, independente da responsabilidade deste por negligência.[23]

O art. 48 da Lei 6.024/74 parece amparar o credor à eventual inatividade do Ministério Público, permitindo-o, no exercício da legitimidade ativa, propor a ação de responsabilidade, independente da existência de inquérito ou da medida cautelar de arresto, quinze dias após o decurso do prazo do MP para a propositura da ação principal (prazo fixado no parágrafo único do art. 46 da Lei 6.024/74).

22. Note-se a consideração da culpabilidade, na responsabilidade por fraude, conforme entendimento do Prof. Arnoldo Wald. Tangente ao tema do estudo, interessante registrar a controvertida posição jurisprudencial da Egrégia Primeira Turma do Colendo Superior Tribunal de Justiça que, por maioria de votos (vencidos os Ministros Humberto Gomes de Barros e José Delgado, prevalecentes os votos dos Ministros José de Jesus Filho, Milton Luiz Pereira e Demócrito Reinaldo), esposou o entendimento que a indisponibilidade dos bens não é automaticamente cancelada com o encerramento da liquidação extrajudicial e remessa do inquérito do Banco Central ao Poder Judiciário, devendo ser mantida até (i) a apuração e liquidação final das responsabilidades; (ii) o cumprimento das obrigações assumidas pelos atos de gestão; ou (iii) o cancelamento da indisponibilidade pelo Banco Central. Dessa forma, persiste a competência da autoridade administrativa para decidir sobre a indisponibilidade dos bens, muito embora o inquérito tenha sido remetido à esfera judiciária (STJ, 1ª T., REsp 84.431/DF e 84.970/DF, ambos julgados em 7.10.1996).

23. Cf. ob. cit., pp. 195 e 209.

VI — Da responsabilidade civil: fraude contra credores

Ensina Caio Mário da Silva Pereira que "constitui fraude contra credores toda diminuição maliciosa levada a efeito pelo devedor, com o propósito de desfalcar aquela garantia [os valores que compõe o seu lado ativo], em detrimento dos direitos creditórios alheios".[24] Sua previsão legal está no art. 106 do Código Civil, nesses termos:

"Art. 106. Os atos de transmissão gratuita de bens, ou remissão de dívida quando os pratique o devedor já insolvente, ou por eles reduzidos à insolvência, poderão ser anulados pelos credores quirografários, como lesivos dos seus direitos (art. 109).

"Parágrafo único. Só os credores que já o eram ao tempo desses atos podem pleitear-lhes a anulação."

Convém salientar que o entendimento assentado hodiernamente não exclui do alcance da fraude contra credores os atos de transmissão onerosa de bens, verificando-se, além do dano e da insolvência, o conhecimento de tal estado pelo co-participante no ato, seja este conhecimento especialmente evidenciado, seja presumido da notoriedade da insolvência.[25]

Relativamente ao tema da presente meditação, estaríamos diante de fraude contra credores quando os devedores (administradores, membros do Conselho Fiscal e acionistas-controladores) utilizarem-se, maliciosamente,[26] de suposta autorização da lei societária para proceder-se à liquidação ordinária da instituição financeira, a fim de permitir a disponibilidade de seus bens para a diminuição da garantia dos credores.

Reprovando a fraude, o ordenamento jurídico prescreve a anulabilidade de seus atos, sendo o meio processual adequado a *ação revocatória*, também conhecida como *ação pauliana* ou *ação rescisória.*[27]

Depreende-se, sem muito esforço, que mediante propositura da *ação revocatória*, pode-se requerer a anulação da reunião da Assembléia Geral Extraordinária que aprovou a liquidação ordinária da instituição financeira, dos atos que aperfeiçoaram a diminuição da garantia dos credores, sendo possível cumular o pedido de decretação de responsabilidade ilimitada e solidária dos agentes em razão de evidente fraude à lei (burlar os efeitos da indisponibilidade do art. 36 da Lei 6.024/74).

Pertinente, portanto, explicitar a remissão que o transcrito art. 106 do Código Civil faz ao art. 109: este demonstra o alcance da *ação pauliana*, podendo ser proposta (i) contra o devedor insolvente, (ii) contra a pessoa que celebrou o contrato fraudulento e (iii) contra terceiros adquirentes de má-fé.

VII — Da responsabilidade penal: crime contra o Sistema Financeiro Nacional

Um apressado exame do Código Penal sugere que é pertinente à presente investigação o disposto no art. 177, que trata das fraudes e dos abusos na fundação e na administração de sociedades por ações.

Pode-se cogitar, também, de uma leitura afoita do Decreto-lei 7.661/45, que o caso em comento constituiria crime falimentar, nos termos do art. 187: "Será punido, com reclusão, por 1 (um) a 4 (quatro) anos, o devedor que, com o fim de criar ou assegurar injusta vantagem para si ou ou-

24. *Instituições de Direito Civil*, v. 1, p. 343.

25. Caio Mário da Silva Pereira, ob. cit., p. 344.

26. Destaca o Prof. Caio Mário da Silva Pereira que "não constitui fraude, portanto, o fato em si de reduzir o devedor o seu ativo patrimonial, seja pela alienação de um bem, seja pela solução de débito preexistente. O devedor pelo fato de o ser, não perde a liberdade de disposição de seus bens. O que caracteriza como defeito, e sofre a repressão da ordem legal, é a *diminuição maliciosa do patrimônio*, empreendida pelo devedor com *ânimo de prejudicar* os demais credores, ou com consciência de causar dano" (ob. cit., pp. 343 e 344, com os destaques do autor).

27. Caio Mário Pereira, ob. cit., p. 345.

trem, praticar, antes ou depois da falência, algum ato fraudulento de que resulte ou possa resultar prejuízo aos credores".

Ocorre, contudo, que o legislador reservou diploma próprio para a reprovação das fraudes que ocorrem em instituições financeiras: trata-se da Lei 7.492, de 16.6.1986, que define os *Crimes contra o Sistema Financeiro Nacional* (vulgarmente conhecida como *Lei dos Crimes do Colarinho Branco*).

A primeira questão, ao manusearmos a legislação especial, é sabermos os limites de sua aplicabilidade, dito de outro modo, sua extensão subjetiva:

"Art. 25. São penalmente responsáveis, nos termos dessa Lei, o controlador e os administradores de instituição financeira, assim considerados os diretores, gerentes. (*Vetado*).

"§ 1º. Equiparam-se aos administradores de instituição financeira (*vetado*) o interventor, o liquidante ou o síndico.

"§ 2º. Nos crimes previstos nesta Lei, cometidos em quadrilha ou co-autoria, o co-autor ou partícipe que através de confissão espontânea revelar à autoridade policial ou judicial toda a trama delituosa terá sua pena reduzida de um a dois terços."

Prescreve o art. 26 que a ação penal, nos crimes previstos na Lei 7.492/86, será promovida pelo Ministério Público Federal, perante a Justiça Federal.

Oportuno estarmos alerta que quando a denúncia não for intentada no prazo legal,[28] o ofendido (credor) poderá representar ao Procurador-Geral da República, para que este a ofereça, designe outro órgão do Ministério Público para oferecê-la ou determine o arquivamento das peças de informação recebidas (art. 27 da Lei 7.492/86).

Quanto ao tipo penal, subsume-se perfeitamente o tema do presente estudo ao art. 13 da lei em comento, porquanto se referir ao desvio (fraudulento) de bens de administradores, membros do Conselho Fiscal e de acionistas-controladores de instituição financeira em situação falimentar (comprometida situação econômico-financeira que fundou a liquidação ordinária, ora impugnada):

"Art. 13. Desviar (*vetado*) bem alcançado pela indisponibilidade legal resultante de intervenção, liquidação extrajudicial ou falência de instituição financeira:

"Pena — Reclusão de 2 (dois) a 6 (seis) anos, e multa.

"Parágrafo único. Na mesma pena incorre o interventor, o liquidante ou o síndico que se aproveitar de bem abrangido pelo *caput* deste artigo, ou desvia-lo em proveito próprio ou alheio."

Comentando o dispositivo, em monografia específica ao tema,[29] Agapito Machado assevera que (i) o tipo objetivo, no *caput*, é o "desvio", que significa tirar de um lugar para o outro, mudar o destino, o que é diferente de "apropriar-se", que é admitida juntamente com o "desvio" no parágrafo único; (ii) o sujeito ativo é qualquer pessoa, pois o bem desviado ou apropriado pode se encontrar em mãos estranhas à instituição financeira; (iii) quanto à culpabilidade,[30] o *caput* não exige nenhum fim especial da prática delituosa (dolo genérico), enquanto o parágrafo único, revelando uma especial atenção ao autor do delito agindo em proveito próprio ou alheio,

28. Art. 46 do Código de Processo Penal: estando o réu preso, o prazo é de cinco dias, contados da data em que o órgão do Ministério Público receber o inquérito; quinze dias, se o réu estiver solto (obs.: quando o Ministério Público dispensar o inquérito, o prazo contar-se-á da data em que tiver recebido as peças de informação ou a representação — § 1º do art. 46 do Código de Processo Penal).

29. *Crimes do Colarinho Branco e Contrabando/Descaminho*, p. 41.

30. Quanto à responsabilidade criminal, parece ser pacífico o entendimento que "mera presunção de culpa, decorrente do fato de ser o agente diretor de uma empresa, não pode alicerçar uma denúncia criminal" (Manoel Pedro Pimentel, "Crimes contra o Sistema Financeiro Nacional", in *RDM* 67/11).

exige o dolo específico, devendo o Ministério Público fazer a prova do especial fim (proveito próprio ou alheio), provando a tipicidade do ato antijurídico do agente.

VIII — Conclusão

Em face do quanto exposto, em conclusiva síntese, *é ilegal a liquidação ordinária promovida pelo banco insolvente*, porquanto há a primazia de lei especial (Lei 6.024/74) para disciplinar a situação de insolvência de instituições financeiras (recepcionada pelo art. 206, inc. III, *in fine* da Lei 6.404/76), fundada na indisponibilidade do interesse público; para concluir na *anulabilidade dos atos que aperfeiçoaram a prática de fraude* (engendrados em suposta autorização da lei societária, a fim de permitir a disponibilidade dos bens para a diminuição da garantia dos credores), mediante *ação com procedimento ordinário de responsabilidade* [(i) civil, por *Fraude contra Credores* — art. 106 do Código Civil; (ii) penal, por *Crime contra o Sistema Financeiro Nacional* — art. 13 da Lei 7.492/86], antecedida de *medida cautelar de arresto* (arts. 45 e 46 da Lei 6.024/74), ambas medidas judiciais outorgadas ao Ministério Público; havendo autorização para qualquer credor, no exercício da legitimidade ativa, propor a ação de responsabilidade, independente da existência de inquérito ou da medida cautelar de arresto, quinze dias após o decurso do prazo do Ministério Público para a propositura da ação principal (art. 48 da Lei 6.024/74).

São Paulo, 21 de abril de 2000

Referências bibliográficas

CARVALHOSA, Modesto e LATORRACA, Nilton. *Comentários à Lei de Sociedades Anônimas*, v. 4, t. I. São Paulo, Saraiva, 1998.

DE LUCCA, Newton. "A responsabilidade civil dos administradores das instituições financeiras", in *RDM* 67/32.

MACHADO, Agapito. *Crimes do Colarinho Branco e Contrabando/Descaminho*. São Paulo, Malheiros Editores, 1998.

MOTA, Nelson Cândido. "Da responsabilidade patrimonial dos administradores de instituições financeiras. A indisponibilidade de bens", in *RDM* 27/35.

PAPINI, Roberto. *Sociedades Anônimas e Mercado de Valores Mobiliários*. Rio de Janeiro, Forense, 1987.

PAULIN, Luiz Alfredo. "Conceito de intervenção e liquidação extrajudicial — Pressupostos para sua decretação", in *Intervenção e Liquidação Extrajudicial no Sistema Financeiro Nacional — 25 Anos da Lei 6.024/74*, org. Jairo Saddi, São Paulo, Textonovo, 1999.

PEREIRA, Caio Mário da Silva. *Instituições de Direito Civil*, v. 1. Rio de Janeiro, Forense, 1997.

PIMENTEL, Manoel Pedro. "Crimes contra o Sistema Financeiro Nacional", in *RDM* 67/9.

SIQUEIRA, Francisco José de. "Da responsabilidade dos administradores de instituições financeiras", in *RDM* 68/31.

TOLEDO, Paulo Fernando Campos Salles de. "Liquidação extrajudicial de instituições financeiras: alguns aspectos polêmicos", in *RDM* 60/24.

VERÇOSA, Haroldo Malheiros Duclerc. *Responsabilidade Civil Especial — Nas Instituições Financeiras e nos Consórcios em Liquidação Extrajudicial*. São Paulo, 1993.

WALD, Arnoldo. "A culpa e o risco como fundamento da responsabilidade do diretor do banco", in *RDM* 24/29.

Espaço Discente

A LEI A VONTADE DO ESTADO

FREDERICO SIMIONATO

A lei deve atender quais interesses? Esta parece ser uma pergunta que demonstra como a democracia dificilmente se ajusta à vontade geral. Se a vontade da lei não tem relação alguma com a vontade do legislador, é evidente que o Estado não se materializa na lei, e vice-versa. Se fosse assim, qualquer decisão estatal teria validade, o que não é verdade, ainda mais pelo controle que faz sobre a constitucionalidade das leis, e das questões formais.[1]

No julgado se decidiu corretamente que "sem desprezar o elemento histórico, que pode ter relevo principalmente quando se cuide de modificação em texto de lei, importa, em verdade, como reiteradamente se tem afirmado, não o que o legislador quis dizer, mas o que efetivamente fez" e "o julgador há de se preocupar com a *mens legis*, sem, contudo, desprezar a fonte, a *mens legislatoris*".

Ora, a Lei 7.958/89 consagrava interesses determinados retirando a incorporação, fusão e cisão como hipóteses ensejadoras do recesso (art. 137). Com ela não se levou em consideração toda uma realidade empresarial de um país como o Brasil, bem como da repercussão social que as medidas jurídicas provocam na sociedade.[2] Conforme analisamos, esta ainda é a tônica do Estado brasileiro, que editou a Lei 9.457/97 para viabilizar economicamente a privatização do sistema Telebrás,[3] suprimindo direito dos acionistas minoritários, e modificando a estrutura do recesso na cisão.

O que foi notado quando da edição da Lei 7.958/89 foi a péssima técnica legislativa para a revogação dos artigos respectivos.[4] Tanto é verdade que o art. 230 da Lei das S/A não foi alterado pela Lei de 1989, sendo que ele tratava diretamente da figura do recesso. O art. 230, na antiga redação, estabelecida que "o acionista dissidente da

1. "As opiniões e intenções subjetivas do legislador, dos redatores da lei ou das pessoas singulares que intervieram na legislação não têm relevo. Por isso é a partir dela apenas, do seu próprio contexto significativo, que deve ser interpretada" (Karl Larens, *Metodologia da Ciência do Direito*, Lisboa, F. C. Gulbenkian, 1997, p. 41).

2. "A democracia moderna, nascida como democracia representativa em contraposição à democracia dos antigos, deveria ser caracterizada pela representação política, isto é, por uma forma de representação na qual o representante, sendo chamado a perseguir os interesses da nação, não pode estar sujeito a um mandato vinculado. O princípio sobre o qual se funda a representação política é a antítese exata do princípio sobre o qual se funda a representação dos interesses, no qual o representante, devendo perseguir os interesses particulares do representado, está sujeito a um mandato vinculado" (Norberto Bobbio, *O Futuro da Democracia*, Rio de Janeiro, 1997, p. 24). O Parlamento leva consigo a característica de um órgão autônomo que, na verdade, não representa ninguém, a não ser a nação. Na formação do Estado liberal J. Locke falava que o poder do legislativo, nos seus limites extremos, limita-se ao bem público da sociedade.

3. Cf. "A privatização no Brasil", *RDM* 112/93-96.

4. Foi decisivo para esta matéria o artigo do Prof. Mauro Rodrigues Penteado, "A Lei 7.958 e a pretensa modificação do direito de retirada dos acionistas: uma discussão inócua", *RDM* 77/29 e ss.

deliberação que aprovar a incorporação da companhia em outra sociedade, ou sua fusão ou cisão, tem direito de retirar-se da companhia, *mediante o reembolso do valor de suas ações*". Este aspecto também foi objeto do Acórdão em questão. Ora, como se pretende retirar o direito de recesso, somente por força do art. 137, sem revogar o art. 230 da Lei da S/A? O legislador de 1997, por outro lado, alterou o referido art. 230, que passou a ter a seguinte redação "nos casos de incorporação ou fusão, o prazo para o exercício do direito de retirada, previsto no art. 137, II, será contado a partir da publicação da ata que aprovar o protocolo ou justificação, mas o pagamento do preço do reembolso somente será devido se a operação vier a efetivar-se".

Mas, a situação ainda continua bastante discutível. Os acionistas que se acharem prejudicados com a Lei 9.457/97 podem se insurgir contra ela. Isto porque a referida Lei, no que diz respeito à cisão, teve um único objetivo: a privatização. Ora, mais uma vez o direito de recesso se circunscreve a uma situação específica. A fusão, incorporação e a cisão são institutos e meios de reorganização financeira que se complementam no meio empresarial, e a separação que a Lei 9.457/97 fez quanto ao direito de recesso, art. 137, II, *a-b*, contraria o princípio da igualdade nas decisões dos órgãos sociais, em prejuízo para o acionista. A comprovação disto é que o art. 231 da Lei das S/A determina que "a incorporação, fusão ou *cisão* da companhia emissora de debêntures em circulação dependerá de prévia aprovação dos debenturistas, reunidos em assembléia especialmente convocada com esse fim. *Será dispensada a aprovação pela assembléia se for assegurado aos debenturistas que o desejarem, durante o prazo mínimo de seis meses a contar da data da publicação das atas das assembléias relativas à operação, o resgate das debêntures de que forem titulares* (§ 1º). No caso do § 1º, a sociedade cindida e as sociedades que absorvem parcelas do seu patrimônio responderão solidariamente pelo resgate das debêntures". Ora, a Lei mantém toda a proteção para os debenturistas, que são meros credores, mas relega os acionistas minoritários.

É bem verdade que o excessivo número de casos que permitem o recesso acaba por deixar a empresa sem meios de efetuar medidas que possibilitem, inclusive, o seu financiamento, o que pode ocasionar problemas na condução dos negócios. Mas, cada ordenamento jurídico, no tocante às sociedades por ações, procura equilibrar estas hipóteses, sem deixar o acionista minoritário entregue às decisões prejudiciais. Outra hipótese é a diluição da participação acionária, que pode ocorrer com o aumento de capital (art. 170). No direito comparado podem ser encontradas legislações que restringem ao máximo os casos que permitem o recesso, isto em razão da perspectiva institucional das grandes companhias, e da importância do mercado acionário em alguns países. Noutros, como no Brasil, há casos e mais casos que permitem o recesso, situação esta que mostra a feição contratual das companhias, e a restrita importância do seu mercado de valores mobiliários.

Mesmo que toda Lei das S/A tenha o objetivo de trazer novos institutos para o desenvolvimento deste mercado acionário, é somente o desenvolvimento econômico e a alteração da direção dos investimentos da economia pública que possibilitam, realmente, este crescimento.[5] Isto fica ainda

5. "Por isso, na apreciação do seu sistema, assim como de cada um de seus dispositivos e soluções, um dos principais critérios de julgamento há de ser a sua funcionalidade, no quadro da realidade brasileira atual, como instrumento para atingir seu objetivo maior — de criar um mercado primário de ações", e "Com efeito, o objeto da interpretação é a busca da vontade da lei, do conteúdo histórico, seja pelo dado cronológico da antinomia emergente, não deixa margens a dúvidas. Em conclusão: a Lei 7.958, de 1989, pode ser alvo de críticas quanto à técnica adotada, e, mesmo, quanto ao seu mérito (a nosso ver, críticas procedentes) mas é lei; e enquanto não revogada, terá de ser cumprida: *legem habemus*" (Alfredo Lamy e José Luiz B. Pedreira, *A Lei das S/A*, Renovar, 1992, pp. 156 e 567).

mais evidente com as reformas parciais da Lei da S/A, amparadas num legalismo absurdo, e que dá azo também para tantas medidas abusivas.[6] Então, o que se coloca é a revisão de casos que permitem o recesso. Mas, esta revisão somente pode ter efetividade se estiver de acordo com a realidade de uma prática empresarial bem sedimentada, e que seja o reflexo de todo um sistema jurídico e econômico. Não é com uma lei, a Lei de 1989, que se altera uma perspectiva jurídica, sem qualquer ligação com a realidade da fenomenologia societária.

Por sua vez, o que não se leva em consideração é a companhia fechada. É evidente que o sistema societário estaria completo se o mercado acionário brasileiro estivesse desenvolvido, com várias empresas participando. Mas não é isto que ocorre. Há apenas alguns títulos que são negociados, e outros muitas vezes não alcançam valores mínimos para negociação, prejudicando os minoritários, no caso da fusão, incorporação e cisão. O reembolso dos valores das ações pelo direito de recesso é uma garantia para o acionista dissidente. Se o mercado acionário brasileiro é inexpressivo, não é relegando os minoritários ou preferencialistas que se alterará esta situação, mas exatamente o contrário. Outro aspecto que se nota na prática empresarial brasileira é a quantidade de companhias fechadas. Nestas, a disciplina poderá provocar prejuízo excessivo para acionistas dissidentes que não conseguirem alcançar valores corretos para suas ações, o que levará ao enriquecimento dos controladores ou novos acionistas. Mesmo que o estatuto determine *quorum* elevado para algumas deliberações da assembléia, não evitará prejuízos em casos específicos.

O julgado acertou em não dar validade à Lei 7.958/89. O que se coloca neste momento é a Lei 9.457/97. Se ela for aplicada em todos os casos de reorganização empresarial, certamente, será um instrumento para viabilizar medidas administrativas que podem prejudicar vários acionistas em todo o Brasil, para o ganho de uma elite de controladores, que cada vez mais se une, em volta do poder das companhias, formando conglomerados econômicos e impondo sua vontade na condução dos negócios empresariais. O julgado foi preciso quando determinou que "o princípio da *eficácia jurídica* recomenda que as regras básicas estabelecidas na Constituição da República, que dispõem sobre o exercício do poder e servem para regular as relações na ordem privada, entre os cidadãos, ou entre instituições privadas e seus associados, com a mesma aplicação dos princípios básicos que estruturam o Estado, tais o de igualdade, o da moralidade, o respeito, a boa-fé e o direito da minoria, dentre outros".

Com efeito, entende-se que "deve nomeadamente ter-se em conta que o sistema não formula de modo adequado o valor em questão e que, por isso, seja sempre necessário um controle teleológico — pelo menos implícito — quanto a saber se a premissa maior ou o conceito mais vasto tomados ao sistema comunicam plena e acertadamente o conteúdo valorativo significado".[7]

Tudo isto é importante para a eficácia jurídica, tanto que "o escopo da interpretação só pode ser, nestes termos, o sentido do que é agora juridicamente determinante, quer dizer, o sentido normativo da lei. Mas o sentido da lei há de ser considerado juridicamente determinante, tem de ser estabelecido atendendo à intenção de regulação e às idéias normativas concretas do legislador histórico, e, de modo nenhum, independentemente delas".[8]

6. Como as insenções e incentivos que alguns Estados fornecem para a instalação de grandes conglomerados empresariais.

7. C. Wilhelm Canaris, *Pensamento Sistemático e Conceito de Sistema na Ciência do Direito*, Lisboa, F. C. Gulbenkian, 1996, p. 187.

8. Karl Larens, *Metodologia da Ciência do Direito*, cit., p. 448.

Com efeito, o que o julgado fez foi sufragar a solução que a melhor doutrina já defendia desde a edição da Lei 7.958/89. Este caso mostra como o legislador pode cometer equívocos, o que é prejudicial para a democracia. A reforma da Lei das S/A deve sempre e necessariamente ser precedida de discussões doutrinárias, políticas e empresariais, e que reflitam o momento histórico do país e seus objetivos, sem esquecer a vontade geral desta mesma sociedade. Se a disciplinação das companhias continuar protegendo um único interesse, é evidente que o sistema societário brasileiro continuará atendendo vontades segmentadas, como recentemente o foi nas privatizações, no sistema financeiro etc. O que se nota de tudo isto é a ruptura de um conceito, o conceito normativo, que se prende àquele positivismo incongruente, que vê na lei, e somente na lei, a fonte de todo o poder e da supremacia de interesses, permitindo que cada governo se intitule senhor do Estado como se este pudesse ser apropriado. O caso em questão, e que mereceu o julgamento do STJ, ultrapassa a questão econômica, e chega mesmo a alcançar a noção de Estado.

RISCOS OPERACIONAIS NOS MERCADOS DE FUTUROS, OPÇÕES E DE *SWAPS* NA BOLSA DE MERCADORIAS E FUTUROS — BM&F*

CHRISTIAN MAX FINARDI SQUASSONI

Aspectos legais. Margens e ajustes diários: Mercado futuro; Mercado de opções; Opções flexíveis; "Swaps". Os fundos da BM&F. Sistema de liquidação de operações e ordem de execução de garantias. Conclusões: Os riscos suportados por corretoras de mercadorias em operações garantidas pela BM&F — Considerações: A corretora, credenciada como membro de compensação, não atuando na operação em que se configurou a inadimplência; Corretora como membro de compensação e corretora de mercadorias; Corretora exclusivamente como membro de compensação; Risco institucional ou "risco" BM&F.

"Os órgãos reguladores dos mercados em que esses contratos (futuros) são praticados devem estabelecer as restrições necessárias para impedir que, a pretexto de operar no mercado de risco, transforme-se o país em imenso cassino".[1]

Aspectos legais

O episódio protagonizado, em janeiro de 1999, por dois bancos brasileiros atuantes nos mercados de futuro de dólar, pelo Banco Central e pela BM&F, em que o mercado assistiu a uma demonstração do poder devastador dos instrumentos derivativos quando, por qualquer que seja o motivo, se está em uma ponta perdedora. Sem dúvida, trata-se de um mercado onde, entre o *hedging* e a especulação — figuras que, não raro, confundem-se — o risco e, conseqüentemente, os eventuais prejuízos, são partes necessárias da essência do mercado.

A BM&F, como entidade que reúne agentes desse mercado, é responsável pela organização e regulamentação das operações, indo, com efeito, muito além da clássica disponibilização do lugar onde os agentes de mercado se encontram para, por meio da sua *clearing*, garantir a certeza da liquidação das operações realizadas, sem a qual a existência de um mercado de futuros seria impensável.

A regulamentação das operações na BM&F em mercados de futuros, opções e

* Trabalho apresentado ao Curso de Pós-Graduação da FADUSP, 2º semestre de 1999, na disciplina "Títulos de Créditos em Direito Comparado II", ministrado pelo Prof. Mauro Rodrigues Penteado.

1. Rachel Sztajn, *Futuros e "Swaps" — Uma Visão Jurídica*, Cultural Paulista, São Paulo, 1999, p. 244.

swaps tem como base o Estatuto Social da BM&F, o Regulamento de Operações da BM&F e ofícios circulares disponibilizados de tempos em tempos entre os associados tratando de normas de liquidação e garantias, mudanças em limites, margens etc.

Notadamente, o caráter auto-regulatório do mercado de futuros predomina nas relações entre seus agentes,[2] haja vista a atuação da BM&F no sentido de coibir práticas potencialmente danosas por parte de corretoras, atuação esta por vezes discutida sob a alegação de ser de cunho arbitrário.[3]

Neste contexto, o ponto central e a base da segurança do mercado de derivativos é a caixa de compensação — *clearinghouse*,[4] ou simplesmente *clearing* — a qual garante a liquidação de todas as operações, fazendo com que o investidor não tenha que se preocupar com o risco da contraparte na operação, uma vez que a *clearing* assume, como bem indica Marcos Paulo de Almeida Salles em sua tese de doutoramento a respeito do contrato de bolsa de execução diferida, a posição de "interveniente anguladora"[5] entre os investidores, assimilando, assim, o risco da operação.

De fato, com relação às garantias e riscos envolvidos nas operações realizadas nos mercados de opções, futuros e *swaps* com garantia, a BM&F estabelece um sistema em que assume a responsabilidade pela liquidação dos negócios,[6] atuando como contraparte tanto para o comprador quanto para o vendedor[7] e gerenciando, de modo mais rígido ou não, dependendo do tipo de operação e das condições de mercado, os riscos das posições abertas, sendo que (importante ressaltar), em qualquer caso, os responsáveis diretos perante a BM&F pelo registro e pela liquidação das operações realizadas pelas corretoras de mercadorias são os membros de compen-

2. Em obra de cunho altamente elucidativo em relação aos aspectos jurídicos dos mercados futuros, a Profa. Rachel Stajn expõe, comentando a questão da auto-regulação de tais mercados à luz da legislação vigente, notadamente do Código Civil brasileiro: "Aplicar o Código Civil, que apresenta viés próprio das codificações européias do final do século passado — os contratos estão disciplinados tendo, como pressupostos, a igualdade das partes e a negociação de operações isoladas e únicas —, a operações de massa traz à tona a incompatibilidade operacional entre aquelas regras e os novos modelos contratuais" (Rachel Stajn, ob. cit., p. 238).

3. A jurisprudência pátria, dado o próprio caráter auto-regulatório do mercado em questão, é parca, ressalva feita a casos como o dos EI 137.293-1– 8ª Câmara Cível do Tribunal de Justiça de São Paulo, em ação de indenização em que uma corretora insurge-se contra a BM&F por esta ter determinado a reversão de posições detidas por ela durante a convulsão causada pelo caso Naji Nahas, onde o Relator, Desembargador José Osório, conclui, em seu voto, que "a entender o poder discricionário como quer a ré (a BM&F), era preciso que o investidor mais cauteloso buscasse alguma operação à semelhança do *hedging*, para se garantir não apenas dos azares do mercado, mas também da atuação arbitrária da própria Bolsa".

4. "Clearinghouse (...) With regard to futures transactions, a clearinghouse performs the following functions: confirms that trades made each day are acknowledged by both parties; settles amounts owed daily on futures contracts due to changes in contract prices during the trading session; *insures the financial worth of all futures contracts that it has accepted*" (grifo nosso) (*Black's Law Dictionary*, 6ª ed., West, 1990, p. 251).

5. "Quando delineamos o contrato futuro, como o contrato a termo colocamos esta instituição (*a clearing*) como interveniente anguladora das prestações, estipulando em favor das partes, durante toda a execução do contrato, prestando o *del credere* às liquidações solutórias, bem como exercendo o depósito, a administração e a cobrança dos valores de oscilações de preços, no ajuste diário, além da aplicação dos recursos depositados como margens de garantia" (Marcos Paulo de Almeida Salles, "Contratos de bolsa de execução diferida. O contrato futuro". Tese de Doutoramento em Direito Comercial apresentada à Faculdade de Direito do Largo São Francisco, 1998).

6. "Quando um negócio é fechado no mercado futuro, as partes não mais se relacionam entre si, pois a câmara de compensação da bolsa assume a parte oposta, em relação quer ao comprador quer ao vendedor. Assim, tanto para compradores quanto para vendedores a credibilidade da parte oposta não é levada em consideração, diferentemente do que ocorre no contrato a termo" (Octavio Bessada, *O Mercado Futuro e de Opções. Os Fundamentos Teórico-Operacionais para a Montagem de Estratégias de Investimento nos Mercados Derivativos*, Record, São Paulo, 1994, p. 26).

7. Exceto nos contratos de *swap* sem garantia.

sação, tendo suas reservas bancárias debitadas, em D+1, direta e unilateralmente pela BM&F, via Sistema Financeiro de Bolsa — SFB, para a liquidação das operações.

Caso, antes do início das negociações no dia, quando a BM&F ajusta os limites operacionais dos membros de compensação, estabelecendo um quociente entre as posições em aberto e o capital de giro em reservas bancárias, o membro de compensação tiver baixado suas reservas a níveis em que haja risco de liquidez naquele dia, este membro de compensação, caso não aumente suas reservas, terá parte das operações em que atua repassada a outros membros de compensação.

Margens e ajustes diários

O risco do sistema da BM&F é controlado principalmente, dependendo do mercado em que se opera, por meio do regime de ajustes diários e, adicionalmente, pelo depósito, pelas corretoras de mercadorias de margens (iniciais e, eventualmente, adicionais).

Mercado futuro

Podemos caracterizar o mercado futuro, *grosso modo*, como a compra e venda de preços. Desta forma, o risco é indeterminado para ambas as partes da operação, conforme a volatilidade do mercado, ocorrendo a necessidade de os comitentes depositarem diariamente, em dinheiro, via corretora de mercadorias, os valores referentes ao ajuste diário aos preços de mercado da posição tomada, isto tanto para vendedores quanto para compradores. Esses ajustes diários são garantidos por margens depositadas pelos comitentes também via corretora de mercadorias, de modo que todas as posições futuras iniciam o dia "zeradas". Desta forma, pelo sistema de ajustes diários, o risco é reduzido para apenas um dia de variação de preços, uma vez que todas as posições mantidas pelos comitentes são equalizadas com base no preço de compensação do dia, com a correspondente movimentação diária de créditos e débitos nas contas dos clientes mantidas junto às corretoras de mercadorias.

O sistema de margens é caracterizado pelo depósito, junto à BM&F, pelas corretoras de mercadorias, via membros de compensação, até as 12:00h do dia útil seguinte ao da realização das operações, de garantias[8] cujos valores são baseados, de modo geral, no risco potencial da volatilidade de preços no mercado para cada tipo de contrato. Importante ressaltar que o Capítulo IX do Regulamento de Operações, que trata das garantias referentes às operações realizadas na BM&F, estabelece um sistema que permite à BM&F a imposição de depósitos adicionais para a manutenção de contratos em situações de crise de liquidez no mercado ou outros contextos críticos.[9]

Mercado de opções

Diferentemente do mercado de futuros, no mercado de opções a ponta compradora só suporta o risco referente ao prêmio pago pela opção, enquanto o risco do lançador é indeterminado. Desta forma, o lançador deposita margens (conforme descrito no item anterior) normalmente superiores ao valor do contrato (cartas de fiança), enquanto o comprador não tem tal obrigação. Não há, ainda, ajustes diários no mercado de opções, ocorrendo, porém, chamadas de margens quando a situação do mercado o exigir.

Opções flexíveis

Com relação às garantias, diferem no mercado de opções em geral pela possibilidade do diferimento do pagamento do prêmio pelo comprador (pagamento em data

8. Conforme determinação da BM&F, via ofícios circulares disponibilizados de tempos em tempos quanto aos tipos de garantias aceitos.

9. As denominadas "chamadas de margem" ou "margens adicionais".

diferente do dia útil imediatamente posterior ao da operação), situação em que o comprador depositará margem equivalente ao valor do prêmio da opção.

"Swaps"

Quanto à prestação de garantias e ao envolvimento da BM&F na operação, os contratos de *swaps* podem ser com ou sem garantia da BM&F.

Nos contratos de *swaps* sem garantia, a BM&F atua em um plano meramente notarial, fazendo o registro dos contratos, com as partes contratantes assumindo responsabilidades entre si, sem qualquer interveniência ou garantia da BM&F.

Nos contratos de *swaps* com garantia, opera-se a interveniência da BM&F como contraparte garantidora da liquidação da operação, devendo ambas as partes contratantes depositar as margens requeridas. Não ocorrem ajustes diários, mas, da mesma forma que nos contratos de opções, a BM&F pode realizar chamadas de margem, além das margens iniciais, conforme o valor *marked-to-market* das posições.

Os fundos da BM&F

Atualmente, a par do sistema de margens e ajustes diários, a BM&F opera com três fundos, com vistas a aumentar a segurança do investidor e a confiança no mercado como um todo. Os fundos mantidos e administrados pela BM&F são: (i) o Fundo de Liquidação de Operações (o "Fundo de Liquidação"), (ii) o Fundo de Garantia dos Investidores (o "Fundo de Garantia") e o Fundo Especial de Liquidez dos membros de compensação (o "Fundo Especial").

O Fundo de Liquidação é estabelecido nos arts. 69 e ss. do estatuto e foi criado especificamente para garantir a liquidação das operações contratadas. Seu valor é formado por recursos (ativos previamente aprovados pela BM&F) aportados pelos membros de compensação. Atualmente, a participação de cada membro de compensação no Fundo de Liquidação é da ordem de R$ 500.000,00. Segundo o art. 71, em qualquer caso, ocorre a limitação, *para efeitos de liquidação de operações*, da responsabilidade do membro de compensação até o dobro de sua participação no Fundo de Liquidação, ou seja, atualmente, cada membro de compensação corre o risco potencial em relação à liquidação de operações de outros membros de compensação, de R$ 1 milhão. O Estatuto estabelece, ainda, que qualquer dedução efetuada na participação de qualquer membro de compensação no Fundo de Liquidação deve ser prontamente reposta pelo respectivo membro de compensação, de modo que não se mantenham defasagens no Fundo de Liquidação. Não ocorrendo tal reposição dentro do prazo estabelecido pela BM&F, o débito é rateado igualmente entre os membros de compensação restantes, até que o Fundo de Liquidação volte ao seu valor anterior, sendo que cada membro de compensação, no caso de tal rateio, não será obrigado a ter depositado valor superior ao dobro do valor anteriormente depositado. A redação do Estatuto indica que, no caso de novos aportes ao Fundo de Liquidação referentes ao rateio descrito acima, o limite de que trata o art. 71 continua a valer para o novo valor, ou seja, o limite refere-se ao dobro do valor mantido em depósito, seja ele qual for após novos aportes.

O Fundo de Garantia, também estabelecido pelo Estatuto Social, em seus arts. 75 a 79, tem por finalidade a segurança do investidor diante de prejuízos decorrentes de culpa da corretora associada em relação à execução de ordens, podendo, porém, ter seus fundos utilizados para suprir deficiências de liquidez de membros da BM&F em operações feitas em nome de clientes.

O Fundo Especial foi criado em outubro de 1995, com recursos da BM&F. Deste fundo, o membro de compensação que tiver problemas de liquidez no caso de ter de responder pela inadimplência de algum comitente recebe um empréstimo mediante a constituição de garantias.

Sistema de liquidação de operações e ordem de execução de garantias

A fim de garantir a liquidez das operações a cada dia, os valores referentes aos ajustes diários de posições e à liquidação financeira das operações são creditados ou debitados diretamente no SFB, administrado pela Central de Custódia e Liquidação Financeira de Títulos — CETIP e, em D+1, na reserva bancária do membro de compensação, esta mantida em instituição bancária indicada pelo membro de compensação.

Debitado o membro de compensação (em D0, no SFB), este aciona a corretora para que pague em nome de seu cliente.

No caso de não ocorrer a liquidação de um débito no prazo estipulado, o Ofício Circular 025/95 elenca a seguinte seqüência de execução de garantias:

"1. Inicialmente, as garantias do próprio comitente, depositadas no sistema da Bolsa por meio de qualquer corretora de mercadorias a ela associada;

"2. Em seguida, as garantias prestadas por terceiros ao comitente (como cartas de fiança), depositadas pela corretora de mercadorias ou permissionária correspondente que intermediou a transação;

"3. Em terceiro lugar, as garantias e os títulos patrimoniais da corretora de mercadorias e do membro de compensação que realizou e registrou a operação;

"4. Por fim, e na hipótese de o membro de compensação também tornar-se inadimplente, a BM&F utilizará os recursos do Fundo Especial de Liquidez. Se isso for insuficiente, serão acionadas as garantias do Fundo de Liquidação. Se ainda houver insuficiência, a BM&F utilizará seu próprio patrimônio."

O sistema de execução de garantias é acionado do modo descrito abaixo:

Em caso de inadimplência do cliente junto à Corretora, executam-se as garantias fornecidas pelo cliente e as oferecidas por terceiros em benefício do cliente (cartas de fiança). Logo em seguida, são liquidadas suas outras posições porventura existentes e as garantias destas outras posições;

Esgotadas as posições e garantias do cliente, a BM&F volta-se para a corretora de mercadorias que responderá, no dia da liquidação, até com o seu título patrimonial caso não consiga saldar a dívida. Note-se que, antes de ter seu título patrimonial leiloado, a corretora pode saldar o débito pelo qual é responsabilizada por meio de (i) posições próprias que podem ser liquidadas, (ii) garantias destas posições, (iii) reservas operacionais na BM&F, (iv) empréstimo contraído junto ao Fundo Especial.

Ainda dentro do dia da liquidação da operação, exauridos os ativos líquidos da Corretora, o membro de compensação assume o prejuízo, se detiver capital de giro para tanto, ou recorre ao Fundo Especial, contraindo empréstimo mediante a apresentação de garantias, a fim de manter seu capital de giro e, assim, suas posições dentro de seu limite operacional.

Após a data da liquidação financeira da operação, persistindo o débito em relação ao membro de compensação, a corretora poderá ser acionada judicialmente pelo membro de compensação, em conjunto com a BM&F.

A inadimplência do membro de compensação é verificada com a insuficiência de fundos em sua reserva bancária para a liquidação de operações, o que pode resultar na perda do seu título patrimonial, por meio de leilão do respectivo título ou de sistema automático de recompra pela BM&F.

O depósito, em D+1, das garantias referentes a operações realizadas pelas corretoras de mercadorias é feito pelo membro de compensação indicado, sendo acionado, no caso de inadimplência, o mesmo procedimento descrito acima.

Conclusões

Os riscos suportados por corretoras de mercadorias em operações garantidas pela BM&F – Considerações

Uma corretora pode operar na BM&F, na qualidade de membro de compensação, de corretora de mercadorias ou de ambos, sendo que, neste caso, liquida, como membro de compensação, as posições dos clientes da corretora de mercadorias.

Neste contexto, pode-se especificar quatro tipos de risco, conforme o nível de atuação da corretora em uma operação em que ocorra a inadimplência do comitente:

A corretora, credenciada como membro de compensação, não atuando na operação em que se configurou a inadimplência

Como ressaltado acima, esgotadas as operações e garantias do comitente inadimplente, esgotados os fundos e leiloado o título patrimonial da corretora de mercadorias, no caso de uma operação não ser liquidada pelo membro de compensação (o qual também perderá seu título patrimonial), a BM&F lança mão do Fundo de Liquidação, o qual, como já exposto, é formado por aportes de todos os membros de compensação. Na hipótese de uma baixa nesse fundo a fim de cobrir uma operação não liquidada, a reposição é providenciada pela BM&F rateando-se igualmente entre todos os membros de compensação o débito realizado. O aporte ao Fundo de Liquidação é, contudo, limitado, pelo Estatuto da BM&F, em qualquer caso, a duas vezes o aporte inicial dos membros de compensação restantes, de onde se conclui que o risco da corretora em operações em que não atua é limitado a duas vezes sua participação no Fundo de Liquidação.[10]

Corretora como membro de compensação e corretora de mercadorias

Neste caso, as duas figuras acabam por se confundir, sendo que o risco da corretora de mercadorias não difere do risco do membro de compensação (o membro de compensação, obviamente, não pode acionar judicialmente a corretora de mercadorias).

O que se tem, em última análise, é uma empresa suportando todo o risco da operação, ao contrário da solidariedade passiva que ocorre quando a corretora de mercadorias e o membro de compensação são empresas diferentes.

A vantagem deste modelo é o maior controle que se pode obter das garantias prestadas pelos clientes, situação em que um membro de compensação minimiza sua exposição, pois sabe para quem está liquidando operações por meio da corretora de mercadorias.

Corretora exclusivamente como membro de compensação

Esta é, forçosamente, a situação mais delicada, do ponto de vista de riscos operacionais, a que a corretora fica exposta.

Uma análise aproximada da estrutura da BM&F aponta para a segurança real que ela apresenta em relação às operações que garante. Na verdade, a posição de contraparte assumida pela BM&F em todas as operações pode levar uma corretora a ter sua preocupação voltada para o "risco BM&F". O chamado "risco BM&F" é, em última análise, uma preocupação mais próxima do comitente do que da Corretora, uma vez que se refere à garantia de liquidação da operação. Para uma corretora de mercadorias, porém, a maior atenção deve ser dispensada à sistemática de obtenção, análise e manutenção das garantias prestadas pelos clientes. Com efeito, se levarmos em consideração o montante total que representaria o valor do "risco BM&F" (títulos patrimoniais, fundos, patrimônio próprio da BM&F etc.), veremos que é substancialmente inferior ao universo de garantias movimentadas diariamente na BM&F, o que representa, sim, a maior garantia do sistema.

O acionamento do Fundo de Liquidação pressupõe uma situação em que, em

10. Estatuto Social da BM&F, art. 71: "A responsabilidade de cada Membro de Compensação é solidária e limitada, individualmente, ao dobro de sua participação no Fundo de Liquidação de Operações".

tese, já foram atingidos (leia-se leiloados) os títulos patrimoniais tanto da corretora de mercadorias quanto do membro de compensação envolvidos na operação. Esgotado o Fundo de Liquidação, a BM&F responde com seu próprio patrimônio.

Importante notar que tudo isso ocorre no dia da liquidação da operação, sendo que o membro de compensação ou a corretora de mercadorias que não puder arcar com seus compromissos na parte da manhã, pode deixar de sê-lo ao final do dia.

A minimização do risco a que se expõe uma corretora de mercadorias, desta forma, passa obrigatoriamente pelo trato criterioso junto a seus clientes quanto à obtenção de garantias idôneas e de liquidez imediata, o que significa, notadamente, a melhor proteção tanto no "âmbito corretora de mercadorias", quanto no "âmbito membro de compensação".

De todo o exposto, resta a análise da situação de corretora como membro de compensação atuando para outras corretoras de mercadorias. Neste caso, o que se tem é um contexto onde, em termos práticos, uma corretora atuante como membro de compensação disponibiliza um limite a cada uma das corretoras de mercadorias clientes que funciona como uma linha de crédito, sem ter, por vezes, qualquer ingerência em relação às garantias prestadas nas operações que liquida.

Desta forma, baseando-se no exposto acima quanto à ordem de execução de garantias e ao sistema de liquidação de operações, é forçoso admitir que essa impossibilidade, se imutável, deva ser considerada para efeito de mensuração dos riscos inerentes à atividade da corretora como membro de compensação.

A favor da limitação dos riscos suportados por membros de compensação está o fato de que a BM&F, conforme disposição estatutária, estabelece limites máximos de exposição para cada comitente, cada corretora de mercadorias e cada membro de compensação. O monitoramento é diário, podendo a BM&F, inclusive, determinar a redução de posições de determinado comitente, corretora de mercadorias ou membro de compensação.

No caso específico das corretoras de mercadorias, apesar de não haver limite global estabelecido para o conjunto de posições em aberto de seus comitentes, a BM&F estabelece um limite segregado de posições em aberto onde o somatório das posições líquidas de mesma natureza, do mesmo ativo e do mesmo vencimento de carteira própria, das empresas do grupo da corretora, dos fundos administrados pela instituição e dos clientes da corretora não pode exceder até três vezes o limite individual fixado para cada cliente, o qual é estabelecido pela BM&F com base em porcentagens do universo de posições em aberto por vencimento ou em número de contratos. O limite do membro de compensação é diretamente relacionado com suas reservas bancárias, que devem ser suficientes para a equalização de todas as operações em que atua no momento em que a BM&F realiza as compensações, antes da abertura do mercado.[11]

Da mesma forma, é facultado tanto aos membros de compensação estabelecer seus próprios limites e garantias extras em relação às corretoras de mercadorias para as quais liquidam operações, quanto às corretoras de mercadorias estabelecê-los em relação a seus clientes comitentes. Esta disposição é prevista nos contratos celebrados entre a corretora atuante como membro e compensação e as corretoras clientes, possibilitando à corretora a melhoria de seu risco por meio de exigências adicionais de garantias, além das demandadas pela BM&F.

Importante ressaltar, aqui, o risco suportado por um membro de compensação com relação à prestação, por parte das corretoras de mercadorias para as quais liquida operações na BM&F, de garantias representadas por cartas de fiança.

11. Todos esses limites são informados diariamente às corretoras por meio do *Boletim Diário da BM&F*.

De fato, as cartas de fiança entregues em garantia de operações na BM&F[12] estabelecem o pagamento, por parte do banco emissor, em até 24 horas após a solicitação formal da BM&F, que realiza tal solicitação após receber da corretora de mercadorias a informação da inadimplência do cliente, o que ocorre no dia previsto para a liquidação da operação. Desta forma, o membro de compensação fica exposto a um risco de um dia que pode significar, em casos extremos, até a perda do respectivo título patrimonial, conforme já exposto, o que ocorre tanto na inadimplência na liquidação de uma operação quanto na inadimplência na prestação de garantias no prazo estabelecido.

Não há, no entanto, estipulação, por parte da BM&F, de quantidades mínimas de garantias de 1ª linha[13] que devam ser disponibilizadas em operações, podendo tais garantias ser representadas exclusivamente por cartas de fiança, consideradas garantias de 2ª classe.

A emissão de cartas de fiança bancárias está sujeita a limites estabelecidos pelo Banco Central[14] e pela BM&F, sendo que estes últimos, apesar de não respeitarem uma fórmula rígida e válida para todos os casos, variam entre o menor valor entre 40% do patrimônio líquido da instituição financeira emissora e 1,5 vezes o patrimônio da BM&F.[15]

Os recentes acontecimentos que envolveram bancos comitentes e agentes de compensação na BM&F (visivelmente, o Banco Marka e a corretora Theca) mostram que, a par de todo o sistema de garantias e salvaguardas da BM&F, o próprio Banco Central pode intervir em certos mercados com vistas a prevenir maiores prejuízos para o sistema como um todo.

Risco institucional ou "risco BM&F"

Trata-se da possibilidade de "quebra" da BM&F. Sendo uma instituição civil sem fins lucrativos,[16] a BM&F não está sujeita a falência, mas a um processo de insolvência civil.

Neste caso, a situação provável é a de uma apuração do ativo (posições registradas em que o comitente seja devedor da BM&F) seguida do pagamento, a partir dos recolhimentos auferidos, do passivo (posições registradas em que o comitente seja credor da BM&F). Neste caso, compensam-se as posições e o risco é igual ao líquido das posições tomadas.

Nas operações em que a BM&F não atua como contraparte, especificamente as operações de *swap* sem garantia, quebra-se a relação intermediadora da BM&F e resta, dado o caráter notarial da atuação da BM&F em tais contratos, o contrato entre duas partes, exigível em juízo.

12. As cartas de fiança disponibilizadas por bancos para garantia de operações na BM&F devem obedecer a modelos padronizados mínimos fornecidos pela própria BM&F.

13. Dinheiro, ouro ou (as mais comuns) títulos públicos BM&F.

14. Resolução 1.559/88 alterada pela Resolução 2.474/98.

15. Hoje, em torno de R$ 500.000.000,00.

16. Estatuto Social da BM&F, art. 1º.

Espaço Discente

ALGUNS ASPECTOS ATUAIS E POLÊMICOS DO CHEQUE*

ALEXANDRE LETÍZIO VIEIRIA

O direito comercial caracteriza-se por ser influenciável diretamente pelos fatos da vida, razão pela qual se transforma, se renova e se adapta às injunções econômicas e sociais muito mais rapidamente do que o direito civil o faz em face das instituições que regula.

Em virtude deste dinamismo inerente ao direito comercial (e em certa medida também ao direito financeiro), que privilegia as práticas consuetudinárias, que se inserem no mundo jurídico inicialmente como fato e só depois são regulamentadas pela norma, sendo certo que, muitas vezes, mesmo quando há norma regulamentando um determinado instituto ele sofre autêntica metamorfose pelo contexto envolvente e só *a posteriori* as alterações são incorporadas à lei, assistimos à consagração de diversas modalidades de cheque (cheque visado, cheque bancário, cheque cruzado, cheque postal, *travellers checks*, cheque pós-datado), que, umas mais outras menos, refogem à definição legal original do cheque, mas guardam relação com a sua destinação econômica básica, ou seja, a de ordem de pagamento que dispensa a utilização do meio circulante (papel moeda).

Destarte, objetivando atender os anseios do comércio varejista, de um lado, e dos consumidores necessitados de financiamento para a aquisição de bens, de outro, impôs-se, como realidade cotidiana, o cheque pós-datado, indiscriminadamente utilizado tanto pelas pequenas quanto pelas grandes empresas, com a função, precípua e não prevista no modelo original do instituto, de instrumento de crédito. Como conseqüência desta inovação, aumentaram as vendas a prazo, lastreadas na informalidade e na confiança recíproca entre o consumidor e o comerciante.

Como bem assevera Athos Gusmão Carneiro,[1] "não haverá como duvidar que a habitualidade no uso da pós-data pelo comércio varejista brasileiro, baseado no elemento fidúcia, confiantes os emitentes dos cheques na boa-fé dos beneficiários, veio a prover uma necessidade premente dos comerciantes e da maioria de seus fregueses menos abonados, utilizando-se o cheque como promessa de pagamento e como singelo e eficaz instrumento de garantia".

Entendemos superada, na atual quadra, a questão sobre ser ou não ser o cheque um título de crédito, pois entendemos que a indagação perdeu relevância prática, uma vez que o caráter, no mínimo, cambiariforme do cheque é reconhecido pela doutrina e pela jurisprudência claramente majoritárias em nosso direito.

Sim, pois, já predicava José Maria Whitaker[2] o título de crédito é o documen-

* Trabalho apresentado ao curso de Pós-Graduação da FADUSP, 2º semestre de 1999, na disciplina "Títulos de Crédito em Direito Comparado II", ministrado pelo Prof. Mauro Rodrigues Penteado.

1. Athos Gusmão Carneiro, "Caução de cheques pré-datados", in *Revista de Direito Bancário e do Mercado de Capitais* 1/70, jan.-abr. 1998, Ed. RT, 1998.

2. José Maria Whitaker, *Letra de Câmbio*, São Paulo, Ed. RT, 1961, pp. 18-19.

to "capaz de realizar imediatamente o valor que representa. A circulação do respectivo valor é, efetivamente, a função essencial e característica dos títulos de crédito. O valor futuro declarado no título transforma-se facilmente em valor presente por meio de desconto, possibilidade que substitui e mesmo excede as vantagens de um reduzido termo de vencimento: para o credor, porque oferece uma aplicação imediata e de fácil realização às suas economias — e por isso ele alonga o prazo do pagamento e atenua a taxa de juros; para o devedor, porque converte prontamente o seu crédito em dinheiro — e por isso ele se submete a uma forma particularmente rigorosa de obrigação".

E o cheque, conceitualmente, é, na lição de Fran Martins[3] "ordem de pagamento, à vista, dada a um banco ou instituição assemelhada, por alguém que tem fundos disponíveis no mesmo, em favor próprio ou de terceiro".

Conforme esclarece Athos Gusmão Carneiro,[4] quanto à aparente controvérsia sobre ser o cheque "meio de pagamento" ou "título de crédito", vale anotar que a radicalização não procede. Com efeito, Giorgio de Semo — após afirmar que "há uma diversidade de função econômica da cambial e do cheque, porque este não é instrumento de crédito, mas, essencialmente, meio de pagamento" — assinala que "o cheque bancário é portanto, um título de crédito", deixando claro que o fato de não ser ele "instrumento de crédito" não lhe tira a qualidade de "título de crédito".

João Eunápio Borges é enfático ao afirmar ser o cheque um título de crédito, visto que nele se acham presentes dois dos elementos caracterizadores de uma operação de crédito, que, na verdade, constitui a função econômica precípua do título de crédito, ou seja, a confiança e o prazo que medeia entre a promessa de pagamento feita pelo devedor e a sua efetivação diferida no futuro. "Para muitos, de simples meio de pagamento, o cheque pode transformar-se em título de crédito quando posto a circular por meio de endosso. Mesmo, porém, nas mãos do tomador que, por confiar no emitente, o recebeu em lugar de dinheiro, o cheque não deixa de ser um título de crédito. De vida brevíssima, em geral, mas, título de crédito, com a feição característica de documento necessário ao exercício literal e autônomo que nele se contém, de acordo com a clássica definição de Vivante".[5]

Podemos afirmar, portanto, que o cheque é um título de crédito e, mais do que isso, que é um título de crédito ao qual o ordenamento jurídico confere *status* de título executivo extrajudicial, conforme se lê no art. 585, inc. I, do Código de Processo Civil, que o equipara, entre outros, à letra de câmbio e à nota promissória, dois títulos de crédito por excelência.

Frise-se, por oportuno, que a jurisprudência vem reconhecendo a executividade do cheque, mesmo quando se trata de cheque pós-datado, conforme se vê na ementa do REsp 16.855, STJ, 4ª T., Rel. Min. Sálvio de Figueiredo, j. em 11.5.1993 a seguir reproduzida: "O cheque pós-datado emitido em garantia de dívida não se desnatura como título cambiariforme, tampouco como título executivo extrajudicial".

Para Werter Faria[6] "são exeqüíveis os títulos de crédito com função de garantia, ou seja, criados para assegurar o cumprimento de obrigação de que o tomador seja credor e, ainda, para servir de base à execução. O cheque dado em garantia não deixa de ser o que é: título pagável à vista. Se em vez de servir de meio de pagamento à vista, que é a sua função principal, for emitido para garantir a obrigação do tomador, considerar-se-á extracartular a exceção oponível ao tomador que exigiu ou aceitou a criação do cheque a esse título".

3. Fran Martins, *Títulos de Crédito*, 10ª ed., Rio de Janeiro, Forense, 1996, v. 2, p. 3.

4. Athos Gusmão Carneiro, ob. cit., p. 64.

5. João Eunápio Borges, *Títulos de Créditos*, 2ª ed., Rio de Janeiro, Forense, 1983, p. 161.

6. Werter Faria, *Ações Cambiárias*, Porto Alegre, Fabris, 1987, pp. 24-25.

Cumpre destacar, neste passo, que o parágrafo único do art. 32 da Lei 7.357, de 2.9.1985 (Lei do Cheque), dispõe que "o cheque apresentado para pagamento antes do dia indicado como data de emissão é pagável no dia da apresentação".

Assim, a indicação de data posterior à da efetiva emissão retira a essência cambial do cheque, ou seja, a de representar uma ordem de pagamento à vista. O eventual acerto ou convenção firmado entre o emitente e o tomador, no sentido de que o cheque não deve ser apresentado à instituição financeira sacada de imediato, mas tão-somente em data futura, adredemente ajustada entre as partes, é pactuação irrelevante ao direito cambiário e aos institutos a ele inerentes. Representa negócio jurídico exterior ao cheque, estranho à sua criação e, por isso mesmo, ineficaz para retirar do cheque a sua cambiaridade e tampouco a sua força executiva.

Neste sentido, o entendimento do Min. Sálvio de Figueiredo, no aresto acima aludido, é esclarecedor: "No entanto, como cediço, o beneficiário, uma vez recebido o cheque, pode apresentá-lo ao sacado de imediato, independentemente da data nele consignada, o que confirma a natureza de ordem de pagamento à vista. Daí decorre a conclusão de que, se descaracterização ocorre em hipóteses tais, esta é de finalidade, não de essência e forma. E, pondere-se, contribui decisivamente para tal desvirtuamento o próprio emitente que, fiando-se apenas na palavra do beneficiário sem nenhuma garantia ou amparo legal, estipula data de emissão como se data de vencimento fosse. Disso decorre a nenhuma significação jurídica dessa estipulação, que não pode, porque *contra legem*, ser invocada em defesa pelo emitente. Em síntese, o título permanece íntegro sob todos os aspectos, prestando-se indubitavelmente para aparelhar execução. Seja como for, o que impede ficar assentado é que os cheques pós-datados emitidos em garantia de dívida não perdem liquidez e certeza, sujeitando-se à cobrança pela via executiva. Tais cheques não se podem considerar despidos dos requisitos essenciais pelo que conservam cambiaridade e executoriedade. Os únicos efeitos práticos, no âmbito do Direito Civil e Comercial, de o emitente do cheque utilizá-lo para referida finalidade, que não lhe é própria, são: a) o risco que assume de o beneficiário apresentá-lo para pagamento antes do dia indicado como data de emissão e b) a ampliação real do prazo de apresentação".

Retomando o argumento de abertura deste trabalho, é fato notório que nos dias atuais o cheque pós-datado é uma realidade fática em nosso país, muito embora não esteja ainda normatizado, fenômeno que já foi reconhecido pelo legislador argentino que fez publicar a Lei 24.452/95, posteriormente modificada pela Lei 24.760/97, na qual tipifica o cheque de pago diferido, trazendo para o campo normativo uma realidade econômica há muito existente naquele país.

Grandes estabelecimentos comerciais, postos de gasolina e até mesmo prestadores de serviços anunciam, em todos os veículos de mídia, que seus produtos e serviços podem ser adquiridos e pagos com cheque para serem apresentados em 30, 45, 60, 90 dias, com o que, por certo, atraem a atenção e o interesse de muitos consumidores e clientes, seduzidos pelas facilidades do pagamento postergado.

Em sendo assim, como podemos conciliar a prática generalizada das vendas de produtos e serviços para pagamento com cheques pós-datados com os rigores da vigente Lei do Cheque, que considera, na dicção de seu art. 32, o cheque como uma ordem de pagamento à vista e não-escrita qualquer disposição em sentido contrário?

O Prof. Sérgio Carlos Covello[7] ensaia uma resposta para a indagação supra e afirma que "em verdade, há no pagamento com cheque pré-datado duas relações jurídicas:

7. Sérgio Carlos Covello, *Prática do Cheque*, 3ª ed., São Paulo, Edipro, 1999, p. 33.

uma cambiária, decorrente do título chéquico regida pela lei específica; outra contratual decorrente de pacto extracambiário não proibido por lei. No âmbito cambiário, o portador de cheque pré-datado não se obriga a respeitar a cláusula de pagamento a prazo. Tampouco o Banco sacado deve observar aquela cláusula que obste o pagamento do cheque no ato da apresentação. Na esfera contratual, todavia, a cláusula é válida e produz efeitos, de modo que o credor que a desrespeita, apresentando o cheque antes do dia convencionado, age de má-fé e pode ser responsabilizado pelos danos que o emitente venha a sofrer".

A validade do negócio extracambiário nas relações de consumo é admitida expressamente pela Lei 8.078, de 11.9.1990 (Código de Defesa do Consumidor), que prescreve em seu art. 30 que: "Toda informação ou publicação, suficientemente precisa, veiculada por qualquer forma ou meio de comunicação com relação a produtos e serviços oferecidos ou apresentados, obriga o fornecedor que a fizer veicular ou dela se utilizar e integra o contrato que vier a ser celebrado".

Luiz Antônio Nunes[8] sustenta tal ponto de vista e afirma: "(...) o pagamento com cheque pré, normalmente é, do ponto de vista jurídico, um contrato verbal onde o comprador, adquirindo um produto ou serviço, paga o preço com um ou mais títulos (cheques), sendo certo que o vendedor se compromete a somente resgatar o título (isto é, apresentar o cheque pré no banco) nas datas acertadas entre ele e o comprador. Tudo verbal, mas tudo rigorosamente legal. As garantias são recíprocas: o comprador promete que terá fundos quando do saque e o vendedor promete que só apresentará o cheque na data acertada. Na verdade, se nessa transação houver alguma quebra, ela será de dois tipos: ou o comprador não terá fundos na data aprazada ou o vendedor quebrará a promessa e apresentará o cheque antes. Em ambos os casos a quebra é contratual e, assim, está dentro do sistema jurídico e não fora. Além disso tudo, a partir de 11.3.1991, com a entrada em vigor do CDC (Lei 8.070/90), a transação efetuada entre o vendedor e o comprador, firmando a forma de pagamento através do cheque pré-datado, passou a ter regulação expressa em lei, mediante a figura da oferta fixada no CDC. Como a oferta é parte integrante do contrato por força expressa de lei, isto é, pelo estabelecido no art. 30 do CDC e, como tanto o preço como a forma de pagamento são partes da oferta do vendedor, eles integram o negócio realizado. Daí conclui-se que, se o vendedor oferece ao comprador, como forma de pagamento, a entrega de cheque que ele (vendedor) só vai levar ao banco em determinado dia futuro, isso é verdadeira cláusula contratual que não pode ser por ele (vendedor) quebrada, sem que seja responsabilizado pelo rompimento".

Por outro lado, constata-se que a Lei 7.537/85 (Lei do Cheque) não cuidou da disciplina penal do instituto, dispondo o art. 65 da Lei do Cheque que os efeitos penais da emissão de cheque sem suficiente provisão de fundos, da frustração do pagamento do cheque, da falsidade, da falsificação e da alteração de cheque continuam regidos pelo Código Penal.

O art. 171 do Código Penal define como crime de estelionato "obter para si ou para outrem, vantagem ilícita, em prejuízo alheio, induzindo ou mantendo alguém em erro, mediante artifício, ardil ou qualquer outro meio fraudulento".

O § 2º do mesmo artigo, em seu inciso VI, assim tipifica a fraude no pagamento por meio de cheque: "VI — emite cheque, sem suficiente provisão de fundos em poder do sacado, ou lhe frustra o pagamento".

Segundo escólio de Paulo José da Costa Jr.,[9] as condutas típicas consistem (i)

8. Luiz Antônio Nunes, "Da legalidade do cheque pré-datado", in *Tribuna do Direito*, set. 1996, p. 10.

9. Paulo José da Costa Jr., "O regime penal do cheque sem provisão no Brasil", in *Revista da Fa-*

na emissão de cheque sem suficiente provisão de fundos ou (ii) na frustração de seu pagamento, embora existente a provisão. A tutela imediata é a patrimonial do beneficiário (tomador) do cheque. Mediatamente, visa-se tutelar a fé pública e o sujeito-agente é o emitente do cheque e o sujeito passivo é o beneficiário (tomador), que vem a ser lesado em seu patrimônio, podendo ser pessoa física ou jurídica.

Atualmente, está pacificado o entendimento no sentido de que o crime de emissão de cheque sem suficiente provisão de fundos só se consuma se houver recusa no pagamento do cheque, uma vez que tal infração penal é de cunho patrimonial. Destarte, se não houver prejuízo para o sujeito passivo (tomador), não estará configurado o crime de fraude no pagamento por meio de cheque, pois cuida-se, na espécie, de crime material.

Foi superado antigo entendimento de que o crime de emissão de cheque sem fundos seria formal e que estaria consumado no ato da emissão do cheque.

A jurisprudência do Supremo Tribunal Federal orienta-se no sentido de descaracterizar o ilícito penal na emissão de cheque sem fundos, quando pago antes do recebimento da denúncia, extinguindo a punibilidade. Neste diapasão, foi editada pelo Supremo a Súmula 246, fixando o entendimento de que "comprovado não ter havido fraude, não se configura o crime de emissão de cheque sem fundos".

No que concerne à segunda figura típica, ou seja, frustração do pagamento de cheque já emitido, embora existentes fundos disponíveis para tanto, vemos que a frustração do pagamento poderá ser feita de três formas distintas: (i) o emitente retira do banco os fundos de que dispõe antes da apresentação do título pelo tomador; (ii) o emitente determina ao banco sacado que não pague o cheque, o que pode ser feito de duas formas, a saber: (a) contra-ordem, prevista pelo art. 35 da Lei do Cheque, que poderá ser dada após expirado o prazo para apresentação do cheque que, como se sabe, é de 30 dias quando emitido na mesma praça do pagamento e de 60 dias quando emitido em praça diferente da do pagamento, e que poderá ser formalizada tanto pela via judicial, quanto pela via extrajudicial, por intermédio de Cartório de Títulos e Documentos ou até mesmo mediante mera carta protocolada diretamente junto à instituição financeira sacada, indicando as razões motivadoras do ato e (b) oposição, prevista pelo art. 36 da Lei do Cheque, que poderá ser feita durante o prazo de apresentação do cheque, mediante manifestação escrita do emitente ou do portador legitimado, endereçada ao banco sacado, justificando o motivo pelo qual pretende que o pagamento do cheque seja suspenso; e (iii) o emitente emite um novo cheque, que será cobrado em primeiro lugar, retirando os fundos disponíveis e impedindo, conseqüentemente, o pagamento do cheque anteriormente emitido. O crime se consuma quando a ordem de pagamento não é executada.

Segundo, ainda, o Prof. Paulo José da Costa Jr.[10] "não haverá fraude se a contraordem for dada ao estabelecimento, para frustrar o pagamento do cheque por justa causa. Assim, no caso de ter sido o cheque furtado, roubado ou extorquido, ou ter sido o emitente vítima de estelionato. O que se pune é a contra-ordem sem fundamento legal".

No caso da emissão de cheque pós-datado, a jurisprudência criminal vem, reiteradamente, reconhecendo a inexistência do crime, pois a conduta não se enquadra em nenhum dos dois tipos penais acima enunciados. Sendo o cheque, por definição, uma ordem de pagamento à vista, a aposição de data posterior o desnatura, transformando o documento de dívida em letra de câmbio ou nota promissória. A emissão de cheque

culdade de Direito de Guarulhos 1/20-21, jul.-dez. 1999, Guarulhos.

10. Paulo José da Costa Jr., ob. cit., p. 24.

pós-datado demonstra a falta de ânimo de fraudar por parte do emitente, bem como não se vislumbra na ação o intuito de ludibriar o tomador, pois este tem a plena certeza de que o cheque assim emitido não deverá ser apresentado de imediato, e que ele, na verdade, não configura uma ordem de pagamento à vista, mas, sim, garantia de dívida.

Neste sentido, vem se posicionando a jurisprudência como se vê em aresto do Superior Tribunal de Justiça, no RHC 2285-5-SP, Rel. Min. Edson Vidigal, j. 21.10.1992, cuja ementa abaixo se reproduz: "*Penal. Cheque pré-datado. Estelionato. Ação penal trancamento. Habeas corpus. Recurso.* 1. O cheque pré-datado, emitido como garantia de dívida, não constitui ordem de pagamento à vista. O emitente, por isso, não é obrigado a resgatá-lo antes da data aprazada. 2. O pagamento, antes do recebimento da denúncia, do valor com as correções devidas, do cheque sustado afasta a imputação de estelionato (CP, art. 171, § 2º, VI). 3. Recurso conhecido e provido para trancar a ação penal".

Diversa é a situação quando o emitente efetua pagamento com cheque oriundo de conta corrente encerrada. Nesta hipótese, tem-se configurado o estelionato clássico, conforme definido no *caput* do art. 171, do Código Penal. É esse o entendimento da jurisprudência emanada do Superior Tribunal de Justiça, consoante se observa pela leitura das emendas abaixo transcritas: "O pagamento feito com cheque oriundo de conta corrente encerrada configura crime de estelionato em seu tipo fundamental (art. 171, *caput*, CP) e não o delito previsto no inciso VI, § 2º, da mesma norma penal, não podendo ser erigido em causa de extinção da punibilidade, o ressarcimento do prejuízo, ainda que antes do oferecimento da denúncia" (STJ, RHC 2531-5, Rel. Min. Fláquer Scartezzini, *DJU* 19.4.1993, p. 6.685).

"*RHC. Constitucional. Processo penal. Cheque. Conta encerrada.* A Jurisprudência, sensível à realidade nacional de descaracterização do cheque como título de crédito de ordem de pagamento à vista, com pleno conhecimento e anuência do beneficiário, construiu no sentido de, embora caracterizada a insuficiência da provisão, o pagamento, antes de oferecida a denúncia, encerra a relevância penal. Com isso, impede ao credor que não fora vítima de fraude, utilizar o quirógrafo para instauração de processo criminal, envolvendo o emitente. Realização, pois, de justiça material. A hipótese, porém, não se identifica com a emissão do título, encerrada a conta bancária. Impõe-se, na espécie, análise de eventual induzimento em erro" (STJ, RHC 2006-8/SC, Rel. Min. Luiz Vicente Cernicchiaro, j. 31.8.1992).

Podemos afirmar, à guisa de conclusão, que o instituto do cheque pós-datado, de larga utilização em todo o território nacional, está a reclamar urgente disciplina legal, tal como ocorreu recentemente na vizinha Argentina. Como anotado acima, em direito comercial, o fenômeno social precede a regulamentação normativa, o que se vê, mais uma vez, em sede de cheque pós-datado.

Enquanto a disciplina legal específica do cheque pós-datado ainda está por ser elaborada, devemos encarar o fenômeno com o arsenal normativo disponível. Assim, se por um lado, no campo estritamente cambial, somos forçados a reconhecer que o cheque, ainda que pós-datado, é, na verdade, ordem de pagamento à vista, e mais do que isso, título executivo extrajudicial, não podemos nos olvidar de que o Código de Defesa do Consumidor prevê, em seu art. 30, que a oferta, em toda a sua extensão, obriga o fornecedor e integra o contrato que vier a ser estabelecido. Destarte, nas hipóteses em que o emitente do cheque pós-datado lograr provar que assim procedeu porque o fornecedor do produto ou serviço lhe propôs o pagamento parcelado, razão pela qual emitiu o cheque como garantia de dívida, em se verificando a apresentação do cheque pelo tomador antes da data combinada, terá o emitente condições de acionar o afoito tomador pleiteando composição de perdas e danos, inclusive de natureza moral.

Neste sentido, merece destaque o aresto proferido pelo Tribunal de Justiça do Distrito Federal, cuja emenda adiante se reproduz: "*Cheque*. Título pré-datado. Depósito antes do prazo acertado. Inscrição do nome do emitente no Cadastro de Emitentes de Cheques sem Fundos. Danos morais. Indenização devida" (TJDF, 3ª T., ap. 36.433/95–DF, Rel. Des. Vasquez Cruxên, j. 18.12.1996, maioria, *BAASP* 1.986/5).

Por outro lado, entendemos que a jurisprudência criminal vem acertadamente reconhecendo a extinção da punibilidade nas hipóteses em que o emitente de cheque sem a necessária provisão de fundos efetua o pagamento antes do oferecimento da denúncia, exegese que vem sendo estendida também para os casos em que o emitente frustra indevidamente o pagamento feito por meio de cheque, mas que quita o seu débito antes de oferecida a denúncia, pois, em ambos os casos, não se consumou o prejuízo material.

Contudo, notamos um certo abuso no acolhimento de ordem de *habeas corpus* determinando o trancamento de inquérito policial, que objetivava a apuração da prática de estelionato (art. 171, *caput*) e/ou de fraude no pagamento por meio de cheque (art. 171, § 2º, inc. IV). Sim, pois, a benevolência jurisprudencial tem servido de estímulo aos inescrupulosos, que usam e abusam da emissão de cheques sem fundo ou do direito de emitir contra-ordem ou oposição infundadas, objetivando obstar o pagamento feito por intermédio de cheques, na certeza de que não sofrerão represália no campo criminal.

No mais das vezes, a eventual prática do ilícito penal previsto no *caput* do art. 171, do Código Penal, ou do crime tipificado no inc. VI, do § 2º, do mesmo artigo, somente poderá ser constatada no decorrer de um inquérito policial. Dessa forma, a não ser que o emitente do cheque sem fundos demonstre cabalmente a inexistência de prejuízo material para o tomador ou legítimo possuidor do título de crédito, não detectamos o constrangimento ilegal no prosseguimento das investigações no decorrer de um inquérito policial, que poderá, ao final, justificar a propositura de ação penal pública e incondicionada.

Pareceres

O NEGÓCIO JURÍDICO DENOMINADO "FACTORING". A POSSIBILIDADE DE CESSÃO ONEROSA DE CRÉDITO, COM GARANTIA DE PAGAMENTO PELO CEDENTE POR INADIMPLEMENTO DO SACADO — IOF — NÃO-INCIDÊNCIA

SACHA CALMON NAVARRO COELHO
e
MARCO AURÉLIO CALDEIRA COELHO

1. A consulta. 2. A resposta: 2.1 Definições legais tendentes a precisar o conceito de "factoring"; 2.2 Amostras administrativas, doutrinárias e jurisprudenciais em prol da tese do parecer; 2.3 As operações de "factoring" não se sujeitam ao IOF: 2.3.1 Operações de crédito; 2.3.2 Operações de câmbio; 2.3.3 Operações de seguro; 2.3.4 Operações com títulos e valores mobiliários.

1. A consulta

Em complementação a um parecer, em sede de tributação, por nós elaborado em 1998 para a ANFAC — Associação Nacional de *Factoring*, consulta-nos agora a mesma sobre um ponto específico. É possível às empresas de *factoring* receber em cessão, créditos pertencentes aos seus clientes mediante endosso, com o contrato entre o cedente e o cessionário prevendo a responsabilidade do primeiro pelo pagamento do título em caso de não pagamento do mesmo pelo sacado? Se afirmativa a resposta, incide sobre a operação o IOF?

Passamos a responder.

2. A resposta

Cumpre, desde logo, estabelecer o plano do parecer. Em primeiro lugar, importa caracterizar o contrato de *factoring*, de conformidade com a legislação pátria. Em segundo lugar, cabe caracterizar dito negócio jurídico como civil e mercantil e, na mesma passada, excluí-lo dos negócios praticados pelas instituições financeiras. Em terceiro lugar, cumpre demonstrar que consoante a legislação nacional e as tendências jurídicas internacionais, especialmente as observadas no âmbito da Comunidade Econômica Européia, cuja tradição é, como a nossa, a romana-germânica, o instituto do endosso e as cláusulas *pro-soluto* e *pro-solvendo*, podem ser manejadas livremente pelas empresas de *factoring*, valendo o *pacta sunt servanda*. Noutras palavras, impõe-se demonstrar que constitui um descomunal erro jurídico caracterizar o *factoring* (o negócio principal) como endosso em preto *pro-soluto* (o sub-negócio). As operações das empresas de *factoring* bem podem prever o recebimento, em cessão onerosa, de títulos cambiariformes, com a cláusula de co-responsabilidade do cedente, em caso de simples inadimplemento dos sacados, embora formal e materialmente perfeitos, os títulos constantes do portifólio, i.e, sem vícios ou fraudes. Além da legislação, contra certa doutrina, mas com o apoio crescente da jurisprudência, esta terceira parte da resposta será o imo mesmo do parecer.

Como corolário, será demonstrado que não incide sobre o *factoring* o IOF, por não se tratar de operações financeiras com títulos e valores mobiliários, mas de operações mercantis com títulos cambiariformes.

2.1 Definições legais tendentes a precisar o conceito de "factoring"

O fomento mercantil é uma atividade mista atípica, cujos fundamentos são regidos basicamente pelos princípios do direito mercantil.

Pela Circular BC 1.359/88, a Diretoria do Banco Central reconheceu ser o *factoring* atividade mercantil mista atípica mediante o compromisso de não fazer qualquer tipo de intermediação de recursos de terceiros no mercado, comprar efetivamente créditos mercantis e só operar com pessoas jurídicas.

Pelo disposto na Lei 8.981/95, ratificada pela Resolução 2.144/95, do CMN, e pelas Leis 9.249/95 e 9.430/96, foi definitivamente reconhecida sua tipicidade jurídica própria e nitidamente delimitada a área de atuação da sociedade de fomento mercantil que não pode ser confundida com a das instituições financeiras.

Merecem menção outros fundamentos fornecidos, pelo Direito pátrio:

• pelo Código Civil, art. 1.216 — prestação de serviços;

• pelo Código Comercial, arts. 191 a 220 — vendas mercantis — subsidiados pelos arts. 1.065 a 1.078 do Código Civil — cessão de crédito mercantil, nunca operação de crédito, ato financeiro (mútuo bancário);

• pela Lei 5.474/68 — vendas mercantis;

• pelo Ato Declaratório 51, de 28.9.94, da Receita Federal, foi descaracterizada a natureza financeira da operação de compra de créditos (direitos) resultantes de vendas mercantis realizada pela sociedade de fomento mercantil, se reconhecendo tratar-se de operação puramente comercial, que tem fulcro nos arts. 191 a 220 do Código Comercial, ratificando, portanto, o entendimento de operação própria de uma empresa mercantil;

• pela Circular BC 2.715, de 28.8.96 — foram restabelecidos os limites de crédito que as empresas de fomento, como sociedades mercantis, desfrutavam nos bancos.

A atividade de *factoring* foi inicialmente definida pelo art. 28, § 1º, *c*, da Lei 8.981/95, como sendo a "prestação cumulativa e contínua de serviços de assessoria creditícia, mercadológica, gestão de crédito, seleção e riscos, administração de contas a pagar e receber, compras de direitos creditórios resultantes de vendas mercantis a prazo ou de prestação de serviços (*factoring*)".

O referido conceito foi posteriormente confirmado, nos seus exatos termos, pelo art. 58 da Lei 9.430/96.

O Projeto de Lei 230, protocolado em 14.8.95, no Senado Federal, de autoria do Senador José Fogaça, resultado de estudos e do *know how* da ANFAC, que tem por objetivo obter uma lei específica que discipline e regule as atividades de fomento mercantil, já tramitou pela Comissão de Assuntos Econômicos, que aprovou o Substitutivo do Relator, e está, no momento, na Comissão de Constituição e Justiça que deverá apreciar Substitutivo apresentado com emendas de redação e de outros itens com vistas ao aperfeiçoamento do texto.

Decorre do dispositivo legal que a atividade de *factoring* caracteriza-se pelo já mencionado binômio prestação de serviços/

compra de direitos creditórios. Em outras palavras, no *factoring* há uma necessária combinação, *de forma contínua*, da *aquisição de direitos creditórios* decorrentes de vendas de mercadorias/produtos ou de serviços, com a *prestação de serviços* especializados por parte da empresa de *factoring* (*factor*). Nesse particular, inclusive, releva sublinhar que o UNIDROIT (*Institut International Pour l'Unification du Droit Privé*), na Convenção Diplomática realizada em Ottawa em 1988, concluiu que somente há *factoring* se estiverem presentes ao menos duas das funções entre as seguintes relacionadas: gestão de crédito; administração de contas a receber, cobrança; proteção contra riscos de crédito ou fornecimento de recursos.

Em uma concepção gráfica, o *factoring* poderia ser idealizado como a reunião de duas figuras distintas, que não se confundem, mas que se tangenciam.

É em razão deste conceito preciso, que se entende que o *factoring* tem *natureza mercantil* mista, subordinando-se às normas dos Códigos Comercial (arts. 191 a 220) e Civil (arts. 1.216 e 1.065 a 1.078), entre outros diplomas específicos (*v.g.*, Lei 5.474/68).

O fomento mercantil, portanto, não é operação financeira ou mesmo simples compra de faturamento. É um instituto jurídico que se acerca, se aproxima, se avizinha, se abeira do instituto da cessão, do desconto, da antecipação e do adiantamento bancário e de uma série de contratos análogos, mas não se identifica com nenhum deles. O fomento mercantil se sintetiza em uma unidade orgânica e variável segundo a forma operacional adotada, proporcionando às empresas-clientes uma gama de vantagens que devem contribuir para otimizar a gestão delas. Esta é a realidade que não pode ser ignorada, tanto que a Resolução CMN 2.144/95 esclareceu que qualquer operação realizada por empresas de *factoring* que não se enquadre no conceito legal, e que caracterize operação privativa de instituição financeira, constitui ilícito administrativo e criminal.

A melhor doutrina perfilha igualmente a definição legal vigente no direito pátrio.

Na visão de Waldirio Bulgarelli, "as obrigações de ambas as partes — do *factor* de *receber os créditos* e *prestar outros serviços*, e a do cedente de ceder os créditos e pagar as comissões e juros, caracterizam a sua bilateralidade, a sua comutatividade e a sua onerosidade; *também demonstram que não se trata de contrato instantâneo, mas de duração*, realizado apenas entre empresas, e obviamente, com o aspecto fiduciário" (*Contratos Mercantis*, 4ª ed., Atlas, p. 498).

Fran Martins, embora tenha se manifestado sobre o assunto antes da conceituação formulada pelo diploma legal supra citado, apoia-se na doutrina francesa para caracterizar o *factoring* como *técnica financeira e como técnica de gestão comercial*, sendo que com relação à essa "nota-se na faturização a interferência do faturizador (*factor*) nas operações do faturizado, selecionando os clientes deste, fornecendo-lhe informações sobre o comércio em geral, prestando-lhe, enfim, serviços que, de qualquer modo, diminuem os encargos comuns do vendedor" (*Contratos e Obrigações Comerciais*, 2ª ed., Forense, p. 567).

Por fim, Ives Gandra Martins e Luiz Lemos Leite, em artigo enfocando o assunto, destacam: "o que efetivamente existe numa operação de *factoring* não é um financiamento, mascarado de cessão de crédito. *Pressupõe o instituto a prestação de serviços, que deve ter por conseqüência a compra dos direitos das vendas de um produto ou de uma mercadoria.* Não se pode portanto, definir o *factoring* como uma simples cessão de crédito. O *factoring* pressupõe serviços de apoio às empresas-clientes, conforme demonstra a experiência de 50 países onde ele é praticado" ("A atividade típica financeira não se confunde com os serviços prestados por sociedade de fomento mercantil", in *O Estado de S. Paulo*, ed. de 23.8.97, p. B2).

O fomento mercantil pressupõe a prestação de serviços de apoio ao segmento das pequenas e médias empresas que têm dificuldades de dimensionar a identificar as suas deficiências em itens fundamentais, como por exemplo, controle de estoques, conhecimento do mercado de seus produtos, negociação com os fornecedores, acompanhamento de contas a receber e a pagar.

Como conseqüência desses serviços, a empresa-cliente vende à vista os seus direitos (créditos) resultantes de suas vendas mercantis realizadas a prazo, materializadas em títulos de crédito, que são comprados pela sociedade de fomento mercantil.

A alienação de créditos mercantis entre duas empresas tipifica uma autêntica venda mercantil regulada pelo art. 191 do Código Comercial, em que a empresa-cliente, vendendo à vista os seus direitos, recebe "caixa" uma quantia em dinheiro, que é o preço de compra pago pela sociedade de fomento mercantil (*fator de compra*). Em conseqüência, a sociedade de fomento mercantil passa a ser credora dos títulos negociados. A empresa-cliente não é a devedora da operação, mas responsável pelos vícios redibitórios e pelo pagamento, se assim for pactuado.

A tal propósito, importa esclarecer que duas são as partes que intervêm no contrato de fomento mercantil: a empresa-cliente (vendedora-endossante) que transfere os seus direitos e a sociedade de fomento mercantil (compradora-endossatária) adquirente destes direitos. De notar que a compra dos créditos mercantis pelas empresas associadas só pode ser efetuada com recursos não coletados da poupança pública, por lhes ser expressamente vedado por lei fazer intermediação ou captação de recursos no mercado (Leis 4.595/64, arts. 17, 18 e 44 e 7.492/86, arts. 1º e 16).

O devedor-sacado é quem compra produtos ou mercadorias vendidos por ela empresa-cliente. Não é parte, como visto, do contrato de fomento mercantil, mas, no plano do direito cambiário, o devedor responsável perante a sociedade de fomento mercantil (endossatária) pela liquidação do título de crédito negociado, cujos direitos foram formalmente transferidos pelo endosso.

Estas regras de natureza jurídica estão ratificadas no art. 1º, § 2º, do original do Projeto de Lei 230/95, de autoria do Senador José Fogaça e no art. 1º, § 3º, do Substitutivo aprovado na Comissão de Assuntos Econômicos do Senado, ora tramitando na Comissão de Constituição e Justiça daquela casa do Congresso Nacional.

Desde agosto de 1989, a ANFAC vem adotando o contrato de fomento mercantil, bilateral, atípico (inominado), oneroso, comutativo e consensual que regula os direitos e obrigações recíprocos entre as suas filiadas e as empresas-clientes, com fundamento no que dispõem o art. 1.216 do Código Civil e os arts. 191 a 220 do Código Comercial.

Com base nos requisitos essenciais, considerados como elementos de validade dos atos jurídicos — agente capaz, objeto lícito, forma prescrita ou não defesa em lei e consentimento das partes — associados às peculiaridades do fomento mercantil, são construídos e estruturados os contratos de fomento mercantil utilizados pelas empresas filiadas à ANFAC. Hoje as 720 empresas filiadas possuem uma clientela de 50.000 empresas de pequeno e médio porte, que operam com base em 50.000 contratos registrados, prestando relevantes serviços de natureza sócio-econômica, ao garantir a sobrevivência de tão importante segmento da economia do País.

No início de suas atividades em 1982, a cessão de crédito, instituto do direito civil, serviu de instrumento para as operações. Entretanto, com a prática, verifica-se que, como a forma clássica da cessão transmite um direito derivado, era questionável o direito dos cessionários, porquanto títulos de créditos adquiridos têm caráter autônomo e independente, dificultando a sua execução.

A cessão de crédito, de acordo com o Código Civil, não pode estar restrita ao título de crédito, que é instituto do direito cambiário.

A sociedade de fomento mercantil, por definição, deve prestar serviços e adquirir créditos de empresas.

O contrato de fomento mercantil é o resultado das experiências e da situação jurídica desse negócios, uma vez que a transferência de créditos não exaure o conteúdo do *factoring*. É a fusão de elementos característicos de outros negócios baseados nas fontes tradicionais do direito e nas formas que regem os contratos em geral. O contrato de fomento mercantil é, pois, a combinação de vários negócios jurídicos de acordo com a natureza complexa das atividades do *factoring*.

Enfim, segundo as normas de Direito Privado em vigor em nosso País, à luz da doutrina e da jurisprudência, o *factoring* tem *natureza mercantil* mista, subordinando-se às normas dos Códigos Comercial (arts. 191 a 220) e Civil (arts. 1.216 e 1.065 a 1.078), entre outros diplomas específicos (*v.g.*, Lei 5.474/68). Distingue-se nitidamente das atividades bancárias e financeiras próprias, não se lhes aplicando as normas que regulam o sistema financeiro. Ao contrário, a prática pelas empresas de *factoring* de qualquer operação, que caracterize operação privativa de instituição financeira, constitui ilícito administrativo e criminal (Resolução CMN 2.144/95).

2.2 *Amostras administrativas, doutrinárias e jurisprudenciais em prol da tese do parecer*

De ver agora algumas manifestações do Banco Central, da Procuradoria da Fazenda Nacional, da doutrina e da jurisprudência, excluindo as empresas de *factoring* do estrito mundo das operações financeiras e da subordinação dessas últimas aos órgãos de resguardo da economia popular (e de vigilância sobre as instituições privadas que com as mesmas lidam), com o fito de remarcar a natureza mista, civil e comercial, do negócio de *factoring*, à guisa de preparação ao ponto crucial do presente parecer, ou seja, a irrelevância da cláusula *pro soluto* e *pro solvendo* para a sua caracterização. Para logo essa, a "operação de desconto" ou de "cobrança simples" pelos bancos, é um sub-negócio bancário e pode ser exercido pelas empresas de *factoring*. A única diferença é esta: *a empresa factoring* não faz *funding* com o dinheiro de depositantes (economia popular). Os bancos, ao contrário, é que com a *intermediação de recursos*, bancam os "descontos" e se garantem recebendo títulos *pro solvendo*. Excluir as *factorings* desse tipo de negócio, seria privilegiar a banca e desservir ao País. Os que cedem títulos às empresas de *factoring*, cedem créditos próprios porque são civilmente capazes e comercialmente responsáveis. É um negócio interpartes como a compra-e-venda e o mútuo mercantil (não-bancário).

Vejamos agora as manifestações retro referidas com os grifos por nós feitos, para chamar a atenção dos estudiosos.

Recurso 2.622 publicado no *DOU* de 30.7.99 perante o Conselho de Recursos do Sistema Financeiro Nacional:

"*Ementa: Recurso voluntário.* Exercício de atividades típicas de instituição financeira sem a competente autorização do Banco Central do Brasil. 'Factoring'. Desconto de cheques pós-datados de empresas comerciais. Falta de configuração de irregularidade. Apelo a que dá provimento.

"*Acórdão/CRSF 2.618/99:* Vistos, relatados e discutidos os presentes autos, decidem os membros do Conselho de Recursos do Sistema Financeiro Nacional, por maioria, dar provimento ao recurso interposto, transformando em arquivamento a decisão do Órgão de primeiro grau no sentido de aplicar a Fonseca *Factoring* de Fomento Comercial Ltda., pena de multa pecuniária no valor equivalente a R$ 3.000,00 (três mil reis). Sem entrar no mérito de serem os cheques pós-datados títulos de crédito ou não, *e abstraído o fato de que a aquisição 'pro solvendo'*, com direito de regresso pela inadimplência do sacador do cheque, desnaturaria a atividade de *facto-*

ring, entendeu o CRSFN não ter havido intromissão especulativa, traduzida na intermediação de capital, pela tomada de recursos do público em geral e posteriores empréstimos a terceiros, com habitualidade e intuito de lucro, vencidos os Conselheiros Drs. Hélio Ramos Domingues e Waldir Quintiliano da Silva, que preconizaram em voto por escrito, inalterabilidade do apenamento original."

Apelação cível 197.200.199, 12ª Câmara Cível do Tribunal de Justiça do Rio Grande do Sul, de 25.6.98:

"*'Factoring'. Recompra de títulos. Admissibilidade.*

"Inexistindo norma legal impeditiva, não descaracteriza a operação de *factoring* a recompra de títulos quando avençada contratualmente. Mantida a natureza da operação torna-se inviável a revisão para expurgar juros excessivos, eis que inexistentes. *Apelo improvido.*"

Recurso especial 98.962/RS (1996/0039340-0) do STJ, em 13.4.98 (in *DJ*, p. 00116, 3ª Turma):

"Regulado o contrato de *factoring* por cláusulas próprias, uma das quais admitindo a possibilidade do pagamento do direito, não há falar em violação a qualquer dispositivo de lei federal, inaplicáveis os precedentes sobre outra modalidade de negócio jurídico. Recurso Especial conhecido e provido, em parte."

Recurso especial 1994/0003932-8, em 4.3.96 (in *DJ*, p. 05402, 3ª Turma):

"Frustrada a expectativa do cessionário de títulos, por força de contrato de *factoring*, de receber o respectivo valor, por ato imputável ao cedente, fica esse responsável pelo pagamento.

"Juros — Computo a partir da citação."

Até mesmo o Tribunal de Alçada de Minas Gerais, que vem afirmando a tese de que o título cedido é *pro soluto*, cabendo responsabilizar o cedente em caso de vício, está evoluindo. No Processo 0280217-3, em encêrros de apelação, e Relator Edilson Fernandes, e o que se deduz dos entrechos que damos escrito, avança o entendimento do TAMG.

"(...)

"Se vício houve na origem do título, tal fato deve ser debitado à emitente da duplicata, que é responsável pela existência do crédito ao tempo em que fora ele cedido, e não à apelada. Com efeito, o contrato de *factoring* tem como fulcro uma cessão de crédito a título oneroso, que é feita pela faturizado em favor do faturizador, responsabilizando-se aquela pela existência do crédito (art. 1.073 do Código Civil). Conquanto seja uma das características da faturização o de assumir o faturizador o risco relativo ao recebimento, ou não, da quantia cedida, tal não abrange aquelas hipóteses em que o crédito cedido esteja eivado de algum vício que o invalide, como ocorre no caso de a fatura não corresponder a uma compra e venda efetiva (Fran Martins, *Contratos e Obrigações Comerciais*, 1990, p. 572). Ainda sobre o assunto, é de lembrar o ensinamento de Arnaldo Rizzardo: 'Constituindo o *factoring* uma figura jurídica complexa, integra-se de vários elementos, dentre os quais a cessão. Enquanto considerado um instituto de direito civil, há incidência de regras do Código Civil'. Assim o art. 1.072, que estatui: 'o devedor pode opor tanto ao concessionário como ao cedente as exceções que lhe competirem no momento em que tiver conhecimento da cessão, mas não pode opor ao cessionário de boa-fé a simulação do cedente'."

O que o Tribunal de Alçada de Minas Gerais não explica, ao contrário do Superior Tribunal de Justiça e do Tribunal de Justiça do Rio Grande do Sul, é o fundamento legal para ver unicamente no *factoring*, enquanto negócio jurídico complexo, a cessão dos títulos *pro soluto*, tendo em vista o princípio mais amplo e genérico do *pacta sunt servanda* e a plasticidade que o mundo negocial exige de seus partícipes. O Tribunal de Alçada de Minas Gerais, para usar um termo vulgar, mas de conteúdo semântico bem comunicativo, como que "engessa" o negócio de *factoring*, sem nenhum proveito prático. Claro está que tanto instituições financeiras como não-financeiras, podem receber em cessão títulos *pro solvendo* e *pro soluto* e que as atividades de umas e outras se diferenciam pelo fato de as instituições financeiras serem agentes de intermediação entre a poupança popular e o financiamento das atividades econômicas. Veja-se, *v.g.*, o caso da duplicata que é um título genuinamente brasileiro. É com base nela que a grande maioria das vendas a prazo se consubstanciam neste país. Sabido que o ato jurídico adequado para transferir os direitos emergentes de uma duplicata é o endosso, que em princípio deverá ser pleno (art. 11 da "Lei Uniforme de Genebra" combinado com o art. 12 do mesmo diploma legal), no Brasil se admite a restrição — *endossamos sem garantia quanto à liquidação do título* — como uma exegese do art. 15 da LUG. Não podemos ignorar as vantagens do endosso pleno porque além de o cedente responder pela legalidade, veracidade e legitimidade do título, garante também o seu pagamento. Num país onde, em função da impunidade e da demora em se fazer justiça, muitos se aproveitam para se locupletarem colocando em circulação papel de crédito comercial sacado indevidamente, torna-se natural um instituto cambial forte, ágil e inteligente, purificador de um título de crédito, que é o *endosso pleno*, para evitar que o cessionário se torne uma presa fácil dos "expertos".

Onde está o dispositivo legal ou mesmo uma doutrina sólida que nos permita afirmar que a diferença entre uma operação de *factoring* para o desconto bancário é a condição *pro solvendo*? Hoje sabemos que a diferença está, basicamente, na origem dos recursos, oriundos da captação da poupança popular ou não!

Nos casos das empresas *factoring* bastaria um aviso: para operações *pro soluto* sobre o valor de face do título aplicar-se-ia um "deságio" maior, pelo risco inerente. Para as operações *pro solvendo* um desconto menor, por óbvio.

Assim estaríamos viabilizando melhor os negócios envolvendo transferência de direitos creditórios, representados por títulos de crédito, com uma sensível diminuição de custos para aqueles que operam com boa-fé e com segurança, quando admitirem responder pelo endosso pleno.

Ao extremar as atividades de *factoring* das financeiras, visto já que as fórmulas *pro soluto* ou *pro solvendo* nada adiantam sobre a espécie, a Procuradoria da Fazenda Nacional recolocou a questão nos seus devidos termos. Em 19.3.1999, o Procurador da Fazenda Nacional, Paulo Sérgio Augusto da Fonseca, nos encêrros do Processo 9700712128 (Recurso 2.622) perante o Conselho de Recursos do Sistema Financeiro Nacional, opinando pela exclusão de uma *factoring* da classe das instituições financeiras, lavrou parecer de valor tão elevado que o damos transcrito nesta oportunidade, *in verbis*:

"Sabidamente, o conceito de instituição financeira veiculado por intermédio da Lei 4.595/64 não é um exemplo de clareza. A maior parte dos tratadistas já notou tal fato. Assim, já havia se manifestado Liane Maia Simoni, a respeito do teor do art. 17: 'Tal conceituação despertou severas críticas por parte dos doutrinadores, em razão de sua redação que, por ser extremamente abrangente, dificultou bastante a interpretação do conceito nela contido' (Liane Maia Simoni, "O regime jurídico da responsabilidade dos administradores de instituições financeiras", *RDM* 44/31).

"Realmente, o teor do art. 17 da Lei 4.595/64, em função de sua pouca clareza e excessiva abrangência, criou uma série de problemas de caráter interpretativo. Os juristas, todavia, através de um trabalho sistemático, se esforçaram para em face deste dispositivo, extrair um conceito viável de instituição financeira. Ora, classicamente as instituições financeiras, especialmente os bancos, têm como característica a *interme-*

diação de recursos financeiros. É inclusive este o conceito que a ciência econômica empresta ao termo. Veja-se, por exemplo, que os economistas americanos, ao se referirem a bancos e outras instituições financeiras, os tratam como intermediários financeiros. Confira-se o que dizem alguns especialistas a este respeito: '*Intermediários financeiros* são firmas, como os bancos, que funcionam como os intermediários do sistema financeiro. Emitem direitos sobre si mesmas (como os depósitos que as associações de crédito imobiliário, ou caixas econômicas, emitem) e usam os fundos que obtêm em troca desses direitos para conceder empréstimos a terceiros' (grifo do original) (Thomas Mayer, "Moedas, bancos e economia", Rio de Janeiro, Ed. Compus, 1993, p. 43).

"Neste mesmo sentido, se expressa o Professor emérito do M.I.T., Paul A. Samuelson: 'A moeda escritural e muitos outros serviços são proporcionados por intermediários financeiros. Os *intermediários financeiros* são instituições como os bancos, companhia de seguros e um número decrescente de associações de poupança e empréstimo que recebem depósitos ou fundos de um grupo e emprestam esses a outro grupo' (grifo do original) (Paul A. Samuelson e William D. Nordllaus, *Economia*, 14ª ed., Lisboa, MCGraM, 1993, p. 582).

"Os juristas de certa forma seguem a definição econômica, dando ênfase a questão da intermediação. Veja-se, por exemplo, o que diz Molle: 'L'impresa bancaria se caratterizza per l'attivitá che esplica di *intermediazione nel credito*, attraverso cioè la raccolta delreparmio fra il pubblico e l'esercizio del credito' (itálico no original) (Giacomo Molle, *Manuale di Diritto Bancario*, 3ª ed., Milano, Dott. A. Giuffrè Editore, 1987, p. 3).

"Por sua vez, Vasseur, baseando-se em diretiva da CEE assim define a atividade bancária: 'La définition française de la banque est au demeurant en accord avec la définition qu'en a donnée le Conseil des Ministres des Communautés Européenes par une directive du 12 decembre 1977. Celle-ci déclare entendre par établissement de crédit: 'une enterprise dont l'activité consiste à recevoir du public des dépóts ou d'autres fonds remboursables et à octroyer des crédits pour son propre compte' (Michel Vasseur, *Droit et Economic Bancaires*, Fascicule J., 3ª ed. Par Les Cours de Droit, s/d, p. 29).

"Os juristas pátrios também consideram os bancos e as instituições financeiras como entes que intermediam recursos. Lauro Muniz Barreto assim se expressa: 'O Banco pode, pois, definir-se 'a empresa intermediária do crédito', na frase de D'Angelo. Exerce uma intermediação econômica. Existem, como se sabe, outros elementos de mediação, de onde convir precisar-se que a mediação operada pelos Bancos, não é aquela que se caracteriza pela simples aproximação realizada entre aqueles que dão crédito e aqueles que recebem a crédito, sem assumir, entretanto, uma responsabilidade própria, direta e pessoal. O Banco realiza essa interposição por meio de dois atos, que constituem, *prima facie*, aquilo que se pode chamar de 'o binômio bancário'. Toma dinheiro emprestado, a crédito, e o dá, também por empréstimo' (Lauro Muniz Barreto, *Direito Bancário*, São Paulo, Universitária de Direito, 1975, p. 31).

"Carvalho de Mendonça, por sua vez, ensina: 'Para melhor precisar o conceito jurídico sobre os bancos, na sua vasta complexidade, podemos dizer que estes são empresas comerciais, cujo objetivo principal consiste na intromissão entre os que dispõem de capitais e os que precisam obtê-los, isto é, em receber e concentrar capitais para, sistematicamente, distribuí-los por meio de crédito' (J. X. Carvalho de Mendonça, *Tratado de Direito Comercial Brasileiro*, 5ª ed., Rio de Janeiro, Livraria Freitas Bastos S/A, 1956, v. VI, 3ª parte, pp. 14-15).

"A doutrina brasileira, analisando especificamente o art. 17 da Lei 4.595/64, conclui neste mesmo sentido, isto é, que o exercício da atividade financeira se caracteriza pela intermediação. Wilson do Egito Coelho, nome que dispensa apresentação, diz o seguinte: 'Cremos mesmo que esses elementos não estiveram fora da cogitação do legislador contemporâneo. A lei define como operação privativa de instituição financeira 'a coleta, intermediação ou aplicação de recursos financeiros' etc. Teremos, então, como coleta, a operação passiva (devedor direto) e como aplicação, a operação ativa (credor direto). Da inter-relação das duas surge a intermediação que, em Direito Comercial, significa intromissão especulativa. Os três elementos interligados, reciprocamente dependentes, formam uma unidade conceitual, portanto. Deste modo, a aplicação de recursos financeiros, próprios ou de terceiros, em moeda, só será atividade privativa das instituições financeiras quando ficar caracterizada a intermediação, ou coleta anterior dos mesmos recursos' (Wilson do Egito Coelho, "Empréstimo de dinheiro por particulares; quando se caracteriza operação privativa dos bancos", *RDM* 41/69).

"Por sua vez, o que há de mais moderno no Brasil a este respeito também se mostra favorável a posicionamento adotado por Wilson do Egito Coelho. Diz o lúcido Prof. Nelson Eizirik, citado por Liane Maia Simoni: 'Nelson Laks Eizirik, concordando com o ponto de vista adotado por Wilson do Egito Coelho, sugere seja substituída 'a conjunção alternativa 'ou' constante da expressão coleta, intermediação ou aplicação de recursos financeiros pela conjunção aditiva 'e', assegurando-se, por esse meio, uma correta e uniforme interpretação'.

"Neste sentido, parece claro que o campo reservado às instituições financeiras seria notadamente a intermediação de capitais. Logo, só exercerá irregularmente as funções de instituição financeira aquele que intermediar moeda.

"Socorrendo-nos, mais uma vez, dos ensinamentos do ilustre Dr. Luiz Alfredo Paulin, '(...) pode-se inferir que a instituição financeira habitualmente e com intuito de lucro, atua no âmbito da intermediação de capital, tomando, em nome próprio, recursos de uns e emprestando, também em nome próprio, recursos a outros. Aquele que estiver assim agindo, sem prévia autorização do Banco Central do Brasil, deve ser considerado instituição financeira irregular ou de fato, sujeitando-se às sanções previstas em lei' (*RDM* 110, p. 198, item 9).

"Pelo conjunto de elementos trazidos aos autos, verifica-se que as operações tidas como caracterizadoras da atividade privativa de instituição financeira são referentes a descontos de cheques pós-datados a ela cedidos por empresas comerciais.

"No entender do Banco Central, cheques não seriam instrumentos apropriados para o registro de venda mercantil, desnaturando-se dessa forma a atividade de *factoring*, que diz respeito à compra de direitos creditórios oriundos de atividade mercantil.

"Sem entrar no mérito sobre o fato de serem os cheques pós-datados títulos de crédito ou não, ou mesmo o fato de que a aquisição *pro solvendo*, com direito de regresso pela inadimplência do sacador do cheque, desnaturaria a atividade de *factoring*, entende esta Procuradoria não ter se verificado a prática de atividade privativa de instituição financeira nos termos em que definida acima, ou seja, não se verificou a intermediação de capital com habitualidade e intuito de lucro, consistente na tomada de recursos do público em geral e posterior empréstimo a terceiros."

No âmbito da Comunidade Econômica Européia, cujo direito tem a mesma descendência romana-germânica que o nosso, admite-se claramente que o *factoring* conviva com as cláusulas *pro soluto* e *pro solvendo*. Façamos uma análise da legislação italiana valendo pela legislação comunitária, tirada de Revista especializada em Finanças.

"*La regolamentazione dell'attività di 'factoring'*

"Mario Cardillo — Capo Servizio della Vigilanza sulla Intermediazione Finanziaria — Banca D'italia

"(...)

"In ambito comunitario l'attività di *factoring* non risulta oggetto di una specifica disciplina contrariamente a quanto avviene per altre attività del marcato finanziario quale quella bancaria, assicurativa e di intermediazione mobiliare. (...)

"Il *factoring* è peraltro oggeto di espressa menzione nell'ambito della Seconda Direttiva di coordinamento bancario (89/646), recentemente recepita nell'ordinamento italiano com il D. Lg 481/92; in tale normativa l'attività di *factoring* nonché la cessione di crediti (sai pro soluto sai pro solvendo) (...)."

"*A regulamentação da atividade de 'factoring'*

"Mario Cardillo — Chefe de Serviço da Vigilância sobre a Intermediação Financeira — Banco da Itália

"(...)

"No âmbito comunitário a atividade de *factoring* não é objeto de uma específica disciplina, contrariamente ao que diz respeito às outras atividades do mercado financeiro, como a bancária, securitária e de intermediação imobiliária. (...)

"O *factoring* é, apesar disso, objeto de expressa menção no âmbito da Segunda Diretiva de coordenamento bancário (89/646), recentemente recebida pela ordenamento italiano com o D. Lg 481/92; em tal norma a atividade de *factoring* não é senão cessão de créditos (seja *pro soluto*, seja *pro solvendo*) (...)."

2.3 As operações de "factoring" não se sujeitam ao IOF

Quanto ao IOF, dispõe o Código Tributário Nacional:

"Art. 63. O imposto, de competência da União, sobre operações de crédito, câmbio e seguro, e sobre operações relativas a títulos e valores mobiliários tem como fato gerador:

"I — quanto à operações de crédito, sua efetivação pela entrega total ou parcial do montante ou do valor que constitua o objeto da obrigação, ou sua colocação à disposição do interessado;

"II — quanto às operações de câmbio, a sua efetivação pela entrega de moeda nacional ou estrangeira, ou de documento que a represente, ou sua colocação à disposição do interessado, em montante equivalente à moeda estrangeira ou nacional entregue ou posta à disposição por este;

"III — quanto às operações de seguro, a sua efetivação pela emissão da apólice ou do documento equivalente, ou recebimento do prêmio, na forma da lei aplicável;

"IV — quanto às operações relativas a títulos e valores mobiliários, a emissão, transmissão, pagamento ou resgate destes, na forma da lei aplicável.

"Parágrafo único. A incidência definida no inciso I exclui a definida no inciso IV, e reciprocamente, quanto à emissão, ao pagamento ou resgate do título representativo de uma mesma operação de crédito."

O art. 64 cuida das bases de cálculo do imposto, a seguir:

"Art. 64. A base de cálculo do imposto é:

"I — quanto às operações de crédito, o montante da obrigação, compreendendo o principal e os juros;

"II — quanto às operações de câmbio, o respectivo montante em moeda nacional, recebido, entregue ou posto à disposição;

"III — quanto às operações de seguro, o montante do prêmio;

"IV — quanto às operações relativas à títulos e valores mobiliários:

"a) na emissão, o valor nominal mais o ágio se houver;

"b) na transmissão, o preço ou o valor nominal ou o valor da cotação da bolsa, como determinar a lei;

"c) no pagamento ou resgate, o preço."

"Art. 146. Cabe à lei complementar:

"(...)

"III — estabelecer normas gerais em matéria de legislação tributária, especialmente sobre:

"a) definição de tributos e de suas espécies, bem como, em relação aos impostos discriminados nesta Constituição, a dos respectivos fatos geradores, bases de cálculo e contribuintes;"

O legislador da Lei Complementar houve por bem definir o que entende por:

a) operação de crédito (moeda presente contra moeda futura e o seu *plus*);

b) operações de câmbio (moeda nacional trocada por outras moedas estrangeiras, sob comissão);

c) operações de seguro (ressarcimento em moeda ou equivalente de provável ou possível dano) e;

d) operações relativas a títulos e valores mobiliários (circulação de títulos representativos de valores conversíveis em moeda corrente).

Para logo, a compra de documentos representativos de venda não é operação como tipificada na alínea *d*, supra.

O IOF nasceu como imposto extrafiscal para equalizar o mercado financeiro, daí a licença para o Executivo manejar as suas alíquotas por ato administrativo, nos limites fixados em lei. O imposto, quanto aos seus fatos jurígenos, reporta-se às formas e conceitos de Direito Privado relativos aos contratos de câmbio (troca de moedas), de seguro, crédito (mútuo) e os concernentes a títulos e valores mobiliários (títulos de crédito, mercado de futuros, notas cambiariformes, negócios bursáteis etc.), normatizados nos Códigos Civil e Comercial e regrados pelos órgãos de controle dos mercados financeiros.

Em 15.3.90, mediante a Medida Provisória 168, pretendeu-se submeter ao IOF os saques em cadernetas de poupança e os depósitos bancários. Ora, o imposto incide sobre operações ligadas aos núcleos impositivos marcados no CTN, por força da Constituição de 1988. E a licença é para alterar alíquotas, não mais as bases de cálculo, que são fornecidas pela lei.

O sujeito passivo *de jure*, a teor das leis ordinárias e decretos regulamentares, por opção do legislador, pode ser qualquer das partes no negócio tributado. Tal licenciamento tem provocado oscilações. Ora é a instituição que faz repercutir o ônus do imposto nas pessoas físicas e jurídicas, ora são essas, os contribuintes *de jure*, ficando as instituições com o dever de reter e recolher o imposto. Duvidosa é a regra delegatória do CTN, pois pela Constituição atual compete à lei complementar *definir* os contribuintes dos impostos discriminados na Lei Maior. Como a lei complementar é lei que *integra a Constituição*, por isso possui *quorum* qualificado, não se admite que possa esta delegar a função de complementar a Constituição ao legislador ordinário, transformando-a em texto flexível, de livre disponibilidade pelo legislador ordinário, relativamente à estrutura dos impostos. O Judiciário ainda não se advertiu dessa delicada sintaxe normativa. Tem aceito, só para exemplificar, as determinações da Lei 5.143 e do Decreto-lei 914, de 7.10.69, que nomeou contribuintes os "tomadores de créditos e os segurados", indicando como responsáveis as instituições financeiras e as seguradoras. Há, ainda, a tese de serem as instituições responsáveis *não pelo imposto*, mas pela sua *retenção* e *recolhimento* (estariam em pé de igualdade com os que são obrigados a reter o imposto de renda na fonte, obrigação de fazer e não de dar dinheiro). A questão não é de somenos porque o tema da *responsabilidade tributária passiva* é tratado no Livro Segundo do CTN como "Norma Geral de Direito Tributário", impondo-se aos legisladores federais, estaduais e municipais. As soluções jurídicas variam de acordo com a situação do "responsável".

"No IOF sobre câmbio é contribuinte o comprador da moeda estrangeira, porém os responsáveis não só pela cobrança como também pelo seu recolhimento ao Banco Central são as instituições autorizadas a operar com o câmbio, o que decorre de disposição expressa de lei, art. 121, II, do CTN e art. 3º, III, do Decreto-lei 1.783/80" (TRF, 2ª R., AC 93.02.08860–RJ, *DJ* de 22.3.94).

O art. 167, IV, da Constituição vigente revogou as disposições do CTN que vinculavam as receitas dos impostos de importação e de exportação e também do IOF (art. 67 do CTN) à formação de reservas monetárias.

O imposto se pretende classificado entre os impostos sobre circulação. É imposto sobre negócios cambiais, financeiros, creditícios e de seguros. É tipicamente imposto sobre negócios jurídicos específicos. Nas operações de crédito a instituição financeira coloca dinheiro atual nas mãos do tomador, em troca de mais dinheiro no futuro (mútuo). Nas operações de câmbio o negócio é trocar moedas. Nas operações com seguros paga o segurado *ex contractu* quantias em dinheiro para forrar-se riscos a bens e interesses os mais variados. As operações com títulos e valores mobiliários pegam os papéis representativos de bens e direitos em circulação no mercado financeiro. Muito recentemente o Decreto 2.219, de 2.5.97 (*DOU* de 5.5.97), consolidou a regulamentação do IOF.

O conceito de crédito, ao nosso sentir, é estrito e não amplo. A fiança, *v.g.*, que é garantia, espécie do gênero caução, não pode ser considerada como operação de crédito. O que pode ser tributado pelo IOF decorre do CTN: mútuo e contratos similares (carta de crédito), seguros, contratos de câmbio e os valores mobiliários.

Os quatro núcleos do IOF postos no CTN, merecem comentários relevantes. Três deles são estritos; o outro é genérico e expansivo. São estritos os fatos geradores que caracterizam:

• as operações de crédito (negócios jurídicos de mútuo de dinheiro em suas diversas modalidades). Cartas de crédito subscritas pelo emitente, a título de exemplo;

• as operações de seguro (negócios jurídicos securitários em todas as suas modalidades);

• as operações de câmbio (contratos cambiais, troca de moedas mediante comissão);

• em contrapartida, as operações de circulação de títulos e valores mobiliários são variadas. Basta atentar para o número crescente de títulos de crédito e de operações com valores mobiliários em face à intensa globalização da economia e do adensamento das atividades financeiras. Vejamos em aligeirado rol o estonteante mundo das finanças privadas: títulos da dívida pública, com ou sem proteção cambial, bônus (*bonds*), cupons, recibos, recebíveis, ações, debêntures, opções, títulos de mercados futuros, índices, de moedas e de *comodities*, *comercial papers*, quotas de participação, títulos da dívida externa de países soberanos, cotas de fundos variados, *et caterva*. Por esta via pode ser fantástica a expansão do IOF, que aliás não deveria existir como imposto arrecadatório, senão como imposto regulatório, razão da sua instituição. Desses núcleos impositivos, cuidaremos mais a frente, com mais vagar.

Há uma tendência para se considerar sujeitado ao IOF qualquer tipo de negócio feito por instituições financeiras fiscalizadas pelo Banco Central, o que é uma erronia grave, pois o imposto é sobre as operações descritas no CTN, caso contrário seria imposto sobre as atividades das instituições financeiras.

Relativamente ao IOF existe a mesma complacência doutrinária já existente a respeito do ISS, cuja lista aparenta dons mágicos. Tudo que nela for posto passa a ser serviço tributável, mesmo que não seja serviço...

O IOF, já vimos, ostenta quatro núcleos impositivos.

O texto da Constituição prega que o IOF incidirá sobre *operações*. Quais? Operações de *crédito*, de *câmbio*, de *seguro* e relativas a *títulos ou valores mobiliários*. Dessas balizas não se pode extravasar.

Geraldo Ataliba (e outro in *Revista de Direito Tributário*, São Paulo, pp. 104-6) pontifica, fazendo menção à Constituição anterior: "As operações referidas pelo art. 23, II, da CF, configuram atos jurídicos, atos relevantes para o Direito. Operações como atos regulados *pelo Direito*, atos a que o Direito atribui efeitos jurídicos. *Negócios jurídicos mais propriamente*" (grifos).

Operações não são, pois, quaisquer; devem ser *operações jurídicas,* negócios jurídicos. O CTN põe as *classes* de negócios: de crédito, cambiais, securitários e com títulos representativos de valores mobiliários (mercados de capitais e de futuros).

2.3.1 Operações de crédito

Dispõe o CTN:

"Art. 63. O imposto, de competência da União, sobre operações de crédito, câmbio e seguro, e sobre operações relativas a títulos e valores mobiliários tem como fato gerador:

"I — quanto à operações de crédito, sua efetivação pela entrega total ou parcial do montante ou do valor que constitua o objeto da obrigação, ou sua colocação à disposição do interessado;

"II — quanto às operações de câmbio, a sua efetivação pela entrega de moeda nacional ou estrangeira, ou de documento que a represente, ou sua colocação à disposição do interessado, em montante equivalente à moeda estrangeira ou nacional entregue ou posta à disposição por este;

"III — quanto às operações de seguro, a sua efetivação pela emissão da apólice ou do documento equivalente, ou recebimento do prêmio, na forma da lei aplicável;

"IV — quanto às operações relativas a títulos e valores mobiliários, a emissão, transmissão, pagamento ou resgate destes, na forma da lei aplicável.

"Parágrafo único. A incidência definida no inciso I exclui a definida no inciso IV, e reciprocamente, quanto à emissão, ao pagamento ou resgate do título representativo de uma mesma operação de crédito."

"Art. 64. A base de cálculo do imposto é:

"I — quanto às operações de crédito, o montante da obrigação, compreendendo o principal e os juros;

"II — quanto às operações de câmbio, o respectivo montante em moeda nacional, recebido, entregue ou posto à disposição;

"III — quanto às operações de seguro, o montante do prêmio;

"IV — quanto às operações relativas à títulos e valores mobiliários:

"a) na emissão, o valor nominal mais o ágio se houver;

"b) na transmissão, o preço ou o valor nominal ou o valor da cotação da bolsa, como determinar a lei;

"c) no pagamento ou resgate, o preço."

"Art. 65. O Poder Executivo pode, nas condições e nos limites estabelecidos em lei, alterar as alíquotas ou as bases de cálculo do imposto, a fim de ajustá-lo aos objetivos da política monetária."

"Art. 66. Contribuinte do imposto é qualquer das partes na operação tributada, como dispuser a lei."

"Art. 67. A receita líquida do imposto destina-se à formação de reservas monetárias, na forma da lei."

A Lei 5.143, de 20.10.66, instituiu o IOF. O Decreto-lei 1.783, de 12.4.80, esta modificou. A Lei 31.10.90, completou a sua disciplina. O Decreto 329, de 1.11.91, é o regulamento original do imposto.

Materialmente, *operações de crédito* significam:

a) operações de empréstimo;

b) operações de abertura de crédito e sua utilização;

c) operações de desconto de títulos de crédito feitas por instituições financeiras.

Segundo Carvalho de Mendonça (*Tratado de Direito Comercial Brasileiro*, p. 51), é de crédito a operação: "(...) mediante a qual alguém efetua uma prestação presente contra a promessa de uma prestação futura. (...) Operação de crédito, por excelência, é a em que a prestação se faz e a contraprestação se promete em dinheiro. O mútuo de dinheiro é a manifestação típica do crédito na sociedade moderna".

A Lei 5.143, já referida, não se afasta do Direito Comercial, onde foi buscar o conceito de *crédito*. Para dita lei, o IOF incide sobre *operações de empréstimos sob qualquer modalidade*, aí compreendidas as *operações de abertura de crédito* (modalidade) e as *operações de desconto de títulos* (com deságio, o que corporifica a cobrança para adiantar o dinheiro prometido no título).

Em tese magnífica, ainda inédita, Raquel Cristina Ribeiro Novaes (*Análise das Normas de Incidência dos Impostos sobre Operações de Crédito, Câmbio, Seguro ou Relativos a Títulos e Valores Mobiliários*, São Paulo, PUC, 1992), advogada paulistana, disserta com segurança:

"O empréstimo é regulado pelo Código Civil, em capítulo do qual são seções o conjunto de normas que tratam do comodato (arts. 1.248 e ss.) e aquelas que tratam do mútuo (arts. 1.256 e ss.). Do tratamento dado à matéria pelo direito civil, temos que o empréstimo é gênero do qual são espécies o mútuo e o comodato.

"Segundo o art. 1.248 do Código Civil, 'O comodato é o empréstimo gratuito de coisas não fungíveis. Perfaz-se com a tradição do objeto'.

"A segunda espécie de empréstimo é definida pelo Código Civil, em seu art. 1.256, a saber: 'O mútuo é o empréstimo de coisas fungíveis. O mutuário é obrigado a restituir ao mutuante o que dele recebeu em coisas do mesmo gênero, qualidade e quantidade'.

"O Código Comercial, a seu turno, dispõe em seu art. 247: 'O mútuo é empréstimo mercantil, quando a coisa emprestada pode ser considerada gênero comercial, ou destinada a uso comercial, ou pelo menos o mutuário é comerciante'.

"O mútuo realizado por instituição financeira é, normalmente, o mútuo mercantil, como ressalta Nelson Abraão lembrando que a negociação do crédito é atividade privativa das instituições financeiras, consoante dispõe o art. 17 da Lei 4.595, de 31 de dezembro de 1964.

"Muito embora a Lei 5.153, de 20 de outubro de 1966, refira-se a empréstimos sob qualquer modalidade, entendemos que a análise dos demais dispositivos que cuidam de definir a base de cálculo do imposto permite que se conclua estarem excluídas as operações de comodato, pois a norma trata de crédito em dinheiro, que é coisa fungível, atendendo, assim, ao conceito de mútuo.

"Por certo, ao se referir a empréstimos de qualquer modalidade, a norma fiscal pretende abranger o mútuo sob qualquer forma jurídica que possua.

"Dentro do contrato de mútuo, designam-se mutuante o sujeito que entrega a coisa e passa a ser credor da relação jurídica obrigacional e mutuário o sujeito que recebe a coisa e passa a ser devedor na relação jurídica obrigacional.

"Somente a operação de empréstimo realizada por instituição financeira está abrangida pela incidência da norma prescritora do imposto sobre operação de crédito."

As operações de abertura de crédito instrumentalizam atos de empréstimo de dinheiro por instituições financeiras, desde que o *dinheiro* posto à disposição seja utilizado. Em conta inerte nada ocorre. Pontes de Miranda (*Tratado de Direito Privado*, Parte Especial, 3ª ed., Ed. Borsói, 1981, v. 42, p. 169) observa que "sempre que alguém se vincula a pôr à disposição de outrem soma de dinheiro a tempo ou por tempo indeterminado há contrato de abertura de crédito". Os descontos de títulos não passam de modalidade de mútuo, mas não se confundem com as compras de faturamento mediante cessão definitiva de crédito (*factoring*). J. X. Carvalho de Mendonça (ob.

cit., v. VI, Parte III, p. 168) pontifica com rigor, *verbis*: "O banco autoriza ao credor a importância de um título de crédito de soma líquida e vencimento breve, recebendo-o em transferência e deduzindo do valor nominal os juros pelo espaço de tempo intercorrente desde a data da antecipação do vencimento. Ele paga em dinheiro a importância do crédito não vencido, mantida, está claro, a responsabilidade dos coobrigados, acrescida com a daquele credor (garantia normal da operação), e recebe o título *pro solvendo*, isto é, com efeito liberatório subordinado à condição do pagamento".

A tanto, em operações de crédito, reduz-se o IOF. No entanto, *aplicações financeiras de renda fixa* imputadas ao rentista foram consideradas operações de crédito, inconstitucional e ilegalmente, pela Medida Provisória 195, de 30.6.90. E daí para frente, arrombada a porta, é só isso o que se vê até hoje, com o beneplácito acomodatício da cidadania e do Judiciário. (As instituições financeiras fazem a retenção de modo indolor e compensam no tipo do juro.)

2.3.2 Operações de câmbio

Milve Antônio Peria (*Câmbio: Conhecimentos Gerais*, p. 25, *apud* Novaes, R. C. Ribeiro, ob. cit. p. 87) define a operação de câmbio como a seguir: "É a troca de moeda de um país pela de outro. Moeda é aqui empregada em seu sentido mais lato e compreende não só a moeda metálica e o papel moeda, como também qualquer documento que a represente. Portanto, podemos definir o câmbio como uma operação de compra e venda de moedas estrangeiras ou de papéis que as representam. É pois a conversão da moeda nacional em estrangeira e vice-versa".

2.3.3 Operações de seguro

O art. 1.432 do Código Civil define como contrato de seguro "aquele pelo qual uma das partes se obriga para com a outra, mediante a paga de um prêmio, a indenizá-la do prejuízo resultante de riscos futuros, previstos no contrato".

No ponto há contrato de seguro que todo tipo a envolver coisas, pessoas, bens, responsabilidades, obrigações e direitos.

2.3.4 Operações com títulos e valores mobiliários

A expressão "títulos ou valores mobiliários" é vaga e imprecisa. Afastem-se logo os títulos de crédito. Aqui a realidade é outra.

Raquel Cristina Ribeiro Novaes alude a um estudo de Luiz Gastão Paes de Barros Leães na *RDM* 14, em que este autor, estudando o conceito de *security* no Direito norte-americano, descalva a imprecisão do conceito análogo no Direito brasileiro. Com efeito, não se precisou com rigor o que vêm a ser títulos *ou* valores mobiliários, nem mesmo para fins tributários, o que, sem dúvida, é perturbador.

A Lei 6.385, de 7.12.76, que criou a Comissão de Valores Mobiliários (CVM), atribuindo-lhe a fiscalização das atividades envolvendo *valores mobiliários*, em prol dos *aplicadores* e dos *agentes financeiros* (o interesse da segurança de toda a sociedade é evidentíssimo), em seu artigo segundo definiu que os valores mobiliários eram:

a) ações, partes beneficiárias e debêntures, os cupões desses títulos e os bônus de subscrição;

b) certificados de depósitos de valores mobiliários;

c) outros títulos criados ou emitidos pelas sociedades anônimas, a critério do Conselho Monetário Nacional.

O Conselho Monetário Nacional, que não é órgão legislativo, exercitou algumas vezes sua competência. Qualificou através do Banco Central, na Resolução 1.723, de 27.6.90, as notas promissórias emitidas pelas sociedades anônimas — *comercial papers* — como *títulos mobiliários* ou *valor mobiliário*. O mesmo ocorreu com os *índices* de carteiras de ações nos mercados de opções e de futuros. Passaram a ser *valores mobiliários* (Decreto-lei 2.286, de 23.7.86).

Por outro lado, o ouro, quando definido em lei como ativo financeiro ou instrumento cambial, sujeita-se ao IOF, uma vez só, na operação de origem (art. 153, § 5º, da CF/88). A Lei 7.766, de 11.5.89, cuidou do assunto.

A resenha feita por Raquel Novaes nos parece adequada para, com base nos dispositivos há pouco versados, muitos dos quais sem força de lei, e, portanto, confrontando o princípio da legalidade, broslar o que talvez seja *título* ou *valor mobiliário* em terras brasileiras...

"A) a Lei 6.345, de 6.12.67, definiu como valores mobiliários as ações, partes beneficiárias, debêntures, cupões (extintos pelo disposto no art. 19 da Lei 8.088, de 31.10.90), bônus de subscrição e certificados de valores mobiliários, delegando ao Conselho Monetário Nacional a competência para indicar outros títulos emitidos pelas sociedades por ações, para os efeito da Lei 6.385, de 7.12.76;

"B) o Decreto-lei 2.286, de 23.7.86, mencionou como valores mobiliários os índices representativos de carteira de ações e as operações de compra e venda de valores mobiliários;

"C) as Resoluções 1.723, de 27.6.90, e de n. 1.907, de 26.2.92, do Banco Central do Brasil, indicaram como valores mobiliários as notas promissórias emitidas pelas sociedades por ações (*comercial papers*), os direitos de subscrição de valores mobiliários, os recibos de subscrição de valores mobiliários, as opções de valores mobiliários e os certificados de depósitos de ações;

"D) a Lei 7.766, de 11.5.89, definindo as condições em que o ouro deva ser caracterizado como ativo financeiro ou instrumento cambial, deu ao metal a qualificação de valor mobiliário para efeito de incidência do imposto.

"(...)

"A opção da Lei 6.385, de 7.12.76, de listar alguns títulos e valores mobiliários, ao invés de indicar elementos que permitam a identificação de um valor mobiliário sempre que estivermos diante da figura no plano dos fatos, dificultou sobremaneira o tratamento de matéria. Na verdade, o legislador optou por uma 'definição' denotativa da classe títulos e valores mobiliários, recusando-se a fazer uma 'definição' conotativa da mesma" (ob. cit., pp. 117-8).

De todo modo a "compra de faturamento" nada tem a ver com o "grande mercado" e a *security*, nem interessa ao Banco Central ou a CVM. É negócio mercantil estrito. Não está sujeito ao IOF. É negócio entre comerciantes, não diz respeito ao mercado de capitais.

Pelo visto as empresas *factoring* não realizam nenhum núcleo jurídico, dentro os quatro que delimitam como se fossem os pontos de amarração de um quadrado jurígeno, o FATO GERADOR DO IOF, mesmo porque lidam com títulos de crédito mercantis e não com VALORES MOBILIÁRIOS nem praticam operações financeiras.

É o parecer.

* * *

RDM 120

DOUTRINA: O CONTRATO DE ABERTURA DE CRÉDITO – NATUREZA E REGIME JURÍDICO – Eduardo Salomão Neto • A "DISREGARD DOCTRINE" – A FALÊNCIA – A EXTENSÃO DA FALÊNCIA E A EXTENSÃO DOS EFEITOS DA FALÊNCIA – Hélio da Silva Nunes • ***ATUALIDADES:*** STRENGTHENING BRAZIL'S SECURITIES MARKETS – Bernard S. Black • A EVOLUÇÃO DO DIREITO SOCIETÁRIO – Arnoldo Wald • NOTAS EM MATÉRIA DE "LEASING" CAMBIAL – Rachel Sztajn • A ATIVIDADE BANCÁRIA E O CÓDIGO DE DEFESA DO CONSUMIDOR – Jairo Saddi • CONTRATOS E OBRIGAÇÕES "VIRTUAIS" – João Luiz Coelho da Rocha • O "DUMPING" E A DEFESA COMERCIAL NO BRASIL – Marcelo Gazzi Taddei • PRIVATIZAÇÕES E RELAÇÃO ENTRE INTERESSES PÚBLICOS PRIMÁRIOS E SECUNDÁRIOS – AS ALTERAÇÕES NA LEGISLAÇÃO SOCIETÁRIA BRASILEIRA – Otavio Yazbek • O CONTROLE DE CONSTITUCIONALIDADE DA CAPACIDADE NORMATIVA DE CONJUNTURA DO CONSELHO MONETÁRIO NACIONAL E DO BANCO CENTRAL: O CASO DO FUNDO GARANTIDOR DE CRÉDITOS (FGC) – Jean Paul C. Veiga da Rocha • A QUESTÃO DA RESPONSABILIDADE, POR SUCESSÃO "INTER VIVOS", NO CONTRATO DE TRESPASSE – Alexandre Aguiar de Brito • MEIO AMBIENTE – A VIDA DA EMPRESA ENTRE OS DIREITOS DIFUSOS E OS DIREITOS DE VIZINHANÇA – Evandro Fernandes de Pontes • ***TEMAS EM DEBATE:*** QUESTÕES JURÍDICAS RELACIONADAS À INTERNET – Walter Douglas Stuber, Manoel Ignácio Torres Monteiro e Lionel Pimentel Nobre • ***JURISPRUDÊNCIA COMENTADA:*** FALÊNCIA – DESCONSIDERAÇÃO DA PERSONALIDADE JURÍDICA – Haroldo Malheiros Duclerc Verçosa • APARÊNCIA DO DIREITO – DIRETOR DE SOCIEDADE QUE COSTUMEIRAMENTE EXCEDE SEUS PODERES SEM QUALQUER OPOSIÇÃO DO CONSELHO DE ADMINISTRAÇÃO – RESPONSABILIDADE DA SOCIEDADE – Dilson Antonio da Costa Lobo • AGRAVO EM AGRAVO DE INSTRUMENTO CONTRA A INADMISSÃO DE RECURSO ESPECIAL – Paulo Guilherme de Mendonça Lopes • ***ESPAÇO DISCENTE:*** LIMITES DE EFETIVIDADE DO DIREITO SOCIETÁRIO NA REPRESSÃO AO USO DISFUNCIONAL DO PODER DE CONTROLE NAS SOCIEDADES ANÔNIMAS – Ricardo Ferreira de Macedo • LIQUIDAÇÃO ORDINÁRIA DE INSTITUIÇÃO FINANCEIRA – LEGALIDADE E RESPONSABILIDADE DECORRENTE DE FRAUDE – Alexandre Yoshio Hayashi • A LEI E A VONTADE DO ESTADO – Frederico Simionato • RISCOS OPERACIONAIS NOS MERCADOS DE FUTUROS, OPÇÕES E DE "SWAPS" NA BOLSA DE MERCADORIAS E FUTUROS – BM&F – Christian Max Finardi Squassoni • ALGUNS ASPECTOS ATUAIS E POLÊMICOS DO CHEQUE – Alexandre Letízio Vieiria • ***PARECERES:*** O NEGÓCIO JURÍDICO DENOMINADO "FACTORING". A POSSIBILIDADE DE CESSÃO ONEROSA DE CRÉDITO, COM GARANTIA DE PAGAMENTO PELO CEDENTE POR INADIMPLEMENTO DO SACADO – IOF – NÃO-INCIDÊNCIA – Sacha Calmon Navarro Coelho e Marco Aurélio Caldeira Coelho

MALHEIROS EDITORES